Philosophy of Propriety Revealed in the Works of Kalidasa

Dr. Shashikant Rai

UPASNA PUBLICATIONS
DELHI

Published by :
UPASNA PUBLICATIONS
D-10/1061 (Near Shri Mahagauri Mandir)
Khajuri Khas, Delhi-110090
Email: upasanapublications@gmail.com

Ist Edition : 2018

ISBN : 978-93-87677-00-5

Price : ₹ 695

Printed at
Vishal Kaushik Printers
Delhi

कालिदास का औचित्य दर्शन

डॉ० शशिकान्त राय

उपासना पब्लिकेशन्स
दिल्ली

प्रकाशक :

उपासना पब्लिकेशन्स

डी–10/1061 (समीप श्रीमहागौरी मन्दिर)

खजूरी खास, दिल्ली–110090

Email: upasanapublications@gmail.com

प्रथम संस्करण : 2018

ISBN : 978-93-87677-00-5

मूल्य : ₹ 695

मुद्रक :

विशाल कौशिक प्रिंटर्स

दिल्ली।

समर्पणम्

तेजोमूर्त्तिर्यशोमूर्त्तिर्विद्यामूर्त्तिःसदाचरः ।
स्निग्धभावयुता वाणी तस्य मे मनसि स्थिता।।
सान्तर्वाष्पनिरूद्धभावभरितेन कान्तेन पूज्यस्सदा।
वत्सलभावनिधाय येन गुरुणा शिष्योऽयं खलु शिक्षितः।
ब्रजमोहनस्य स्मरणं शरणं विद्यावनेऽस्मिन् घने।
शिवधामगतेभ्यः गुरुवरचरणेभ्यः।
समर्पयति श्रद्धया कृतिमिमां शशिकान्तः।।

(क) सरस्वती स्तुतिः

पातु वो निकषग्रावा मतिहेम्नः सरस्वती।
प्राज्ञेतरपरिच्छेदं वचसैव करोति या।।
सूक्ष्माय शुचये तस्मै नमोवाक्तत्त्वतन्तवे।
विचित्रो यस्य विन्यासो विदधाति जगत्परम्।।

–सुभाषित रत्नभाण्डागार

तद्दिव्यमव्ययं धाम सारस्वतमुपास्महे।
यत्प्रसादात्प्रलीयन्ते मोहान्धतमश्च्छटा।।

–कविकाण्ठाभरण

(ख) काव्य-वैचित्र्यम्

नियतिकृतनियमरहितां ह्लादैकमयीमनन्यपरतन्त्राम्।
नवरसरुचिरां निर्मितीमादधतीं भारती कवेर्जयति।।

–काव्यप्रकाश

कविरविरविलुप्त व्याप्तिभिः सूक्तिपादैः।
नयति नवनवत्वं भावभावस्वभावम्।।

–कविकाण्ठाभरण 2/23

आरंकाद् भूपति यावदौचितीं न विदन्ति ये।
स्पृहयन्ति कवित्वाय खेलनं ते सुमेधसाम्।।

–नाट्यदर्पण

आनन्दनिस्यन्दिषु रूपकेषु व्युत्पत्तिमात्रं फलमल्पबुद्धिः।
योऽपीतिहासादिवदाह साधुस्तस्मै नमः स्वादुपराङ्मुखाय।।

–दशरूपक

तस्मादलौकिकः सत्यं वेद्यः सहृदयैरयम्।
प्रमाणं चर्वणैवात्र स्वाभिन्ने विदुषां मतम्।
कविशत्यर्पिता भाषास्तन्मयी भावयुक्तितः।
यथा स्फुरत्यमी काव्यान्न तथाध्यक्षतः किल।।

–व्यक्तिविवेक

सरस्वतीस्वादु तदर्थवस्तुनिःष्यन्दमाना महतां कवीनाम्।
अलोकसामान्यमभिव्यनक्ति परिस्फुरन्तं प्रतिभाविशेषम्।।

– ध्वन्यालोक

रसबन्धोक्तमौचित्यं भाति सर्वत्र संश्रिता।
रचनाविषयसापेक्षं तत्तु किञ्चिद् विभेदवत्।।

–ध्वन्यालोक

शब्दस्तुतिः

(ग) (1) अनादिनिधनं ब्रह्म शब्दस्तत्त्वयदक्षरम्।
विवर्त्तेऽर्थभावेन प्रक्रिया जगतो मतः।।

(2) एकस्य सर्वबीजस्य यस्यचेयमनेकधा।
भोक्तृभोक्तव्यरूपेण भोगरूपेणं च स्थितिः।।

–वाक्यपदीय 1/1, 4

(3) विषयत्वमनापन्नैर्शब्दैर्नार्थ प्रकाश्यते।
न सत्तयैव तेऽर्थानामगृहीताः प्रकाशकाः।

–वाक्यपदीय 1.50

(घ) काव्यस्याधारः

त्रिमूलकं द्विधोत्थानं पञ्चशाखं चतुश्छदम्।
योऽगं वेत्ति नवच्छायं दशभूमिं स काव्यवित्।।

–यशस्तिलकचम्पू

लोकोवेदस्तथाध्यात्मं प्रमाणं त्रिविधं स्मृतम्।

–व्यक्तिविवेक

(ङ) कविप्रतिभावैशिष्ट्यम्

प्राणाः कवित्वं विद्यानां लावण्यमिव योषिताम्।
त्रैविद्यवेदिनोऽप्यस्मै ततो नित्यं कृतस्पृहाः।

–नाट्यदर्पण

अपारे काव्यसंसारे कविरेकप्रजापतिः।
यथास्मैरोचते विश्वं तथेदं परिवर्तते।।

–ध्वन्यालोक

रसानुगुणशब्दार्थचिन्तास्तिमितचेतसः ।
क्षणं स्वरूपस्पर्शोत्था प्रज्ञैव प्रतिभा कवेः।।

–व्यक्तिविवेक

(च) औचिती प्रशस्तिः

(1) अदेशजो हि वेषस्तु न शोभां जनयिष्यति।
मेखलोरसि बन्धे च हास्यायैवोपजायते।।

–नाट्यशास्त्र 13/69

(2) वयोऽनुरूपः प्रथमस्तु वेषो, वेषानुरूपश्च गतिप्रचारः।
गतिप्रचारानुगतं च पाठ्यं पाठ्यानुरूपोऽभिनयश्च कार्यः।।

(3) अनौचित्यादृते नास्ति रसभंगस्य कारणम्।
औचित्योपनिबन्धस्तु रसस्योपनिषद्परा।।

–ध्वन्यालोक

(4) उचितं प्राहुराचार्याः सदृशं किल यस्य यत्।
उचितस्य यो भावस्तदौचित्यं प्रचक्षते।।

(5) कण्ठे मेख्लया नितम्बफलके तारेणहारेण वा।
शौर्येण प्रणते रिपौ करुणया नायान्ति के हास्यताम्
औचित्येन विना रुचिं प्रतनुते नालंकृतिर्नो गुणाः।

–औचित्य विचार चर्चा

(6) औचित्यमेकमेकत्र गुणानां राशिरेकतः।
विषायते गुणग्राम औचित्यपरिवर्तितः।।

–धर्मबिन्दु टीका, मुनिचन्द्र

(7) औचित्यं श्लाघ्यते तत्र कविता जीवितोपमम्।
कवयः तदजानन्त कथं स्युः कीर्त्तिभाजनम्।।

(8) औचितीमनुधावन्ति सर्वे ध्वनिरसोन्नमयाः।
गुणालंकृतिरीतीनां नयाश्चानृजुवाङ्मयाः।

हाइवेज एण्ड बाइवेज ऑफ लिटरेरी क्रिटिसिज्म
इन संस्कृत, एस० कुप्पुस्वामीशास्त्री

(छ) सहृदय-अवदानम्

नमोऽस्तु तेभ्यो विद्वद्भ्यो येऽभिप्रायं कवेरिमम्
शास्त्रलोकावपास्यैवं नयन्ति नयवेदिनः।

– काव्यालंकार 4.46

सति वक्तरि सत्यर्थे सति शब्दानुशासने।
अस्ति तन्न विना येन परिस्रवति वाङ्मधु।।

–काव्यालंकार सूत्रवृत्ति 1.2.11

कालिदास गौरवम्

अस्पृष्टदोषा नलिनीव दृष्टा हारावलीव ग्रथिता गुणौघैः।
प्रियांकपालीव विमर्दहृद्या न कालिदासादपरस्य वाणी।।
प्रतिपदमखिलार्थं व्याकृतौ कः कृतीस्यात्।
सुमतिरनुभाव्ये कालिदासस्य काव्ये।।
ललितामेव वितन्वन् सृष्टिं स्त्रष्टारमतिशयानः।
औचित्यमूर्त्तिरिह भजनीय मे कालिदासत्वम्।।
जयन्ति ते सुकृतिनो रससिद्धाः कवीश्वराः।
नास्ति येषां यशःकाये जरामरणजं भयम्।।
कविपदमुचितार्थं व्याकृतौ कः कृती स्यात्।
मनसीदं निधाय शशिना कृतिरियं ननु प्रणीता।।
कविकुलगुरुकाव्ये उचितोन्मीलनसमीहया।
कुरुते श्रममयं कान्तः प्रणम्य पूर्वसमीक्षकान्।।

शुभाशंसा

महाकवि कालिदास विश्व साहित्य के सभी विद्वानों और काव्य-रसिकों के लिए आकर्षण और सम्मोहन के केन्द्र आज भी हैं। कालिदास के कालजयी काव्य अध्येताओं के लिए निरन्तर प्रेरणा के स्रोत हैं। उनके साहित्य का अध्ययन अनवरत, अविच्छिन्न और अबाधित गति से चल रहा है।

विभिन्न आयामों, विभिन्न दृष्टियों, विभिन्न काव्यशास्त्रीय रीतियों, शैलियों, बिन्दुओं और प्रस्थानों से उनके साहित्य का अन्वेषण-विश्लेषण हो रहा है। क्षणे क्षणे यन्नवतामुपैति तदेव रुपं रमणीयतायाः इस उक्ति को सार्थक सिद्ध करते हुए कालिदास-साहित्य के रामणीयकत्व को उन्मीलित करने में अनुसंधित्सु प्रयास रत हैं।

निस्सन्देह महाकवि कालिदास की कृतियाँ विश्व-साहित्य में विद्वानों के कुतूहल के संवर्धन के कारण चिरनूतनता को धारण करने वाली कृतियों का मानदण्ड बनी हुई हैं। उनके अध्ययन में संलग्न सहृदय समालोचकों ने विभिन्न दृष्टिकोणों से उन कृतियों में अन्तर्निहित रहस्य को उद्घाटित करने का प्रयास किया है। परन्तु अधिकांशतः सभी ने उनको काव्यशास्त्र की शृंगार-साधना का प्रतिनिधि मानकर उनके स्वच्छ दर्पण में अपने-अपने भावलोक के प्रतिबिम्ब देखकर अपनी उज्जवलता को रस, ध्वनि, अलंकार, रीति आदि की प्रस्थापित काव्य दृष्टियों के आधार पर अनेक शताब्दियों से मूल्यांकित किया है। ऐसे विद्वानों की संख्या अत्यल्प है, जिन्होंने साहित्यशास्त्र में व्यापक एवं प्रासंगिक परन्तु उपेक्षित औचित्यमूलक समीक्षा की दृष्टि-औचित्य को ही काव्य-सौन्दर्य की कसौटी मानकर संस्कृत के कवियों, नाटककारों, गीतिकारों की कृतियों का रहस्योन्मीलन किया है। वस्तुतः औचित्य ही रचनाकार की रचना का सर्वांगीण एवं सांगोपांग अध्ययन करने में सशक्त और सक्षम है। देह और आत्मा के अन्योन्यसन्निवेश का साधक होने से औचित्य साहित्यिक रचना-प्रक्रिया का बाहर से भीतर का पर्यालोचन है।

विद्वान एवं परिश्रमी समालोचक डॉ० शशिकान्त राय के दिल्ली विश्वविद्यालय की पी–एच०डी० के शोध–प्रबन्ध 'कालिदास की कृतियों की औचित्य–सिद्धांतपरक समीक्षा' का पुनः वर्षों के परिश्रम के परिणाम स्वरूप प्रौढ़ता से परिपूर्ण और परिमार्जित होकर अब परिवर्तित एवं नवीन नाम 'कालिदास का औचित्य–दर्शन' से ज्ञात यह ग्रन्थ कालिदास की कृतियों का साहित्यशास्त्रीय–जगत में समादृत, प्रशंसित एवं व्यापक दृष्टि–औचित्य–दृष्टि, से मूल्यांकन उपर्युक्त साहित्य सम्बन्धी रिक्तता एवं न्यूनता को पूर्ण करने में पूर्णतः समर्थ है। निश्चित रूप से संस्कृत समीक्षाशास्त्र को कालिदास की कृतियों का इस पक्ष से विशद एवं प्रामाणिक अवलोकन दिशा प्रदान करने से श्री–वृद्धि होगी, ऐसी मुझे आशा है। मैं इसके लिए डॉ० शशिकान्त राय को उनकी कृति के लिए साधुवाद के साथ अग्रणी होने के लिए शुभकामनाएँ देता हूँ।

रमाकान्त आंगिरस

पूर्व कालिदास प्रोफेसर ऑफ संस्कृत एवम् अध्यक्ष
संस्कृत विभाग,
पंजाब विश्वविद्यालय, चंडीगढ़

पुरोवाक्

रस सिद्धान्त भारतीय साहित्यिक समीक्षा का चरमोत्कर्ष है। 'कला के लिए कला' तथा 'उपदेश के लिए कला' दोनों ही सिद्धांतों का सम्यक् निर्वाह तो होता ही है, कविता की 'निरंकुशता' एवं 'प्रतिबद्धता' दोनों की संगति भी यथावत् बैठ जाती हैं। आदर्श, चमत्कार, औचित्य, नैतिकता एवं मानव संवेदना की निष्पत्ति के नियामक तत्त्वों के रूप में स्वीकृत 'रस सिद्धान्त के जीवन्त होने का पुष्फल प्रमाण है।[1]

आचार्य आनन्दवर्धन के अनुसार महाकवियों की वाणी का मुख्य आभूषण अर्थ की प्रतीयमानता है, जो वस्तु, अलंकार एवं रस के रूप में प्रधानतया अभिव्यंजित होकर 'ध्वनि' कहलाती है–

"मुख्या महाकविगिरामलंकृतिभृतामपि
प्रतीयमानच्छायैषा भूषा लज्जेव योषिताम्"[2]

–ध्वन्यालोक 3/38

उनका कहना है कि सुन्दरियों के समान ही काव्य की चारुता भी प्रतीयमान होती है, वाच्य नहीं।

"प्रतीयमानं पुनरन्यदेव वस्त्वस्ति वाणीषु महाकवीनाम्
यत्तत्प्रसिद्धावयवातिरिक्तं विभाति लावण्यमिवाङ्गनासु"

–वही 1/4

आनन्दवर्धन की दृष्टि में चारुता का नियामक तत्त्व भावों की प्रतीयमानता है। सारगर्भित बात व्यंग्य होकर जितनी चमत्कारी होती है, वाच्य होने पर उतनी नहीं।

साररूपो ह्यर्थः स्वशब्दानभिधेयत्वेन प्रकाशितः सुतरां शोभामावहति।

–वही 2/30 पर वृत्ति

आचार्य अभिनवगुप्त रस को ही काव्यजन्य चारुत्व का एकमात्र आधायक तत्त्व मानते हैं। उनकी धारणा है कि वस्तु एवं अलंकार में भी चारुत्व रस के संस्पर्श से ही आता है।

विषयीनिष्ठ (Subjective) रस सिद्धांत की मजबूत भित्ति पर संस्थापित हो जाने के पश्चात् विषयनिष्ठ (objective) औचित्य सिद्धांत का अनुप्रवेश समीक्षा जगत् में होता है। औचित्य सिद्धांत की प्रस्थापना हेतु विवेच्य कृति की समीक्षा के सम्बन्ध में आचार्य महिमभट्ट ने महत्त्वपूर्ण चिन्तन प्रस्तुत किया है। उन्होंने साहित्य की समीक्षा की दो आधारभूत पद्धतियों का उल्लेख किया है–

प्रथम सम्प्रतिपत्तिमूलक एवं द्वितीय विप्रतिपत्तिमूलक

सम्प्रतिपत्तिमूलक पद्धति वह समीक्षक अपनाता है जो रचना की उत्तमत्ता से प्रभावित होकर उसकी समीक्षा करने की ओर उन्मुख होता है। उसका उद्देश्य कवि की कृति में उपलभ्यमान तत्तद् गुणों का सूक्ष्मता के साथ समुन्मेष करना होता है। वामन ऐसे समीक्षकों को 'तत्त्वाभिनिवेशी' कहते हैं। (का० ल० 1/23)।

इसके ठीक विपरीत प्रकृति एवं रुचि का समीक्षक 'अरोचकी' कहलाता है, जिसे प्रस्तुत काव्य का कुछ भी नहीं रुचता, प्रशंसनीय नहीं लगता अथवा वह व्यक्ति काव्य की स्थापना से कथमपि सहमत नहीं होता। इसलिए उसकी ऐसी समीक्षा करता है कि उसमें विसंगतियाँ ही दृष्टिगोचर होने लगती हैं। ऐसी समीक्षा को **विप्रतिपत्तिमूलक** समीक्षा कहेंगे। (रस० सि० के अना० पक्ष पृ०–3)

आचार्य महिमभट्ट की सम्प्रतिपत्तिमूलक समीक्षा के वाहक के रूप में आचार्य क्षेमेन्द का अविस्मरणीय आगमन होता है। उन्होंने कवि की कृति में उपलभ्यमान सभी गुणागुणों की अति सूक्ष्मता के साथ समुन्मेष किया है। इस दृष्टि से क्षेमेन्द्र आचार्य वामन के तत्त्वाभिनिवेशी समीक्षक की कसौटी पर खरा उतरते हैं।

आचार्य क्षेमेन्द्र के रस के सर्वव्यापकत्व और अतिशय महत्त्व को सुस्थापित करने की दृष्टि पर सुप्रसिद्ध आलोचक एवं समीक्षक डॉ० राममूर्ति त्रिपाठी ने औचित्य की महत्ता बताते हुए कहा है, "क्षेमेन्द्र जहाँ एक ओर रस को काव्य का सर्वस्व समझते हैं, वहीं समीक्षक की दृष्टि से औचित्य को रस–सिद्ध काव्य में जान डाल देने वाली चीज मानते हैं।"

डॉ० ब्रजमोहन चतुर्वेदी ने औचित्य सिद्धान्त और तत्पूर्ववर्ती (रीति,अलंकार, ध्वनि, वक्रोक्ति और रस) सिद्धान्तों में मौलिक अन्तर बताया है। उनके अनुसार रसादि के निर्धारण में सहृदय–श्लाघ्यता नियम लागू होता है, जो व्यक्ति सापेक्ष है, विषय सापेक्ष नहीं। रचना को पढ़कर उसके विश्लेषण से व्यक्ति उसमें निहित रस आदि तत्वों का समुचित निर्धारण नहीं कर सकता, जबकि औचित्य सिद्धान्त विषयसापेक्ष विश्लेषण के लिए आधार प्रस्तुत करता है। रचना में स्थल–विशेष में

कोई गुण, दोष, अलंकार या रस क्यों है? इसकी व्याख्या औचित्य सिद्धान्त के आधार पर की जा सकती है। यही नहीं उन्होंने औचित्य सिद्धान्त को विभावादि के साधारणीकरण के रहस्य को उद्घाटित करने वाला कहकर उसे न केवल श्रव्य काव्य अपितु दृश्य काव्य के लिए भी विनियोज्य बताया है।

डॉ० कृष्णदेव झारी ने भी कहा है कि औचित्य वह विवेक है, जो भले-बुरे की तमीज कराता है। यह वह दृष्टि है, जो वस्तुओं के सौन्दर्य को दर्शाती है। वास्तव में औचित्य एक दृष्टि है, एक विवेक बुद्धि है–भले-बुरे, सत्-असत्, कला-अकला में तमीज़ करने की बुद्धि है। न यह अलंकारों की भांति कोई विधान है, न गुण, रीति, रस की तरह कोई काव्यांग, यह तो वह सूझ-बूझ है, वह दृष्टि है, जो सभी अंगों के औचित्यपूर्ण विधान की तमीज़ कराती है।

औचित्य सिद्धान्त के समीक्षाशास्त्रीय जगत् में महत्वपूर्ण स्थान और काव्यसौन्दर्य के उन्मीलक-तत्व के रूप में इसकी व्यापकता और समीक्षकोपयोगी गुणवत्ता का विवेचन भी प्रसंगानुकूल अपेक्षित होने के कारण अति संक्षेप में प्रस्तुत करना अनुचित न होगा।

संस्कृत साहित्यशास्त्र में आचार्य कीव क्षेमेन्द्र का औचित्य सिद्धान्त सर्वाधिक व्यापक सिद्धान्त के रुप में समादृत है। इसकी महत्ता इसी बात से स्पष्ट है कि रस एवं ध्वनि की अनुभूति औचित्य के अभाव में प्राय: असंभव है।

क्षेमेन्द्र ने रस को काव्य का अस्तित्व-तत्व या प्राणतत्व माना है और औचित्य को उसका स्थिर जीवन-तत्व कहा है। उन्होंने काव्य को रस-सिद्ध माना है और इसी रस-सिद्ध काव्य के स्थिरतादायक तत्व के रूप में औचित्य को सर्वात्मना स्वीकार किया है।

संस्कृत साहित्यशास्त्र में क्षेमेन्द्र-पूर्ववर्ती और परवर्ती प्राय: सभी आचार्यों ने औचित्य को दोषाभाव और दोष-परिहार के साधन रूप में ही स्वीकार किया। आचार्य क्षेमेन्द्र ही सर्वप्रथम अपने विचार की दुधारी तलवार लेकर सिंहवत् दहाड़ते हुए भूखे नाहर-से, अपने पूर्ववर्ती औचित्य के संकीर्ण विचारों पर टूट पड़े और डिण्डिम घोष के साथ इसके विध्यात्मक स्वरूप की उद्घोषणा करते हुए यह निरूपित किया कि औचित्य न तो केवल दोषाभाव है और न ही केवल दोष-परिहार की वस्तु है।

इसमें संदेह नहीं कि जिस रचना में दोषों का अभाव होगा उसमें औचित्य की स्थिति अवश्य होगी। पर दोषाभाव को औचित्य मानना उसका नकारात्मक स्वीकरण

है, जबकि तथ्य यह है कि औचित्य की आवश्यकता रचना प्रक्रिया में पहले ही होती है। यदि रचना करते समय औचित्य दृष्टि न हो तो निर्दोष रचना हो ही नहीं सकती। अत: औचित्य पहले चाहिए, निर्दोषता बाद की बात है–बल्कि कहना चाहिए, निर्दोषता का दोषाभाव औचित्य का ही परिणाम है।

औचित्य-सिद्धान्त के सूक्ष्म विश्लेषण से हम इस निष्कर्ष पर पहुंचते हैं कि नि:सन्देह औचित्य-दृष्टि, रस-दृष्टि या सौन्दर्य-भावना से ही सम्बद्ध है और अन्तत: वह स्वयं सौन्दर्य विवेक ही है। पर जिस प्रकार हम अपने प्रत्येक कार्य का सम्पादन उचित-अनुचित का विचार करते हुए करते हैं, उसी प्रकार सौन्दर्य-विधान में भी औचित्य-दृष्टि की पृथक् आवश्यकता निश्चय ही रहती है। जिस प्रकार सत्य या आदर्श सापेक्ष होते हैं अर्थात् सत्-असत् का विचार पात्र, परिस्थिति आदि कई बातों की सापेक्षता में ही किया जा सकता है, उसी प्रकार रस या सौन्दर्य भी सापेक्ष है।

संसार में सौन्दर्य की कल्पना भी औचित्य पर आश्रित है। एक सुन्दर आकृति केवल इसलिए सुन्दर नहीं कि वह गौर वर्ण है या एक फूल इसलिए ही सुन्दर नहीं कहा जाता कि उसकी पंखुड़ियां कोमल हैं और उसका रंग तेज है, अपितु वह इसलिए सुन्दर होता है कि उसके अंग-प्रत्यंग की रचना औचित्यपूर्ण होती है–उसके सब अंगों में एक प्रकार का सामरस्य (Harmony) होता है। यह अंगों का उचित अनुबन्धन ही उसके सौन्दर्य का आधार है। नैन-नक्श अच्छे होने से क्या तात्पर्य है? यही न कि नाक, कान, होंठ आदि मुखाकृति के सभी भाग उचित सामंजस्यपूर्ण बनावट के हैं। अंगों के उचित गठन या सामरस्य के कारण ही सांवली आकृति भी सुन्दर प्रतीत होती है और इसके अभाव में गौर वर्ण मुख भी भद्दा नज़र आता है। अत: सौन्दर्य का औचित्य से अनिवार्य सम्बन्ध है। औचित्यपूर्ण विधान के बिना सौन्दर्य-सिद्धि संभव ही नहीं होती।

इसी प्रकार काव्य के सभी अंगों एवं तत्वों में औचित्य आवश्यक है। काव्य का आत्यन्तिक गुण सौन्दर्य है और वह कोई निरपेक्ष, असंपृक्त, पूर्वसिद्ध वस्तु नहीं; अपितु सापेक्ष और योजना-सिद्ध वस्तु है। इस सापेक्ष योजना का आधार औचित्य है। काव्य संबंधी सभी विधि-निषेध औचित्य के आधार पर ही बनते हैं। वस्तुत: औचित्य एक मर्यादा है। किसी भी अंग का एक सीमा-मर्यादा से अधिक या कम प्रयोग अथवा किसी भी प्रकार की मर्यादा से बाहर प्रयोग अनुचित हो जाता है। औचित्य वह विवेक है, वह दृष्टि है जो वस्तुओं, काव्यांगों के उचित-अनुचित प्रयोग का परिज्ञान कराती है। आलोचक वही सफल हो सकता है, जिसके पास औचित्य

विवेक हो। जो यह नहीं जान सकता कि क्या उचित है, क्या अनुचित, वह न तो कलाकार या कवि ही बन सकता है, न ही कला-पारखी या साहित्यालोचक।

साहित्यालोचक की परख या जांच का विषय यही होता है कि क्या कलाकृति या काव्य में प्रत्येक वस्तु का निर्वहण समुचित ढंग से, समुचित रीति से हुआ है?

यह समुचित रीति-ढंग निर्वहण क्षमता, विवेक-बुद्धि ही औचित्य है। यह आलोचक में भी अपेक्षित है और कवि या लेखक में भी। यह औचित्य-बुद्धि कवि की सौन्दर्य-भावना उसकी अन्तरात्मा का भी अंग होती है। उसके विना कला-कृति निर्मिति सम्भव नहीं। साथ ही कवि की सौन्दर्य-भावना या अन्तरात्मा को परखने के लिए आलोचक में भी कवि के सौन्दर्य विवेकौचित्य को पहचानने की औचित्य-दृष्टि होनी चाहिए। कवि की औचित्य-दृष्टि का अवलोकन कलाकार की तूलिका या फोटोग्राफर के कैमरे में नहीं अपितु उसके उपयुक्त सटीक शब्द चयन में ही होता है।

कवि को पत्थर या छेनी या रंग तथा तूलिका आदि की आवश्यकता नहीं होती। वह उनके बदले केवल शब्दों का प्रयोग करता है, और वे शब्द ही सहृदय के हृदय-चित्रपट्ट पर ऐसे सौन्दर्य-चित्र की रूप रेखाएँ खींच देते हैं, जिनमें वह अपनी रुचि तथा भावना का रंग भरकर उसे पूर्ण कर लेता है।

मानव जगत के लिए शब्द की महत्ता एवं उसकी उपयोगिता से सामान्य से सामान्य और विशिष्ट से विशिष्ट सभी संवेदनशील मानव उससे सुपरिचित है। महाभाष्यकार आचार्य पतंजलि और वाक्यपदीयकार आचार्य भर्तृहरि दोनों ने ही शब्द के व्यापार-विस्तार की सर्वव्यापकता के सम्बन्ध में गहन मन्थन और आलोडन करके अपने ग्रन्थों में गम्भीर विवेचन प्रस्तुत किया है।

शब्द, पदों की महत्ता और विशेषतः काव्य के सन्दर्भ में उसकी विदग्धता और मुग्धता उत्पन्न करने की क्षमता के सन्दर्भ में संक्षिप्त विचार करना अपेक्षित प्रतीत होता है।

मानवीय संज्ञान की सर्वाधिक महत्त्वपूर्व उपलब्धि है- शब्द।

यही शब्द तत्त्व भारतीय आगम ग्रन्थों में सृष्टि का मूल है जिसे परिभाषिक तौर पर बिन्दु कहते हैं, और यही शब्द तत्त्व हमारे समस्त व्यवहार का आधार भी है।

समस्त अभिव्यक्ति ही शब्दमय है। सृष्टि भी अभिव्यक्ति ही है। तन्त्रशास्त्र में इस विषय की गहन व्याख्या की गई है। अभिव्यक्ति प्रक्रिया अत्यन्त गूढ़ प्रक्रिया है, जिसके मूल में इच्छा, ज्ञान और क्रिया के रूप में प्रस्पन्दन-बीज कार्य करते हैं। तन्त्रशास्त्रों में इसे 'कामकला' कहा गया है।

वाक् ही समस्त सृष्टि का मूल है, भारतीय चिन्तनधारा की यह एक विशिष्ट उपलब्धि है। समस्त सृष्टि नादात्मक है। ब्रह्माण्डस्थ सभी चेतन और अचेतन शब्दोद्भूत माने गए हैं। वर्णो को मातृका अर्थात् जन्मदात्री कहा गया है। मूल मातृकाएँ पाँच हैं– अ, इ, उ, ऋ और लृ। तंत्र तथा व्याकरण दर्शन समस्त सृष्टि को नाद अथवा परावाक् अथवा शब्द का विवर्त्त मानते हैं।

शब्द, पद विषयक साहित्य–सामग्री के गम्भीर आलोडन से यह एक निश्चित और स्पष्ट धारणा बनती है कि शब्द से परे कुछ भी नहीं है। शब्द की अनेक अर्थच्छायाएँ हैं। यथा–

(i) शब्द्यते– जो प्रकाशित किया जाए अर्थात अर्थ।

(ii) शब्द्यते अनेन इति– जिसके द्वारा प्रकथन किया जाय अर्थात सार्थक वर्णसमूह रूप शब्द।

(iii) शब्दनं शब्दः, अर्थात् शक्तिग्रह या व्यापार।

(vi) शब्दयते– जो व्यक्त किया जाय अर्थात व्यंग्यार्थ; और

(v) इन सभी का समुदाय रूप शब्द।

वस्तुतः शब्द से इतर, शब्द से भिन्न किसी ज्ञान की कल्पना भी नहीं की जा सकती, इसका व्यापार–विस्तार सर्वत्र है। वाक्यपदीयकार का यह कथन इस सन्दर्भ में उद्धरणीय है–

न सोऽस्ति प्रत्ययो लोके यः शब्दानुगमादृते।
अनुविद्धमिव ज्ञानं सर्वं शब्देन भासते।।

वाक्यपदीय 1.173

महाभाष्यकार ने भी कहा है–

महाञ्शब्दस्य प्रयोग विषयः। – पतंजलि महाभाष्य

इस प्रकार शब्द मनुष्य के लिए साध्य और साधन दोनों है। शब्द–विवर्त्त सिद्धान्त के अनुसार सृष्टि का आविर्भाव शब्द से हुआ, इसलिए तिरोभाव भी शब्द में ही होगा, इस दृष्टि से शब्द साध्य है। गोपीनाथ कविराज ने अपने ग्रन्थ 'तांत्रिक वाङ्मय में शाक्त दृष्टि' पृ० 280' में कहा है, "शब्द ब्रह्म में निष्णात् होने पर परब्रह्म की उपलब्धि होती है। शब्दातीत परम पद का साक्षात्कार यदि करना हो तो शब्द का आश्रय लेकर ही शब्द राज्य का भेद करना होगा।" अतः शब्द परम साधन भी है।

डॉ० वी० राघवन् ने अपने ग्रन्थ 'सम कॅन्सेप्ट्स ऑफ अलंकार शास्त्र, पृष्ठ

18) में भट्टनायक को उद्धृत करते हुए शब्द, अर्थ और शब्दार्थ की उपस्थिति के विषय में बताया है,

"शब्द प्राधान्यमाश्रित्य तंत्रशास्त्रं पृथग्विदुः,
अर्थतत्वे तु युक्तेन वदन्तः स्थानमेतयोः।
द्वयो गुणत्वे व्यापार प्राधान्ये काव्यगी भवेत्।।

अर्थात् शास्त्र शब्द प्रधान होता है, पुराण अर्थ प्रधान होता है और काव्य शब्दार्थ प्रधान होता है।

काव्य क्षेत्र शब्दार्थ-व्यापार का क्षेत्र है, जिसमें जितना महत्व शब्द का है उतना ही अर्थ का।

शब्द और अर्थ की समरसता ही काव्य का अभिलषित है, काव्य का प्राण है। आचार्य आनन्दवर्धन ने इस समरसता को ध्वनि नाम दिया और उसे काव्य की आत्मा के रूप प्रतिष्ठित किया, उसका निरूपण उन्होंने 'काव्य-विशेष' के रूप में किया है-

यत्रार्थः शब्दो वा तमर्थमुपसर्जनीकृत स्वार्थौ
व्यङ्क्तः काव्यविशेषः स ध्वनिरिति सूरिभिः

– धवन्यालोक 3.41 कथितः।।

आनन्दवर्धन का कहना है कि काव्य का वह प्रकार सम्भव ही नहीं, जहाँ प्रतीयमान अर्थ के संस्पर्श से चारुता का आधान न होता हो। उनकी दृष्टि में काव्यता का यही परम रहस्य है, जिसका ऊहापोह समीक्षकों को सम्यग् रूप से करना चाहिए-

"सर्वथा नास्त्येव हृदयहारिणः काव्यस्य स प्रकारः, यत्र प्रतीयमानार्थ संस्पर्शेन न सौभाग्यम्। तदिदं रहस्यं परममिति सूरिभिर्विभावनीयम्।

ध्वन्यालोक 3.36 पर वृत्ति।

शब्द और अर्थ की समरसता को तंत्र 'बिन्दु' कहता है, व्याकरण 'परावाक्' और अतिमानस चेता कवि उसे 'विभापूर्ण एव विभावक शब्द' कहता है, जो संप्रेरित और अन्ततः फलीभूत होता है, और जो हमें सिर्फ समझने नहीं बल्कि देखने को भी विवश करता है।"

"He (poet) says beyond the sight of the surface of the mind and friends the revealing word, not merely the adequate and effective, but the illumined and illuminating, the inspired and inevitable words which compels us to see also. To arrive at that word in the whole endeavour of poetic style"–Aurbindo–the future poetry. p. 33

उद्धृत भा. का. चिन्तन में शब्द, पृष्ठ–8

"शब्द विभिन्न सन्दर्भों में विशिष्ट अर्थ किं वा अर्थच्छाया में प्रयुक्त होते हैं। यह स्थिति शब्द की अनेक पर्यायवाचकता अथवा अनेकार्थता से भिन्न है। इसे 'शब्दार्थ-सन्दर्भ प्रक्रिया' कहा जा सकता है। काव्य तथा काव्येतर सन्दर्भों में प्रयुक्त शब्द वस्तुत: एक ही अभिधेय सत्ता के वाचक है, पृथक नहीं।

काव्य भी अनेक अनुशासनों की तरह एक मानवीय व्यापार है; पर काव्य की सन्दर्भ प्रक्रिया निश्चय ही काव्येतर संदर्भ प्रकिया से भिन्न है।"– भारतीय काव्य चिन्तन में शब्द, पृष्ठ- 9

इस विवेचन से यह स्पष्ट है कि शब्द और अर्थ में शब्द की प्रधानता होती है। आचार्य पतंजलि का 'महाभाष्य' के 'पस्पशाह्निक' में उद्धृत यह कथन इसका पुष्फल प्रमाण है– "एक:शब्द सम्यग्ज्ञात: सुप्रयुक्त: स्वर्गे लोके च कामधुक् भवति।" इसलिए कवि का शब्दों पर अधिकार होना नितान्त आवश्यक है, उनका शब्दशास्त्र में पूर्ण पाण्डित्य नितराम् अपेक्षित है।

इस दृष्टि से कवि-सम्राट् कालिदास शब्दशास्त्र में पूर्णतया निष्णात थे, इसमें लेशमात्र भी सन्देह नहीं है। उनके ग्रन्थ इस तथ्य की सुतरां परिपुष्टि करते हैं।

महाकवि-कालिदास की काव्य प्रतिभा ने संस्कृत-कविता को शिष्टता और सूक्ष्मता प्रदान की है। उनकी शैली मधुर, प्रसन्नपदा, विशुद्ध एवं प्रांजल है। उसमें न तो पुराणों जैसी अस्पष्टता और शिथिलता है, और न ही परवर्त्ती कवियों की कविता जैसी बोझिल और कृत्रिम। वह स्वाभाविक, सशक्त और स्पष्ट है। अभिव्यक्ति की सहज विशदता और भाषा का सहज सरल प्रवाह कविवर कालिदास की रचनाओं की अतिशय महत्ता और मूल्यवत्ता को संकेतित करते हैं। उनकी सुन्दर सटीक उपमाएँ तथा सारगर्भित लोकोक्तियां अद्वितीय बन पड़ी हैं। उनकी शब्द योजना का विशिष्ट स्थान है। वह लम्बे सामासिक शब्दों, सन्ध्यक्षरों तथा सायास प्रयुक्त अलंकारों से रहित है। श्लेषों का तो कवि ने बहुत कम प्रयोग किया है। कालिदास के समान सुन्दर एवं प्रौढ़ वर्णन किसी दूसरे कवि ने नहीं किया। वस्तुत: कालिदास का वर्णन-नैपुण्य महतो महीयान् है। शाकुन्तल, मेघदूत एवं रघुवंश के कुछ दृश्य तो इतने मनोहर हैं कि पाठकों को मन्त्रमुग्ध कर देते हैं।

कालिदास की शब्द-योजना की मंत्र-मुग्धता के विश्लेषण की क्षमता प्राप्त करने, औचित्य दृष्टि से संबलित होने के उद्देश्य से औचित्य-प्रणेता क्षेमेन्द्र के ग्रंथानुशीलन करने पर विदित होता है कि काव्यशास्त्रके आचार्य होने के साथ ही साथ वे एक कुशल कवि भी थे। उनके द्वारा प्रतिष्ठापित औचित्य सिद्धान्त केवल कोरी कल्पना मात्र नहीं है प्रत्युत् उससे उनके कवि पक्ष की भी सुतरां अभिव्यक्ति होती है। अत: कविकुलचुडामणि की कृतियों पर इस सिद्धान्त का अमल (Application) क्यों न किया जाय?

अत: औचित्य सिद्धान्त के परिप्रेक्ष्य में कविकुलगुरु कालिदास की कृतियों का अध्ययन परमावश्यक समझते हुए मैंने औचित्य-सिद्धान्त की दृष्टि से उसका विधिवत् अध्ययन करने का संकल्प लिया। तद्नुसार औचित्य-अन्वेषणी बुद्धि और कालिदास-काव्य-सौन्दर्य-निमग्न हृदय दोनों के मणिकांचन संयोग से उत्पन्न उमंग ने कवि शिरोमणि की काव्य-कृतियों के पद वाक्यादि के मर्मों के उन्मीलन और उनके विश्लेषण-विवेचन के लिए उत्प्रेरित किया। रसजीवितभूत औचित्य के प्रणेता क्षेमेन्द्र की दृष्टि से रसध्वनिवादी कवि कालिदास के रससिद्ध काव्य का परिशीलन एक महद् दुष्कर कार्य था। व्यंजना के कवि के काव्य में निहित मार्मिक अभिव्यंजना की औचित्यपरकता का उन्मूलीन एक जटिल और दुरूह कार्य प्रतीत हुआ। परन्तु इस कार्य की महार्घता और मूल्यवत्ता के वैशिष्ट्य को ध्यान में रखकर ही इस ओर प्रवृत्त हुआ।

कविवर कालिदास के लब्धप्रतिष्ठ टीकाकार आचार्य पूर्णसरस्वती द्वारा कविकुल गुरु के काव्य-विश्लेषण के सम्बन्ध में निम्नोक्त कथन-

'प्रतिपदमखिलार्थ व्याकृतौ क: कृती स्यात्।
सुमतिरनुभाव्ये कालिदासस्य काव्ये।।'

ने भी इसकी विशिष्ट महत्ता का उद्घोष कर मुझे इस चुनौतीपूर्ण कार्य करने का एक अभिनव उत्साह और प्रेरणा प्रदान की।

एतदतिरिक्त राष्ट्रकवि रामधारी सिंह दिनकर की इस उक्ति कि "भावों के तूफान को बुद्धि की जंजीर से पकड़ने की उमंग कोई छोटी उमंग नहीं है" ने भी प्रवृत्त होने के लिए समुचित प्रोत्साहन प्रदान किया।

महाकवि के काव्यों के मर्मोन्मीलन प्रसंग में विचार करने पर हम पाते हैं कि काव्य-मर्मज्ञों ने काव्य विभाजन त्रैविध्य को ही प्राय: स्वीकार किया है। यह त्रिविध विभाजन-उत्तम, मध्यम और अधम कोटि में परिगणित किया गया है। महाकवि

कालिदास का काव्य उत्तम काव्य–ध्वनि काव्य के रूप में समादृत है। ध्वनि काव्य को सर्वश्रेष्ठ काव्य के रूप में प्रायः सभी आलोचकों ने स्वीकार किया है। इसमें अनभिहित, वाच्यातिशायी प्रतीयमान तत्व सहृदयों के हृदय में रसमाधुरी की अजस्र धारा प्रवाहित कर ब्रह्मानन्द सहोदर काव्यानन्द से सायुज्य कराता है। ध्वनि की दृष्टि से महाकवि कालिदास का प्रत्येक शब्द अभिव्यंजक और साभिप्राय है। नैकविध परम्पराप्राज्ञ, लोकमनःनिष्णात् कविकुल–कुमुद–कलाधर कालिदास का पद प्रयोग और पद–विन्यास सुविमर्शित, सुविचारित और परिवर्तनअसहिष्णुत्व के दिव्य गुणों से युक्त है।

कालिदास में अपने हृदय के भावों को प्रकट करने वाले शब्दों के चुनाव की विलक्षण क्षमता देखी जाती है। वह ज्यों ही कुछ कहना चाहते हैं, त्योंही उस अर्थ के प्रकट करने वाले अनेक शब्दों की श्रेणी उनके सम्मुख हाथ बाँधकर खड़ी हो जाती है और उसकी चुनाव चतुर चक्षु उनमें से उपयुक्त पदावली को ग्रहण कर लेती है। उनकी दृष्टि में कोई दो शब्द परस्पर पर्यायवाची नहीं हैं, क्योंकि प्रकरणादि के अनुसार उनके लक्ष्यार्थ और व्यंग्यार्थ बदल जाते हैं। हर, भव, पिनाकी, कपाली प्रभृत शब्द सामान्य जन के लिए शिवजी के वाचक हैं परन्तु कालिदास के लिए वे वैसे नही हैं। इसीलिए उन्होंने उनका प्रयोग प्रसंगानुसार किया है।

मेघदूत के प्रथम श्लोक में आगत 'राममिर्याश्रिमेषु' में 'आश्रमेषु' इस बहुवचनान्त पद से यक्ष के अतिशय विरह–वियोग–विह्वल होने के कारण एक स्थान पर टिके न रह पाने की तद्विषयक मानसिक विक्षिप्तता, अभिज्ञानशाकुन्तल के चतुर्थ अंक के चतुर्थ श्लोक के प्रथम पाद में 'यास्यति' क्रिया के भविष्यत्कालिक प्रयोग से शकुन्तला के विदाकाल के वर्तमान या भूत में न होने वाली अघटित घटना की कल्पना मात्र से अत्यधिक दुःखी और अतिशय करुणार्द्र कण्व के चित्त–वैकलव्य की व्यंजना।

कुमारसंभव के पंचम सर्ग में छद्म–ब्रह्मचारी द्वारा शिव के लिए 'कपाली' पद के प्रयोग से पार्वती के मन में उनके प्रति घृणा उत्पन्न करने की वीभत्स–व्यंजकताबोधक पदों से उनके उपरिलिखित गुणों का दर्शन हुआ था। इन पदों के विश्लेषण से क्षेमेन्द्रोक्त क्रमशः वचनौचित्य, कालौचित्य एवं पदौचित्य की स्मृति हठात् मानस–पटल पर अंकित हो जाती है। इस प्रकार एक कुशल जौहरी की भाँति कविकुलगुरु द्वारा रसाभिव्यंजक पदों के चयन एवं प्रयोग उनके एतद्विषयक मर्म को परखने और पहचानने की सिद्धहस्तता को प्रमाणित करते हैं।

कालिदास निःसन्देह एक रस सिद्ध कवि हैं। औचित्य के सम्बन्ध में विश्वसाहित्य के सर्वोत्कृष्ट समालोचक आचार्य आनन्दवर्धन का अपना विचार है कि कवित्व की मर्मस्पर्शिता या सहृदय-हृदयाह्लादिता का रहस्य उसमें औचित्य का उपनिबन्धन ही है। जो कविता औचित्य भाव से जितनी अधिक संवलित होगी, वह उतनी ही प्रांजल और सर्वमनोहारी होगी। आनन्दवर्धनाचार्य की औचित्य विषयक यह धारणा महाकवि कालिदास के काव्यों पर पूर्णतः चरितार्थ होती है।

आलोचना शास्त्र के इस मूर्धन्य समालोचक ने अपना आदरातिशय्य प्रकट करते हुए कविकुल गुरू कालिदास को 'महाकवि' इस संज्ञा से अभिषिक्त किया है। उनकी दृष्टि में कालिदास जैसे तीन, पाँच या छः कवि ही महाकवि की उपाधि से विभूषित होने योग्य हैं। यही नहीं उन्होंने न केवल महाकवि के काव्यों से कुछ पद्यांशो को उद्धृत किए हैं; अपितु स्वयं उनकी कृतियों का ध्वनि सिद्धान्त (समीक्षा-सिद्धान्त) की दृष्टि से मूल्यांकन भी किया है। निश्चित रूप से आचार्य क्षेमेन्द्र ने आनन्दवर्धनाचार्य की इसी सरणि का अनुसरण कर उनकी सैद्धान्तिक और विश्लेषणात्मक पद्धति को अपनाते हुए भी सर्वत्र वस्तुनिष्ठ दृष्टि-औचित्य दृष्टि को अपनाया।

कालिदास अपनी शब्द मर्मग्राही विचक्षण बुद्धि से चयनित अल्प शब्दों में जिन विपुल भावों की पुष्कल अभिव्यक्ति कर देते हैं। उन्हें दूसरे कवि प्रचुर विस्तार से लिखकर भी प्रकट नहीं कर पाए हैं। वे शब्द-लाघव और अर्थ गौरव के प्रति सतत सतर्क, सजग और सचेष्ट हैं।

इस प्रकार हम देखते हैं कि उनकी औचित्य से आवेशित चुम्बकीय दृष्टि लौहकणवत् सटीक, सार्थक, साभिप्राय, ध्वनन-सामर्थ्य-संवलित, सहृदयसंप्रेष्य सुकर शब्दों के चुनाव में परम प्रत्रीण और कुशल है।

कालिदास के काव्य में औचित्य दृष्टि प्रायः उनके प्रत्येक स्थल, प्रत्येक पंक्तियों और प्रत्येक शब्दों के अभिनव हृद्य प्रयोग में सुतरां परिलक्षित होती है। क्षेमेन्द्र के औचित्य सिद्धान्त की दृष्टि से, उनके उपनयनों से महाकवि कालिदास के काव्य का परिशीलन करने से तथा क्षेमेन्द्र की औचित्य विचारचर्चा में उदाहृत उनके श्लोकों के विश्लेषण से यह एक स्पष्ट और सुनिश्चित धारणा बनती है कि आचार्य कवि क्षेमेन्द्र महाकवि कालिदास के अनन्य उपासक हैं।

'कविकण्ठाभरण' में निम्न वचन इसके पुष्फल प्रमाण हैं–

पठेत् समस्तान् किल कालिदासकृतप्रबन्धानितिहासदर्शी।
कास्याधिवासप्रथमोद्गमस्य रक्षेत्पुरस्तार्किकगन्धमुग्रम्।।

महाकवेः काव्यनवक्रियायै तदेकचित्तः परिचारकः स्यात्।
पदे च पादे च पदावशेषसंपूरणेच्छां मुहुराददीत्।।
अभ्यास हेतोः पद संनिवेशैबाल्यार्थ शून्यै र्विदधाति वृत्तम।
श्लोकं परावृत्ति पदैः पुराणं यथास्थिति परिपूरयेच्च।।

–कविकंठाभरण,/ 1–19,20,21 पृ० 65

सैद्धान्तिक परिक्षेत्र में यदि वे औचित्य सिद्धान्त का संकेत-सूत्र आचार्य आनन्दवर्धन से ग्रहण करते हैं तो अपने सिद्धान्त के स्वर्ण-शुद्धि का निकषीय परीक्षण कर उसे सार्वकालिक और सार्वभौमिक बनाने में प्रयोगशाला के रूप में महाकवि कालिदास के काव्य का सबल अवलम्बन लेते हैं। यह कथन निराधार नहीं, अपितु साधार है, जो क्षेमेन्द्र द्वारा अपनी सिद्धान्त परिपुष्टि के लिए महाकवि के काव्य से श्लोकों को अनेकशः उद्धृत किये जाने, उसके विश्लेषण और स्पष्टीकरण से स्पष्टतया प्रतीत होता है। यह अलग बात है कि कतिपय शब्दों की व्यंजकता के विषय में दोनों में मत-वैभिन्य परिलक्षित होता है। यथा 'तन्वी' पद के प्रयोग के विषय में जहां क्षेमेन्द्र विरह-विधुरा रमणी के लिए इसे उचित समझते हैं, वहाँ महाकवि कालिदास उसे 'सुन्दरी' रमणी के अर्थ में प्रयुक्त करते हैं। परन्तु इनके बावजूद महाकवि कालिदास के काव्य में क्षेमेन्द्र की औचित्य दृष्टि सर्वत्र दृष्टिगोचर होती है। ऐसा लगता है, जैसे महाकवि ने अपने काव्य में प्रत्येक पदादि का चयन और प्रयोग पश्चातवर्त्ती क्षेमेन्द्र के औचित्य सिद्धान्त के व्यावहारिक प्रयोगशाला और उसके निकष हेतु ही किया है। महाकवि कालिदास की कृति मूर्त्तिमती औचिती के रूप में परिलक्षित होती है। महाकवि कालिदास के औचित्य-संविवेक को एस०टी० वरदाचार्य के शब्दों में इस प्रकार उपन्यस्त किया जा सकता है–

"ललितामेव वितन्वन् सृष्टिं स्रष्टारमतिशयानः।
औचित्यमूर्त्तिरिह भजनीय मे कालिदासत्वम्।।"

अन्त में, मैं महाकवि कालिदास को अपनी पुष्पांजलि समर्पित करता हूँ।

कविकुलगुरु काव्ये उचितोन्मीलनसमीहया।
कुरुते श्रममयं कान्तः प्रणम्य पूर्वसमीक्षकान्।।

इस पुस्तक को लिखने में मेरी दृष्टि यह रही है कि, मैं उस तथ्य या रहस्य को उद्‌घाटित करूं, जिसे मन में लेकर कालिदास ने औचित्यपरक शब्द, वाक्य या कहीं-कहीं पूरे के पूरे पद्‌य का ही विन्यास कर दिया है, ऐसे अनेकानेक औचित्यों का संकलन, परीक्षण और उसकी प्रामाणिक पुष्टि करना।

अनेक भारतीय विद्वानों ने कालिदास का आधुनिक शैली से अनुशीलन किया है और उनके काव्य-सौन्दर्य को उद्घाटित करने का श्लाघ्य प्रयास किया है। किन्तु अधिकांश पंडितों के अध्ययन प्रायेण अंग्रेजी भाषा में ही प्रकाशित हुए हैं। इसका परिणाम यह हुआ है कि हिन्दी जानने वाले कालिदास काव्य-रसिकों को इन पंडितों के प्रयासों से लाभान्वित होने का सौभाग्य नहीं प्राप्त हो सका है।

मल्लिनाथ की टीकाओं तथा अन्य आधुनिक टीकाओं से कवि के काव्य-सौन्दर्य का एक निश्चित सरणि में ही उन्मीलन हुआ है। विद्वदवर प्रो० वी०वी० मिराशी तथा आचार्य चन्द्रबली पाण्डेय की पुस्तकें हिन्दी में अवश्य वर्तमान हैं। इन दोनों ही लोगों की शोध-दृष्टि भिन्न-भिन्न है। प्रो० मिराशी की दृष्टि मुख्यतया तथ्यान्वेषणपरक रही है।

मेरी पुस्तक की परम्परा में, पूर्वपीठिका के रूप में दिल्ली विश्वविद्यालय के संस्कृत विभाग में किए गए दो महत्वपूर्ण शोध-प्रबन्ध उल्लेखनीय हैं। इनमें से एक डॉ० नित्यानन्द शर्मा द्वारा ' कालिदास काव्ये शब्द परिपाक:' सन् 1972 में और डॉ० वाचस्पति द्वारा 'कालिदास काव्येषु ध्वनि सौंदर्यम्' सन् 1973 में प्रस्तुत किये गये शोध प्रबन्ध हैं। दोनों ही शोध प्रबन्ध महत्वपूर्ण हैं।

दोनों ही शोध-प्रबन्धों का अध्ययन मुझे उचित दिशा-निर्देश में सहायक रहा है। 'कालिदासकाव्ये शब्द परिपाक:' में डॉ० नित्यानन्द ने प्रथम अध्याय में देवता वर्ग, प्रकृति वर्ग और मनुष्य वर्ग में विभाजित कर महाकवि कालिदास के काव्य का परिपाक की दृष्टि से अध्ययन किया है। इसके पंचम अध्याय में स्पष्टतया औचित्य की दृष्टि से भी विश्लेषण है, लेकिन वह अत्यल्प है। इसी प्रकार डॉ० वाचस्पति ने अपने शोध-प्रबन्ध के 'पंचम परिच्छेद' में महाकवि कालिदास के पदों का औचित्यपरक विश्लेषण प्रस्तुत किया है, लेकिन वह भी प्रचुर मात्रा में नहीं है। इन शोध-प्रबन्धों में परिपाक और ध्वनि की दृष्टि से कालिदास के काव्यों का विश्लेषण होने के बावजूद औचित्य की दृष्टि से व्यापक रूप में अध्ययन की अपेक्षा थी। अतिरिक्त इसके, उक्त शोध प्रबन्ध संस्कृत भाषा में लिखे जाने के कारण राष्ट्रभाषा हिन्दी प्रेमियों के लिए दुरूह और अज्ञेय ही हैं। प्रकृत ग्रन्थ महाकवि कालिदास काव्य के मर्मों के विस्तृत विश्लेषण, जो हर समय औचित्य-दृष्टि के फोकस-लेन्थ में है; की दृष्टि से एक विनम्र प्रयास है। राष्ट्रभाषा हिन्दी में निबन्धन भी इसकी एक मुख्य विशेषता है। यह पुस्तक कालिदास काव्य-प्रेमियों के हृदय में उनके शब्द-मर्म-उद्घाटन से उद्भूत आह्लादक आनन्द की सृष्टि करेगा ऐसा मुझे विश्वास है।

प्रकृत ग्रन्थ के प्रतिपाद्य विषय को नव उन्मेषों में विभक्त किया गया है, इनका उन्मेष क्रम से विवरण इस प्रकार है–

प्रथम उन्मेष में संस्कृत वाङ्मय में साहित्यक समीक्षा के सैद्धान्तिक विकास पर संक्षिप्त प्रकाश डाला गया है।

द्वितीय उन्मेष में औचित्य के अर्थ, परिभाषा और सिद्धान्त पर सम्यक् विचार विमर्श किया गया है।

तृतीय उन्मेष में कालिदास की रचनाओं, उनके क्रम–निर्धारण तथा तत्कालीन सामाजिक, धार्मिक, राजनैतिक और साहित्यिक पृष्ठभूमि पर एक विहंगम दृष्टिपात किया गया है।

चतुर्थ उन्मेष में कालिदास की रचनाओं में निहित साहित्यिक औचित्य का विमर्श किया गया है, जिसमें क्षेमेन्द्रोक्त गुणौचित्य, अलंकारौचित्य और रसौचित्य इन तीन प्रकार के औचित्यों का समावेश है।

पंचम उन्मेष में भाषागत औचित्य का परिशीलन किया गया है, जिसके अन्तर्गत पद, वाक्य, प्रबन्धार्थ, क्रिया, कारक, लिंग, वचन, विशेषण, उपसर्ग और निपातों को लिया गया है।

षष्ठ उन्मेष में सामाजिक औचित्य चिन्तन का विषय बना है, जिसमें देश, काल, स्वभाव, कुल, व्रत और नामौचित्य का संग्रहण किया गया है।

सप्तम उन्मेष में तात्त्विक औचित्य विवेक पर दृष्टि केन्द्रित की गई है। इसमें तत्त्व, सत्त्व, अभिप्राय, सारसंग्रह, प्रतिभा और आशीर्वचन प्रभृति औचित्य विवेचित हैं।

अष्टम उन्मेष में कतिपय प्रकीर्ण विषयों पर चिन्तन किया गया है, जो क्षेमेन्द्र की औचित्य विचार चर्चा में तो उक्त नहीं है परन्तु उनके अन्य ग्रन्थों 'सुवृत्ततिलक' और 'कविकण्ठाभरण' और अन्यान्य ग्रन्थों के अनुशीलन से परिलक्षित होती है। इसके अन्तर्गत वृत्तौचित्य, पदपुनरुक्त्यौचित्य, प्रसंगौचित्य, भाषौचित्य, संवादौचित्य विमर्शित हैं।

नवम उन्मेष प्रबन्ध का उपसंहार रूप निर्गलितार्थ 'समाहार' शीर्षक के अन्तर्गत प्रस्तुत किया गया है।

अन्त में, कुछ विशिष्ट दृष्टि से अनुभूत तथ्यों का उल्लेख सप्त परिशिष्टों में किया गया है।

इस ग्रन्थ के प्रणयन में अभूतपूर्व प्रेरक रहा है–श्रद्धेय गुरुवर्य प्रो० ब्रजमोहन चतुर्वेदी का वैदुष्यपूर्ण निर्देशन एवं असीम स्नेह। उनके प्रति कृतज्ञता ज्ञापन के कुछ औपचारिक शब्दों को कहकर संतोष नहीं होता।

इस पुस्तक के लिए अपना आर्शीर्वचन प्रदान कर मेरा उत्साहवर्धन करने वाले श्रद्धेय गुरुकल्प प्रो० रमाकान्त आंगिरस के प्रति अपनी प्रणामाञ्जलि समर्पित करना अपना पुनीत कर्त्तव्य समझता हूँ।

कुटुम्बी जनों में अपने पूज्य पिता श्री हर्षदेव राय ममतामयी माँ श्रीमती फूलवती राय, श्रद्धेय पितृव्य श्री पारस नाथ राय एवं प्रियतमा श्रीमती शीला राय के प्रति भी श्रद्धावनत एवं कृतज्ञ हूँ जिनके स्नेह और त्याग इस सारस्वत यज्ञ में सहायक रहे हैं।

तदतिरिक्त उन सभी महानुभावों के प्रति अपनी हार्दिक कृतज्ञता ज्ञापित करने में मुझे परम आह्लाद का अनुभव हो रहा है, जिनकी अनन्त शुभकामनाएँ इस ग्रन्थ के प्रणयन के साथ जुड़ी हुई हैं।

अन्त में, इस पुस्तक के प्रकाशक श्री बद्रीनाथ तिवारी, विद्यानिधि प्रकाशन, दिल्ली का हृदय से आभार व्यक्त करता हूँ, जिन्होंने इसे प्रकाशित करने में अपनी सहृदयता और सज्जनता दोनों का परिचय दिया है।

डॉ० शशिकान्त राय

एसोसिएट प्रोफेसर, संस्कृत विभाग

पोस्ट ग्रेजुएट गवर्नमेण्ट कालेज

सेक्टर–11, चण्डीगढ़

पंजाब विश्वविद्यालय

संकेत-निर्देश

ऋ०	–	ऋतुसंहार
मेघ०	–	मेघदूत
रघु०	–	रघुवंश
कुमार०	–	कुमारसंभव
मा०	–	मालविकाग्निमित्र
विक्रम०	–	विक्रमोर्वशीय
अभि०शा०	–	अभिज्ञानशाकुन्तल
औ०वि०च०	–	औचित्य-विचार-चर्चा
का०ग्रं०	–	कालिदास ग्रंथावली
का०मी०	–	काव्यमीमांसा
ध्व०	–	ध्वन्यालोक
व०जी०	–	वक्रोक्तिजीवित
का०प्र०	–	काव्यप्रकाश
सा०द०	–	साहित्यदर्पण
ना०शा०	–	नाट्यशास्त्र
का०सू०वृ०	–	काव्यालंकारसूत्र वृत्ति
शृ०प्र०	–	शृंगार प्रकाश
व्य०वि०	–	व्यक्ति विवेक
सं०	–	संपादक
प्र०	–	प्रकाशन

विषय-सूची

प्रथम उन्मेष

संस्कृत वाङ्मय में साहित्यिक समीक्षा का इतिहास

मनुष्य ईश्वर की सृष्टि का सर्वोत्कृष्ट शृङ्गार है। मननशीलता मनुष्य का, पृथ्वी के गंध गुण की तरह, सहज धर्म है। अपने चिंतन और मनन गुणों के फलस्वरूप ही वह प्रकृति के नाना रूपों का उपभोग, उपयोग कर सका है, कर रहा है। भारतीय मनीषी की प्रखर प्रज्ञा और प्रतिभा का निदर्शन दिव्यातिदिव्य भारतीय संस्कृत वाङ्मय है। इसके दिव्य गुणों के कारण ही "संस्कृतं नाम दैवी वागन्वाख्याता महर्षिभिः"[1] कहकर आचार्य ने अपनी प्रणामांजलि समर्पित किया है।

भारतीय वाङ्मय वैशिष्ट्य और वैविध्यमय है। नैकविध विधाएँ यहाँ अंकुरित, पल्लवित, कोरकित, और पुष्पित हुई हैं। इन विधाओं के पारस-संस्पर्श से दर्शन साहित्यादि अनेकानेक विषय संस्पर्शित हैं।

साहित्य व्यक्ति और समाज के जीवन की भाव-प्रधान सरस आलोचना है और आलोचना उस आलोचना की आलोचना है। इस प्रकार साहित्य और आलोचना का आधार-आधेय संबंध है साहित्य ही वह आधारशिला है जिस पर आलोचना रूपी भवन का निर्माण होता है।[2] यदि संपूर्ण साहित्य को हम जीवन की व्याख्या मानें तो आलोचना को उस व्याख्या की प्रव्याख्या मानना पड़ेगा।

आधुनिक समीक्षाशास्त्रीय शब्दावली में इसे इस रूप में भी कहा जा सकता है-

रचना के साक्ष्य पर सैद्धांतिक और व्यावहारिक समीक्षा समानांतर प्रवाहित होती रहती है। अर्थात् रचना पहले होती है और समीक्षा उसके आधार पर बाद में। समीक्षा रचना के खूंटे से बंधी रहती है, जबकि रचना में ऐसा बंधन नहीं है।

निष्कर्ष यह कि समीक्षा रचना से और रचना जीवन से बंधी हुई है। इस प्रकार जीवन के साथ रचना और रचना के साथ समीक्षा गतिशील रहती है, अवरुद्ध और जड़ नहीं।[3]

ध्यातव्य है कि यहां साहित्य के स्थान पर 'रचना' शब्द का प्रयोग करते हुए

उसकी पुरोगामिता और समीक्षा की पश्चाद्भाविता सिद्ध की गई है। अतिरिक्त इसके, जीवन और रचना की अन्योन्याश्रिता, संबद्धता और गतिशीलता पर भी प्रकाश डाला गया है साहित्य और समीक्षा के इन परस्पर मधुर संबंधों के आलोक में संस्कृत वांङ्मय के परिशीलनोपरांत विदित होता है कि यहां पर भी लक्ष्य ग्रंथों, आलोच्य ग्रंथों- (रामायण महाभारतादि) के प्रणयन के पश्चात ही लक्षण ग्रंथों (समीक्षात्मक ग्रंथों) का आलोचनानुशीलन हुआ।

आलोचना, समालोचना, समीक्षा, विवेचना तथा मीमांसा एकार्थक होते हुए भी भिन्न-भिन्न दिशा के सूचक हैं। किसी रचना की चतुर्मुख, देखभाल, जांच-पड़ताल को आलोचना कह सकते हैं। इसमें गम्भीरता आते ही आलोचना समालोचना बन जाती है। समालोचना और समीक्षा पर्यायवाची है। तर्कसम्मत आलोचना को विवेचना तथा शास्त्रसम्मत आलोचना को मीमांसा कहते हैं।

अभिनवगुप्त समीक्षा को 'लक्षणज्ञता' के रूप में स्वीकार करते हैं। उन्होंने इसे लक्ष्य (ग्रंथों) के परिशीलन से अदृष्ट (देवादि) के प्रसाद से उद्भूत स्वप्रतिभाशालिता कहा है।[4]

राजशेखर ने काव्यमीमांसा में समीक्षा का अर्थ बताते हुए लिखा है भाष्य में निहित गंभीर अर्थों की व्याख्या समीक्षा है; तथा भाष्य के अंतर्गत वर्तमान अवांतर अर्थों का अलग-अलग विभाग भी समीक्षा है।[5]

'वेब्सटर्स थर्ड न्यू इंटरनेशनल डिक्शनरी'[6] में क्रिटिसिज़्म के अर्थ विश्लेषण में इसे पक्षपात रहित, दोषोद्भावक, असहमति और आक्षेप-पूर्ण तथा मूल्यांकन को कला अथवा कला और साहित्य का औचित्य पूर्ण ज्ञान द्वारा विश्लेषण, (जिससे कृति की प्रकृति और कृतिकार के कथ्य का उन्मीलन हो) ऐसा कहा गया है।

डॉ० राममूर्ति त्रिपाठी ने इसे परिभाषित करते हुए कहा है-"वह कृति के माध्यम से साक्षात्कृत मूल संवेदना का सर्जनात्मक पुनराख्यान है। यह आख्यान विश्लेषात्मक है और विश्लेषण में मूल संवेदना तथा उसके प्रकाशन में प्रवण भाषा की समस्त क्षमता का परीक्षण होता है।[7]

आलोचना या समीक्षा के इन अर्थों और परिभाषाओं का विश्लेषण करने पर स्पष्टत: पता चलता है कि इसके लिए 'बौद्धिक-उत्कर्ष' 'आलोचनात्मक क्षमता' और कृति के साथ 'तन्मयी-भवन योग्यता' आदि सुतरां अपेक्षित हैं। बुद्धि-पक्ष का प्राबल्य होने पर ही किसी वस्तु के सदसद् विवेक का सकारण मूल्यांकन संभव है। संस्कृत साहित्यशास्त्र के महनीय ग्रंथ इस संबंध में प्रबल प्रमाण रूप में प्रस्तुत किए जा सकते हैं।

पाश्चात्य आलोचक प्राय: पौरस्त्यों-विशेषत: संस्कृतज्ञों पर आरोप लगाते हैं कि आलोचना करना भारतीय संस्कृतज्ञ जानते भी नहीं हैं, उनकी दृष्टि में आलोचना करना पाप है- आदि-आदि। पश्चिमी विचारकों के इस आरोप पर गंभीर मंथन करने पर यह ज्ञात होता है कि भारतीय मनीषियों पर आलोच्य- दृष्ट्याभाव का आरोप पक्षपातपूर्ण और अज्ञानपूर्ण ही है; क्योंकि भारतीयों ने धर्म को जीवन का ऐकान्तिक उद्देश्य मानते हुए भी सृजनशीलता, सकारात्मक दृष्टिकोण का ही परिचय दिया है। उन्होंने अपनी प्रतिभा के मंडनात्मक पक्ष को ही विशेष प्रश्रय दिया है, खंडनात्मक को कम। परंतु उनमें आलोच्य दृष्टि का भी सर्वथा अभाव नहीं है। धार्मिक, वैयाकरणिक और शास्त्रीय ग्रंथों का परिशीलन इस बात को स्पष्ट करता है कि वे आलोचकीय दृष्टि रखते थे। यह बात अलग है कि वे पश्चिमी विचारकों की भांति 'विशेषीकरण' और 'व्यष्टिवाद' के स्थान पर 'साधारणीकरण' और 'समष्टिवाद' में विश्वास रखते थे। धार्मिक, शास्त्रीय और वैयाकरणिक ग्रंथों का विश्लेषण भारतीय चिंतकों की प्रारम्भिक आलोचना प्रणालियों को भी रेखांकित करता है।

धार्मिक ग्रंथों के ग्रंथकर्त्ताओं और उनके टीकाकारों की दृष्टि श्रद्धानुगत आलोचकीय रही है। किसी पक्ष के प्रति श्रद्धा अधिक उत्पन्न करने के लिए तदीय पक्ष-विपक्ष की कल्पना करके खंडन-मंडनात्मक 'नेति नेति' की प्रक्रिया अपनाई गई है। एतद् विषयक ग्रंथ है- पूर्व मीमांसा और उत्तर मीमांसा। इनमें यज्ञों की आवश्यकता स्वरूपादि का विश्लेषण है। मंत्र भाग और ब्राह्मण भाग का महत्व प्रकाशन भी है। अपने विषय में ये ग्रंथ आज भी अप्रतिम हैं।

शास्त्रीय आलोचना-दृष्टि, दर्शन-ग्रंथों व्याकरणशास्त्रीय ग्रंथों तथा साहित्यशास्त्रीय ग्रंथों में परिलक्षित होती है। दर्शन ग्रंथों में वादों का विश्लेषण हुआ है। परमाणुवाद, अवयवीवाद शरीरात्मवाद, इन्द्रियात्मवाद प्रभृति अनेक वादों की, सिद्धांतों की ऊहापोहात्मक समीक्षा हुई है।

व्याकरण में महाभाष्य आलोचकीय दृष्टि का सर्वोत्कृष्ट निदर्शन है। 'हय वरट्' के स्थान पर 'हरय वट्' क्यों न लिखा जाय, इस विषय पर तलस्पर्शी विवेचना हो जाती है। निरुक्त एक स्वतंत्र ग्रंथ का स्थान रखता हुआ भी समीक्षकीय दृष्टि से शून्य नहीं है।

उपर्युक्त परम्परा के अतिरिक्त संस्कृत के टीका-ग्रंथों में भी पर्याप्त आलोचकीय प्रतिभा के दर्शन होते हैं। गीता का 'शांकरभाष्य' 'तिलकभाष्य' मल्लिनाथ आदि की टीकाएं प्रचुर आलोचन-क्षमता से संवलित हैं।

साहित्यशास्त्र में रस संप्रदाय, ध्वनि–संप्रदाय, वक्रोक्ति–संप्रदाय, रीति–संप्रदाय, अलंकार–संप्रदाय और औचित्य–संप्रदाय की विशद् आलोचना में समीक्षा का अभाव–दर्शन करना पक्षपातपूर्ण दृष्टिकोण का ही परिचय देना होगा। रस–संप्रदाय में शंकुक, भट्ट लोल्लट, भट्टनायक और अभिनवगुप्त प्रभृत्ति आचार्यों के आरोपवाद, अनुमितिवाद, भुक्तिवाद, साधारणीकरण और अभिव्यक्तिवाद के शास्त्रार्थ में समीक्षा के अनिवार्य तत्व विश्लेषणात्मकता का दर्शन सुतरां होता है।

संस्कृत वाङ्मय में प्रयुक्त प्रणालियों के अनुशीलन से उनमें क्रमशः छः प्रणालियों–आचार्य प्रणाली, टीका प्रणाली, शास्त्रार्थ प्रणाली सूक्ति प्रणाली, खंडन–मंडन प्रणाली और सर्वांगीण विवेचन प्रणाली का दर्शन होता है।[8]

पौरस्त्य साहित्य में साहित्यिक समीक्षा (लिटरेरी क्रिटिसिज़्म) पद पाश्चात्य काव्यशास्त्र और समीक्षा शास्त्र से आयातित है। परंतु संस्कृत साहित्यशास्त्र भी इससे सर्वथा अपरिचित नहीं है। डॉ० सुशील कुमार डे ने भारतीय समीक्षाशास्त्र के उद्भव और उत्स का विवेचन करते हुए बताया है कि अलंकारों के विश्लेषणात्मक अध्ययन के औपचारिक अनुशासनपरक रूप से व्यतिरिक्त आधुनिक समीक्षाशास्त्र या सौंदर्यशास्त्र के नाम से विदित तत्वों से भी प्राचीन अलंकारशास्त्र अभिज्ञ है।[9]

पाश्चात्य समीक्षाशास्त्र में समीक्षा के द्विविध रूप– फार्म और कंटेंट– दृष्टिगत होते हैं। सौंदर्यशास्त्र में सौंदर्य–दर्शन के ये द्विनेत्र हैं। वस्तुत:सौंदर्य के विषय में तीन पक्ष हैं– एक वह जो वस्तु (Content) को सुंदर मानता है: दूसरा वह जो प्रकाशभंगिमा या रूप (form) को सुंदर मानता है और तीसरा वह जो दोनों की एकाकारिता में सौंदर्य देखता है।[10] पाश्चात्य समीक्षा शास्त्री क्रोचे फॉर्म को ही महत्व देता है।

सौंदर्य फॉर्म के अतिरिक्त कुछ नहीं, ऐसा वह कहता है। फार्म और कंटेंट के विषय में क्रोचे के विचार को विश्लेषित करते हुए कहा गया है।[11]– (क्रोचे) फार्म को कूटस्थ भी कहता है साथ ही उसे आध्यात्मिक व्यापार भी बताता है, जबकि विषय परिवर्तनशील है। वह यह मानता है कि विषय या द्रव्य (मानसिक संस्कार) ही 'फार्म' के रूप में रूपान्तरित होता है, लेकिन जब तक द्रव्य का रूपांतरण नहीं होता, वह ज्ञेय नहीं होता, प्रकाश्य नहीं होता, तब तक उसकी निश्चयात्मक विशेषताओं का पता नहीं चलता। द्रव्य की प्रकृति के विषय में वह कुछ भी कह सकने में अक्षम है। इसका प्रभावी रूपांतरण ही सुंदर है। द्रव्य और रूप या प्रकाश भंगिमा में वही अंतर है जो फिल्टर द्वारा छने और अनछने पानी में होता है।

पाश्चात्य समीक्षाशास्त्र में समीक्षा के इन द्विविध प्रकारों– फार्म और कंटेंट के

विचार– विमर्श से सहज ही मस्तिष्क-पटल में यह प्रश्न उठ खड़ा होता है कि हमारे साहित्यशास्त्र में इन समीक्षकीय रूपों वाले दृष्टिकोण का क्या अभाव है? इस प्रश्न पर विशेष चिंतन करने पर पता चलता है कि हमारे साहित्यशास्त्रियों द्वारा काव्य की परिभाषाएं जो शब्द और अर्थ के सहभाव को स्वीकार करती हैं, स्वयं सिद्ध प्रमाण हैं कि जहां पहला (शब्दपरक चिंतन) फार्म के रूप में जाना जायेगा तो दूसरा (अर्थपरक चिंतन) कंटेंट के रूप में।[12] अलंकारवादी और रीतिवादी चिंतक फार्मवादी दृष्टिकोण से संबंध किया जा सकते हैं तो ध्वनिवादी, रसवादी चिंतक कंटेंटवादी दृष्टिकोण से।

भारत राष्ट्र के स्वर्ग तुल्य प्रदेश कश्मीर जो अपनी प्राकृतिक रमणीयता के साथ विद्वानों, दार्शनिकों, चिंतकों, समीक्षकों की पुण्य कर्म स्थली के रूप में भी समादृत है। जहां प्रखर बुद्धि के प्रागल्भ्य–प्रसूत दर्शन–यथा प्रत्यभिज्ञादि– पर चिंतन–मनन चल रहा था वहीं दूसरी ओर सहृदय और भावकों के भावों को प्रकटन भी हो रहा था, उसकी शास्त्रीय मीमांसा विश्लेषण-विवेचन का प्रक्रम भी चल रहा था। शास्त्रीय मीमांसा के पश्चात् साहित्यिक–समीक्षा के क्षेत्र में भी विद्वानों ने लेखनी उठाई कश्मीर में समीक्षकों की भी एक सुदीर्घ परम्परा की अविच्छिन्न शृंखला परिलक्षित होती है। फलस्वरूप संस्कृत काव्य–समीक्षा में भामन, वामन, उद्भट्, रुद्रट, आनंदवर्धन, कुंतक, अभिनवगुप्त, महिमभट्ट और क्षेमेन्द्र प्रभृति मूर्धन्य विद्वानों का नाम उल्लेखनीय है।

संस्कृत साहित्य का इतिहास जिस प्रकार विपुल ज्ञान भण्डार से गौरवान्वित है उसी प्रकार साहित्यिक समीक्षा का इतिहास भी समृद्ध और गौरवशाली है। साहित्यिक समीक्षा का भी एक विकासमान और प्रवहमान क्रम है, जिसमें समीक्षकों की दृष्टि से आचार्य भरत से लेकर पंडित राज जगन्नाथ तक का काल अथवा समीक्ष्य–तत्वों की दृष्टि से अलंकार संप्रदाय से लेकर औचित्य सिद्धांत पर्यंत का काल उल्लेखनीय है।

संस्कृत साहित्यिक समीक्षा का समारंभ वैचित्र्यपूर्ण उक्ति, चमत्कृति और अलंकार की गवेषणा से होता है। यद्यपि रूपकादि अलंकारों की चर्चा वैदिक साहित्य में भी हुई है, भरतमुनि के नाट्यशास्त्र में भी उपमा, रूपक, दीपक और यमक–इन चार अलंकारों का वाचिक अभिनय के रूप में विवेचन उपलब्ध होता है (जो कि प्रयोग रसाश्रित है)[13]; परंतु अलंकारों का प्राधान्य मुखेन विशद् विवेचन आचार्य भामह के 'काव्यालंकार' में ही हुआ है। आचार्य भामह के पूर्व यद्यपि सौशब्द्य अर्थात् शब्द

के सुंदर प्रयोग को ही अलंकारत्व का आधायक समझा गया था, परंतु इन्होंने उसका निषेध कर दोनों को वह श्रेय दिया।[14] काव्य में सौंदर्य-सृष्टि करने वाले तत्व को इन्होंने अलंकार की संज्ञा दी। अलंकारवादी आचार्य भामह की दृष्टि में अलंकार रहित काव्य का कोई स्थान नहीं। काव्य में अलंकार की अवस्थिति को अनिवार्य घोषित करते हुए आचार्य भामह ने भूषण रहित कमनीय वनितानन के शोभाराहित्य का बड़ा ही हृदयावर्जक दृष्टांत प्रस्तुत किया है।[15] यह दृष्टांत आचार्य भामह को काव्य में उनकी अलंकार प्रधानता और अलंकार प्रियता को निर्भ्रांत रूप से उद्घोषित करता है। भामह के अलंकार का मूलाधार वक्रोक्ति है। यद्यपि भामह ने उपमाश्लेषादि अलंकारों के अतिरिक्त रीति गुण, रस आदि सौंदर्य तत्वों को भी पहचाना, पर इन्हें भी अपने अलंकार को व्यापक परिधि में अंतर्भुक्त कर लिया। अलंकारवादियों ने सभी रसों को रसवत् अलंकार के अंतर्गत परिगणित किया और इस प्रकार रस को भी अलंकार मान लिया। काव्य में आह्लाद या चमत्कार की सृष्टि अलंकार से होती है और क्योंकि रस भी आह्लादोत्पादक है, इसलिए रस भी अलंकार है। भामह आदि ने महाकाव्य में रस की आवश्यकता तो स्वीकार किया, किन्तु सामान्यतः उनके अलंकार सिद्धांत में रस गौण ही बना रहा।

भामह द्वारा वक्रोक्ति को सब अलंकारों के मूल में मानना यह सिद्ध करता है कि उनकी दृष्टि मुख्यतः उक्ति अर्थात् अभिव्यञ्जना शैली पर केन्द्रित रही अभिव्यंजित या वर्ण्य के महत्व की ओर इनका ध्यान नहीं जा सका। रसादि के रूप में अनुभूति पर ध्यान रखा भी गया तो उसे केवल आह्लाद मानकर अलंकार ही समझ लिया गया और रस को भी उक्ति का अंश बना दिया गया।

भामह के पश्चात दण्डी ने अलंकारों के विवेचन को गति दिया। दण्डी ने अपने ग्रंथ 'काव्यादर्श' में अलंकारों पर विधिवत् विवेचन किया है। उन्होंने भामह को अलंकार-संख्या में वृद्धि की। अलंकारों के मूल में इन्होंने अतिशयोक्ति मानी। अभिप्राय की दृष्टि से भामह की वक्रोक्ति और इनकी 'अतिशयोक्ति' एक ही है।[16] दण्डी ने अलंकारों को काव्य-शोभा का उत्पादक माना। गुणों को भी इन्होंने अतिशय महत्वपूर्ण बताया।

दण्डी के पश्चात अलंकारवादी आचार्य उद्भट ने भी अलंकार-विषयक विवेचन 'काव्यालंकारसारसंग्रह' में किया। इन्होंने रस को रसवदालंकार की ही कोटि में रखा।

उद्भट् के पश्चात रुद्रटाचार्य ने 'काव्यालंकार' में अलंकारों का निरूपण किया।

सर्वप्रथम इन्होंने ही रसों के स्वतंत्र महत्व को अंगीकार करके रस और अलंकार की पृथक सत्ता की उद्घोषणा की। परंतु अलंकार-परम्परा के वाहक के रूप में इन्होंने रस को महत्वपूर्ण मानते हुए भी अलंकारों का ही प्राधान्य स्वीकार किया।

भामह, दण्डी और उद्भट आदि प्रमुख अलंकारवादी आचार्यों के अतिरिक्त प्रतिहारेन्दु राज (9वीं शताब्दी का उत्तरार्द्ध), जयदेव (12 वीं शताब्दी) आदि और भी अनेकानेक आचार्यों ने अलंकार की प्रधानता का मत चलाना चाहा था। पर इस समय तक काव्यशास्त्र में आनंदवर्धनाचार्य, अभिनवगुप्त, मम्मट आदि आचार्यों द्वारा ध्वनि और रस सिद्धांत की प्रतिष्ठा हो चुकी थी। अतः अलंकारवादियों द्वारा सुपाच्य-सु-अवस्थित रस का उद्गीर्णन कराकर अलंकार का निगीर्णन नहीं कराया जा सका।

अलंकारवादियों द्वारा सौंदर्य के बहिरंग पक्ष पर ही ध्यान केंद्रित कर दिये जाने के कारण उनकी आलोचना भी हुई है। डॉ० सुशील कुमार डे ने अलंकारवादियों की अलंकारों की गणना और वर्गीकरण पर विशेष ध्यान देने और काव्य के सौंदर्य-पक्ष की अवहेलना करने के कारण इनकी आलोचना की है।[17] डॉ० डे की यह आलोचना अंलकारवादियों के सौंदर्य के एकांगी-रूप-बहिःरूप-की महत्ता और अंतरंग-की अवहेलना करने के दृष्टिकोण को उजागर करती है। परन्तु इस आलोचना के बावजूद समीक्षाशास्त्र के श्रीगणेश का श्रेय तो इन्हें जाता ही है।

समीक्षाशास्त्र के प्रथम सोपान के पश्चात द्वितीय सोपान के रूप में वामन का रीतिवाद आता है। रीति सिद्धांत के उद्भावक आचार्य वामन (8वीं शताब्दी) ने रीति को काव्य की आत्मा घोषित किया।[18] उन्होंने विशिष्ट पद रचना को रीति कहा और रीति में विशिष्टता लाने वाले रीति के प्राणभूत तत्वों के रूप में गुणों को स्वीकार किया।[19] गुण से उनका आशय काव्य शोभाधायक धर्म से है। वे ही काव्य के नित्य धर्म हैं। अलंकारों को उन्होंने काव्य शोभावर्द्धक और अनित्य धर्म माना। आगे चलकर आचार्य मम्मट ने 'अनलंकृती पुनः क्वापि'[20] कहकर गुणों की तुलना में अलंकारों की अनित्यता को स्पष्ट किया। वामनाचार्य का कथन है कि काव्य जन्य चमत्कार की सृष्टि सौंदर्य से होती है, अतः सौन्दर्य ही अलंकार है,[21] पर उपमा, रूपक, दीपक आदि के रूप में नहीं अपितु माधुर्यादि गुणों के रूप में। आचार्य भामह को अपेक्षा रीतिवादी आचार्य वामन का चारूत्वपरक दृष्टि भिन्न परिलक्षित होती है, जहाँ भामह सहज कमनीयता को नहीं, अलंकृत कमनीयता को महत्व देते हैं वहां वामन 'सहज कमनीयता' को विशेष महत्व देते हैं। विपरीत इसके वह कहते हैं कि

जिस प्रकार कामिनी का तारुण्य सुलभ सौंदर्य महत्व का है– अलंकार (आभूषण) इसी सहज सौंदर्य की अभिवृद्धि करते हैं– उसी प्रकार काव्य में भी तारुण्य स्थानीय गुण सहज सौंदर्य के निमित्त है[22] और अलंकार (काव्य-परक) उसी की अभिवृद्धि करते हैं। इस प्रकार वामन ने न केवल गुण और अलंकार में अंतर बताया, बल्कि काव्य में सहज सौंदर्य को ही प्रमुख भी कहा। काव्य के सहज सौंदर्य के इनके दृष्टिकोण से प्रभावित होकर डॉ० डे ने भी इन्हें (गुण-रीति वादियों को) काव्याभि-व्यक्ति–काव्य सक्रियता की ओर सर्वप्रथम ध्यान कृष्ट करने वाले गुण रीतिवादियों को (अंशतः ही सही) अलंकारिकों की अपेक्षा एक कदम आगे बढ़ाने वाला कहा।[23]

समीक्षा के क्षेत्र में गुणवाद या रीतिवाद की प्रतिष्ठा करने के बाद भी रीतिवादी आचार्यों की अलंकृति रूप चमत्कार के चकाचौंध से दृष्टि हटी नहीं और वह अलंकारप्रधान ही बनी रही। रस–दृष्टि उन्हें आकृष्ट न कर सकी। वे सौन्दर्य–समस्या–समुद्र के अन्तस्तल में प्रवेश कर थाह लेने का कष्ट न कर किनारे से ही सन्तोष कर लिये।[24]

समीक्षाशास्त्र के तृतीय सोपान पर महनीय ध्वनि सिद्धांत का नाम उल्लेखनीय है। उसे एक मत से भारतीय समीक्षा सिद्धांत में मथितार्थतत्व और कविता के सार–तत्व की उचित दार्शनिक विश्लेषण के रूप में न केवल प्राक्तन आचार्यों ने अपितु अधुनातन विद्वान् समीक्षक भी मानते हैं।[25] ध्वनि सिद्धांत की महत्ता का कारण यह है कि इसने ही सर्वप्रथम काव्यात्मा के प्रश्न को अपने विवेचन का आधार बनाकर काव्य–मनीषियों की अंतर्दृष्टि को अलंकार और अलंकृति (गुण और रीति परक) से हटाकर अलंकार्य की ओर आकृष्ट किया। उनका कहना है कि न तो अलंकारों में काव्यात्मा होने की क्षमता है और न ही अलंकृति रूप गुणात्मारीति में अलंकार तो शब्द–चित्र एवं अर्थ चित्र रूप काव्य के बाह्य–तत्व हैं, अलंकृति (रीति) भी पद संघटनात्मक व्यापार होने से काव्यात्म पद की अधिकारिणी नहीं हो सकती। अतः काव्यात्मा तो वही तत्व हो सकता है, जो गुणों का आश्रय एवं अलंकारों से अलंकार्य हो, और वह तत्व है ध्वनि जिसकी अभिव्यक्ति व्यंजना व्यापार से होती है।

ध्वनि और व्यंजना का प्रयोग आनन्दवर्धन से पूर्व भामह के काव्यालंकार में भी हुआ है लेकिन काव्य में व्यापक–व्याप्य संबंध के रूप में प्रतिष्ठित करने का श्रेय आनन्दवर्धन को ही है। आनन्दवर्धन ने स्वयं इसे 'प्रसिद् प्रस्थान व्यतिरेकी' और 'अनुन्मीलितपूर्वम्' कहा है।[26]

ध्वनि की विराट् परिधि में गुण, अलंकार, रीति एवं रस आदि काव्य के सभी

तत्वों की अन्तर्भुक्ति उचित रूप में हो जाती है। उसमें काव्य के अन्य तत्वों के साथ अवयव–अवयवी संबंध है।

ध्वनि सिद्धांत की महत्ता और गुणवत्ता से प्रभावित होकर परवर्ती साहित्य–समीक्षकों ने भी इसके विश्लेषण में अपनी प्रतिभा अर्पित की। इसकी व्यापकता और सर्वांग सम्पन्नता से अभिभूत होकर अभिनवगुप्त, मम्मट, हेमचंद्र, विश्वनाथ एवं पण्डितराज जगन्नाथ प्रभृति उच्च कोटि के आचार्यों ने न केवल ध्वनि का समर्थन किया, अपितु समय–समय पर उठाई गई ध्वनि संबंधी प्रतिपत्तियों का निराकरण करते हुए ध्वनि तत्व का विशद विवेचन अपनी कृतियों में किया है। इस प्रकार इसके सर्वातिशायी महत्व का परिचय मिलता है। परंतु कुछ विद्वानों के विचार में उसका (ध्वनि का) अनेकानेक प्रकार और उनका वर्गीकरण खटका भी है।[27] परंतु यह तो आलोचना के लिए आलोचना कही जा सकती है, इसमें वजनदार गांभीर्य नहीं है। भारतीय काव्य चिंतन की परम्परा में आनन्दवर्धन का स्थान अप्रतिम है। साहित्य को दर्शन का स्तर या उसकी गरिमा दिलाने का श्रेय जिन पुरुषों को है, उनमें से एक हैं आनंदवर्धन, जिनके वैचारिक आकाश की गहन नीलिमा के भेदन में आचार्य अभिनवगुप्त जैसे चतुष्पाद प्रातिभ आचार्य के 'लोचन' भी कभी–कभी असमर्थ रह जाते हैं।[28] ध्वनि सिद्धांत के अतिशय महत्व तथा इसमें आनंदवर्धन के महत्वपूर्ण योगदान को निरूपित करते हुए काव्यमीमांसाकार ने उचित ही कहा है–

ध्वनिनातिगंभीरेण काव्यतत्त्वनिवेदिना।
आनन्दवर्धनः कस्य नासीदानन्दवर्धनः।।[29]

ध्वनि सिद्धांत की प्रतिष्ठा के बाद आचार्यों की एक ऐसी परम्परा भी परिलक्षित होती है जिन्होंने ध्वनि सिद्धांत का प्रत्यक्ष, परोक्ष और सांकेतिक विरोध किया है। इनमें राजशेखर, भट्टनायक, कुंतक, महिमभट्ट और क्षेमेन्द्र के नाम विशेष रूप सें उल्लेखनीय हैं। ये सभी इस बात को तो स्वीकार करते हैं कि साधन या व्यापार काव्य का सर्वस्व (काव्यात्मा) नहीं हो सकता। अतः अलंकार, गुण, रीति को काव्य की आत्मा नहीं माना जा सकता। काव्य की आत्मा व्यापार्य ही कोई तत्त्व हो सकता है, पर वह ध्वनि नहीं हो सकता, क्योंकि ध्वनि भी तो प्रकारान्तर से व्यापार ही ठहरता है। व्यंजना का निरसन कर दिया जाय तो उससे व्यतिरिक्त ध्वनि है क्या? और व्यंजना एक व्यापार मात्र है। अतः ध्वनि विरोधी इन आचार्यों ने ध्वनि से भिन्न रस, विच्छित्ति, अनुमेय प्रभृति तत्वों को अलग–अलग अपने सिद्धांतों के अनुसार अलंकार्य कहा और ध्वनि के अलंकार्यत्व का खंडन किया। उक्त ध्वनि विरोधी आचार्यों में से

भट्टनायक, महिमभट्ट एवं कुंतक तीन ही ऐसे हुए हैं जिन्होंने प्रत्यक्ष या किंचित् परोक्ष रूप से ध्वनि का खंडन किया। शेष ने तो केवल सांकेतिक असहमति मात्र व्यक्त की है।[30]

रस निष्पत्ति के प्रसंग में आचार्य भट्टनायक के प्रखर पाण्डित्य का दर्शन होता है। उन्हें 'भुक्तिवाद' के प्रवर्तक आचार्य के रूप में जाना जाता है। इन्होंने भरत के नाट्यशास्त्र पर अपनी एक टीका लिखी है। परंतु साहित्यशास्त्र का यह दुर्भाग्य है कि यह उपलब्ध नहीं है। इसकी विचार-कणिका का दर्शन 'अभिनवभारती' और 'काव्यप्रकाश' में रस सूत्र की व्याख्या प्रसंग में उदाहृत अंशों से होता है। रस सूत्र की व्याख्या में इन्होंने प्रतीति एवं उत्पत्ति के साथ रस अभिव्यक्ति की मान्यता का भी खंडन किया है। भट्टनायक रस को भोग्य मानते हैं। इन्होंने रस और विभावादि में भोज्य-भोजक संबंध माना है।

ध्वनि-सिद्धांत के प्रबलतम विरोधी के रूप में आचार्य महिमभट्ट के नाम से कौन साहित्यशास्त्र अध्येता अपरिचित होगा? इनके ध्वनि विरोधी विचार को 'ध्वनि-ध्वंस प्रस्थान' रूप में भी जाना जाता है। परंतु सहृदय-जगत में ध्वनि की सर्वमान्य प्रतिष्ठा के कारण उनका सिद्धांत अनुयायियों को आकर्षित नहीं कर पाया। राजानक महिमभट्ट ने रस को अनुमेय माना है। इन्होंने ध्वनि के स्थान पर 'अनुमिति' की प्रतिष्ठा की। साहित्यिक समीक्षा के क्षेत्र में आचार्य महिमभट्ट के योगदान का मूल्यांकन करते हुए कहा गया है कि 'साहित्यशास्त्र के निकष रूप में महिमभट्ट की महती देन के रूप में जो अविस्मरणीय है वह यह है कि इसने साहित्यशास्त्र के अब तक के उद्‌भावित तत्वों एवं विवेच्य विषयों का यथार्थ स्वरूप शाणोल्लीढमणि के समान निखार लाया। ध्वन्यादि में जो रहस्यात्मकता थी वह स्पष्ट हो गई।[31] यही नहीं महिमभट्ट के 'व्यक्तिविवेक' से परवर्ती साहित्यशास्त्रियों ने प्रेरणा ग्रहण कर अपने सैद्धान्तिक विवेचन को समृद्ध बनाया। काव्यप्रकाशकार मम्मट और साहित्यदर्पणकार विश्वनाथ के विचारों पर 'व्यक्तिविवेक' की विवेक-प्रतिध्वनि स्पष्टत: परिलक्षित होती है। काव्यप्रकाश पर व्यक्तिविवेक के प्रभाव को स्पष्ट रूप में विद्वानों ने बताया है। उनका कहना है कि यदि महिमभट्ट मम्मट के पूर्व नहीं हुए होते तो काव्यप्रकाश इतनी महनीय कृति नहीं हो पाती जितनी अब है।[32]

ध्वनि सिद्धांत के विरोध का आभास मात्र देने वाले, न कि महिमभट्ट की भांति विप्रतिपत्तिपूर्वक प्रकर्षेण खंडन करने वाले, आचार्य कुंतक का भी नाम भारतीय समीक्षा शास्त्र में बड़े आदर के साथ लिया जाता है। इन्होंने ध्वनि सिद्धांत के खंडन

में किसी ग्रंथ की रचना नहीं की किंतु ध्वनि के विपरीत 'वक्रोक्ति' को जीवित मानकर 'वक्रोक्तिजीवितम्' नामक अपने ग्रंथ में ध्वनि के स्थान पर वक्रोक्ति का प्रतिपादन एक महनीय सिद्धांत के रूप में किया है। ध्वनि और व्यंजना के स्थान पर एकमात्र वक्रोक्ति की प्रतिष्ठा कर आचार्य कुंतक ने अपनी सूक्ष्मतत्वान्वेषिणी बुद्धि के प्रावीण्य का परिचय दिया है। उन्होंने वक्रोक्ति को 'जीवित' और उसकी अभिव्यक्ति को भी वक्रोक्ति निरूपित कर समीक्षाजगत् में प्रतिष्ठा अर्जित की। इस प्रकार आचार्य कुंतक की दृष्टि काव्यमर्म के विवेचन के अवसर पर उस ओर गई जहां व्यापार एवं व्यापार्य अथवा अलंकार और अलंकार्य का भेद मिट जाता है। उन्होंने कथ्य की अपेक्षा कथनप्रकार या 'भङ्गीभणिति' को विशेष महत्व दिया। आचार्य कुंतक के इस विवेचन में पाश्चात्य समीक्षा के 'कंटेंट' और फार्मवादी रूपों का संकेत ग्रहण किया जा सकता है। पाश्चात्य समीक्षकीय दृष्टि से कुंतक फार्मवादी कहे जा सकते हैं। कुंतक के वक्रोक्ति के तलस्पर्शी विवेचन से प्रभावित होकर विद्वानों ने इन्हें बहुमान दिया है। साहित्य को वैयाकरणिक शुष्कता, यंत्रबद्धता और कूपमंडूकता से मुक्त कर काव्य स्फुरित काव्याविष्ट कर काव्य-परिवेश में ले जाने का श्रेय आचार्य कुंतक को है। आचार्य कुंतक के इस महत्व का उल्लेख करते हुए कहा गया है- कुंतक ने ही सर्वप्रथम साहित्य को वैयाकरणिक, पद, वाक्य और तात्पर्य की भूमि से ले जाकर काव्यीय-गुण धर्मी के रुप में परिभाषित और उसे काव्य प्रतिभाजन्य निरूपित किया।[33] यही नहीं डॉ० डे ने कुंतक परवर्ती शास्त्रीय समीक्षकों पर वक्रोक्ति सिद्धांत पर गंभीरता से विचार न करने के कारण गहरा आक्रोश व्यक्त किया है।[34]

परंतु वक्रोक्ति सिद्धांत के महत्वपूर्ण होने के बावजूद वक्रोक्ति के व्यापार मात्र होने के कारण काव्यात्म पद पर इसके अधिरोहण को साहित्यशास्त्रमर्मज्ञों ने स्वीकार नहीं किया। यही नहीं उनकी वक्रोक्ति काव्य की मानसिक मनोवैज्ञानिक प्रक्रिया पर प्रकाश नहीं डाल सकी और अनुभूति पक्ष से उसका गौण संबंध ही रह गया। परवर्ती आचार्यों रुय्यक, विश्वनाथ आदि ने इस मत का स्पष्ट खंडन कर दिया।[35] इस आलोचना के उपरांत भी कुंतक के वक्रोक्ति-सिद्धांत का महत्व कम नहीं होता। वह साहित्यिक समीक्षा में एक महत्वपूर्ण स्थान रखता है।

साहित्यिक समीक्षा के अंतिम सोपान पर औचित्य सिद्धांत का पदार्पण होता है। औचित्य को एक काव्य सिद्धांत की प्रतिष्ठा प्रदान करने का श्रेय आचार्य क्षेमेन्द्र को है। किंतु क्षेमेंद्र से पूर्व भी आचार्य औचित्य से परिचित थे। भरतमुनि, आनंदवर्धन और अभिनवगुप्त आदि ने तो काव्य-विधान में औचित्य का महत्व स्पष्टत: स्वीकार किया है।

भरतमुनि ने 'औचित्य' शब्द का प्रयोग तो नहीं किया पर विभिन्न नाट्यांगों में परस्पर अनुरूपता या अनुकूलता की व्यावहारिकता पर बहुत बल दिया है। भरत की अनुरूपता या अनुकूलता ही औचित्य है। वयोनुरूप वेष, वेषानुरूप गति-प्रचार, गति प्रचारानुगत पाठ्य और पाठ्यानुरूप अभिनय होने के बारे में आचार्य भरत ने अपने ग्रंथ नाट्यशास्त्र में निरूपित किया है।[36] इन सभी की कसौटी है औचित्य और उसका आधार है लोक-व्यवहार या लोक धर्म।[37] इस प्रकार काव्य या नाट्यांगों की लोक-धर्म-अनुकूलता तथा रसानुरूपता की महत्ता स्वीकार करने में भरतमुनि औचित्य तत्व के आद्योद्भावक आचार्य कहे जा सकते हैं।

भरत मुनि के पश्चात अलंकारवादी आचार्य भामह ने अपने ग्रंथ काव्यालंकार में इसका सांकेतिक रूप से उल्लेख किया है। उन्होंने भी औचित्य पद का प्रयोग नहीं किया, किंतु दोष-दर्शन में औचित्य का अप्रत्यक्ष कथन है। यहाँ 'सन्निवेश विशेषत्व' औचित्य का संकेतक है।

दंडी के 'काव्यादर्श' में औचित्य का संकेत दोषों के परिहार के विवेचन के अवसर पर अप्रत्यक्ष रुप में मिलता है। दंडी भी अनुचित सन्निवेश के कारण ही दोष का दोषत्व मानते हैं। इनकी दृष्टि में दोष भी उचित स्थान पर जाकर दोषत्व से रहित हो गुण में परिणत हो जाते हैं। जैसे विरोधी बात या व्यर्थ की बात करना 'अपार्थ-दोष' के भीतर परिगणित है। परंतु वही बात पागल, बालक एवं बीमार के मुख से निकलने पर गुण रूप में परिणत हो जाती है-

समुदायार्थ शून्यं यत् तदपार्थमितीष्यते।
उन्मत्तमत्तबालामुक्ते न ह्ययत्र दूष्यति।।
इदमस्वस्थचित्तानामभिधानमनिन्दितम् ।।

इसी प्रकार देश, काल, कला, लोक-न्याय तथा आगम के विरुद्ध पड़ने वाली बातें काव्यदोष मानी गई है। परंतु कविकौशल से वे ही कतिपय उचित स्थानों पर रहने से गुण में परिणत हो जाती है-

विरोधः सकलादप्येष कदाचित्कविकौशलात्।
उत्क्रम्य दोषगणनां गुणवीथी विगाहते।।

दंडी के पश्चात 'यशोवर्मा' के 'रामाभ्युदय' नाटक की भूमिका में एक श्लोक मिलता है, जिसको भोजराज ने अपने ग्रंथ 'शृंगार प्रकाश' में उद्धृत किया है। इससे औचित्य के अंतरंग और बहिरंग दोनों स्वरूपों पर प्रकाश पड़ता है। औचित्य शब्द का उल्लेख प्रथम बार यशोवर्मा ने किया है। इस श्लोक में यशोवर्मा अच्छे नाटक के

आवश्यक गुणों का उल्लेख करते हुए औचित्य के संबंध में तीन मुख्य बातों का संकेत करते हैं–

1. वचनौचित्य
2. रसौचित्य या भावौचित्य
3. काव्य मार्ग में अतिक्रम न हो।

न लिंग वचने भिन्ने न हीनाधिकतापि
वा उपमा दूषणायालं यत्रोद्वेगो न धीमताम्।

काव्यादर्श 2.51

(It is only the mind of wise (later on called सहृदय) that can finally judge the merit or demerit of simili.

Another reference of propriety. (काव्यादर्श 1.104)

न विद्यते यद्यपि पूर्ववासनागुणानुबन्धिप्रतिभानमद्भुतम्।
श्रुतेन यत्नेन च वागुपासिता ध्रुव करोत्येव कमप्यनुग्रहम्।।

–का. द. 104

The commentary says अमत्यम् गुणपदम् काव्यगतौचित्यपरम्।

भट्टलोल्लट ने भी काव्य के–विशेषत: महाकाव्य के विभिन्न तत्वों में रसानुकूल औचित्य को आवश्यक बताया है।

रुद्रट प्रथम आलंकारिक हैं, जिन्होंने औचित्य का प्रयोग अपने काव्यशास्त्रीय ग्रंथ काव्यालंकार में किया। इनसे पूर्व औचित्य की धारणा का तो जन्म हो चुका था और औचित्य शब्द का प्रयोग भी यशोवर्मन द्वारा किया जा चुका था। पर औचित्य तत्व का प्रथम सैद्धांतिक उल्लेख सर्वप्रथम रुद्रट के काव्यालंकार में ही मिलता है। रुद्रट ने न केवल दंडी आदि की तरह दोषौचित्य अर्थात् औचित्यपूर्ण विधान से दोषों के दोषत्व परिहार पर प्रकाश डाला, अपितु रसौचित्य, अलंकारौचित्य, वृत्ति–औचित्य आदि भिन्न काव्यांगों पर विचार किया है। भरतमुनि के पश्चात और आनंद वर्धन के पूर्व औचित्य का विस्तृत विवेचन रुद्रट के ग्रंथ में ही मिलता है। अलंकारवादी होते हुए भी रुद्रट ने रसौचित्य का विशेष महत्व दर्शाया है। इस प्रकार आचार्य रुद्रट ने अपनी मर्मस्पर्शिणी बुद्धि–प्रावीण्य का परिचय दिया है।

भारतीय समीक्षाशास्त्र के इतिहास में आचार्य आनंदवर्धन का शुभागमन अविस्मरणीय है। सहृदय–समीक्षक इसके लिए विधाता का कोटिश: अभिनंदन और

अभिवंदन करता है। आनंदवर्धनाचार्य ने काव्य की प्रचलित भ्रान्तियों का सशक्त, तर्कपूर्ण खंडन करके व्यापक और शाश्वत काव्य मत का मौलिक निरूपण किया। ध्वनि सिद्धांत उनके प्रखर-पांडित्य का सर्वोत्कृष्ट निदर्शन है। आनंदवर्धन ने अपने विवेकोत्कर्ष का परिचय देते हुए रस, ध्वनि और औचित्य तीन संबद्ध आत्मवादी सिद्धांतों का प्रवर्तन, प्रतिष्ठापन एवं निरूपण किया। ध्वनि सिद्धांत के प्रवर्तन द्वारा उन्होंने रस सिद्धांत का विस्तार किया और रस-ध्वनि की प्रतिष्ठा की। साथ ही औचित्य का निरूपण करके रस तथा काव्य के विभिन्न अंगों की रसानुकूल संयोजना की आवश्यकता, अपरिहार्यता और यथास्थान विन्यास का महत्व बताया। आनंदवर्धन ने स्पष्ट शब्दों में कहा कि अनौचित्य के अतिरिक्त रस-भंग का और कोई कारण नहीं है और प्रसिद्ध औचित्य का अनुसरण ही रस का परम रहस्य है।[38]

ध्वन्यालोक के आलोक को विकीर्ण करने, सहृदय समीक्षकों को निर्भ्रांत रूप से हृदयंगमार्थ सक्षम, समर्थ लोचन देने के विशिष्ट प्रयोजन से अभिभूत 'लोचनकार' अभिनवगुप्त पाद से भला कौन अधम साहित्यशास्त्रीय अपरिचित होगा? अभिनवगुप्त ने अपने ग्रंथ में सुस्पष्टतया रस, ध्वनि और औचित्य का परस्पर संबंध स्पष्ट किया है। रस ध्वनि और औचित्य तीनों काव्य के नित्य तत्व हैं। काव्य की आत्मा रस है, यह रस ध्वनि रूप में उन्मीलित होता है, इसलिए ध्वनि का महत्व है, और औचित्य का अस्तित्व रस की सत्ता का ही प्रमाण है।

अभिनवगुप्त ने एक और महत्वपूर्ण बात यह कही है कि विभिन्न-विभिन्न प्रकार के औचित्यभंग से विभिन्न प्रकार के आभासों की सृष्टि होती है।[39]

कुंतक ने यद्यपि 'वक्रोक्ति सिद्धांत' का निरूपण किया तथापि बहुलांश में उनकी प्रबंध-वक्रता, प्रकरण-वक्रता, पद-वक्रता, प्रत्यय-वक्रता, लिंग वक्रता और स्वभाव-वक्रता आदि क्रमशः प्रबंधौचित्य, प्रकरणौचित्य, पदौचित्य, प्रत्ययौचित्य, लिंगौचित्य और स्वभावौचित्य आदि औचित्य के विविध प्रकार ही हैं।

रसवादी आचार्य महिमभट्ट ने भी औचित्य का समर्थन किया है। उनका कथन है कि रसात्मक काव्य में अनौचित्य का संस्पर्श सम्भव नहीं होता।[40]

उक्त विवेचन से स्पष्ट है कि क्षेमेन्द्र से पूर्व औचित्य सम्बन्धी धारणा सरिता भरत के नाट्यशास्त्र के भाव से निःसरित हुई, रूद्रट और आनन्दवर्धन तक आकर उसका पाट विराट हो गया। आनन्दवर्धन ने ही सर्वप्रथम औचित्य का विभिन्न काव्यांगों से सम्बन्ध और रसौचित्य आदि औचित्य की विभिन्न स्थितियों का वर्गीकृत रूप में निरूपण और स्पष्टीकरण किया। उन्होंने औचित्य को रस ध्वनि का उपकारक

नित्य तत्व माना। आनन्द पूर्ववर्ती समीक्षाशास्त्र में अधिकांशतः अनौचित्य-परिहार (दोषपरिहार) तक ही औचित्य सीमित-संकुचित रहा। औचित्य-परिहारेतररूप में औचित्य का व्यापक विधायक आधार कुछ भी नहीं था। यहाँ तक कि आनन्दवर्धन-परवर्ती कुशाग्रधीसम्पन्न राजानक महिमभट्ट जैसे रसवादी आचार्यों की औचित्य-दृष्टि भी अनौचित्य-परिहार से आगे न देख सकी। आचार्यों की सूक्ष्म-दृष्टि औचित्य के विधायक रूप पर नहीं पड़ी। इस प्रकार साहित्यशास्त्रीय ग्रंथों के गवेषणात्मक अनुशीलन से स्पष्ट स्प से सिद्ध होता है कि भरत ने अपने नाट्यशास्त्र में जिस व्यावहारिक विधायक औचित्य का आभास दिया था, उस आभास-प्रच्छन्नता को स्पष्टतया प्रकाशित आनन्द ने ही किया। अन्यथा प्रायः सभी आचार्यों ने औचित्य के नकारात्म पक्ष पर किंचित् ध्यान देकर अनौचित्य-परिहार के छिटपुट विवेचन से ही संतोष कर लिया।

क्षेमेन्द्र ने आनन्दवर्धन से ही प्रेरणा ग्रहण कर, उन्हें निर्देशक स्वीकार कर, अनुसन्धान-अन्वेषणपरक चिंतन के फलस्वरूप औचित्य को एक स्वतंत्र, विध्यात्मक सिद्धांत के रूप में प्रतिष्ठित किया। क्षेमेन्द्र को निश्चयतः औचित्य-सिद्धांत का व्यवस्थापक, न कि उद्भावक कहा जा सकता है। उन्होंने अपने ग्रंथ 'औचित्य विचारचर्चा' में औचित्य को काव्य के सर्वातिशायी तत्व के रूप में प्रतिष्ठा की। क्षेमेन्द्र अभिनवगुप्त के शिष्य थे। अतः आनन्दवर्धन द्वारा विवेचित और अभिनवगुप्त द्वारा व्याख्यात औचित्य-तत्व को ही क्षेमेन्द्र ने स्वतंत्र एवं व्यवस्थित रूप दिया।

क्षेमेन्द्र ने आनन्दवर्धन से भी अधिक स्पष्टता के साथ औचित्य के सर्वव्यापकत्व का मर्मोद्घाटन किया। उन्होंने काव्य के प्रत्येक अंगों-उपांगों पद, वर्ण, गुण, लिंग, वचन, कारकादि सबमें औचित्य की स्थिति को महत्वपूर्ण बताया। औचित्य क्या है? इस संबंध में आचार्य क्षेमेन्द्र ने कहा है-

उचितं प्राहुराचार्याः सदृशं किल यस्य यत्।
उचितस्य च यो भावः तदौचित्यं प्रचक्षते।।[41]

अर्थात् जो वस्तु जिसके अनुरूप हो, जहाँ जो जँच जाय, उसे 'उचित' कहते हैं और उचित का भाव ही औचित्य कहलाता है। तात्पर्य यह है कि भिन्न-भिन्न वस्तुओं का एक-दूसरे की सापेक्षता में परस्पर अनुकूल होना ही औचित्य है। काव्य में सौन्दर्य-सृष्टि का यही रहस्य है।

समीक्षा-जगत् में क्षेमेन्द्र के औचित्य सिद्धांत को परवर्ती आधुनिक समीक्षकों ने भी स्वीकार किया है। डॉ० सुशील कुमार डे ने कहा है कि औचित्य, काव्य में

औचित्य, के प्रश्न पर सर्वप्रथम ध्यान केन्द्रित करने वाले आधुनिक लेखक काश्मीरी क्षेमेन्द्र थे। निस्सन्देह वे इस दृष्टिकोण की व्याख्या करने में सही रहे कि उचित अभिव्यक्ति केवल काव्याभिव्यक्ति है, वस्तुतः यह स्वयं अभिव्यक्ति है।[42] इस प्रकार डॉ० डे ने क्षेमेन्द्र के औचित्य सिद्धांत को प्रायः सौन्दर्य-संस्पर्शी स्वीकार किया है।

परन्तु वे क्षेमेन्द्र कृत काव्यांगों के विवेचन से असन्तुष्ट से लगते हैं और प्रशंसा के प्रवाह में ही आलोचना करने से भी नहीं चूकते, और उनके विवेचन को काव्य के बाह्य-तत्वों पर विचार करने वाला कह डाला।[43] डॉ० पी०वी० काणे ने तो इसे तुच्छ समझकर अपने ग्रंथ में नाम मात्र के लिए भी विवेचन नहीं किया। किन्तु डॉ० काणे की उपेक्षा-बुद्धि प्रदर्शन और डॉ० डे की रोमाण्ट-अभिमंत्रित-बुद्धि से कृत आलोचना से औचित्य-सिद्धांत का महत्व किंचित् कम नहीं होता। आधुनिक समीक्षकों प्रो० कुप्पुस्वामी शास्त्री, प्रो० वी० राघवन्, डॉ सूर्यकान्त डॉ० ए० शंकरन, बलदेव उपाध्याय, प्रो० राममूर्ति त्रिपाठी और प्रो० व्रजमोहन चतुर्वेदी प्रभृति समीक्षकों ने इसकी महत्ता को सुतरां स्वीकार किया है।

डॉ० राममूर्ति त्रिपाठी ने क्षेमेन्द्र की औचित्य दृष्टि को समीक्षक की दृष्टि माना है, न कि सर्जक अथवा ग्राहक या सहृदय की। उनका कहना है कि जहाँ तक क्षेमेन्द्र का संबंध है उन्होंने निश्चय ही समीक्षक की दृष्टि से औचित्य पर प्रकाश डाला है।[44] डॉ० व्रजमोहन चतुर्वेदी ने विषय-सापेक्ष विश्लेषण के लिए आधार-प्रस्तोता के रूप में औचित्य-सिद्धांत के महत्व का मूल्यांकन किया है। यही नहीं इसे उन्होंने विभावादि के साधारणीकरण के रहस्य को उद्घाटित करने वाला कहकर न केवल श्रव्य काव्य अपितु दृश्य काव्य के लिए भी विनियोज्य बाताया है।[45]

समीक्षाशास्त्र के औचित्य सोपान के संदर्भ में उपर्युक्त उपन्यासों के सिंहावलोकन से यह स्पष्ट हो जाता है कि औचित्य के सम्बन्ध में सूक्ष्म समीक्षकीय दृष्टि का दर्शन क्षेमेन्द्र के औचित्य- विचार चर्चा में ही प्राप्त होता है।

पाश्चात्य समीक्षाशास्त्रीय रूपों-फार्म और कंटेंट की दृष्टि से सी० राजेन्द्रन् ने कहा है कि- ऐसा प्रतीत होता है कि संस्कृत साहित्यशास्त्र के प्रसिद्ध सौन्दर्यशास्त्री आनन्दवर्धन, भट्टनायक और अभिनवगुप्त, जिन्होंने सर्जनात्मक प्रतिभा को बौद्धिक अवधारणा से महत्वपूर्ण स्थान दिया; वे कई पक्षों में फार्म के 'आर्गेनिक कन्सेप्ट' से सहमत जान पड़ते हैं।[46] किन्तु राजेन्द्रन जी की प्रतीति बहुत उचित नहीं जान पड़ती। ध्वनिवादियों को कंटेंटवादी मानना ही उचित और युक्तियुक्त होगा।

क्षेमेन्द्रोत्तरयुगीन समीक्षा किसी नए सिद्धांत का आविर्भाव नहीं कर पाई। इस युग में साहित्य दर्पणकार और 'रसगंगाधरकार' ही विशिष्ट स्थान रखते हैं। पर उनकी विवेचना रसवाद से ही पूर्णतः प्रभावित है। सी० राजेन्द्रन् ने तो आचार्य विश्वनाथ की परिभाषा 'वाक्य रसात्मकं काव्यम्' का विश्लेषण कर बताया है कि 'वाक्य' पद काव्य के फार्म का संकेतक है। वाक्य, निश्चयेन साहित्यिक कृति का अंश रूप है, परन्तु वह पाश्चात्य Sentence (सेंटेंस) पर्यायी वाक्य के अर्थ से, कहीं अधिक अर्थ को आत्मसात किए हुए है।[47] जहां तक रसगंगाधर का प्रश्न है उस संबंध में यही कहना है कि उसमें भी न तो किसी नूतन सिद्धांत की प्रतिष्ठा की और न ही क्षेमेन्द्र-प्रतिष्ठापित औचित्य-सिद्धांत की विस्तृत मीमांसा की गई है। किन्तु यह भी सत्य है कि अलंकार और अन्य काव्यांगों का विवेचन करने वाला पंडितराज जगन्नाथ के विश्रुत ग्रंथ रसगंगाधर के सर्वातिशायी महत्व से सभी साहित्यशास्त्री सुपरिचित हैं। इसमें पण्डितराज ने आलोचना की आचार्य-शैली और खण्ड-मण्डन शैली का अवलम्बन लिया है। ग्रन्थकार ने 'रसगंगाधर' में सैद्धान्तिक आलोचना को प्रधानता देते हुए भी आलोचना की व्याख्यात्मक शैली को अपनाया है। संस्कृत-समीक्षक रसगंगाधर को पारम्परिक आलोचना का एक प्रामाणिक आलोचनात्मक ग्रन्थ स्वीकार करते हैं।

संदर्भ

1. काव्यादर्श, 1/33 पृ० 3।
2. साहित्य सन्देश, पृ० 22
3. रेवा प्रसाद द्विवेदी, भारतीय काव्य समीक्षा में अंलकार सिद्धान्त, पातनिका, पृ० 15
4. लक्षणज्ञत्वं लक्ष्यपरिशीलनमदृष्टप्रसादोदित स्वप्रतिभाशालित्वम्।
   –ध्वन्यालोक, तृतीय उद्यीत, पर लोचन, पृ० 365
5. अन्तर्भाष्यम् समीक्षा/अवान्तरार्थविच्छेदश्च स्त।
   –काव्यमीमांसा, द्वितीय अध्याय, पृ० 12
6. "Criticism (a) The act of criticising unfavourainly fault finding, disapproval, objection; (b) The art of evaluating or analysing with knowledge of propriety work of art or literature The first principle of which is to consider the nature of the piece and the intent of its author.
   - Webster's third new International Dictionery Vol. 1, A. to G.
7. वही, भारतीय काव्य समीक्षा में अलंकार सिद्धान्त, पातनिका, पृ० 2।
8. साहित्य सन्देश, पृ० 22
9. The study of analytical Rhetoric, apart from its value as a formal discipline, but Sanskrit Alankar shastra in spite of its name, possesses a great deal of what is known today as criticism or Aesthetic.
   - S.K. De, Some problems of Sanskrit poetics, preface, P-I

10. राममूर्ति त्रिपाठी, भारतीय काव्यशास्त्र के नए क्षितिज, पृ 75
11. "The form is constant, it is spiritual activity, whole matter is changeable, without matter however, our spiritual activity would not leave its obstruction to become concrete and real; this or that spiritual content, this or that defenit intution.

    - Ibid, quoted by Dr. Tripathi.
12. The Significance of all defination of poetry as शब्द and अर्थ united would become self-evident if the former is regarded as form the latter as content. -C. Rajendran, Adyar Library Bulletin, Vol. 48, 1984, p.30
13. उपमा रूपक चैव दीपकं यमकं तथा।
    अंलकारास्त विज्ञेयारचत्वारो नाटकाश्रया।। 17/43 (ना.शा.)
14. तदेतदाहु: सौशब्द्यं नार्थव्युत्पात्तिरीदृशी।
    शब्दाभिधेयालंकारभेदादिष्टं द्वयं तु न:।। –काव्यालंकार 1/15, पृ० 8
15. ....
    न कान्तमपि नि र्भूषं विभाति वनिताननम्"
16. कृष्णदेव झारी –भारतीय काव्य सिद्धान्त, औचित्य, पृ० 12
17. Mere enumeration of categories of rheterical embellishment.... S.K. De - Some problems of Sanskrit poetics, p. 12.
18. 'रीतिरात्माकाव्यस्य' ...... काव्यालंकार सूत्र, 1/2/6
19. विशिष्टा पदरचना रीति:। वही, 1/2/7
    विशेषो गुणात्मा। वही, 1/2/8
20. काव्य प्रकाश, 1/4, पृ० 8
21. सौन्दर्यमलंकार: काव्यालंकार सूत्र, 1/2, पृ० 6
22. वही, 3/1, श्लोक 1–2, पृ० 83
23. "It is clear that drawing attention for the first time to the aspect of poetic activity indicated by the qualities or गुण–रीति theorist, may be regarded as having gone a step further than mere आलंकारिका - S.K. De. - Some problems of Sanskrit poetics, p. 17
24. .... touches only the fringe of the aesthetic problem. Ibid, p. 18.
25. The theory of ध्वनि is Universally regarded as the cream of Indian Literary theory and as the most adequate philosophical explanation of the quintessence of poetry not only by the specialists in the past but also by scholers today. -K. Krishnamurti
    The Adyar library bulletin, Vol. 44-45, 1980-81, p. 451
26. ध्वन्यालोक, 1/1 पर वृत्ति।
27. "It becomes as much a fixed and mechanical .... classifying hundred of varieties of the un-expressed. -- S.K. De- Some problems of Sanskrit poetics, p. 15
28. राममूर्ति त्रिपाठी .. भारतीय काव्यशास्त्र के नए क्षितिज, पृ० 15

29. काव्यमीमांसा।
30. डा० व्रजमोहन चतुर्वेदी, महिमभट्ट, विषय प्रवेश, पृ० 15
31. व्रजमोहन चतुर्वेदी, महिमभट्ट, विषय प्रवेश, पृ०10
32. वही।
33. "It was कुन्तक who for the first time dives dted the concept of साहित्य of its mere grammatical association of पद, वाक्य and तात्पर्य and defined it as a definite poetic quality or relation brought about by the poetic imagination, the कवि- प्रतिभा or कवि-व्यापार –S.K. De - Some problems of Sanskrit poetics, p. 36.
34. Ibid, p. 37
35. कृष्णदेव झारी, भारतीय काव्य सिद्धान्त, औचित्य, पृ० 161
36. वयोऽनुरूपः प्रथमस्तु वेषो
वेषानुरूपश्च गति प्रचारः।
गति-प्रचारनुगतं च पाठ्यं
पाठ्यानुरूपोऽभिनयश्च कार्यः।। - नाट्यशास्त्र 14/68
37. लोक सिद्धं भवेत् सिद्धं नाट्यं लोकं स्वभावजम्।
तस्मान्नाट्य प्रयोगे तु प्रमाण लोक इष्यते।। -वही, 28/113-14
38. तद्यमत्र परमार्थः -
अनौचित्यादृते नान्यद् रसभंगस्य कारणम्।
प्रसिद्धौचित्यबन्धस्तु रसस्योपनिषत परा।।
–ध्वन्यालोक, 3/11, 12, 13, 14 पर वृत्ति का परमार्थ। 3/32, 33
39. "औचित्येन प्रवृत्तौ चित्रवृत्तेः आस्वाद्यत्वे स्थायिन्या रसः व्यभिचारिणो भावः। अनौचित्येन तदाभासः।" -ध्वन्यालोक पर लोचन टीका।
40. "रसात्मकं च काव्यमिति कुतस्तत्रानौचित्यं संस्पर्श संभाव्यते।
–व्यक्ति विवेक, द्वितीय विमर्श, पृ० 125-126
41. औचित्य विचार चर्चा, 7, पृ० 7
42. One of the later writers who concern himself directly with the question of Auchitya, Auchitya in poetry, is Kashmirian Kshemendra. He is undoubtedly right in elaborating the view that proper expression is the only expression in poetry, in fact, it is expression itself; S.K. De, Some problems of Sanskrit poetics, p. 44.
43. "...... But his investigation are directed mainly to the consideration of externals - Ibid.
44. डॉ० राममूर्ति त्रिपाठी - भारतीय काव्यशास्त्र के नए क्षितिज, पृ० 83
45. व्रजमोहन चतुर्वेदी, क्षेमेन्द्र, दशम सोपान, पृ० 75
46. "Among the no table aestheticeans of Sanskrit आनन्दवर्धन, भट्टनायक and अभिनवगुप्त who held creative intution above intellectual conceptua-

lisation, seems to have had an organic concept of form in several respect." - C. Rajendran - The Adyar Library bulletin, Vol. 48, 1984, p. 85.

47. The crisp definition 'वाक्यं रसात्मकं काव्यम्' given by विश्वनाथ ..... Here also वाक्य signifies the form of poetry. वाक्य is indeed the form work of a literary piece, and is much more than a mere sentence in this concept."

- C. Rajendran, The Adyar Library bulletin, Vol. 48, 1984, p. 81.

• • •

द्वितीय उन्मेष

औचित्य: अर्थ, परिभाषा एवं सिद्धांत

औचित्य सिद्धांत विवेचन के प्रसंग में उसकी पूर्व पीठिका के रूप में, क्षेमेन्द्र–पूर्ववर्ती आचार्यों के ग्रंथ–परिशीलन से यह स्पष्ट हो जाता है कि उनमें औचित्य का उल्लेख काव्यशास्त्रीय तत्व के रूप में ही हुआ है। इससे अधिक (किसी अन्य रूप में) नहीं। तत्व रूप में उल्लेख होने का आशय यह है कि इसे आधार बनाकर किसी आचार्य ने अपने किसी विचार का प्रतिपादन नहीं किया। अपितु काव्यांग के अन्य तत्वों की तरह गौण रूप में ही इस पर दृष्टिपात किया। किन्तु आचार्य क्षेमेन्द्र ने अपने पूर्ववर्ती आचार्यों से प्रेरणा ग्रहण करते हुए औचित्य को एक सिद्धांत का रूप देकर संस्कृत साहित्यशास्त्र में एक अभिनव विचार का सूत्रपात किया, क्योंकि उससे पूर्व काव्यशास्त्रीय जगत् रस, अलंकारादि संप्रदायों से ही परिचित था। कुछ विद्वानों ने तो औचित्य का किसी भी रूप में (सिद्धांत या संप्रदाय) उल्लेख नहीं किया है।[1] तत्व से भिन्न औचित्य के सैद्धान्तिक रूप की कुछ विशेष विशेषता है क्या? इस जिज्ञासा के प्रशमन हेतु 'सिद्धांत' शब्द के अर्थ पर विचार करना आवश्यक है। इस शब्द पर विचार करते हुए डॉ० पाठक ने कहा है कि "किसी वस्तु की स्थिति का प्रतिपादन एक बात है और उसकी स्थिति कहां, किस रूप में, किस संबंध से है इसकी संप्राप्ति का नियम विचार करना दूसरी बात है। पहली बात से किसी वस्तु की व्यापकता और क्षेत्र का पता चलता है, दूसरी से उसके स्वरूप का। दोनों बातों के पूर्ण होने पर ही कोई वस्तु सिद्धांत बनती है। इसीलिए पूर्वस्थिति होने के कारण स्थिति सिद्ध की जाती है, बनाई नहीं जाती पर सिद्धांत बनाए जाते हैं। डॉ० पाठक के इस कथन से स्पष्ट हो जाता है कि सिद्धांत के लिए 'वस्तु स्थिति–प्रतिपादन' और 'उसकी संप्राप्ति के संबंध में नियत विचार' दोनों ही परम आवश्यक हैं।

आचार्य क्षेमेन्द्र ने औचित्य सिद्धांत की प्रेरणा कहां से ग्रहण की? यह भी एक विचारणीय विषय है। भरत नाट्यशास्त्र के इस श्लोक कि "अदेशजो हि वेषस्तु न

शोभां जनयिष्यति। मेखलोरसि बन्धे च हास्यैवोपजायते।।"[2] की विस्तृत व्याख्या के रूप में क्षेमेन्द्र निम्न श्लोक को स्वीकार करते हैं–

कण्ठे मेखलया नितम्ब फलके तारेण हारेण वा
पाणौ नूपूर बन्धनेन चरणे केयूरपाशेन वा।
शौर्येण प्रणते रिपौ करुणतया नायान्ति के हास्यताम्
औचित्येन विना रूचिं प्रतनुते नालंकृतिर्नो गुणाः।।[3]

भरत और क्षेमेन्द्र के दोनों के श्लोकों के परीक्षण से इतना तो कहा ही जा सकता है कि औचित्य सिद्धांत के प्रणयन में आचार्य क्षेमेन्द्र भरत से अवश्य अनुप्राणित हुए होंगे; क्योंकि क्षेमेन्द्र द्वारा भरत नाट्यशास्त्र का अवश्य अध्ययन किया गया होगा। यह अलग बात है कि आचार्य क्षेमेन्द्र पर औचित्य के प्रणयन का साक्षात प्रभाव ध्वन्यालोककार और आचार्य अभिनवगुप्त का पड़ा होगा। औचित्य सिद्धांत का विवेचन निश्चय ही क्षेमनेद्र ने 'औचित्योपनिबन्धस्तु रसस्योपनिषत् परा' से ग्रहण किया होगा। औचित्य सिद्धांत प्रतिष्ठापक के रूप में ही क्षेमेन्द्र की महत्ता है। क्षेमेन्द्र औचित्य के उद्भावक रूप में समादृत नहीं हैं, क्योंकि उससे पूर्व भामहादि द्वारा इसका उल्लेख हो चुका था। डॉ० राघवन ने आचार्य क्षेमेन्द्र द्वारा औचित्य सिद्धांत के प्रणयन में भरत के उपर्युक्त श्लोक से अनुप्रणित होने[4] तथा उन्हें सिद्धांत प्रतिष्ठापक[5] के रूप में स्वीकार किया है।

औचित्य के अर्थ पर विचार करने पर इसके दोनों ही स्वरूपों व्युत्पत्तिलभ्य और प्रवृत्तिलभ्य पर विचार करना अपेक्षित प्रतीत होता है। इस प्रसंग में औचित्य के अर्थ पर विवेचन करने पर यह शब्द उचित शब्द की भाव वाचक संज्ञा के रूप में प्राप्त होता है। अतः उचित शब्द ही प्रथमः विवेचन का विषय बनता है। उचित शब्द की प्रकृति–प्रत्ययात्मक मीमांसा करने पर इसकी निष्पत्ति दो प्रकार से प्राप्त होती है। एक 'उच्' धातु से 'क्त' प्रत्यय के संयोग से और दूसरी वच धातु से 'कितच्' प्रत्यय के संयोग से। 'उच्' धातु दिवादिगण की परस्मैपदीय, सकर्मक तथा सेट् धातु है।[6] यह उच् समवाये[7], समवायने, मिश्रणे[8], सेवाकर्मे[9], सेवने[10] अर्थात् समवाय, मिश्रण तथा सेवा अर्थ में प्रयुक्त है। वच् धातु परिभाषण अर्थ में पठित है।

डॉ० राममूर्ति त्रिपाठी, पंडित महादेव शास्त्री की औचित्य की अर्थ सम्बन्धी धारणा को व्यक्त करते हुए लिखते हैं कि इस शब्द की व्युत्पत्ति उच् धातु से की जा सकती है। उच् धातु का अर्थ है समवाय। समवाय का अर्थ है समूह। इस समुदाय के स्वरूप पर विचार किया जाये तो मानना होगा कि वह समुदाय लोक एवं शास्त्र में

प्रसिद्ध गुणों का ही समुदाय होगा। निश्चित ही ये गुण योग्य गुण हैं। इस प्रकार योग्य गुणों का समुदाय जहाँ हो वहाँ उचित शब्द का व्यवहार किया जा सकता है। उचित का अर्थ है– योग्य गुणों का समुदाय। उच्चं चित्तं ज्ञानं विचारं वा भावकर्म व्युत्पत्तया वक्तुं शक्यते। पृषोदरादित्वात् साध्यम्। समुन्नतं ज्ञानं विषयविशेषविषयकत्वेन निष्पाप प्रस्तुतोपयोगि। अर्थात् उच्च चित्त के योग से भी संस्कृत व्याकरण में उचित शब्द बन सकता है। चित्त का अर्थ यहाँ ज्ञान या विचार समझना चाहिए। विषय विशेष के अनुरूप यदि उच्च अर्थ या ज्ञान अथवा विचार रखा जायेगा, तो निश्चय ही प्रकरणोपयोगी होने के कारण वह उचित कहा जायेगा।

एक व्युत्पत्ति यह भी हो सकती है–उत् उत्कृष्टम् चित्तम् उचितम् अर्थात् 'उत्कृष्ट अवबोध ही उचित है।[11] इस प्रकार डॉ त्रिपाठी ने उचित शब्द के व्युत्पत्ति लभ्य अर्थ पर विस्तार से विचार किया है।

उचित के कोशगत अर्थ पर विचार करने पर उसका अर्थ शस्त, परिचित और युक्त बताया है।[12] शब्दकल्पद्रुम में, उचित का अर्थ विदित, न्यस्त तथा परिमित है।[13] हैमकोश में, इसका अर्थ 'युक्त' और शब्दरनावली में 'ग्राह्य' है। हलायुध कोश में, उचित का अर्थ न्याय्य, प्राप्त तथा औपायिक है।[14] नानार्थरत्नमाला में, उचित को अव्यय कहा गया है। उसका अर्थ मित, योग्य, ज्ञात, अभ्यस्त, समंजस, सदृश कहा गया है।[15] वैजयन्तीकोश में उचित का अर्थ प्राप्त, युक्त तथा न्याय्य है।[16] पद्मचन्द्र–कोश उचित का अर्थ योग्य, ठीक, मुनासिब, सामान्य, साधारण, अनुरूप, अभ्यस्त, प्रशंसनीय, विदित, न्याय्य परिमित, युक्त, गाह्य, ज्ञात और प्रिय है।[17] मंखकोश में उचित शब्द का अर्थ समंजस, शुद्ध, स्वपक्ष और समुन्नत है।[18]

मेदिनीकोश में उचित का अर्थ व्यस्त, मित, ज्ञात और समंजस किया गया है।[19] वाङ्मयार्णव में उचित का अर्थ स्वभाव, निश्चित, अभ्यस्त, योग्य किया गया है।[20] अमरकोश में उचित का अर्थ उपयुक्त और योग्य किया गया है।[21] संस्कृत–कन्नड़ सुवर्णकोश में उचित को विशेषण कहा गया है योग्यवाद अर्हवाद तथा अभ्यस्तवाद किया गया है।[22] वी० एस० आप्टे के 'संस्कृत–हिन्दी कोश' के अनुसार उचित का अर्थ योग्य, ठीक, सही, उपयुक्त, अभ्यस्त, प्रचलित आदि है।[23] एच० एच० विल्सन की 'संस्कृत–आंग्ल डिक्शनरी में उचित का अर्थ ठीक, अनुकूल, सुविधाजनक, ज्ञात, समझा हुआ, प्रदत्त, जमा किया हुआ मापित, समायोजित, बोलने में विल्कुल ठीक किया गया है।[24] मोनियर विलियम्स की 'संस्कृत–अंग्रेजी डिक्शनरी' में उचित का अर्थ प्रसन्न, आनन्ददायक, सहमतियोग्य, स्वीकरणीय, ठीक या लिए जाने का अधिकार, प्रदत्त, जमा किया हुआ (संचित) मापित, समायोजित, बिल्कुल ठीक, किया गया है।[25]

'वेब्सटर्स थर्ड न्यू डिक्शनरी' के अनुसार उचित का अर्थ विशेष, उचित या सच्चा–स्वाभाविक, आचरण या परिस्थिति, विशेष स्वभाव, विशेषता, भाषा का एक विशेष चरित्र, होने का गुण या अवस्था, उचित या अनुकलित, सामाजिक दृष्टि से स्वीकृत मापदण्ड जो मनुष्य के व्यवहार, वचन(बोलना) मर्यादा, भावना की गहराई से, समर्पण से सम्बद्ध है।[26] 'विशाल हिन्दी शब्द सागर' में उचित का अर्थ योग्य, ठीक, मुनासिब और वाजिब किया गया है।[27] 'मानक–हिन्दी कोश' में उचित का अर्थ प्रसादकारी, रमणीय वस्तु, समंजस, शिव, ऋत्‌लोक, शास्त्र के प्रसिद्ध गुणों का समुदाय आदि है।[28]

उचित शब्द से 'ष्यञ्' प्रत्यय करके 'औचित्य' शब्द निष्पन्न होता है, तथा स्त्रियां ङीप लोपश्च से ङीप् प्रत्यय करके 'औचिती' शब्द। औचित्य उचित शब्द की भाव वाचक संज्ञा है।

औचित्य शब्द की मीमांसा करने पर इसे 'सम्बन्ध–विशेष' के रूप में कहना उचित प्रतीत होता है। सम्बन्ध द्वैधीभाव का आविर्भाव करता है क्योंकि सम्बन्ध शून्य में नहीं होता, बल्कि किसी का किसी के साथ होता है। यह सम्बन्ध भी औचित्य कोटि में परिगणित होने के लिए सामान्य नहीं अपितु विशेष होना चाहिए। नैयायिकों ने सम्बन्ध का द्विविध्व स्वीकार किया है–

समवाय सम्बन्ध और संयोग सम्बन्ध। उन्होंने अयुत सिद्ध सम्बन्ध को 'समवाय–सम्बन्ध' माना है। जहाँ दो पदार्थों में कोई एक पदार्थ दूसरे के आश्रित ही रहता है अर्थात् एक दूसरे से अलग करके नहीं देखा जा सकता उसे अयुत्तसिद्ध कहते हैं।[29]

व्यावहारिक उदाहरण के रूप में अयुतसिद्धसम्बन्ध या समवाय सम्बन्ध को सिक्के के दोनों पहलुओं के रूप में देखा जा सकता है।

इस विवेचन से इतना तो स्पष्ट हो जाता है कि औचित्य एक सापेक्ष शब्द है। सापेक्ष होने के कारण किसी अन्य वस्तु की अपेक्षा में ही इसका अस्तित्व है।

'उचित' शब्द के व्युत्पत्तिलभ्य अर्थ–ज्ञान के अनन्तर उसके प्रवृत्तिलभ्य अर्थ–ज्ञान की अपेक्षा होती है। एतदर्थ व्युत्पत्तिलभ्य अर्थ से ही कुछ सूत्र को पकड़ना होगा, क्योंकि व्युत्पत्ति अथवा धातु में प्रवृत्तिलभ्य, व्यवहारलभ्य अर्थ (Connoted meaning) का भी प्रच्छन्न संकेत अवश्य मिलता है। यथा– 'कुशान् लाति इति कुशलः' अर्थात् कुश घास को लाने वाला। कुश घास वही ब्रह्मचारी ला सकता था, जो उसे पहचानने में चतुर हो, दक्ष हो। कालान्तर में कुश घास को

पहचानने की विशेष–चातुर्य रूप अर्थ सामान्य चातुर्य अर्थ में परिणत हो गया। 'उच् समवाये' में समवाय का अर्थ समूह है। परन्तु यह समूह–समवेत (एक साथ) होना चाहिए। उचित या औचित्य शब्द का प्रवृत्तिलभ्य अर्थ, अर्थविस्तार का नहीं अपितु अर्थच्छाया का उदाहरण है। उचित या औचित्य शब्द के व्युत्पत्ति लभ्य अर्थ–समवाय की साक्षात् छाया ही इस शब्द के व्यवहार लभ्य अर्थ में मूलतः प्रविष्ट है।[30] जहाँ समवाय (समूह) भी मूलतः एक हों। दूसरे शब्दों में, जहाँ अनेकरूपता की शर्त्त एकरूपता हो। एकरूपता का यह सम्बन्ध अविनाभावी और नित्य कहलाएगा जैसे कि नैयायिकों का समवायिकारण, जिसमें कार्य और करण की द्विधा स्थिति में एकरूपता की लगी हुई शर्त से स्पष्ट है। व्यवहार के क्षेत्र में अनेकों वस्तुओं में इस प्रकार की एकरूपता अनुरूपता का पर्याय बन जाती है। जैसे किसी सुन्दरी के सुन्दर शरीर को देखकर जब हम कहते हैं कि उसकी कटीली आँखें उसके चेहरे के अनुरूप हैं, तब उसका यही अर्थ होता है कि आँख और चेहरा मिलकर किसी एक रूप में पर्यवसान पा रहे हैं। इसका फलितार्थ यह है कि यह अनुरूपता (औचित्य) अनेकों के बीच एकरूपता का सूत्रपात करता है जो सापेक्षता, सन्तुलन और संगति जैसे गुणों के आधार पर अखण्ड रूप–सौन्दर्य की सृष्टि करता है। लोक और वाङ्मय दोनों जगह इसी अनुरूपता के सम्बन्ध–रूप अर्थ में औचित्य शब्द का प्रवृत्ति लभ्य अर्थ निहित है।[31]

परिभाषा

आचार्य क्षेमेन्द्र ने औचित्य को परिभाषित करते हुए कहा है कि– 'आचार्यों ने उसे ही उचित कहा है जो जिसके अनुरूप है– सदृश हो अर्थात् अनुरूप संविधान ही औचित्य है। इसी उचित का भाव ही औचित्य कहलाता है।'[32] अर्थात् जो जिसके अनुरूप हो– वही उचित कहा जाता है– उसी के भाव को औचित्य कहते हैं। क्षेमेन्द्र ने यहां 'आहुः' इस भूतकालिक क्रिया से यह भी सूचित किया है कि पूर्वाचार्यों (भरत प्रभृति) ने औचित्य का यही स्वरूप बताया है।

क्षेमेन्द्र के अतिरिक्त अन्य कुछ संस्कृताचार्यों एवं आधुनिक पौरस्त्य विचारकों ने भी औचित्य सम्बन्धी परिभाषाएं की हैं।

आचार्य कुन्तक ने औचित्य को उचित का भाव तथा प्रस्ताव के उपयोग्य और दोष को भी दुष्ट करने वाला (अर्थात् गुण में परिणत करने वाला) कहा है।[33] 'वक्रोक्तिजीवित' में एक स्थल पर कारिका में उन्होंने औचित्य को युक्त, नियत स्थान शोभावह तथा उस की वृत्ति करते हुए उसे 'वस्तु के स्वभाव के उत्कर्ष से युक्त' और 'समन्वित' कहा है।[34]

आचार्य वामन झलकीकर ने औचित्य को लोकशास्त्र विरूद्ध विषय रूप तथा सामाजिक संवेद्य बताया है।[35] डॉ० राघवन कहते हैं कि 'कलात्मक अभिव्यक्ति के अनौचित्य का परिहार करते हुए रसोपयुक्त वस्तुओं का उचित विन्यास ही औचित्य है।'[36] एक अन्य स्थान पर उन्होंने कहा है, 'औचित्य समन्वय है, एक दृष्टि से यह अवयवी और अवयव, प्रधान-अप्रधान, अंगी और अंग के बीच समानुपात है।'[37] डॉ० बलदेव उपाध्याय ने औचित्य को सम्बन्ध विशेष माना है।[38] डॉ० नगेन्द्र ने कहा है कि 'औचित्य का अर्थ है सहज स्थिति या सामान्य व्यवस्था।'[39] औचित्य जीवन प्रसूत गुण है। इसकी धारणा जीवन से प्राप्त होती है। यह उचित और अनुचित से प्राप्त होती है। 'यह वह धुरी है जिस पर जीवन चक्र घूमता है। नियम, अपवाद, विधान, स्मृति, सदाचार, धर्म, नीति, आध्यात्मिकता, दर्शन आदि उसको काव्य का मूल सब उसी के घटे-बढ़े उपनाम हैं।'[40] इसको काव्य का मूल तत्त्व मानने का अर्थ है, काव्य और कला को जीवनमय बनाने का प्रयास। इसके सहारे कला, आदर्शवाद तथा आत्म प्रधानता (Subjective) के स्वर्ग से उतरकर यथार्थवाद तथा विषय प्रधानता (objective) की भूमि पर विचरण करने लगती है।

व्यवहार में औचित्य शब्द का प्रयोग किसी बात की ठीक स्थिति का द्योतक है।[41] सही और शिव विषयक परस्पर दो भिन्न धारणाओं में औचित्य सही के अधिक निकट है, परन्तु शिवत्व से भी युक्त है। जो सही है वह सामयिक काल में शिव नहीं भी हो सकता। परन्तु कालान्तर में वही शिवत्वपूर्ण सही प्रमाणित हो जाता है। औचित्य की कल्पना में सही की नियमबद्धता और शिवत्व के मूल्यवान् फलदायी-दोनों तत्वों का समाहार है।[42] औचित्य से तात्पर्य है उचित व्यवहार, उचित कार्य या आचरण। काव्य में औचित्य का अर्थ है काव्यांगों की उचित योजना।[43] इसी पुस्तक में एक अन्य स्थान पर कहा गया है कि औचित्य वह विवेक है, वह दृष्टि है जो वस्तुओं, काव्यांगों के उचित अनुचित का परिज्ञान कराती है।[44]

इन परिभाषाओं का आलोचनात्मक परीक्षण करने पर परिलक्षित होता है कि हर परिभाषा अपने में औचित्य के संकुचित और व्यापक अर्थों को समेटने का प्रयास करती है। कुछ परिभाषाएं अत्यन्त संक्षिप्त हैं, तो कुछ अत्यन्त विस्तृत। जहां डॉ० गौड़ और डॉ० दीक्षित की परिभाषाएं औचित्य के व्यापकत्व का दिग्दर्शन कराती हैं वहीं पर डॉ० राघवन, डॉ० बलदेव उपाध्याय और डॉ० नगेन्द्र आदि को परिभाषाएं सीमित शब्दों में विस्तृत और सांगोपांग अर्थ को प्रकट करने में सफल हुई हैं। यद्यपि डॉ० राघवन आदि की परिभाषाएं औचित्य के विविध पक्षों को उजागर करती हैं पर डॉ० उपाध्याय की परिभाषा मर्मस्पर्शी बन पड़ी है।

(ब) भेद–प्रभेद

क्षेमेन्द्र ने अपने ग्रंथ औचित्य–विचार–चर्चा में औचित्य के सत्ताइस भेद–प्रभेदों का निरूपण किया है। उनका नामोल्लेख इस प्रकार है–

1. पदौचित्य	2. वाक्यौचित्य	3. प्रबन्धार्थौचित्य
4. गुणौचित्य	5. अलंकारौचित्य	6. रसौचित्य
7. क्रियौचित्य	8. कारकौचित्य	9. लिंगौचित्य
10. वचनौचित्य	11. विशेषणौचित्य	12. उपसर्गौचित्य
13. निपातौचित्य	14. कालौचित्य	15. देशौचित्य
16. कुलौचित्य	17. व्रतौचित्य	18. सत्वौचित्य
19. अभिप्रायौचित्य	20. स्वभावौचित्य	21. प्रतिभौचित्य
22. अवस्थौचित्य	23. तत्वौचित्य	24. विचारौचित्य
25. नामौचित्य	26. आशीर्वादौचित्य	27. सारसंग्रहौचित्य।[45]

उपर्युक्त औचित्य– प्रभेदों के अतिरिक्त क्षेमेन्द्र ने 'काव्याङ्गेषु च' के द्वारा औचित्य–प्रभेदों की इयत्ता–विस्तार की ओर भी संकेत कर दिया है।

क्षेमेन्द्रोक्त उक्त संकेत का ग्रहण करके डॉ० च्रंदहंस पाठक ने 'नवीन औचित्य प्रकार' शीर्षक से अपने ग्रन्थ में 34 और प्रभेदों को कल्पना की है।[46]

उनका नामोल्लेख मात्र ही किया जाता है। यथा–

1. साहित्यौचित्य	2. कान्तासम्मितौचित्य	3. लोकौचित्य
4. शास्त्रौचित्य	5. काव्यौचित्य	6. सङ्घटनौचित्य
7. वृत्यौचित्य	8. नामकरणौचित्य	9. उद्भावनौचित्य
10. प्रसङ्गोद्भेदौचित्य	11. प्रसङ्गौचित्य	12. अवसरौचित्य
13. प्रकरणौचित्य	14. सन्दर्भौचित्य	15. कथावृत्तौचित्य
16. मिथ्यौचित्य	17. अवाच्यौचित्य	18. अवचनौचित्य
19. इतिहासौचित्य	20. इतिहास विरूद्धौचित्य	21. संवादौचित्य
22. सामान्यौचित्य	23. गूढौचित्य	24. सम्बोधनौचित्य
25. वार्ताक्रमौचित्य	26. वर्णनौचित्य	27. भेदौचित्य
28. अभेदौचित्य	29. प्रकरणद्वयौचित्य	30. पूर्वाभासौचित्य

31. शकुनौचित्य 32. उपगूहनौचित्य 33. भावावेशौचित्य
34. प्रयोगौचित्य

डॉ० पाठक के इन नवीन औचित्य प्रभेदों से उनकी कल्पना शक्ति पर प्रकाश पड़ता है। परन्तु इन पर गंभीरतापूर्वक विचार करने पर कल्पना का अतिरेक भी परिलक्षित होता है।

अब क्षेमेन्द्रप्रोक्त औचित्य–प्रभेदों का विस्तृत विवरण निम्नवत् है–

(1) पदौचित्य–तिलक (बिन्दी) के समान एक ही उचित पद को धारण करने वाली सूक्ति समुचित एवं उत्कृष्ट स्थान में शोभातिशयवश अद्भुत मनोहर हो जाती है। इसके उदाहरण में क्षेमेन्द्र ने परिमल का श्लोक उद्धृत कर उसमें 'मुग्धा' पद को परम औचित्यपूर्ण कहा है।[47]

(2) वाक्यौचित्य–औचित्य को ध्यान में रखकर उपस्थापित वाक्य सज्जनों को उसी प्रकार सदा सम्मत है, जिस प्रकार त्याग से सुशोभित विद्या।[48] इसके उदाहरण में क्षेमेन्द्र ने अपनी ही रचना विनयवल्ली से श्लोक उद्धृत कर उसमें भीम के भीषण–चरित के अनुरूप 'कीचककालिककालदण्ड' तथा हिडिम्बादयित आदि वाक्यों को औचित्यर्पूण गठन बताया है।

(3) प्रबंधार्थौचित्य–विशेष प्रकार के प्रबन्धोपयुक्त अर्थवश प्रबन्धार्थ भी चमकने लगता है, ठीक वैसे ही जैसे गुण के प्रभाव से भव्य लगने वाले वैभव से सज्जन।[49] इसके उदाहरण में क्षेमेन्द्र ने कालिदास के मेघदूत में यक्ष द्वारा मेघ की याचना में निवेदित श्लोक को प्रस्तुत किया है।

(4) गुणौचित्य–प्रस्तुत अर्थ के अनुरूप काव्य में भव्य एवं सुभग गुण का विन्यास ही गुणौचित्य है।[50] प्रस्तुत अर्थ के अनुरूप काव्य गुणों के रूप में क्षेमेन्द्र ने ओज, प्रसाद, माधुर्य और सौकुमार्य का उल्लेख किया है।

(5) अंलकारौचित्य–उचित अर्थ से सम्पन्न अलंकार से सूक्ति वैसे ही शोभा पाती है जैसे मांसल स्तनों पर पड़े हुए हार से मृगाक्षी।[51] इसी की व्याख्या करते हुए वृत्ति भाग में कहा है कि प्रस्तुत अर्थ के अनुरूप उपमा, उत्प्रेक्षा एवं रूपक आदि अलंकारों से समन्वित सूक्ति सुशोभित होती है। अर्थात् अलंकारौचित्य के लिए अर्थानुरूप अलंकारोपन्यास आवश्यक है।

(6) रसौचित्य–सभी आशयों में अनुस्यूत औचित्य निर्वाहवश रूचिर रस जन–मन को उसी प्रकार अंकुरित करता है जैसे वसन्त अशोक को।[52] अर्थात्

औचित्य से संवलित शृंगार आदि रस सहृदय-हृदय में फैलकर मन को (वैसे ही) अंकुरित करता है (जैसे वसंत अशोक को)। क्षेमेन्द्र ने यहां श्रीहर्ष की रत्नावली से उद्धरण प्रस्तुत किया है। इसमें उदयन द्वारा वसंतोत्सव के अवसर पर उद्यान की लता पर नारी का आरोप करके कथन है।

क्षेमेन्द्र ने रसौचित्य के संदर्भ में शृंगार, हास्य, वीभत्स, करुण, वीर, भयानक, अद्‌भुत, शांत प्रभृति रसों तथा वीर-करुण का सांकर्य, शांत-शृंगार, करुण एवं वीभत्स का सांकर्य आदि के औचित्य का भी सोदाहरण विवेचन किया है।

(7) क्रियौचित्य–उचित क्रिया पद का प्रयोग काव्य में किये जाने पर उसमें माधुर्य आदि गुण, वसंततिलका आदि छंद तथा व्याकरण प्रौढ़ और अधिक निखर जाते हैं।[53] क्षेमेन्द्र ने क्रियौचित्य के उदाहरण में अपनी 'नीतिलता' से श्लोक उद्‌धृत कर उसमें 'स्मर्यते' क्रिया का औचित्य बताया है।

(8) कारकौचित्य–उचित कारकों की पारस्परिक संगति से वाक्य में निखार आ जाता है और इस प्रकार कारकों की पारस्परिक संगति कारकौचित्य कहलाता है।[54] इस संदर्भ में क्षेमेन्द्र ने कर्तृपदौचित्य, कर्मपदौचित्य, करण कारक का औचित्य, संप्रदान का औचित्य, अपादान प्रभृति कारकों के औचित्य को सोदाहरण निरूपित किया है।

(9) लिङ्गौचित्य–उचित लिङ्ग का प्रयोग होने से काव्य में चारुता आती है।[55] अर्थात् काव्य में उचित लिंग का प्रयोग ही लिङ्गौचित्य है।

(10) वचनौचित्य–उचित वचन के प्रयोग से काव्य में चारुता का आधान होता है। अर्थात् उचित रूप से प्रयुक्त एकवचन, द्विवचन और बहुवचन के द्वारा काव्य चारु हो जाता है।[56]

(11) विशेषणौचित्य–समुचित विशेषणों के प्रयोग से विशेष्य की शोभा उसी प्रकार बढ़ जाती है जैसे गुणी एवं उदार सज्जन की शोभा अधिक गुणों वाले मित्रों से और बढ़ जाती है।[57]

(12) उपसर्गौचित्य–योग्य उपसर्ग के संसर्ग से निष्प्रतिबद्ध गुणों वालो सूक्ति वैसे ही उदीयमान और वर्धित दिखाई पड़ती है जैसे सन्मार्ग पर गमन करने से सम्पत्ति बढ़ती है।[58]

(13) निपातौचित्य–'च' आदि उपादेय निपातों का जब उचित पद के साथ संबंध कर दिया जाता है तो काव्य की अर्थसंगति असंदिग्ध हो जाती है और वे निपात

अर्थ बोध में पद के सच्चे सहायक हो जाते हैं।[59] अर्थात् उचित पदों के साथ निपातों का प्रयोग निपातगत औचित्य होता है।

(14) कालौचित्य–कालगत औचित्य का निर्वाह करने से अर्थोत्कर्ष द्वारा वाक्य में चारुता आती है। ठीक उसी प्रकार जैसे लोगों को आकृष्ट करने वाले भूषण से सज्जनों का शरीर सुशोभित होता है।[60]

(15) देशगत औचित्य–देशगत औचित्य के पालन से काव्यार्थ संवाद सहित उसी प्रकार शोभित होता है जैसे सज्जनों का परस्पर व्यवहार परम परिचय का सूचक होता है।[61]

(16) कुलौचित्य–कुल से बढ़ाया हुआ औचित्य विशेष उत्कर्ष का कारण होता है, जैसे काव्यपुरूष प्रायः सहृदयों को प्रिय होता है।[62] इसमें क्षेमेन्द्र ने कालिदास के 'रघुवंश' से एक श्लोक उद्धृत कर उसमें इक्ष्वाकुकुल द्वारा वृद्धावस्था में संन्यास ग्रहण करने को कुलौचित्य बताया है।

(17) व्रतौचित्य–सद्व्रत विषयक औचित्य के निर्वाहवश काव्यार्थ साधुवाद का पात्र हो जाता है और विशेष विधानवश जनमानस को संतुष्ट कर देता है।[63]

(18) तत्वगत औचित्य–हृदयसंवादी काव्य सत्प्रत्यय के निश्चय से तत्वोचित कथनवश उपादेय हो जाता है।[64] इसका उदाहरण क्षेमेन्द्र ने 'बौद्धावदानलता' से दिया है।

(19) सत्वौचित्य–कवि की वाणी में भी जब पात्र का सत्व उतर आता है– तब उससे चमत्कार उत्पन्न होता ही है और वह वाणी उतनी ही सुशोभित होती रहती है जितना कि विचार किए जाने पर सुमति का चरित्र।[65] अर्थात् कवि की वाणी जब पात्र के सत्व की प्रतिनिधि होकर बोलने लगती है तब वहां सत्वौचित्य होता है।

(20) अभिप्रायगत औचित्य–अभिप्रायगत औचित्य वहां होता है जहां पर बिना किसी कठिनाई के अर्थ समर्पित करने वाली कवि की सूक्ति चित्त को अपनी ओर आकृष्ट करे।[66] इसी को और स्पष्ट करते हुए क्षेमेन्द्र ने कहा है– बिना किसी विशेष बौद्धिक व्यायाम के अपना अभिप्राय समर्पित कर देने वाले काव्य सज्जनों की निर्मल ऋजुता की भांति चित्त को आकृष्ट कर लेते हैं।

(21) स्वभावौचित्य–स्वभावगत औचित्य का निर्वाह ललना के नैसर्गिक और असाधारण लावण्य की भांति कवि की वाणी का आभरण है।[67]

(22) सारसंग्रह औचित्य–सारसंग्रहपरक वाक्य से काव्य के द्वारा उद्दिष्ट

फल सुनिश्चित होता है। काव्य में इस प्रकार का निबन्धन सारसंग्रहौचित्य का उदाहरण बनता है।[68] इसका उदाहरण क्षेमेन्द्र ने 'मुनिमत मीमांसा' से दिया है।

(23) प्रतिभौचित्य–प्रतिभा का आभरण प्राप्त करके कवि का काव्य उचित रूप से उसी प्रकार शोभित होता है जिस प्रकार सुन्दर गुणों से युक्त व्यक्ति का कुल ऐश्वर्य से भूषित होकर शोभित होता है।[69] अर्थात् प्रतिभाशाली कवि का काव्य प्रतिभौचित्य से प्राय: युक्त होता है। इसका उदाहरण क्षेमेन्द्र ने 'लावण्यवती' से दिया है।

(24) अवस्थौचित्य–अवस्था के अनुरूप औचित्य का निर्वाह करने के कारण काव्य संसार में श्लाघ्य हो जाता है। अवस्था का अभिप्राय यहां बाल्य, युवा और वृद्धावस्था से है। इसका भी उदाहरण क्षेमेन्द्र ने लावण्यवती से ही दिया है।[70]

(25) नामौचित्य–कर्मानुरूप नाम के द्वारा गुण एवं दोष की अभिव्यक्ति अच्छी हो जाती है ठीक वैसे ही जैसे कि कर्मानुसार यदि किसी व्यक्ति का नाम रख दिया जाय तो वह उचित जान पड़ता है। अर्थात् कर्म के अनुरूप नाम–प्रदान नामौचित्य का जनक होगा।[71] नामौचित्य का उदाहरण क्षेमेन्द्र ने 'बौद्धावदानलता' से दिया है और उसमें कामदेव के 'विलासायुध' पञ्चवाण नाम को नामौचित्य का उचित निदर्शन बताया है।

(26) विचारौचित्य–उचित विचार के कारण सूक्तियां वैसे ही सुन्दर हो जाती हैं– जैसे ज्ञेय वस्तु का ज्ञान कर लेने पर विद्वानों की विद्या।[72] इसका उदाहरण क्षेमेन्द्र ने 'मुनिमतमीमांसा' से दिया है। इस उद्धृत श्लोक में लक्ष्मी को मलिन स्वभाव वाली बताया गया है जिसकी व्याख्या करते हुए क्षेमेन्द्र ने बताया है कि इस वक्तव्य में जब यह प्रतीत होता है कि लक्ष्मी ने जो कुछ किया है वह उसके स्वभाव से मेल खाता है– तब यह उद्देश्य पोषक विचार सहृदय संवेद्य औचित्य को व्यंजित करता है।

(27) आशीर्वचनौचित्य–संपूर्ण अर्थ का समर्पक और विद्वानों को पूर्ण संतोष प्रदान करने वाला काव्य अपने अंतर्गत प्रयुक्त आशी: पद से उसी प्रकार अभ्युदय को प्राप्त करता है जिस प्रकार उचित आशीर्वाद से कोई राजा मंगल को प्राप्त करता है। इसके उदाहरण में क्षेमेन्द्र अपने उपाध्याय गंगक का श्लोक उद्धृत करते हैं। इसमें 'य: अनुपमं सुखं देयात्' पद आशीर्वचनौचित्य का बोधक है।[73]

आचार्य क्षेमेन्द्र–प्रोक्त औचित्य के भेद–प्रभेदों को प्रतिपाद्य विषय की दृष्टि से, डॉ० राम सागरत्रिपाठी ने अपने ग्रंथ में 'औचित्य तत्व की सत्ता का विभाजन' शीर्षक से पांच भागों में विभक्त किया है[74] –

1. मीमांसा दर्शन के क्षेत्र में आने वाले तत्व।
2. व्याकरण–सम्बद्ध तत्व।
3. काव्यशास्त्र संबंधी।
4. लोकशास्त्र संबंधी।
5. अन्तर्दृष्टिकोण संबंधी।

मीमांसा–दर्शन के अन्तर्गत इन्होंने पदौचित्य, विचारौचित्य और प्रबन्धार्थौचित्य आदि औचित्य भेदों को लिया है।

व्याकरण सम्बद्ध औचित्य प्रभेदों के अन्तर्गत क्रियौचित्य, कारकौचित्य, लिंगौचित्य, वचनौचित्य, विशेषणौचित्य, उपसर्गौचित्य, निपातौचित्य तथा कालौचित्य को स्वीकार किया है।

काव्यशास्त्र संबंधी विभाजन के अन्तर्गत गुणौचित्य, अलंकारौचित्य और रसौचित्य को रखा है।

लोकशास्त्र संबंधी वर्गीकरण के अन्तर्गत देशौचित्य, कुलौचित्य और व्रतौचित्य आते हैं।

अन्तर्दृष्टिकोण संबंधी विभाग में तत्वौचित्य, सत्वौचित्य, अभिप्रायौचित्य, सारसंग्रहौचित्य, प्रतिभौचित्य, अवस्थौचित्य, विचारौचित्य, नामौचित्य और आशीर्वादौचित्य का उल्लेख है।

डॉ० त्रिपाठी का औचित्य–प्रभेदों के वर्गीकरण का प्रयास एक नवीन प्रयास है।

औचित्य काव्य की आत्मा, प्राण या जीवित रूप में

आत्मा, प्राण या जीवित या जीव मूलतः दर्शन शास्त्र में प्रयुक्त हुए हैं। काव्यशास्त्रविद ने इन पदों का प्रयोग काव्य एवं काव्यशास्त्र में भी किया है। काव्यशास्त्र में प्रयुक्त इन पदों के विवेचन से पूर्व इन पदों के मूल अर्थों एवं इनके परस्पर सम्बन्ध और विभिन्नता दोनों पर विचार करना प्रासंगिक और अपेक्षित प्रतीत होता है।

आत्मा– आत्मा (न.पु.) अतति सन्तत भावेन जाग्रदादि सर्वास्वास्थासु अनुवर्तते। (अत सातत्य गमने+मनिन्) जीवः, स्वभावः, यत्नः, धृतिः, बुद्धिः, ब्रह्म, देहः, मनः, परव्यावर्तनं, पुत्रः, अर्कः, हुताशनः, वायुः। –हलायुध कोश, पृष्ठ 149

निरूक्तकार सातत्यार्थक अत् धातु से मनिन् प्रत्यय जोड़कर 'आत्मन्' शब्द

निष्पन्न करते हैं। जिसका अर्थ है– वह तत्त्व जो अनेक विनाशशील तत्वों के बीच निरन्तर रहता है।

प्राण– प्राणिति जीवति बहुकालमिति। प्र+अन्+अच्। प्राणिति अनेन इति करणे घञ् वा। बलम्, ब्रह्मा, काव्ये जीवात्मा, अनिलः, पूरिते, सूक्ष्म शरीर समष्ट्युपहित चैतन्यं, प्राग्गमनवान् नासाग्रस्थानवर्ती वायुः।

प्राणिनो सर्वतो वायु चेष्टां वर्तयते पृथक्।
प्राणनाच्चैव भूतानां प्राण इत्यभिधीयते।।

इति महाभारते 12/321/65

प्राणाः पुं प्राणिति एभिरिति प्र+अन् करणे घञ् असवः

प्राणाः यथात्मनोभीष्टा भूतानामपि ते यथा।
आत्मौपम्येन भूतानां दयां कुर्वन्ति साधवः।।

इति हितोपदेशे 1.73

शरीरस्थ पञ्च प्राणाः। प्राणोऽपान समानश्चोदानव्यानौ च वायवः। शरीरस्था इमे। इत्यमरः।

हृदि प्राणो गुदेऽपानः समानो नाभिसां स्थितः।
उदानः कण्ठदेशे च व्यानः सर्वशरीरगः।।

हलायुध कोश, पृष्ठ–470

मुखनासिकाभ्याम् निष्क्रमण प्रवेशनात् प्राणः।

तर्क संग्रह पृष्ठ–31

जीवित– जीवः, पुं जीवनमिति जीव् बाहुलकात् भावे घञ् असुधारणम्। जीवतिः जीव प्राणधारणे।

जीवनम्– जीत्यतेऽनेनेति। जीव+करणे ल्युट्। वृत्तिः, जीविका। जीव भावे ल्युट् प्राणधारणम्।

यावद्वायुः स्थितो देहे तावज्जीवनमुच्यते'–इति हठयोगप्रदीपिकायाम् (2.3)

जीवितम्– जीव भावे क्त्। जीवनम्।

हलायुध कोश, पृष्ठ 318–319

जीवितम्– जीव+क्त– जीवन, अस्तित्त्व। –आप्टे कोश पृष्ट 406

भारतीय ऋषियों के प्रखर चिन्तन–मनन से प्रसूत उनकी विलक्षण मेधा का

निदर्शन एवं प्रतिमान रूप उपनिषदों में आत्मा और प्राण–विषयक विचारों का उल्लेख प्राप्त होता है। इनमें प्राण और आत्मा का गहन एवं सुन्दर विवेचन हुआ है।

सर्वप्रथम 'प्राण' को शरीर के सभी अंगों में सबसे महत्वपूर्ण अंग के रूप में बताया गया है, परन्तु कालान्तर में प्राण (life, breath) की महत्ता का विस्तार हो गया। वह केवल शारीरिक अंगों के साथ स्थिति (physiological association) से केवल सम्बन्धित होने से काफी आगे निकल गया।

प्राण को पाँच भागों– प्राण, अपान, व्यान, उदान और समान में विभाजित किया गया है। प्राण के रूप और कर्म अविज्ञात और अश्रान्त हैं। बृहदारण्यकोपनिषद और छान्दोग्योपनिषद में शरीर की अन्य इन्द्रियों– नेत्रादि और प्राण के बीच श्रेष्ठता विषयक प्रसिद्ध विवाद होने और उसमें प्राण के श्रेष्ठ सिद्ध होने का दृष्यन्त मिलता है।

उपरिलिखित ग्रंथों में जिस प्राण को शरीर के नख–शिख पर्यन्त तक व्याप्त और उसका विशिष्ट महत्व निरूपित किया गया था; उसकी श्रेष्ठता बहुत दिनों तक स्थिर नहीं रह सकी।

केनोपनिषद में प्राण को स्वतन्त्रतापूर्वक किसी भी कार्य के करने की शक्ति को अस्वीकार करते हुए कहा गया–

श्रोत्रस्य श्रोत्रं मनसो मनो यद् वाचो ह वाचम् स उ प्राणस्य प्राणः।
चक्षुषश्चक्षुरतिमुच्य धीराः प्रेत्यस्माल्लोकादमृता भवन्ति।।

के.उ. 1/2

यत् प्राणेन न प्राणिति येन प्राणः प्रणीयते।
तदेव ब्रह्म त्वं विद्धि नेदं यदिदमुपासते।।

वही 1/8

'प्रश्नोपनिषद् ने तो प्राण' की उत्पत्ति आत्मा से बताकर 'आत्मा' की श्रेष्ठता की स्थापना कर दी।

आत्मनः एष प्राणो जायते, यथैषा पुरूषे छायेतस्मिन्तेतदाततं मनोकृतेनायात्मास्मिन्शरीरे। –प्रश्नोपनिषद् 3/3

'ऐतरेय उपनिषद' में यह उल्लेख उपलब्ध होता है कि मृत्यु के उपरान्त पुनर्जन्म 'आत्मन्' का होता है–

स इतः प्रयन्नेव पुनर्जायते। –ऐतरेय उपनिषद 2.1.4

इसी उपनिषद में 'आत्मन्' का मुख्य स्वरूप 'प्रज्ञान' (Intelligence) बताया गया–

"यदेतत् हृदयं मनश्चैतत्। संज्ञानम्– आज्ञानम्– विज्ञानम्– मेधा– दृष्टिः– धृतिः– मनीषा– जूतिः– स्मृतिः– संकल्पः– क्रतुः– असुः– कामो वशः इति सर्वाणि एव एतानि प्रज्ञानस्य नामधेयानि भवन्ति।" –वही 3.1.2

डॉ एस० के. डे. बेलवलकर और आर.डी. रानाडे द्वारा लिखित पुस्तक 'हिस्ट्री ऑव इन्डियन फिलास्फी में आत्मा और प्राण पदों के अर्थ– विकास के विषय में गम्भीर विचार व्यक्त किया गया है।

आत्मन् विषयक चिन्तन के परिप्रेक्ष्य में आलोडन करने पर परिलक्षित होता है कि भारतीय वाङ्मय में 'आत्मा' पद का प्रयोग अनेक अर्थों में प्रयुक्त हुआ है। परन्तु मुख्य रूप से इसका प्रयोग शरीर, अन्तःकरण एवं जीव के लिए रूढ़ है। वस्तुतः 'आत्मा' शब्द व्यक्ति से सम्बन्धित है। कभी तो वह व्यक्ति के शारीरिक सम्बन्धों का बोध कराता है, तो कभी मन, बुद्धि एवं अहंकार रूप अन्तःकरण का। किन्तु दर्शन शास्त्र में आत्मा शब्द देह, इन्द्रिय, मन एवं अहंकार से परे सूक्ष्म शरीर का बोध कराता है, जिसे जीवात्मा भी कहते हैं। सांख्य एवं वेदान्त आदि दर्शनों में आत्मा चैतन्य मात्र का बोधक माना गया है। इस प्रकार दर्शन शास्त्र में 'आत्मा' शब्द का प्रयोग देह, देही, चैतन्य और ब्रह्म के अर्थों में हुआ है।

भारतीय चिन्तन परम्परा में विचारों एवं शुभाशुभ तत्त्वों का मानवीकरण कर उसका निरूपण सहज और स्वाभाविक ढंग से होता रहा है। आस्तिकता और आशावाद बीजभूत रूप से इस परम्परा में निहित प्रतीत होता है। अमूर्त्त विचारों के मूर्त्तीकरण एवं तादात्मीकरण कर उसकी अभिव्यक्ति के प्रयास से अभिभूत अन्यान्य शास्त्रीय विचारों की भाँति काव्यशास्त्र भी अछूता नहीं रहा। 'काव्य' को भी पुरूष मानकर इसके अंग–प्रत्यंग रूप में निरूपित करने की प्रथा भी कम पुरानी नहीं है।

भरत मुनि के 'नाट्यशास्त्र' में नाट्य या उसके किसी तत्त्व को व्यक्ति के रूप में निरूपित तो नहीं किया गया है, किन्तु नाट्य या नाट्य वेद के जन्म तथा उसके अंग–प्रत्यंग होने का विधान यत्र–तत्र उपलब्ध होता है।

योऽयं भगवता सम्यक् ग्रथितो वेद सम्मितः।
नाट्यवेदः कथं ब्रह्मन्नुत्पनः कस्य वा कृते।।

कत्यङ्ग किम्प्रमाणश्च प्रयोगाश्चस्य कीदृशः।।
सर्वमेतद् यथातत्त्वं भगवन् वक्तुमर्हसि।।

ना.शा. 1/4-5

आचार्य भामह ने काव्यमय वपु एवं काव्य शरीर की चर्चा 'काव्यालंकार' में की है-

आस्त एवं निरातङ्कं कान्तं काव्यमयं वपुः।
यदि काव्यशरीरस्य न स व्यापियेष्यते।

आचार्य दण्डी ने भरतमुनि और आचार्य भामह की अपेक्षा काव्य का मानवीकरण अधिक स्पष्टता से किया है-

तदल्पमपि नोपेक्ष्यं काव्ये दुष्टं कथंचन।
स्याद्वपुः सुन्दरमपि श्वित्रेणैकेन दुर्भगम्।।

दण्डी वे प्रथम आचार्य हैं, जिन्होंने काव्य में 'प्राण-तत्त्व' का भी अनुसन्धान किया है। यथा-

इति वैदर्भभार्गस्य प्राणाः दशगुणाः स्मृताः।।

वामन वे प्रथम आचार्य है, जिन्होंने 'काव्यात्मा' होने का विधान किया (रीतिरात्मा 'काव्यस्य' वृत्तिभाग रीतिर्नामायमात्मा काव्यस्य। शरीस्येव इति शेषः) वामन, काव्यालंकार सूत्र वृत्ति 1/6; पृ० 15

आनन्दवर्धन ने 'ध्वन्यालोक' में काव्यात्मा के विषय में उल्लेख किया है- काव्यस्यात्मा ध्वनिरिति वुधैः यः समाम्नात पूर्वः। राजशेखर ने अपनी कृति 'काव्यमीमांसा' में काव्य को पुरूष कहकर उसे सरस्वती का पुत्र बताया है।

दर्शन शास्त्र में प्रयुक्त 'आत्मा' पद का अर्थ देह, देही, और ब्रह्म आदि व्यक्ति के सन्दर्भ में हैं। परन्तु जब व्यक्ति के स्थान पर वस्तुओं के सम्बन्ध में 'आत्मा' पद का प्रयोग करते हैं, तो वहाँ पर उसका अभिप्राय उसमें निहित 'सारतत्त्व' से होता है। आत्मा पद का प्रयोग व्यक्तियों और वस्तुओं तक ही सीमित नहीं है, सिद्धान्तों एवं विषयों के सम्बन्ध में भी प्रचलित है। वहाँ उसका अभिप्राय उस तथ्य से होता है, जिसके प्रतिपादन के लिए उस सिद्धान्त-विशेष या विषय-विशेष का निरूपण किया गया होता है।

काव्यशास्त्र के सन्दर्भ में 'आत्मा' पद के निरूपण से हमारा अभिप्राय प्रत्यक् चैतन्य, जीव या शरीर नहीं हो सकता है, अपितु हमारे मस्तिष्क में इनसे सर्वथा भिन्न तत्त्व गूँजते रहते हैं, जिन्हें निम्नोक्त रूप में कहा जा सकता है-

(1) काव्य का सारभूत तत्त्व (Central idea or vital essence)

(2) सर्वोत्कृष्ट तत्त्व (Supreme element)

(3) सर्वव्यापक पत्त्व (Omani present element)

साहित्यशास्त्र के महनीयतम आचार्य आनन्दवर्धन ने 'आत्मा' शब्द का अर्थ 'साररूप में स्थित सहृदय श्लाघ्य अर्थ' को माना है। (काव्यस्य ललितोचित सन्निवेश चारूण: शरीरस्येवात्मा साररूपतया स्थित: सहृदय श्लाघ्यो योऽर्थ:।

ध्वन्यालोक, पृ०45

अभिनवगुप्त ने 'ध्वन्यालोक लोचन में' आत्मा 'शब्द का अर्थ' सारतत्व[75] और 'समस्तसारभूत'[76] किया है। उन्होंने 'आत्मा' और 'जीवित' शब्दों को पर्यायवाची अर्थ में प्रयुक्त किया है[77]। इसका प्रमाण उनके द्वारा ध्वन्यालोकलोचन में स्थान-स्थान पर 'जीवित[78] भूत' और अनुप्राणक'[79] आदि रूपों में किए गए उल्लेखों से मिलता है। वैसे तो आचार्य महिमभट्ट ने भी 'आत्मा' और 'जीवित' को पर्याय रूप में प्रयुक्त किया है।[80] किन्तु क्षेमेन्द्र ने आनन्दवर्धन और अभिनव की परम्परा में रस-ध्वनि को सर्वश्रेष्ठ स्वीकार करते हुए भी 'आत्मा' और 'जीवित' शब्दों में भेद किया है। रस को वे 'काव्य की आत्मा' और औचित्य को उसका (रस का) जीवित मानते हैं।

इस संबंध में डॉ० राघवन् ने भी अभिनवगुप्त और क्षेमेन्द्र के आत्मा और जीवित शब्दों के पर्यायार्थक और भिन्नार्थक प्रयोग करने पर प्रकाश डाला है। उनका कहना है कि 'अभिनवगुप्त ने जीवित' पद का प्रयोग औचित्योपेत रसध्वनि के लिए किया है तथा अभिनव ने आत्मा और जीवित का पर्याय अर्थ में प्रयोग किया है जिसका सामान्य अर्थ सारभूत तत्व है। क्षेमेन्द्र ने आत्मा और जीवित शब्दों में सूक्ष्म अन्तर किया है तथा रस को आत्मा और औचित्य को जीवित कहा है।[81] ध्वन्यालोकलोचन के सूक्ष्म परीक्षण से विदित होता है कि अभिनवगुप्तपाद ने जीवित शब्द को परिभाषित करते हुए उसे प्रसिद्ध प्रस्थान से व्यतिरिक्त कहा है।[82] प्रसिद्ध प्रस्थान का अर्थ, शब्द और अर्थ तथा गुण और अलंकार से है। उन्होंने औचित्य से युक्त रस ध्वनि को काव्य-जीवित कहा है।[83]

संस्कृत साहित्यशास्त्र में काव्यजीवित की अवधारणा की अवतारणा क्षेमेन्द्र की मौलिक देन नहीं है; अपितु उनसे पूर्व अभिनवगुप्त और कुन्तक प्रभृति आचार्यों के काव्यों में भी इसका दिग्दर्शन होता है। इसके प्रमाण रूप में 'उचिताख्यान जीवितम्'[84] और 'काव्यैकजीवितम्'[85] इत्यादि वचन उद्धृत किए जा सकते हैं। इस प्रकार स्पष्ट है कि क्षेमेन्द्र से पूर्व काव्य-जीवित की अवधारणा प्रकाश में आ चुकी थी।

आचार्य क्षेमेन्द्र ने अपने ग्रन्थ 'औचित्य विचार चर्चा में औचित्य को 'रस जीवित भूतस्य' 'जीवितमौचित्यम्', 'काव्यस्य जीवितम्' 'व्यापिजीवितम्' इत्यादि वक्तव्यों से उसे जीवित रूप में स्वीकार किया है।

(औचित्य विचारचर्चा कारिका 3, 4, 5, 10 पृष्ठ 2, 3, 6)

अब क्षेमेन्द्र के औचित्य विषयक अभिमत के सन्दर्भ में साहित्यशास्त्र के इस ज्वलन्त प्रश्न कि क्या क्षेमेन्द्र औचित्य को काव्यात्मा के रूप में स्वीकर करते हैं? इस सम्बन्ध में विद्वानों में विसंवाद है। डॉ सूर्यकान्त शास्त्री ने औचित्य को काव्यात्मा और रस से भी श्रेष्ठ कहा है। (Both the vital essence for soul are more or less the same importance for life now Kshemendra says that Auchitya is life of the poetry while Rasa is like the vital essence. Thus in a way places Auchitya higher than even Rasa.

–Surya Kant Shastri, Kshemendra Studies, p. 76-77

परन्तु अधिकांश विद्वान् उपर्युक्त मत से सहमत नहीं है। डॉ राममूर्त्ति त्रिपाठी ने डॉ सूर्यकान्त के मत का खण्डन किया है। उन्होंने औचित्य को 'जान में भी जान' डाल देने वाली चीज कहा हैं। अर्थात् रस काव्य की जान है तो औचित्य उस जान (रस) की भी जान है। जान का अर्थ प्राण है।

–Ram Murthi Tripathi, Auchitya Vimarsh, p. 148]

आत्मा, प्राण और जीवित पदों के अर्थ के सम्बन्ध में पूर्वोक्त विवेचन से यह स्पष्ट है कि दर्शन शास्त्र में निरूपित 'आत्मा' पद का अर्थ प्रत्यक्चैतन्य, जीव, शरीर या ब्रह्म आदि काव्यशास्त्र के सन्दर्भ में प्रयुक्त नहीं हो सकते। ऐसी परिस्थिति में 'आत्मा' पद का अर्थ काव्य का सारभूत तत्व (Central idea) है। आत्मा, प्राण और जीवित पद के अर्थों को दर्शनशास्त्र में भिन्न-भिन्न स्वीकार करने पर भी, काव्यशास्त्र में उन्हें एक ही मानना तर्क संगत प्रतीत होता है। ऐसा करने पर ही सारभूत, सर्वोत्कृष्ट और सर्वव्यापक तत्व का समुचित समन्वय संभव होगा।

अत: स्पष्ट है कि काव्यशास्त्र में आत्मा पद का अर्थ उसमें प्रतिपाद्य या अभिव्यज्यमान रूप में ग्रहण होता है, अर्थात् यहाँ पर उसे काव्य के अन्य प्रतिपादक तत्वों से अभिव्यापक तथा इसी में अन्य तत्वों के अन्तर्भूत होने का आशय ग्रहण किया जाता है।

काव्यपुरूष के रूपक के सन्दर्भ में क्षेमेन्द्र के औचित्य के विवेचन में उसके अनेक अंगों में प्राण का स्थान औचित्य को दिया गया है। जैसे किसी शरीर में प्राण

के न रहने पर उसके सारे मनोहर से मनोहर धर्म उपेक्षणीय हो जाते हैं, क्योंकि कुण्डलादि आभूषण जीवित शरीर में शोभा उत्पन्न करते हैं, मृत शरीर में नहीं। ठीक यही स्थिति काव्य में औचित्य के अभाव में गुण, अलंकार आदि की है। इस पृष्ठभूमि पर यदि औचित्य के काव्यात्मत्व होने पर विचार करें तो यह कहना अनुचित नहीं कि काव्य की आत्मा रस है, औचित्य नहीं। इस सम्बन्ध में स्पष्ट रूप से संस्कृत साहित्यशास्त्र का इतिहास भी प्रबल प्रमाण है कि क्षेमेन्द्र के समय तक रस की काव्यात्मा के रूप में प्रतिष्ठा हो चुकी थी।

प्रश्न केवल रसास्वाद ग्रहण करने की प्रक्रिया से था जिसे– व्यंजना, अनुमान, तात्पर्य, वक्रोक्ति आदि विभिन्न साधनों से ग्रहण करने की चर्चा हुई है। इसके अतिरिक्त स्वयं क्षेमेन्द्र ने रस को काव्य के सिद्ध रूप में स्वीकार किया है।[86]

डॉ० राघवन् प्रभृति विद्वानों ने क्षेमेन्द्र द्वारा रस को काव्यात्मा के रूप में स्वीकार करने की बात कही है। इस प्रसंग में उनका कथन उद्धरणीय है जिस प्रकार आचार्य कुन्तक की वक्रोक्ति रस और ध्वनि को स्वीकार करके आगे बढ़ती है ठीक उसी प्रकार क्षेमेन्द्र का औचित्य। क्षेमेन्द्र पहले रस को काव्यात्मा स्वीकार करते हैं, और तदनन्तर औचित्य को उसका जीवित।[87] इस प्रकार स्पष्ट है कि औचित्य काव्य में अत्यधिक महत्वपूर्ण होते हुए भी काव्य तत्व का प्रतिपादक है, स्वयं काव्य का प्रतिपाद्य नहीं।

परन्तु यह भी कहना उचित प्रतीत होता है कि काव्य के प्रमुख या सर्वातिशयत्व के रूप में औचित्य सिद्धांत को स्वीकार किया जा सकता है। औचित्य के काव्यजीवित और काव्यात्मा पर विशद् विचार डॉ० राम मूर्ति त्रिपाठी ने किया है। उन्होंने अपने पूर्ववर्ती मत– औचित्य को काव्यात्मा न मानना, में संशोधन किया है। उन्होंने अपने ग्रंथ भारतीय काव्यशास्त्र के नए क्षितिज जो 1985 में प्रकाशित है, में 'औचित्य–दर्शन' शीर्षक के अन्तर्गत 'क्षेमेन्द्र का वक्तव्य तथा औचित्य चिन्तन से उत्पन्न समस्याएं और समाधान'– इस उप–शीर्षक में अपना विचार इस प्रकार व्यक्त किया है–

क्षेमेन्द्र औचित्य का महत्व बताते हुए अपने ग्रंथ के आरम्भ में ही कहते हैं– परोपकारी शब्दार्थमय काव्य में अलंकार बाह्य शोभाकारी होने से कटकादि की भांति अन्तत: अलंकार ही हैं और गुण भी श्रुत, सत्य, शील आदि की तरह अर्जित हैं अत: वे भी गुण ही हैं। पर जहां तक औचित्य का सम्बन्ध है वह काव्य का स्थिर और अविनश्वर जीवित है, जिसके बिना काव्य निर्जीव है, बेजान है।[88] क्षेमेन्द्र के इस वक्तव्य से कई प्रश्न उठ खड़े होते हैं। उक्त वक्तव्य से स्पष्ट है कि काव्य में

जीवित के रूप में औचित्य ही हो सकता है, गुण और अलंकार नहीं। अर्थात् जो लोग गुण और अलंकार को जीवित समझते हैं उक्त कारणों से अतर्कसंगत और अग्राह्य हैं। निश्चय ही यहाँ क्षेमेन्द्र की अलंकार और गुण विषयक धारणा अलंकारवादियों और रीतिवादियों की है, अभिनवगुप्त की नहीं।

अभिनवगुप्त तो अलंकार को अप्रत्यक्ष रूप से शोभाकारक ही मानने के पक्ष में हैं। रहे गुण, वे तो रस की अर्जित नहीं, स्वाभाविक विशेषता है। अत: यह निष्कर्ष निकालना ही होगा कि क्षेमेन्द्र अलंकारवादी और रीतिवादी पक्षों से अपनी असहमति प्रकट करते हैं और औचित्य को काव्य का जीवित सिद्ध करना चाहते हैं।[89] पहला सवाल यह है कि फिर वक्रोक्ति, रस और ध्वनि के विषय में मान्यता क्या है? औचित्य रस सिद्ध काव्य का जीवित है, यह मानने वाला क्षेमेन्द्र रस का विरोधी तो नहीं है, पर रूप के सागोपांग निर्वाह की दृष्टि से प्रश्न यह है कि यदि औचित्य जीवित है तो रस क्या है? दूसरे ध्वनि और वक्रोक्ति के संबंध में उसके मौन का क्या कारण है? पहले प्रश्न का उत्तर देते हुए डॉ० राघवन ने कहा है कि काव्य में औचित्य जीवित है तो रस आत्मा। अर्थात् शब्दार्थ शरीर और रस रूपी आत्मा का सहावस्थान होने पर भी यदि प्राणन–क्रिया नहीं है तो सब निरर्थक है। औचित्य काव्य की प्राणन क्रिया है, औचित्य शून्य काव्य निष्प्राण निर्जीव है। क्षेमेन्द्र ने 'निर्जीव' शब्द का ही प्रयोग किया है। जीवित से यहां 'आत्मा' समझी जाये या जीवन–प्राण? यदि क्षेमेन्द्र के शब्दों पर विशेष ध्यान दिया जाय तो स्पष्ट है कि काव्य में दो चीजें ऐसी हैं, जिनमें से यदि एक अविनश्वर या स्थायी जीवन देता है तो दूसरा अस्थायी और विनश्वर। उन्होंने रसायन के स्थान पर रस को रखा है। रसायन से जैसे काव्य सिद्धि को जाती है उसी प्रकार से रस से भी काव्यसिद्धि (काव्यात्म सिद्धि) की जा सकती है। लेकिन काव्य की सिद्धि या प्राप्ति होने पर उसकी सफलता का निर्णय औचित्य ही देता है। इससे सिद्ध होता है कि क्षेमेन्द्र रस की अपेक्षा औचित्य का व्यतिरेक सिद्ध करते हैं।

पर इस व्यतिरेक से कहाँ सिद्ध होता है कि औचित्य अपने आप में साध्य है? औचित्य से काव्य में जान पड़ने लगती है, उसके न रहने पर, वह बेजान सा लगता है– अर्थात् औचित्य काव्य के जीवित रस का भी जीवित है, जीवित (रस) को उजागर तथा स्थायी बनाने वाला है। स्पष्ट ही औचित्य का जीविकत्व लाक्षणिक है, अभिधात्मक नहीं। रस अभिधा में काव्य का जीवित है और औचित्य लक्षणा में। इस विवेचन के आलोक में मैं डॉ० राघवन् की तरह रस को आत्मा और औचित्य को

जीवित कहकर उसका भेद नहीं करना चाहता, बल्कि आत्मा (रीतिरात्मा काव्यस्य) तथा (वक्रोक्ति काव्यजीवितम्) के जीवित को एकार्थक मानना चाहता हूँ? अर्थात् रस और औचित्य दोनों ही जीवित हैं। पहला विनश्वर तथा दूसरा अविनश्वर। पहला जीवित तथा दूसरा जीवित का भी जीवित।[90] उनकी प्रतिज्ञा है– रसजीवितभूतस्य विचार: क्रियतेऽधुना। अन्यत्र जिस प्रकार डॉ० राघवन् औचित्यजीवितम् को रस (आत्मा) विरोधी प्रस्थान नहीं मानते, वैसे ही वक्रोक्ति भी रस विरोधी प्रस्थान नहीं होगा। कहा जा सकता है कि कुन्तक वक्रोक्ति की रस–विरोधी स्थापना करते ही कहां हैं?

लोकोत्तराह्लाद (रस)–कारि वैचित्र्य सिद्धये। अर्थात् वह उस वक्रता को स्थापना करने जा रहे हैं जो रस–साधक है। अत: डॉ० राघवन् की बात मान ली जाय तो असंगति क्या है? जहाँ–जहाँ काव्यात्मवादी आचार्य जीवित शब्द का प्रयोग करें, वहाँ–वहाँ रस को आत्मा और अन्य (औचित्य तथा वक्रोक्ति) को जीवित मान लिया जाए? नहीं, हर्ज यह है कि फिर भी औचित्य मत की भाँति वक्रोक्ति मत को भी रस प्रतिपक्षी काव्यात्मवाद नहीं मानना होगा। पर ऐसा चल सकता है क्या? इस प्रकार उचित यह प्रतीत होता है कि जैसा क्षेमेन्द्र ने कहा है वैसा ही माना जाय, डॉ० राघवन का सुझाव नहीं।[91]

क्षेमेन्द्र की दृष्टि में औचित्य रस सिद्ध काव्य का जीवित है– अर्थात् काव्य के जीवित का जीवित है। हां, पहला अस्थायी जीवित है और दूसरा स्थायी। रस सिद्ध काव्य को स्थायित्व प्रदान करने वाला औचित्य ही है, उस मन्थन से जो निष्कर्ष मिले वे इस प्रकार हैं–

1. औचित्य काव्य का स्थिर जीवित है, अर्थात् रस सिद्ध काव्य की जान है जो उसे स्थिरता प्रदान करता है।
2. औचित्य स्वयं साध्य नहीं है पर साध्य को स्थिरता प्रदान करने के कारण महत्वपूर्ण है।
3. औचित्य की तुलना में अलंकार बहिरंग और गुण स्वभावगत अर्जित धर्म है।[92]

इस प्रकार औचित्यविचारचर्चाकार औचित्य का व्यतिरेक अलंकार, गुण तथा रस तीनों की अपेक्षा सिद्ध कर रहा है।

रहा दूसरा प्रश्न कि 'वक्रोक्ति' तथा ध्वनि से परिचित होकर भी क्षेमेन्द्र ने इनकी अपेक्षा औचित्य का व्यतिरेक क्यों नहीं दिखाया? इस प्रश्न पर गहन चिंतन कर डॉ० त्रिपाठी ने यह मत व्यक्त करते हुए कहा है कि मुझे ऐसा लगता है कि ध्वनि

सिद्धांत की स्थापना हो जाने के बाद श्रव्य दृश्य उभयत्र रस का महत्व तो मान ही लिया गया।[93] उससे पूर्व के अलंकारवादी तथा रीतिवादी आचार्य व्यामुग्ध थे। उन्हें रस भी या तो अलंकार दिखाई पड़ता था या कान्ति गुण में अन्तर्भुक्त होकर गौण। दीप्त रसमय कान्ति संघटित गौडी रीति काव्य की आत्मा का पद न पा सकी। ध्वनिवाद रस को सर्वोपरि मानता ही था; रसवादी (भावना या भोगवादी) मानते ही थे रस को, वक्रोक्तिवादी ने भी रस को साध्य ही माना है; उसे साधन कोटि में नहीं रखा।

यह अवश्य है कि कुन्तक ने रस को स्पष्टतः अलंकार नहीं कहा, अलंकार्य कहा शब्दार्थ को; और अलंकृति के रूप में वक्रता कि प्रतिष्ठा की। किन्तु स्वभावोक्ति तथा रसवदालंकार का खण्डन करते हुए यह सिद्ध कर दिया कि रस या भाव तथा स्वभाव अलंकार नहीं हो सकते वे तो अलंकार्य ही हैं। इस समझ के कारण ही संभव है, रस को मान्यता देने वाले वक्रोक्ति और ध्वनि से औचित्य का व्यतिरेक अर्थात् उससे अलग बताने की कोई अपेक्षा या आवश्यकता न समझी गई हो। वक्रता और ध्वनि भी औचित्य मंडित होकर ही अभीष्ट प्रभाव पैदा कर सकते हैं। अभीष्ट प्रभाव पैदा करने में सभी औचित्य के मुखापेक्षी हैं। ध्वनि सिद्धांत प्रस्थापन के अनन्तर रस की साध्यता काव्यमात्र में निर्विवाद हो गई थी, विवाद इस बात पर छिड़ गया कि उस तक पहुंचने का माध्यम क्या है– व्यंजना, भावना भोग, तात्पर्य, अनुमिति, विचित्र अभिधा या क्या?; अर्थात् अलंकार और रीति के बाद बहस का बिन्दु रस तक पहुंचने का मार्ग क्या है (यह) बन गया। इसके साथ यह प्रश्न भी जुड़ा हुआ है कि माध्यम रूप की काव्यात्मक स्थिति क्या है? ध्वनिवादी ध्वनित रस को, रसवादी रसमात्र को तथा वक्रोक्तिवादी रस को आत्मसात् करने वाले लोकोत्तर आह्लाद को साध्य मानता है। इस विचार से निष्कर्ष यह निकला कि रस से औचित्य का व्यतिरेक सिद्ध होने पर पृथक् से वक्रोक्ति तथा ध्वनि से व्यतिरेक सिद्ध करने की आवश्यकता ही नहीं रही।[94]

औचित्य को काव्य–जीवित रूप में विचार करने के पश्चात् डॉ० त्रिपाठी ने औचित्य के काव्यात्मवाद का भी बड़ा ही सूक्ष्म चिन्तन किया है। उनके विचार इस प्रकार हैं– यदि काव्य में महत्वपूर्ण क्या है, इस प्रश्न का सर्जन पक्ष से उत्तर देते हुए अलंकार, गुण या वक्रता को महत्वपूर्ण बताने पर आग्रह किया जा सकता है, ग्रहण पक्ष से ध्वनि और रस पर बल दिया जा सकता है तो समीक्षक पक्ष से औचित्य पर बल देना, उसे सर्वप्रमुख बताना क्यों अस्वीकार्य है? वह भी एक मतवाद क्यों नहीं? मतवाद सौन्दर्य के स्रोत के ही विषय में तो खड़े किए गए। उस क्रम में यदि कोई

दृष्टि भेद से औचित्य का पक्ष लेता है तो उसे भी इस काव्यात्मवाद के संदर्भ में एक विशेष का पक्षधर क्यों न माना जाये औचित्य भी एक काव्यात्मवाद है। काव्यशास्त्रीय ग्रन्थों में कुछ लोग इसे एक मतवाद स्वीकार करते हैं और कुछ लोग नहीं। मैंने स्वयं अपने पूर्ववर्ती विचारों में इसे पृथक् मतवाद मानने का खण्डन किया है। लेकिन अब पुन: सोचता हूं कि मतवाद न मानने के पक्ष में कोई तर्क दिखाई नहीं पड़ता, यह कहना कि औचित्य स्वयं में साध्य नहीं है तो वक्रोक्ति ही कौन स्वयं में साध्य है? यदि किसी दृष्टि से व्यंजना, वक्रता, गुण अलंकार तथा भावकत्व का महत्व है तो दृष्टि भेद से औचित्य का भी महत्व है।[95] अत: इसके स्वतंत्र मतवाद पर विचार होना चाहिए।

डॉ॰ त्रिपाठी के इन सबल तर्कों से औचित्य के काव्यात्मत्व की सिद्धि सुतरां होती है। लेकिन ध्यातव्य है कि डॉ॰ त्रिपाठी 'दृष्टि भेद' 'किसी दृष्टि' आदि शब्दों– जिससे उनका आशय समीक्षकीय दृष्टि है– से औचित्य का काव्यात्मत्व स्वीकार करते हैं, न कि सर्जक या ग्राहक की दृष्टि से। डॉ॰ त्रिपाठी के विचार निश्चय ही विद्वत्तापूर्ण हैं। उनके औचित्य के काव्यात्म सम्बन्धी विचारों में परिवर्तन आने में प्राय: 24 वर्ष लग गए। डॉ॰ त्रिपाठी की तर्काधारित यह दृष्टि भावी औचित्य–चिन्तकों की दृष्टि को ज्योति प्रदान करती रहेगी। उन्होंने औचित्य सिद्धांत के महत्व को साहित्यिक समीक्षकों की दृष्टि में बढ़ाया जो सर्वथा प्रशंसनीय है।

संदर्भ

1. काणे, पी०वी० हिस्ट्री आफ संस्कृत पोयटिक्स।
2. भरत, नाट्यशास्त्र, 23/69
3. क्षेमेन्द्र, औचित्य-विचार-चर्चा, 6, पृ० 5
4. We can thus see how this doctrine of approprateness propriety and adaptation - all comprehended in the one word औचित्य is directly derivable from भरत just put by the side of the verse of भरत above quoted, the verse illustration of the theory of औचित्य given by क्षेमेन्द्र in his औचित्य-विचार-चर्चा, in which work the doctrine of औचित्य had the complete elaboration in to system of criticism."

   –राघवन्, वी०, सम कन्सेप्ट्स आफ अलंकारशास्त्र, पृ० 197
5. क्षेमेन्द्र is not the author of औचित्य, but, as in the case of वक्रोक्ति and कुन्तक, क्षेमेन्द्र made औचित्य in to a system". –वही, शृंगार प्रकाश, पृ० 245
6. वाचस्पत्यम्, पृ० 1058
7. धातुपाठ, पृ० 331
8. शब्दकल्पद्रुम भाग, पृ० 220

9. वाचस्पत्यम् पृ० 1058
10. वैदिक पदानुक्रम कोश, पृ० 864
11. त्रिपाठी, राममूर्ति, औचित्य-विमर्श, पृ० 160
12. वा०प०, द्वितीय भाग, पृ० 1058
13. श०क०-भाग 1, पृ० 220
14. हलायुध 4. 61
15. नानार्थरत्नमाला – पृ० 108/2070, 84/1585
16. वैजयन्ती कोश – पृ० 5.4.103
17. पद्म चन्द्रकोश पृ० 137
18. मंख कोश, पृ० 41
19. मेदिनीकोश पृ० 61-98
20. वाङ्मयाणिव पृ० 54/698
21. अमरकोश
22. संस्कृत-कन्नड़ सुवर्ण कोश, पृ० 86
23. आप्टे, वी०एस०स०हि०कोश-181
24. Proper, suitable, convenient known, understood, entrusted, deposited, measured, adjusted, accurate to speak.
    - Wilson, H.H. Skt. Eng. Dictonary page - 174
25. Delightful, pleasrurable, agreeable, acceptable, fit or right to be taken, intrusted, deposited, measured, adjusted, accurate, delighting in.
    -Wilson, Monies, SKt. Eng. Dictionary P. 172
26. Peculiar, porper or true nature, character or condition, special nature, peculiarty, a special character of language, the quality or state of being proper fitting, the standard of what is socially accceptable in conduct, behaviour, speech, Decorum passionately deeply devoted to : webster's New Dictiionary. -Vol. 2, H to R. P. 1829
27. दीक्षित दुर्गा, रस सिद्धान्त का सामाजिक मूल्यांकन, पृ० 216 पर उद्धृत।
28. -वाचस्पत्यम् भाग 2, पृ० 156
    -शब्द कल्पद्रुम, भाग 1, पृ० 304
29. द्विविधः सम्बन्धः संयोग समवायश्चेति। तयायुतासिद्धयो सम्बन्धः समवायः। ययोर्मध्ये एकमविनश्यदपराश्रिमेववतिष्ठते तावयुतसिद्धौ। -तर्कभाषा, पृ० 26।
30. पाठक चन्द्रहंस, औचित्य सम्प्रदाय का हिन्दी काव्यशास्त्र पर प्रभाव
31. "तच्च कारणं त्रिविधम्। समवायि-असमवायिनिमित्त भेदात्। तत्र सत्समवेतकार्यमुत्पद्यते तत्समवायिकारणम्। यथा-तन्तवः पटस्य समवायिकारणम्।" -तर्कभाषा पृ० 25
32. "किं तदौचित्यमित्याह-
    उचितं प्राहुराचार्याः सदृशं किल यस्य तत्।
    उचितस्य च यो भावस्तदौचित्यं प्रचक्षते।।

यत् किल यस्यानुरूपं तद् उचितमुच्यते, तस्य भावमौचित्यं कथयन्ति।"
–औचित्य-विचार-चर्चा, 7, पृ० 6

33. औचित्यमुचितभाव: प्रस्तावोपयोग्यदोषदुष्टत्वम्। –वक्रोक्तिजीवित, 1/5, पृ० 49
34. औचित्ययुक्तमाद्यादि स्थानशोभि यत्
औचित्य वस्तुनः स्वभावोत्कर्षस्तेन समन्वितम्। –वक्रोक्तिजीवित, 1/6, पृ० 87
35. 'औचित्यं हि शास्त्रलोकातिक्रमात् प्रतिषिद्धविषयकत्वादिरूपं सामाजिक संवेद्यम्। ....
–आचार्य वामन झलकीकर, काव्य प्रकाश
36. राघवन- सम कन्सेप्ट्स आफ अलंकारशास्त्र, पृ० 197
37. वही, पृ० 198
38. त्रिपाठी, राम मर्ति, औचित्य-विमर्श,
39. डॉ० नगेन्द्र, रीतिकाव्य की भूमिका, पृ० 31
40. गौड़, मनोहर लाल, आचार्य क्षेमेन्द्र, पृ० 28-29
41. पाठक, चंद्रहंस, औचित्य संप्रदाय का हिन्दी काव्यशास्त्र पर प्रभाव, पृ० 71
42. कु० दीक्षित, रस-सिद्धान्त का सामाजिक मूल्यांकन, पृ० 217
43. झारी, कृष्णदेव, भारतीय काव्यशास्त्र के सिद्धान्त, पृ० 161
44. वही, पृ० 168
45. "पदे वाक्ये प्रबन्धार्थे गुणेऽलङ्करणे रसे।
क्रियायां कारके लिङ्गे वचने च विशेषणे।।
उपसर्गे निपाते च काले देशे कुले व्रते।
तत्वे सत्वेऽप्यभिप्राये स्वभावे सारसंग्रहे।
प्रतिभायामवस्थायां विचारे नाम्नि यथाशिधि।
काव्यस्याङ्गेषु च प्राहुरौचित्यं व्यापि जोवितम्।।" –औचित्यविचारचर्चा, 8, 9, 10, पृ० 6
46. पाठक, चंद्रहंस, औचित्य संप्रदाय का हिन्दी काव्यशास्त्र पर प्रभाव, तृतीय अध्याय, पृ० 159
47. तिलकं विभ्रती सूक्तिर्भात्येकमुचितं पदम्
एकमेवोचित पदं तिलकायमानं विभ्रापा सूक्ति:समुचितपर भाग शोभातिशयेन रुचिरतामावहति।"
अत्र मुग्धापदेनौचित्य चमत्कारिणी सूक्ति: सकलकविकुलललामभूतां विच्छित्तिम् आतनोति।"
–औचित्यविचारचर्चा, पर वृत्ति, पृ० 7-8
48. औचित्यरचितं वाक्यं सततं सम्मतं सताम्। –वही, 12, पृ० 11
49. उचितार्थविशेषेण प्रबन्धार्थ: प्रकाशते। –औचित्यविचारचर्चा, 13 पृ० 14
50. प्रस्तुतार्थोचित: काव्ये भव: सौभाग्यवान्गुण:। –औ०वि०च०, 14, पृ० 20
51. अर्थौचित्यवता सूक्तिरलङ्कारेण शोभते। –वही, 15, पृ० 25
52. कुर्वन्सर्वाशये व्याप्तिमौचित्यरुचिरो रस:। –औ०वि०च०, 16, पृ० 31
53. सगुणत्वं सुवृत्तत्वं साधुता च विराजते।
काव्यस्य सुजनस्येव यद्यौचित्यवती क्रिया।।- वही, 19, पृ० 83
54. सान्वयं शोभते वाक्यमुचितैरेव कारकै:। –वही, 20, पृ० 86
55. उचितेनेव लिङ्गेन काव्यमायाति भव्यताम्। – औ०वि०च०, 21 पृ० 103
56. उचितैरेव वचनै: काव्यमायाति चारुताम्।
अदैन्यधन्यमनसां वदनं विदुषामिव।। – वही, 22, पृ० 105

57. विशेषणैः समुचितैर्विशेष्योऽर्थः प्रकाशते।
गुणार्थकैर्गुणोदारः सुहृद्भिरिवसज्जनः।। -वही, 23, पृ० 109
58. योग्योपसर्गसंसगैर्निरर्गलगुणोचिता।
सूक्तिर्विवर्धते सम्पत्सन्मार्गगमनैरिव।। -वही, 24, पृ० 113
59. उचितस्थान विन्यस्तैर्निपातैरर्थसङ्गतिः।
उपोदेयेर्भवत्येव सचिवैरिव निश्चला।। -औ०वि०च०, 25, पृ० 116
60. कालौचित्येन यात्येव वाक्यमर्थेन चारुताम्।
जनावर्जनरम्येण वेषेणेव सतां वपुः।। -वही, 26, पृ० 119
61. देशौचित्येन काव्यार्थः ससंवादेन शोभते।
परं परिचयाशंसी व्यवहारः सतामिव।। -वही, 27, पृ० 125
62. कुलोपचितमौचित्यं विशेषोत्कर्षककारणम्
काव्यस्य पुरुषस्येव प्रियं प्रायः सचेतसाम्।। -औ०वि०चर्चा, 28, पृ० 0129
63. काव्यार्थः साधुवादार्हः सद्व्रतौचित्यगौरवात्।
सन्तोष निर्भरं भक्त्या करोति जनमानसम्।। -वही, 29, पृ० 131
64. काव्यं हृदयसंवादि सत्यप्रत्ययनिश्चयात्।
तत्वोचिताभिधानेन यात्युपादेयतां कवेः।। -वही, 30, पृ० 134
65. चमत्कारं करोत्येव वचः सत्वोचितं कवेः।
विचारचिरोदारचरितं सुमतेरिव।। -औ०वि०च०, 31, पृ० 137
66. अकदर्थनया सूक्तमभिप्रायसमर्थकम्।
चित्तमावर्जयत्येव सतां स्वस्थमिवार्जवम्।। -वही, 32, पृ० 140
67. स्वभावौचित्यमाभाति सूक्तीनां चारु भूषणम्।
अकृत्रिममसामान्यं लावण्यमिव योषिताम्।। -वही, 33, पृ० 144
68. सारसंग्रहवाक्येन काव्यार्थः फलनिश्चितः।
अदीर्घसूत्रव्यापार इव कस्य न सम्मतः।। -औ०वि०च०, 34, पृ० 148
69. प्रतिभाभरणं काव्यमुचितं शोभते कवेः।
निर्मलस्य सुगुणस्येव कुलं भूति विभूषित्म।। -वही, 35, पृ० 151
70. अवस्थौचित्यमाधत्ते काव्यं जगति पूज्यताम्।
विचार्यमाणरुचिरतरं कर्त्तव्यमिव धीमताम्।।-वही, 36, पृ० 155
71. नाम्ना कर्मानुरूपेण जायते गुण दोषयोः।
काव्यस्य पुरुषस्येव व्यक्तिः संवादपातिनी।।
यथा कालिदासस्य इदमसुलभवस्तु प्रार्थना दुर्निवारः
प्रथममपि मनो मे पञ्चबाणः क्षिणोति।। -औ०वि०चर्चा, 38, पृ० 162
72. उचितेन विचारेण चारुतां यान्ति सूक्तयः।
वेद्य तत्वावबोधेन विद्या इव मनीषिणाम्।
यथा मम् मुनिमत मीमांसायाम्-
सा सत्यामृतरश्मि वैरमसमं संसूचयन्त्या सदा
शङ्के पङ्कजसंश्रयेण मलिनारम्भा विजृम्भा श्रियः।। -वही, 37, पृ० 159

73. पूर्णार्थदातुः काव्यस्य सन्तोषित मनीषिणः
उचिताशीर्नृपस्येव भवत्यभ्युदयावहा।।
संपूर्णार्थसमर्पकस्य सन्तोषित विदुषः काव्यस्य
नृपतेरिवोचितमाशी पदमभ्युदयावहं भवति।
यथा अस्मदुपाध्यायगंगकस्य-
स कोऽपि प्रणयपरिपाक प्रचालितो
विलासोऽक्ष्णां देयात्सुखमनुपमं वो मृगदृशाम्।
अत्र स कोऽप्यसामान्यार्द्रप्रणयविश्रान्तिप्रगल्भकुरंगदृशांनिरूपमोनयनविलासः सुखं वो देयात्-इत्याशी : पदमुचितमेव। -औ०वि०च०, 39, पृ० 166-167
74. त्रिपाठी, रामसागर, समीक्षाशास्त्र के भारतीय मानदण्ड, पृ० 402
75. "आत्मशब्दस्य तत्वशब्देनार्थं अर्थ विवृण्वानः सारतत्वमपरशब्दवैलक्षण्यं च दर्शयति।"
-ध्वन्यालोक लोचन, पृ० 9
76. 'ध्वनिशब्द वाच्यं ... समस्तसारभूतम्' -वही, पृ० 10
77. रसध्वनेः सर्वत्र मुख्यभूतमात्मतत्वं इति दर्शयति, वही, पृ० 40
78. 'जीवितभूतो ध्वनिः' -वही, पृ० 25
79. 'काव्यस्य अनुप्राणकम्' -वही, पृ० 26
80. 'काव्यस्यात्मा जीवितभूतः' -व्यक्तिविवेक, द्वितीय विमर्श, पृ० 296
81. "The term जीवित was used by अभिनवगुप्त to denote रस-ध्वनि with औचित्य thus अभिनवगुप्त used both the words आत्मा and जीवित as interchengeable and as meaning generally the essence- सारभूतोऽर्थः But Kshemendra made a subtle distinction between soul and life, रस the आत्मा and औचित्य the life जीवित। -राघवन् वी, सम कन्सेप्ट्स ऑफ अलंकारशास्त्र पृ० 245
82. "जीवितं च नामप्रसिद्धप्रस्थानाव्यतिरिक्तम्" -ध्वन्यालोकलोचन, पृ० 25
83. उचितशब्देन रसविषयमैवौचित्यं भवतीति दर्शयन् रसध्वनेः जीवितत्वं सूचयति।
-वही, पृ० 45
84. अलौकिक चमत्कारकारि काव्यैकजीवितम्। -वक्रोक्तिजीवित, 1/56, पृ० 74
85. प्रकारेण तदौचित्यमुचिताख्यानजीवितम्। -वही, 1/53, पृ० 72
86. औचित्यं रससिद्धस्य स्थिरं काव्यजीवितम्। औ०वि०च०, 5, पृ० 3
87. "Just as कुन्तकs वक्रोक्ति proceeds only after accepting रस as supreme and accepts also ध्वनि, so also क्षेमेन्द्रs औचित्य, s क्षेमेन्द्र first posits रस as the soul of poetry, as the thing whose presence makes काव्य; औचित्य is its life जीवित्।" -राघवन् वी०, सम कन्सेप्ट्स आफ अलंकारशास्त्र, पृ० 245
88. डॉ० राम मूर्ति त्रिपाठी, भारतीय काव्यशास्त्र के नए क्षितिज, पृ० 83
89. वही, पृ० 83
90. राम मूर्ति त्रिपाठी, भारतीय काव्यशास्त्र के नये क्षितिज, पृ० 84

91. वही।
92. राम मूर्ति त्रिपाठी, भारतीय काव्यशास्त्र के नये क्षितिज, पृ० 84
93. वही, पृ० 85
94. राम मूर्ति त्रिपाठी, भारतीय काव्यशास्त्र के नये क्षितिज, पृ० 85
95. राम मूर्ति त्रिपाठी, भारतीय काव्यशास्त्र के नये क्षितिज, पृ० 86

• • •

तृतीय उन्मेष

कालिदास की रचनाएं, उनका क्रम-निर्धारण तथा तत्कालीन सामाजिक, धार्मिक, राजनीतिक और साहित्यिक पृष्ठभूमि

(क) कालिदास की रचनाएं

महाकवि कालिदास के जीवन-वृत्त के समान उनकी कृतियों के सम्बन्ध में भी विद्वान् आलोचकों के मन में अभी तक सन्देह बना हुआ है। यद्यपि शीधपूर्ण निबन्धों तथा ऐतिहासिक अन्वेषणों के द्वारा निश्चय तक पहुंचने का प्रयास किया जा रहा है तथापि सन्देह तथा मतभेद का सर्वथा निराकरण नहीं हो सका है। इस संदिग्ध बुद्धि तथा मतभेद के दो मुख्य कारण हैं-

(1) संस्कृत साहित्य के इतिहास में कालिदास यह नाम तथा उपनामधारी नौ कवियों को स्थिति और (2) कालिदास की कृति के रूप में अनेक रचनाओं की प्रसिद्धि। कालिदास इस नाम तथा उपनाम से प्रसिद्ध नौ कवि निम्नलिखित हैं-

(1) उज्जयिनी के राजा हर्ष विक्रमादित्य (ई०पू० छठीं शताब्दी)के सभा कवि तथा मालविकाग्निमित्र- विक्रमोर्वशीय, अभिज्ञानशाकुन्तल इस नाटक त्रय तथा सेतुबन्ध महाकाव्य के रचयिता मातृगुप्त उपनामधारी कालिदास।

(2) मालव संवत् के प्रवर्त्तक मालव नरेश विक्रमादित्य (ई०पू० प्रथम शताब्दी) के सभा कवि तथा कुमार रसंभव-रघुवंश-मेघूदत इस काव्य त्रय के रचयिता मेधारूद उपनामधारी दीपशिखा कवि कालिदास।

(3) कामकोटिप्रातम् के मूकशंकर (470 ई०) के शिष्य तथा ऋतु संहार-शृंगार-तिलक-श्यामला दण्डक-नवरत्नमाला इत्यादि ग्रन्थों के रचयिता कोटिजित् उपनामधारी कालिदास।

(4) धाराधिपति मुञ्ज (950-1005 ई०)के समकालीन तथा नवसाहसांकचरित महाकाव्य के रचयिता पद्मगुप्त उपनामधारी परिमल कवि कालिदास।

(5) यमक कवि इस नाम से प्रसिद्ध तथा नलोदय काव्य के रचयिता कालिदास।

(6) चम्पूभागवत के रचयिता कालिदास।

(7) सम्राट् अकबर की सभा के समस्यापूर्त्ति महाकवि कालिदास अकबरीय।

(8) लम्बोदर प्रहसन के रचयिता कालिदास।

(9) संक्षेपशंकर विजय के रचयिता माधव उपनामधारी अभिनव कवि कालिदास।[1]

काव्यमोमांसाकार राजशेखर ने तीन कालिदासों का उल्लेख किया है–

एको न जीयते हन्त! कालिदासो न केनचित्।
शृंगारे ललितोद्गारे कालिदासत्रयी नु किम्।।

सम्भवत: राजशेखकर की इस कालिदासत्रयी का अभिप्राय मेघदूत– कुमार–सम्भव– रघुवंश यह कालिदासत्रयी है।

संस्कृत–साहित्य में महाकवि कालिदास की अतिशय ख्याति को देखकर ही संभवत: अनेकानेक कवियों ने अपना उपनाम धारण करके कालिदास के नाम से अपनी रचनाएं की हैं। अज्ञातनामा कवियों की उत्कृष्ट शृंगारपरक रचनाएँ प्राय: कालिदास की मान ली गई हैं। डा, भगवतशरण उपाध्याय ने निम्न 39 ग्रन्थों को कालिदास कृत होने का उल्लेख किया है[2]–

1. शाकुन्तल	2. विक्रमोर्वशीय	3. मालविकाग्निमित्र
4. रघुवंश	5. कुमारसंभव	6. मेघदूत
7. कुन्तेलश्वरदौत्य	8. ऋतुसंहार	9. अम्बास्तव
10. कल्याणस्तव	11. कालीस्तोत्र	12. काव्यनाटकालंकार
13. गंगाष्टक(1)	14. गंगाष्टक(2)	15. घटकर्परकाव्य
16. चण्डिकादण्डकस्तोत्र	17. चञ्वास्तव	18. ज्योतिर्विदाभरण
19. दुर्घटकाव्य	20. नलोदय	21. नवरत्नमाला
22. पुष्पबाणविलास	23. मकरन्दस्तव	24. मंगलाष्टक
25. महापद्माष्टक	26. राक्षसकाव्य	27. रत्नकोष
28. लक्ष्मीस्तव	29. लघुस्तव	30. विद्वद्विनोदकाव्य
31. वृन्दावनकाव्य	32. वैद्यमनोरमा	33. शुद्धचन्द्रिका
34. शृंगार तिलक	35. शृंगाररसाष्टक	36. शृंगारसारकाव्य
37. श्यामलाष्टक	38. श्रुतबोध	39. सेतुबन्ध।

श्री रंजनसूरिदेव ने कालिदास की कृति के रूप में सोलह रचनाओं का उल्लेख किया है। परन्तु उनके मत में भी प्रसिद्ध सात रचनाएं ही कालिदास की हैं। किन्तु शेष रचनाएं सन्दिग्ध हैं।[3]

डॉ० विश्वनाथ भट्टाचार्य ने कालिदास की कृति के रूप में ऋतुसंहार, कुमारसंभव, मेघदूत और रघुवंश- इन चतुर्थ काव्यों तथा तीन नाटकों- मालविकाग्निमित्र, विक्रमोर्वशीय और अभिज्ञानशाकुन्तल को स्वीकार किया है।[4]

बेबर ने कालिदास के नाम से प्रचलित सम्बद्ध अनेक कृतियों का उल्लेख करते हुए कहा है कि "उनकी कृतियों में इतने चरित्र-वैपरीत्य हैं कि इस नाम के अनेक कवि-लेखकों को स्वीकार करना पड़ता है। यही नहीं उसने कालिदास के नाट्यत्रयी में शैलीगत अन्तर के आधार पर अलग-अलग लेखकों द्वारा होने की प्रतीति व्यक्त किया है।[5] उसने मालविकाग्निमित्र नाटक की प्रामाणिकता की मीमांसा करके इसे कालिदासकृत होने का निर्णय दिया। उसने कालिदास के नाटकों की रचना काल को द्वितीय शताब्दी से चतुर्थ शताब्दी ईस्वी वर्ष माना है जिसमें गुप्तवंशीय राजाओं का शासन-काल रहा है।[6]

ए०के० वार्डर ने केवल छः रचनाओं को कालिदासकृत माना है।[7]

डॉ० सी० कुन्हन राजा को भी कालिदास की छः रचनाएं ही प्रामाणिक रूप में स्वीकार्य हैं।[8] डॉ० आर०डी० करमकर कालिदास की रचनाओं का अभिव्यक्तिगत साम्य, शब्द साम्य, भावसाम्य, लोकोक्ति प्रयोग साम्य आदि दृष्टिकोणों से तुलनात्मक अध्ययन कर इस निष्कर्ष पर पहुंचे कि ऋतुसंहार मेघदूत, कुमारसंभव, रघुवंश, मालविकाग्निमित्र, विक्रमोर्वशीय और अभिज्ञानशाकुन्तल ये ग्रन्थ सप्तक कालिदास की रचनाएं हैं। परन्तु ऋतुसंहार के संबंध में वे निश्चयपूर्वक नहीं कह पाए।[9]

डॉ० एस०के० डे ने कालिदास की बीस सन्दिग्ध रचनाओं का संख्यानिर्देश किया है, किन्तु उन्होंने उन रचनाओं के नाम नहीं दिए हैं। उन्होंने केवल यमक काव्य (नलोदय काव्य) तथा 'राक्षस-काव्य' की चर्चा की है। परन्तु उन्होंने कालिदास की सुप्रसिद्ध सात रचनाओं-ऋतुसंहार, कुमारसंभव, मेघदूत, रघुवंश, मालविकाग्निमित्र, विक्रमोर्वशीय और अभिज्ञानशाकुन्तल को ही प्रामाणिक रूप में स्वीकार किया है। ऋतुसंहार कालिदास की रचना नहीं है, अथवा यह कालिदास की अपरिपक्वावस्था की रचना है, इस मत का उन्होंने प्रबल तर्कों से निराकरण किया है।[10]

डॉ० वी० राघवन के मतानुसार कालिदास की रचनाएं आठ हैं-

ऋतुसंहार, मेघदूत, कुमारसंभव, रघुवंश, कुन्तलेश्वर दौत्य, मालविकाग्निमित्र

और अभिज्ञानशाकुन्तल। कालिदास ने प्रवरसेन कृत 'सेतुबन्ध' नामक प्राकृतकाव्य का संशोधन किया है, उसका भी निर्देश डॉ० राघवन् ने किया है।[11] कालिदास-ग्रन्थावली के सम्पादक श्री सीताराम चतुर्वेदो और डॉ० रेवा प्रसाद द्विवेदी[12] प्रभृति विद्वानों ने निश्चय किया है कि कालिदास की सात रचनाएं ही संदेह से परे प्रामाणिक कोटि की हैं। वस्तुत: अविच्छिन्न परम्परा से प्रचलित सप्त रचनाओं को कालिदासीय होने के पक्ष में अधिकांश विद्वान् हैं।

डॉ० कीथ, वेबर, विण्टरनित्स, मैक्समूलर, मैकडानेल प्रभृति पाश्चात्य तथा प्रो० कृष्णमाचारियर, कृष्ण चैतन्य[13], प्रो० बलदेव प्रसाद उपाध्याय, श्री वाचस्पति गैरोला प्रभृति पौरस्त्य विद्वानों ने कालिदास की सात रचनाएं ही प्रामाणिक रूप में स्वीकार की हैं। परन्तु यह सत्य है कि 'ऋतुसंहार' को कालिदास की रचना मानने में विद्वान् एकमत नहीं हैं। डॉ० कीथ, मैकडानेल[14] और हिलेब्राण्ट[15] प्रभृति विद्वान् ऋतुसंहार को कालिदास की रचना मानते हैं। वाल्टररूबेन, नोबिल और हरिश्चन्द्र आदि इस विषय में सन्देह व्यक्त करते हैं।

मालविकाग्निमित्र को भी कालिदास की रचना मानने में कुछ लोग सन्दिग्धबुद्धि दीख पड़ते हैं। मालविकाग्निमित्र में कालिदास की नाट्य-कला का विकसित रूप न देखकर विल्सन ने उसे कालिदास की रचना मानने से सन्देह व्यक्त किया है। किन्तु वेबर तथा एस०वी०पण्डित ने इस सन्देह का निराकरण किया है। कीथ[16] के मत में मालविकाग्निमित्र निस्सन्देह प्रथम नाट्य कृति है।... यद्यपि कवि प्रतिभा अन्य नाट्कों की तरह प्रस्फुटित नहीं हुई है, लेकिन रचना-कर्तृत्व समीकरण असन्दिग्ध है और इस विषय में वेबर ने बहुत पहले विल्सन के सन्देह को दूर कर दिया था। डॉ० ए०के० वार्डर[17] ने तो इसे कालिदास की सर्वोत्तम कृति के रूप में माना है। यद्यपि अन्य दो नाट्य कृतियों (विक्रमोर्वशीय और शाकुन्तल) की अपेक्षा इसमें गीति-तत्वों की न्यूनता बताई है। इस संबंध में उन्होंने नाट्य-समीक्षक सिंह भूपाल द्वारा अनेकश: उल्लेख किए जाने के महत्व को रेखांकित किया है।

डॉ० एस०के० डे द्वारा संपादित मेघदूत की प्रस्तावना में कालिदास की सात रचनाओं को प्रामाणिक रूप से स्वीकार किया गया है। उन्होंने कहा है कि अभिज्ञानशाकुन्तल, विक्रमोर्वशीय, मालविकाग्निमित्र, रघुवंश, कुमारसंभव मेघदूत और ऋृतुसंहार इन कृतियों के बारे में आम सहमति है।[18]

कालिदास की उपर्युक्त सात रचनाओं की प्रामाणिकता के संबंध में एक तर्क यह भी विद्वानों द्वारा प्रस्तुत किया जाता है कि मालविकाग्निमित्र, विक्रमोर्वशीय तथा

अभिज्ञानशाकुन्तल में कालिदास ने अपने को संकेतित किया है। अतः इस नाटकत्रयी को कालिदास की रचना मानना चाहिए। उनके कुमारसंभव, मेघदूत और रघुवंश के संबंध में यह प्रसिद्धि अविच्छिन्न परम्परा से चली आ रही है कि कालिदास ने अपनी पत्नी के "अस्ति कश्चिद् वाग्विशेष" इस वाक्य का अनुसरण करते हुए 'अस्ति, कश्चित् और वाक्' इन तीन पदों से आरम्भ कर कुमारसंभव-अस्त्युत्तरस्यां दिशिदेवतामा, मेघदूत-कश्चित्कान्ता विरह गुरूणा स्वाधिकारप्रमत्त, और रघुवंश-'वागर्थाविव संपृक्तौ वागर्थप्रतिपत्तये', इस काव्यत्रय की रचना की। ऋतुसंहार और कुमारसंभव के बसन्त वर्णन का तुलनात्मक अध्ययन से इसमें अभूतपूर्व साम्य परिलक्षित होता है। अतः इन प्रमाणों के आलोक में काव्य चतुष्ट्य-रघुवंश, कुमारसंभव, मेघदूत और ऋतुसंहार और नाटकत्रयी-मालविकाग्निमित्र, विक्रमोर्वशीय और अभिज्ञानशाकुन्तल- इन कृति-सप्तक को कालिदास- कृत स्वीकार किया जा सकता है।

(ख) कालिदास की कृतियों का रचनाक्रम

कालिदास की कृतियों का रचनाक्रम भी कालिदास संबंधी अन्य विषयों के समान विवादास्पद है। डॉ० आर० डी० कर्मकर के मतानुसार कालिदास के काव्यों का रचनाक्रम इस प्रकार है- ऋतुसंहार, कुमारसंभव (प्रथम तीन सर्ग), मेघदूत, कुमारसंभव (अवशिष्ट सर्ग), रघुवंश। मेघदूत, कुमारसंभव और रघुवंश के अन्तःसाक्ष्यों का पर्यालोचन करते हुए उन्होंने कहा है कि मेघदूत के अनेक पद्यों में शिव-पार्वती तथा कुमारसंभव का उल्लेख है। इससे ज्ञात होता है कि मेघदूत की रचना के समय कालिदास के मन में कुमारसंभव की कथा वर्तमान थी। इसीलिए यह अनुमान किया जाता है कि कालिदास मेघदूत की रचना के समय कुमारसंभव की रचना में लगे हुए थे।

डॉ० करमकर ने कालिदास की नाट्य कृतियों का रचनाक्रम इस प्रकार बताया है- मालविकाग्निमित्र, विक्रमोर्वशीय और अभिज्ञानशाकुन्तल। इन नाटकों में कालिदास की नाट्य-प्रतिभा उत्तरोत्तर विकासमान दीख पड़ती है। मालविकाग्निमित्र की प्रस्तावना से ज्ञान होता है कि उस समय तक कवि को अपनी नाट्य-क्षमता का विश्वास नहीं था। इसलिए उसने अपने पूर्ववर्ती कवियों का सादर उल्लेख किया है- "प्रथितयशसां भाससौमिल्ल कवि पुत्रादीनां प्रबन्धानतिक्रम्य कथं ते वर्तमानस्य कवेः कालिदासस्य कृतौ बहुमानः[19]।" कवि की 'पुराणमित्येव न साधु सर्वम्[20] इस उक्ति से भी प्रतीत होता है कि उसने अपने नाटक में सर्वप्रथम नवीन कथावस्तु उपनिबद्ध की है। इससे

यह अनुमान किया जाता है कि मालविकाग्निमित्र कालिदास की प्रथम नाट्य-कृति है।

विक्रमोर्वशीय में कालिदास ने पूर्ववर्ती कवियों का संकेत मात्र किया है, उनका नामतः उल्लेख नहीं किया है– "मारिष! परिषदेषापूर्वेषां कवीनां दृष्ट रसप्रबन्धा:[21]" इत्यादि। इससे ज्ञात होता है कि कालिदास उस समय तक भी अपनी नाट्य-क्षमता के प्रति पूर्णतया आश्वस्त नहीं थे।

अभिज्ञानशाकुन्तल में कालिदास ने पूर्ववर्ती कवियों अथवा नाटककारों की चर्चा नहीं की है। उन्होंने केवल अपने नाम का ही निर्देश किया है– "कालिदास-ग्रथितवस्तुना नवेन नाटकेन"[22] इत्यादि। इससे ज्ञात होता है कि कालिदास उस समय तक अपनी नाट्य-क्षमता की पूर्ण परिपक्वता से परिचित और उसके प्रति सशक्त रूप से विश्वस्त हो चुके थे। अभिज्ञानशाकुन्तल के सप्तमांक के अन्तिम श्लोक में उन्होंने सर्वशक्तिमान् स्वयम्भु शंकर से अपने पुनर्जन्म की समाप्ति के लिए प्रार्थना की है– "मयापि च क्षपयतु नीललोहितः पुनर्भवं परिगतशक्तिरात्मभूः।"[23] इससे यह प्रतीत होता है कि अभिज्ञानशाकुन्तल कालिदास की अन्तिम नाट्यरचना है।

कालिदास के संपूर्ण रचनाक्रम के बारे में अपना मत व्यक्त करते हुए डॉ० करमकर ने कहा है कि कालिदास की कृति का संभव रचनाक्रम इस प्रकार है– ऋतुसंहार, कुमारसंभव (प्रथम तीन सर्ग), मालविकाग्निमित्र, मेघदूत, कुमारसंभव (अवशिष्ट भाग), विक्रमोर्वशीय, रघुवंश, अभिज्ञान-शाकुन्तल।[24]

उन्होंने मालविकाग्निमित्र तथा मेघदूत के वस्तुवर्णन आदि की समता का पर्यालोचन कर यह निश्चय किया है कि इन दोनों की रचना भी साथ हुई है।[25] इसी प्रकार कुमारसंभव तथा विक्रमोर्वशीय[26] तथा रघुवंश एवं अभिज्ञानशाकुन्तल[27] भी साथ ही साथ लिखे गए हैं। यह उनका अभिमत है।

डॉ० कृष्ण चैतन्य ने ऋतुसंहार को कालिदास के अभिनव यौवन के भावुक कवि कि पहली रचना माना है।[28] उन्होंने कालिदास के काव्य से नाटकों की ओर उन्मुख होने का उल्लेख किया है। यद्यपि विक्रमोर्वशीय में यह (काव्य) रूपान्तरण सफल नहीं है, मालविकाग्निमित्र में (काव्यरूपान्तण की) संप्राप्ति अपेक्षाकृत (विक्रमोर्वशीय के) अच्छी है, अभिज्ञानशाकुन्तल में काव्य-प्रतिभा अपने सर्वोत्तम रूप में है।[29] डॉ० चैतन्य के इस कथन का आशय यही जान पड़ता है कि वे कालिदास के श्रव्य काव्यों को पहले और दृश्य-काव्यों को उसके बाद का स्वीकार करते हैं।

डॉ० ए०के० वार्डर ने कालिदास की रचनाओं का क्रम इस प्रकार माना है– मालविकाग्निमित्र, रघुवंश, विक्रमोर्वशीय, मेघसन्देश, अभिज्ञानशाकुन्तल और कुमारसंभव।[30]

डॉ० विश्वनाथ भट्टाचार्य ने कालिदास के काव्यों के विषय वस्तु का विश्लेषण करके बताया है कि विषयवस्तु की दृष्टि से ऋतुसंहार और मालविकाग्निमित्र के रचनाकाल को प्रस्तुति पर्व, कुमारसंभव से मेघदूत तक के रचनाकाल को प्रौढिपर्व तथा रघुवंश और शकुन्तला के काल को चरम पर्व कह सकते हैं। एक पर्व से दूसरे पर्व में कवि की प्रगति क्रमोन्नतिमूलक दीख पड़ती है। सामान्य से विशेष और विशेष से अति विशेष भूमि को कालिदास ने क्रमशः प्राप्त किया है।[31]

डॉ० एस०के० डे के मतानुसार मालविकाग्निमित्र कालिदास की अपरिपक्व नाट्यकला की कृति नहीं है। इसमें उत्कृष्ट नाटक के सभी गुण विद्यमान हैं। कालिदास ने अपने तीनों नाटकों में समान रूप से शिष्टता एवं नम्रता का प्रदर्शन किया है और तीनों नाटकों को अपूर्व एवं नवीन कथावस्तुओं से ग्रथित कहा है। अतः मालविकाग्निमित्र उनकी प्रथम नाट्य रचना है, यह निश्चय करना कठिन है। डॉ० डे के अनुसार कालिदास की रचनाओं का क्रम इस प्रकार है– ऋतुसंहार, कुमारसंभव, रघुवंश, मेघदूत, मालविकाग्निमित्र, विक्रमोर्वशीय और अभिज्ञानशाकुन्तल।[32]

डॉ० चन्द्रबलीपाण्डेय ने कालिदास की रचनाओं का क्रम इस प्रकार निर्धारित किया है– ऋतुसंहार, मालविकाग्निमित्र, कुमारसंभव, विक्रमोर्वशीय, मेघदूत, रघुवंश और अभिज्ञानशाकुन्तल।

सी० कुन्हन राजा के अनुसार रघुवंश कालिदास की पहली काव्य रचना है। रघुवंश के आरम्भ में किया गया वृहत् विनय प्रदर्शन यह सूचित करता है कि रघुवंश उनकी काव्य रचना का प्रथम प्रयास है। मालविकाग्निमित्र की रचना के विषय में श्री कुन्हन राजा को संदेह है कि वह रघुवंश से पहले की रचना है। वे रघुवंश को अष्टादश सर्गात्मक ही मानते हैं।[33]

डॉ० कीथ मालविकाग्निमित्र को कालिदास की प्रथम नाट्य रचना, विक्रमोर्वशीय को द्वितीय तथा अभिज्ञानशाकुन्तल को अन्तिम नाट्य रचना मानते हैं।[34] उनके अनुसार कालिदास की रचनाओं का क्रम इस प्रकार है– ऋतुसंहार, मालविकाग्निमित्र, मेघदूत, कुमारसम्भव, रघुवंश, विक्रमोर्वशीय और अभिज्ञान शाकुन्तल।[35]

उपर्युक्त विवेचन से स्पष्ट है कि विद्वानों ने अपने-अपने मत के अनुसार कालिदास की रचनाओं का क्रम-निर्धारण किया है। इनमें डॉ० कुन्हन राजा द्वारा

रघुवंश को कालिदास की प्रथम कृति होने का मत युक्तियुक्त प्रतीत नहीं होता। उन्होंने अपने मत की पुष्टि में रघुवंश के आरम्भ में वृहत् विनय प्रदर्शन को आधार बनाया है जो कि बहुत सुदृढ़ और सबल तर्क नहीं कहा जा सकता। वृहत् विनय प्रदर्शन के आधार पर रघुवंश को प्रथम कृति बताना ठीक नहीं। ऋतुसंहार में कवि के यौवन का अल्हड़पन सुतरां परिलक्षित होता है। इस प्रकार ऋतुसंहार उनकी प्रथम काव्य रचना के रूप में और मालविकाग्निमित्र में अपनी कृति के नवीन होने के कारण विद्वन्मण्डल में उसके ग्राह्याग्राह्यत्व–प्रसिद्धाप्रसिद्धत्व की शंका 'पुराणमित्येव न साधु सर्वम् न चापि काव्य नवमित्यवद्यम्' से स्पष्टतः झलकने के कारण प्रथम नाट्य रचना के रूप में मानना चाहिए। इस प्रकार कालिदास का रचना क्रम ऋतुसंहार, मालविकाग्निमित्र, मेघदूत, कुमारसंभव, रघुवंश, विक्रमोर्वशीय और अभिज्ञानशाकुन्तल को मानना चाहिए।

(ग) धार्मिक पृष्ठभूमि

भारत में बहुत प्राचीन काल से कर्मकाण्ड प्रधान वैदिक धर्म प्रचलित था, जिसमें दैनिक अग्निहोत्र तथा दशपौर्णमास प्रभृति विविध यज्ञों का विशेष महत्व था। वे यज्ञ अत्यन्त जटिल और आडम्बरपूर्ण बन गए थे, जिनके संपादन के लिए कुशल पुरोहितों की आवश्यकता पड़ती थी। ये पुरोहित प्रायः ब्राह्मण वर्ण के ही होते थे, अतः समाज में इस वर्ण को विशेष गौरव प्राप्त था। यद्यपि वर्णव्यवस्था थी तो भी उसके संबंध में खान–पान तथा विवाह आदि के लिए कठोर नियम न थे। प्राचीन मनीषी शक्तिसम्पन्न विभिन्न देवताओं के पीछे उनके नियामक परमात्मा, आत्मा, पुनर्जन्म तथा कर्मफल में विश्वास रखते थे। धीरे–धीरे यज्ञों में पशु हिंसा का प्रवेश हुआ और जब वह बहुत बढ़ गई तो समाज में उसके विरुद्ध एक–एक करके प्रतिक्रिया उठ खड़ी हुई। उस प्रतिक्रिया का एक रूप वह ज्ञान मार्ग था, जिसकी झाँकी उपनिषदों तथा आस्तिक दर्शनों के चिन्तन में मिलती है तथा दूसरा रूप अहिंसावादी जैन और बौद्ध धर्मों का उदय था। इन धर्मो के आचार्य बड़े प्रतिष्ठित कुलों के क्षत्रिय राजकुमार थे, उनका व्यक्तित्व आकर्षक तथा प्रभावशाली था। उन्होंने अपने प्रचार का माध्यम भी लोकभाषा को बनाया, अतः उनकी शिक्षाएं शीघ्र ही सारे देश में फैल गई। अशोक द्वारा दीक्षा–ग्रहण कर लेने पर तो बौद्ध धर्म राजधर्म ही बन गया और उसके प्रयत्नों से इस धर्म का प्रचार भारत के बाहर भी हो गया। स्थान–स्थान पर बौद्ध–विहार बन गए। जिनमें तरुण भिक्षु–भिक्षुणियां आनन्द का जीवन व्यतीत करने लगे। इसका परिणाम यह हुआ कि बौद्ध संघ में अवांछनीय

व्यक्तियों की संख्या बढ़ गई और उसमें नैतिक पतन बढ़ता गया। अन्त में सन्180 ई०पू० में जब पुष्यमित्र शुंग ने अंतिम बौद्ध सम्राट वृहद्रथ को मारकर उसके सिहांसन पर अधिकार कर लिया तो जर्जर बौद्ध धर्म की कमर टूट गई और इस पतन का लाभ उठाकर वैदिक धर्म ने अपने खोए वैभव को फिर से प्राप्त करने का प्रयास प्रारम्भ कर दिया। इतिहास में पुष्यमित्र शुंग ब्राह्मण धर्म के पुनर्प्रतिष्ठापक के रूप में जाना जाता है।

बौद्ध धर्म के अतिरिक्त जैन धर्म का उदय भी कालिदास के पूर्व हो चुका था। जैन धर्म में आचार की शुद्धता, कठोर तप, सत्य, अहिंसा, अस्तेय और अपरिग्रह पर विशेष बल दिया गया।

इस प्रकार कालिदास-साहित्य-प्रणयन की धार्मिक पृष्ठभूमि के रूप में बौद्ध धर्मों और जैनधर्म का उल्लेख किया जा सकता है। यद्यपि कालिदास-साहित्य के परिशीलन से यह स्पष्टतः ज्ञात होता है कि वे ब्राह्मण धर्म से ही अधिक प्रभावित हैं और उसके ही महिमामण्डन और गरिमा-गौरव-कीर्तन में अपनी प्रतिभा का नियोजन करते हैं। परन्तु बौद्ध धर्म की करुणा और जैन धर्म की शुद्धता, कठोर तप, सत्यादि तत्वों का सत्समावेश उनके काव्यों में सुतरां हुआ है।

कालिदास काव्य धर्म-प्रवण है। उसमें भारतीय संस्कृति के प्राणभूत धार्मिक विचारों, मान्यताओं का अनेकशः उल्लेख हुआ है। कर्मवाद, संस्कार आदि महनीय धार्मिक तत्वों का दर्शन उनके काव्य में पदे-पदे होता है। वे धार्मिक अनुष्ठानों को विशेष महत्व देते हैं। उन्होंने व्यक्ति के उन्नयन के लिए शारीरिक और बौद्धिक क्षमता को ही पर्याप्त नहीं माना है अपितु धार्मिक-संस्कार क्षमता को भी आवश्यक माना है। उन्होंने गृहस्थाश्रम प्रवेश के लिए वैवाहिक-संस्कार को 'विवाह-दीक्षा'[36] कहा है। इस संस्कार में अग्नि को देवता के रूप में स्वीकार कर उसका महत्व निरूपित किया है। उन्होंने व्यक्ति के लिए त्यागमय जीवन का भी महत्व बताया है।

कालिदास के काव्यों में मूर्ति-पूजा (Image worship) का भी उल्लेख मिलता है। उन्होंने अनेक देवी-देवताओं की पूजा काविधान किया है। विष्णु की एक मूर्ति[1] और स्वप्न में वामन के अवतार की झलक इस बात के प्रमाण हैं कि वे देवी-देवताओं की पूजा को मानते थे। उन्होंने वाराणसी में विश्वेश्वर[37] (भगवान शिव का एक रूप) के मन्दिर और उज्जैन में महाकाल मन्दिर की चर्चा क्रमशः रघुवंश और मेघदूत में की है।

इस प्रकार महाकवि कालिदास ने उचित आत्मसंयम के लिए दैनिक धार्मिक

कृत्यों को आवश्यक माना है। ये धार्मिक कृत्य मानव-मस्तिष्क में अवांछित विचारों के अवरोधक तत्व के रूप में काम करते हैं। मस्तिष्क सकुशल अपने दायित्वों का निर्वाह करता है। मस्तिष्क के उचित कार्य-संपादन के लिए कालिदास ने कतिपय व्रतों, तपस्याओं का भी उल्लेख किया है।

भारतीय संस्कृति में व्रतों का महत्व अनिवार्य रूप से स्वीकार किया गया है। प्रत्येक व्रत में उपवास (Fasting) एक अपरिहार्य अंग है। किसी भी धार्मिक अनुष्ठान के पूर्व उपवास रखना जरूरी होता है। अयोध्या में कुश के मन्दिर प्रवेश-पूर्व-अनुष्ठान में उपवास का उल्लेख मिलता है। उपवास एक नियत समय, जब तक धार्मिक-कृत्य संपादित होते हैं, तक भूखा रहना है। यह उपवास कुछ हल्का आहार लेकर तोड़ा जाता है जिसे धार्मिक पदावली (Religious tesminology) में 'पारण' कहा जाता है। इस 'पारण' का उल्लेख रघुवंश में दिलीप सिंह संवाद में हुआ है। दिलीप का गो-सेवा व्रत का रसमय वर्णन महाकवि की प्रतिभा-प्रकर्ष का अन्यतम निदर्शन है।

कालिदास के काव्यों में तपस्या भी एक उच्च धार्मिक कृत्य के रूप में परिलक्षित होती है। तपस्या स्व-आरोपित मानसिक व शारीरिक कठोरता है। कुमारसंभव में उमा की तपस्या इसी प्रकार की है। कालिदास ने उसे किसी इच्छित वस्तु की प्राप्ति के लिए एक आवश्यक साधन के रूप में बताया है। जिसकी सहायता से व्यक्ति न केवल अपने अभिलषित वस्तु अपितु सर्वोत्तम ज्ञान-प्रकाश से भी प्रकाशित होता है। कुमारसंभव में पार्वती की तपस्या का ही प्रबल प्रभाव है कि अपने वास्तविक रूप में शिव ने उसे दर्शन दिए। जो ईश्वर निर्गुण, निराकार, अरूप और अनाम था वह सगुण, साकार, रूपवान् और नामधारी होकर दासत्व[38] स्वीकार करने तक को तैयार हो गया। कालिदास के काव्य में तपस्या-वर्णनों के विश्लेषण से उसमें सकाम कर्म से निष्काम कर्म की ओर उन्मुखीकरण की प्रक्रिया परिलक्षित होती है। मरीचि के आश्रम में तपस्वियों द्वारा की गई तपस्या पार्वती के प्रथम पक्षीय- सकाम-शिव को शारीरिक से प्राप्ति की इच्छा वाली, तपस्या नहीं है, अपितु वह निष्काम है।

इस प्रकार कालिदास के काव्यों में ब्राह्मण धर्म- जो अनुष्ठानूमलक-कर्मकाण्ड युक्त है, का दर्शन सुतरां होता है। किन्तु इससे यह निष्कर्ष निकालना भी ठीक नहीं कि वे शुद्ध कर्मकाण्ड प्रधान धर्म के घोर समर्थक थे; बल्कि अनुशीलन तो यह स्पष्ट करता है कि वे धर्म के मथित रूप को स्वीकार करते थे। उनकी दृष्टि संकीर्ण न होकर व्यापक थी। वे विराट् सत्ता को मानते थे। वे परत्व-लोकत्व के लिए स्वत्व

के परित्याग को धर्म का लक्ष्य मानते थे। कालिदास की धार्मिक मान्यता के अन्तर्गत यद्यपि दैनिक धार्मिक पूजा और अनुष्ठानों का उल्लेख हुआ है, तथापि धर्म की गहरी धारा उसके भीतर ही भीतर बहती हुई अनुभव की जा सकती है जिसकी अभिव्यक्ति का कुछ अंश रघुवंशीय राजाओं के आरम्भिक वर्णनों में देखने को मिलता है।[39]

इस प्रकार महाकवि कालिदास का धर्म व्यष्टिमूलक न होकर समष्टिमूलक है। वह वैयक्तिक न होकर सामाजिक है।

(ख) राजनीतिक पृष्ठभूमि

प्राचीन भारत के इतिहास का अध्ययन करने से यह ज्ञात होता है कि 180 ई०पू० में मगध साम्राज्य के सेनापति पुष्यमित्र शुंग ने मौर्यवंशीय अन्तिम बौद्ध सम्राट वृहद्रथ को मारकर उसके सिंहासन पर अधिकार कर लिया था। पुष्यमित्र शुंग की राजधानी मगध में पाटलिपुत्र थी। किन्तु उसके राज्य का विस्तार पश्चिम में भी बहुत दूर था। अतः साम्राज्य के इस पश्चिमांचल की रक्षा के लिए विदिशा को उपयुक्त स्थान समझकर उसने अपने पुत्र अग्निमित्र को वहाँ का राजा बनाया।

पश्चिमी पंजाब के यवनों ने शाकल के शासक मीनान्डर के नेतृत्व में भारत पर आक्रमण किया। वे अयोध्या और मथुरा तक बढ़ आए थे। किन्तु अन्त में उन्हें पुष्यमित्र से हारना पड़ा और इस प्रकार उसने भारतीय साम्राज्य को विदेशी आक्रान्ताओं के हाथ में जाने से रोक लिया। शुंगों के शासन काल में विदिशा का महत्व बढ़ गया था और वह दूर-दूर तक प्रसिद्ध हो गई थी। इस वंश के पांचवे राजा भानभद्र के समय तक्षशिला के यवन राजा के पास अलेक्जैन्डर का राजदूत हेरोडोटस विदिशा आया था। वह भागवत धर्म को स्वीकार कर वैष्णव बन गया था; इसलिए उसने भगवान वासुदेव की पूजा के लिए वहां एक गरुड़-ध्वज का निर्माण करवाया।

कालिदास ने उक्त राजनीतिक पृष्ठभूमि को अपने पूर्व पाया। इसी आलोक में उनकी कृतियों का राजनैतिक मूल्यांकन करने वाले अध्येता या अनुसंधित्सु को देखना चाहिए। इस आधार पर कालिदास काव्य का अध्ययन करने पर उसमें प्राप्त राजनीतिक मंतव्यों और संकेतों को इस प्रकार प्रस्तुत किया जा सकता है–

रघुवंश में वर्णित इन्दुमती स्वयंवर में पंजाब तथा सिन्धु घाटी का कोई राजा सम्मिलित नहीं हुआ था। मेघदूत का मेघ भी कुरुक्षेत्र से आगे पंजाब की ओर नहीं बढ़ा। इस वर्णन से यह निष्कर्ष निकालना अनुचित प्रतीत नहीं होता कि उन प्रदेशों में

आर्य, कुलीन शासक न होकर अनार्य, वैदेशिक आदि रहे होंगे जिनसे उन्हें स्वयंवर में अकुलीनता के कारण आमंत्रित नहीं किया गया या होंगे भी तो बहुत ही नगण्य राज्य के राजा रहे होंगे जिनके कारण भी संभवत: उन्हें आमंत्रित निमंत्रित न किया गया हो।

रघुवंश के छठें सर्ग में मगध[40], अंग[41], उज्जयिनी–अवन्ती[42], शूरसेन[43], अनूपदेश तथा महेन्द्र देश के अनन्तर पांड्यों[44] का निर्देश है। इस सर्ग के राज्यों का नामोल्लेख तत्कालीन राजनीतिक स्थिति पर प्रकाश डालता है। इसके विश्लेषण से ज्ञात होता है कि तब तक दक्षिण भारत में पांड्यों का ही प्रभुत्व था और उनकी राजधानी उरगपुर[45] थी। दिग्विजय के अवसर पर इन्हीं के साथ युद्ध हुआ। इससे यह भी पता चलता है कि तब तक चोल राजा इतने शक्तिशाली नहीं थे जो पांड्यों को परास्त कर अपना प्रभाव स्थापित कर सकें।

कामरूप तथा विदर्भ[46] के राजा कालिदास के आश्रयदाता सम्राट के मित्र थे, इसका भी ज्ञान रघुवंश छठे सर्ग के अनुशीलन से होता है।

कलिंग[47] के चेदि राजा भी कुछ बलशाली हो गए थे और उन्होंने रघु से लोहा लेने का साहस किया था।

रघुवंश के सोलहवें सर्ग से ज्ञात होता है कि मध्य भारत में नाग लोग भी अपनी स्थिति बनाने में लगे हुए थे[48]।

हूण लोग तब तक नहीं आए थे। रघु के साथ उनका युद्ध भारत-भूमि पर न होकर विदेशी भूमि पर ही हुआ था।

विक्रमोर्वशीय में केशी नामक दैत्य[49] की चर्चा आती है जिसका निवास ईशान दिशा अर्थात् उत्तरपूर्व बताया गया है। ऐसा प्रतीत होता है कि यह भी दूसरे राज्य के राजाओं की तरह ही था।

विक्रमोर्वशीय से यह भी पता चलता है कि उन दिनों निकट भविष्य में ही किसी विदेशी आक्रमण की प्रबल संभावना थी। कालिदास रघुवंश में कुश द्वारा अयोध्या को फिर से बसाने का उल्लेख करते हैं। इससे यह निष्कर्ष निकालना अनुचित प्रतीत नहीं होता कि यह भी शायद उस समय की किसी राजनीतिक घटना का संकेत हो।

उक्त विवेचन से कालिदासकालीन भारतीय राजाओं का राज्य विस्तार, भिन्न-भिन्न नामों वाले राजाओं का नाम निर्देश, राजाओं में स्वदेशी और विदेशी युद्ध और आक्रमणों के होने का भी संकेत प्राप्त होता है।

कालिदास अपने काव्यों में राजनीतिक व्यवस्था के आदर्श-नियमन में कौटिल्य के अर्थशास्त्र और मनुस्मृति से प्रभावित परिलक्षित होते हैं।

कौटिल्य अर्थशास्त्र में वर्णित राज्य की तीन शक्तियों[50] - नीतिचतुष्ट्य[51], षड्गुण[52], षड्विध सेना और सप्तांग का पल्लवन कालिदास के काव्यों में भी हुआ है। राजा रघु इन त्रिविध शक्तियों से सम्पन्न बताए गए हैं[53]। अतिरिक्त इसके कालिदास ने साम, दान, भेद और दण्ड आदि चार नीतियों का भी उल्लेख किया है। राजा अज के गुण वर्णन प्रसंग में कवि ने उन्हें षड्गुणों के प्रयोग में निपुण बताया है। इसकी सहायता से रघु राज्य कार्य संचालन में सफल हुए। रघुवंश में दिग्विजय प्रसंग में कालिदास रघु को षड्विध सेना से सम्पन्न होकर प्रस्थान करने का उल्लेख करते हैं।

कौटिल्य ने आदर्श राजाओं के व्यक्तित्व और व्यवहार का उल्लेख करते हुए विद्या विनीत राजा और प्रजा के हित में रत राजा को अनन्य पृथिवी का उपभोग करने वाला कहा है[54]। मनु ने भी राजा के प्रजाहितसंरक्षण और धर्म-प्राणता को राज्य और राष्ट्र की आयु में वृद्धि करने वाला बताया है[55]। यही नहीं उन्होंने सर्वरक्षार्थ ही प्रभु ने राजा का सृजन किया इसका भी उल्लेख किया है[56]। कालिदास के काव्यों में राजा- प्रजा का संबंध बड़ा ही उदात्त और माधुर्यपूर्ण है। राजा दुष्यंत कण्व-शिष्य द्वारा 'राजा' शब्द के प्रयोग से अपने को गौरवान्वित समझता है। कण्व-शिष्यों से आश्रम का वृत्तान्त जानकर उसे प्रसन्नता हुई कि वह अपने दायित्व का निर्वाह उचित ढंग से कर रहा है। रघुवंश में दिलीप प्रजा-वत्सलता का चित्रण करते हुए कवि ने उसे प्रजा का भरण पोषण और रक्षण करने वाला बताया है। वह राजकीय-सम्मान को अपनी प्रिया रूप मानता है। कवि ने प्रजा-रंजन कार्य के सुसंपादन पर राजा के 'राजा' इस अन्वर्थक नाम प्रदान करने का औचित्य बताया है। दशरथ भी एक उदार और आदर्श राजा है। परन्तु कालिदास के आदर्शादर्श राजा तो राम हैं जो अन्यों के लिए प्रेरणाप्रद हैं। उनका हर कार्य मर्यादोचित है। वह अपने आत्मीय जनों की अपेक्षा प्रजाजन को अधिक महत्व देते हैं।

अभिज्ञानशाकुन्तल के पंचमांक में दुष्यंत के प्रथम वैतालिक द्वारा कथन में एक आदर्श राजा की स्थिति का ही उपन्यास महाकवि ने किया है। राजा लोकहित परायण और स्वसुखनिरभिलाष होता है।

राजनीतिक व्यवस्था में संप्रभुता ही सर्वोपरि निर्णायिका शक्ति होती है। कालिदास एक संप्रभु शक्ति के अधीन रहकर केन्द्रीकृत प्रशासन की धारणा में विश्वास रखने

वाले प्रतीत होते हैं। वे राज्य को पृथक्-पृथक् समूहों में विभक्त होकर रहने को मान्यता नहीं देते। इसीलिए, संभवत:, वे सूर्यवंशी राजाओं के एकच्छत्र राज्य का वर्णन करते हैं जिनके राज्यों की सीमा समुद्रपर्यन्त थी। वह एक ऐसी आदर्श राजधानी की परिकल्पना करते हैं जो ऐसे शासकों से शासित हो जो अष्यादशविद्या निष्णात, सर्वकला पारंगत, प्रजाहितपोषक, वर्णाश्रमधर्मसंरक्षक, अध्यात्म में रूचि रखने वाले, उचित विदेश नीति का परिज्ञान रखने वाले, यश के लिए युद्ध करने वाले हों।

(ग) साहित्यिक पृष्ठभूमि

कालिदास से पूर्व किस प्रकार की साहित्यिक पृष्ठभूमि थी? कालिदास किस प्रकार के साहित्यिक पूंजी को लेकर काव्य प्रणयन व्यवसाय में प्रवृत्त हुए थे? इन प्रश्नों का उत्तर खोजने के लिए जब प्रयास किया जाता है तो हम पाते हैं कि उस समय वेद का अध्ययन, उसके अंगों-शिक्षा, कल्प, व्याकरण, निरूक्त, छन्द तथा ज्योतिष के साथ किया जाता था। ब्राह्मण, आरण्यक, उपनिषद्, सूत्र, स्मृति आदि ग्रन्थों, रामायण, महाभारत तथा भारतीय षड्दर्शन का भी आलोडन आवश्यक समझा जाता था। पाणिनि के व्याकरण पर कात्यायन अपना वार्तिक तथा पतंजलि महाभाष्य लिख चुके थे। महाभाष्य में ऐसे अनेक काव्यों का भी पता चलता है जो आज उपलब्ध नहीं हैं। उसमें कंसवध आदि नाटकों का उल्लेख है जो रंगमंच पर खेले जाते थे। भारतीय संस्कृति में पुरुषार्थचतुष्ट्य- धर्म, अर्थ, काम और मोक्ष की प्रधानता रही है। उसे आश्रम व्यवस्थाक्रम से उपभोग करने की मान्यता रही है। काम पुरुषार्थ के सम्यक् परिज्ञान के लिए 'कामशास्त्र' का पर्यालोचन भी आवश्यक समझा जाता था। वात्स्यायन का कामसूत्र उस समय भी था और जो आज भी उपलब्ध है। अर्थ (एक व्यापक अर्थ और सन्दर्भ में, जिसमें राजनीति, कूटनीति आदि सम्मिलित हैं) के विषय में कौटिल्य का अर्थशास्त्र भारतीय प्रतिभा-प्रकर्ष का गौरवकेतु है। इसमें मानव जीवन में आने वाले अनेक विषयों का सांगोपांग विवेचन है। यह भी उस समय प्रकाश में आ चुका था। धर्म के विषय में विवेचन मन्वादि ऋषियों के धर्मशास्त्रों में सफलतापूर्वक किया गया है। यह सम्पत्ति भी कालिदास को प्राप्त थी।

कालिदास के नाटक भरत-प्रणीत नाट्यशास्त्र के निर्देशों के प्रयोग के रूप में लिखे गए लगते हैं। महाकवि ने भरत नाट्यशास्त्र का अवश्य ही पारायण किया होगा। वे भरत नाट्यशास्त्र का ज्ञान रखते थे। विक्रमोर्वशीय त्रोटक में उन्होंने इन्द्र की सभा में एक नाटक खेले जाने का वर्णन किया है जिसके लेखक भरत स्वयं थे[57]।

उन्होंने अपने नाटक मालविकाग्निमित्र में पूर्ववर्ती नाटककारों भास, सौमिल्लादि का पुण्य स्मरण किया है[58]। इस नाटक से यह भी पता चलता है कि उस समय नृत्यकला भी उन्नत अवस्था में थी। मालविका ने अग्निमित्र को एक गोष्ठी में परिष्कृत नृत्य, भावाभिनय और मधुर संगीत के कुशल मिश्रण का अद्‌भुत दृश्य उपस्थित कर दिया था।

इस प्रकार उक्त पर्यालोचन से स्पष्ट होता है कि कालिदास की साहित्यिक पृष्ठभूमि अति समृद्ध थी। कालिदास चतुषष्टि कलाओं से परिचित थे, ऐसा उनके काव्यानुशीलन से ज्ञात होता है। वैयाकरण के महनीय ग्रन्थों महाभाष्यादि, मन्वादि के धर्मशास्त्रों, वात्स्यायन के कामसूत्र, कौटिल्य के अर्थशास्त्र और भरत के नाट्यशास्त्र महाकवि की प्रतिभोन्नयन में विशेष सहायक हुए। उनकी प्रतिभा परिष्कृत होकर ऐसे काव्य-ग्रन्थों को आविर्भूत की जिसके अद्‌भुत सौन्दर्य से निखिल विश्व का रसिक भावक-सहृदय मनीषी आकृष्ट हुए बिना नहीं रह सका है।

(घ) सामाजिक पृष्ठभूमि

कालिदास युगीन सामाजिक पृष्ठभूमि पर तत्कालीन धार्मिक प्रभाव भी परिलक्षित होता है। उस समय बौद्ध युग की समाप्ति पर वैदिक धर्म का पुनरुत्थानवाद के प्रभाववश सामाजिक नव-निर्माण के लिए नये आधारों को आवश्यकता प्रतीत हुई, क्योंकि पुराने अनेक आधार अपना महत्व खो चुके थे, अतः अपेक्षा थी एक ऐसे सामाजिक व्यवस्था की जो समाज को एक सुदृढ़ आधार दे सके, जो दीर्घकालावधिक हो। मनुस्मृति प्रभृति धार्मिक ग्रन्थ इस सामाजिक व्यवस्था के नियमन के आदर्श बने। इस व्यवस्था में वर्णाश्रम व्यवस्था का महत्व स्वीकार किया गया। इसमें चार वर्णों, चार आश्रमों के कर्तव्य, विवाह संबंध, खान-पान, रहन-सहन, संस्कारादि के विस्तृत नियम-उपनियम निबन्धित हैं। बौद्ध काल में वैदिक धर्म की वर्णव्यवस्था जीर्णशीर्ण हालत में थी। उसे एक मजबूत सम्बल की आवश्यता थी जिसे नए ब्राह्मण धर्म ने सम्यकतया दिया। सामाजिक ढांचे में किसी प्रकार का अलगाव या बिखराव न आए इसलिए राजनीतिक व्यवस्था को केन्द्रीकृत ही रखा गया। इस व्यवस्था के प्रतिनिधि रूप में राजा को स्वीकार किया गया। राजा के दैवी रूपों और उसके विशिष्ट महत्व का अत्यधिक प्रचार-प्रसार किया गया। राजा की आज्ञा का पालन प्रजा के लिए एक आवश्यक कर्तव्य था। राजा को वर्णाश्रम धर्म का रक्षक तथा ईश्वर का प्रतिनिधि कहा गया। रघुवंश में शम्बूक नामक उस शूद्र के वध का वर्णन किया गया है जो तपस्या कर रहा था, क्योंकि तत्कालीन सामाजिक नियमों के

अनुसार शूद्र को तप करने का अधिकार न था। इस दृष्टान्त से यह पता चलता है कि उस समय के सामाजिक नियम का उल्लंघन प्रायः नहीं होता था। अगर हो भी जाता तो राजा उसे निश्चित रूप से दण्डित करता था।

कालिदास के समाज में धर्म-भावना प्रचुर मात्रा में थी, जो उनके काव्यों में पदे-पदे परिलक्षित होती है। उस समय त्रिदेव- ब्रह्मा, विष्णु और महेश की पूजा लोगों द्वारा की जाती थी। कालिदास यद्यपि शिव भक्त थे, परन्तु उनकी आस्था विष्णु के प्रति भी कम न थी। उन्होंने ब्रह्मा, विष्णु, महेश- तीनों को ही एक शक्ति का विभिन्न रूप कहा है। उस समय के समाज में भगवान की पूजा के विविध प्रकारों को आदर की दृष्टि से देखा जाता था।

मनुस्मृति आदि ग्रंथों में विवाह के आठ प्रकारों का उल्लेख मिलता है। यद्यपि कालिदास ने 'ब्राह्म[59]' विवाह को विशेष सम्मान दिया है। परन्तु 'गंधर्व विवाह[60]' को भी हेय दृष्टि से नहीं देखा है। स्वयं शकुन्तला और दुष्यन्त का विवाह उसी कोटि का था। तत्कालीन समाज बहुत अनुदार नहीं था। उसमें उदारता भी थी जिसके प्रमाण रूप में कुश द्वारा जाति बाह्य कन्या से विवाह का उल्लेख किया जा सकता है।

कालिदासकालीन समाज उत्सवप्रिय और मनोरंजन प्रेमी था। अभिज्ञान-शाकुन्तल के छठें अंक में सानुमती अप्सरा ने कहा है कि मानव उत्सवों के बड़े प्रेमी होते हैं। समाज में ऋतुओं के परिवर्तन के समय आंगतुक ऋतु का स्वागत लोग बड़े ही हर्षोल्लास के साथ करते थे। ऋतुओं के राजा वसंत के उत्सव मनाने में लोग विशेष आनन्द अनुभव करते थे। कालिदास कालीन समाज के लोगों को यह विशेषता उनके काव्यों- विशेषतः ऋतुसंहार में प्रखर रूप से प्रतिबिम्बित हुई है। वसंत को उन्होंने कुसुमायुध का सर्वरसायन[61] तथा 'श्रृंगारदीक्षागुरुः[62]' कहा है।

उत्सवप्रियता के अतिरिक्त मनोरंजन के प्रेमी भी कालिदास कालीन समाज में बहुतायत मात्रा में पाए जाते हैं। उस समय मनोरंजन के साधनों में मृगया, चित्रकला, नृत्य, गीत आदि थे। मदिरा-पान का भी व्यसन प्रचलन में था। स्त्रियां भी उसके आस्वादन से अपरिचित नहीं थीं। महाकवि कालिदास ने अपने नाटक मालविकाग्निमित्र में रानी इरावती को मदिरा पान करते हुए प्रदर्शित किया है। मन-बहलाव और मनोविनोद के लिए शुक, सारिका, मोर, हिरण भी पाले जाते थे। मन्दिरों तथा उत्सवों में वेश्यानृत्य भी प्रचलित था।

कालिदासकालीन समाज की प्रमुख विशेषता का मूल्यांकन तत्कालीन सामाजिक व्यवस्था में स्त्रियों की स्थिति के विवेचन के बिना अधूरा रहेगा।

कालिदास के समय गृहस्थाश्रम चारों आश्रमों में श्रेष्ठ समझा जाता था। गृहस्थाश्रम का आधार सत्पत्नी थी क्योंकि गृहिणी के बिना गृहस्थाश्रम शून्य है, कुछ भी नहीं। उसी की सहायता और कान्तासम्मित उपदेश से ही गृहस्थाश्रम का रथ उचित रूप से चल पाता है। शिवजी द्वारा बुलाए जाने पर जब सप्तर्षि उनके स्थान पर पहुंचे तो वसिष्ठ मुनि के वामपार्श्व में देवी अरून्धती का दर्शन कर उन्हें गृहस्थाश्रम की महिमा का अनुभव हुआ और उन्होंने विवाह का निश्चय कर लिया। इस प्रकार उस समय गृहस्थाश्रम और गृहिणी का महत्व स्वीकार कर लिया गया था। स्त्रियों को अपने वैवाहिक संबंधों के विषय में निर्णय लेने की स्वतंत्रता थी। रघुवंश में 'इन्दुमती-स्वयंवर' इसका प्रमाण है। कुमारसंभव में पार्वती ने अपने पति के विषय में अपनी इच्छा शिव को वरण करने की, अपने माता-पिता से स्पष्ट रूप में व्यक्त कर दी थी। उनके माता-पिता ने तो यहां तक छूट दे दी थी कि वे शिव जी के निकट ही कुटिया बनाकर रहें और सेवा कर उन्हें प्रसन्न करें।

स्त्रियाँ राज दरबारों में आती थीं और राजा के साथ राजसिंहासन पर भी बैठती थीं। रघुवंश के चौदहवें सर्ग में कवि ने वर्णन किया है कि राज्याभिषेक हो चुकने पर जब रामचन्द्र जी अपने मित्रों सुग्रीव, विभीषण आदि को विदा करने लगे तो सीता जी ने अपने हाथों से उन्हें बढ़िया उपहार भेंट किए थे।[63] राजा अग्निवर्ण की मृत्यु हो जाने पर उसकी रानी का विधिवत् राज्याभिषेक किया गया था।[64]

कालिदासकालीन समाज में राजाओं तथा धनी परिवारों में बहु-विवाह भी प्रचलित था। अतिरिक्त इसके सती प्रथा का भी एकाध उल्लेख मिलता है। कुश की पत्नी कुमुद्वती सती हुई थी। परन्तु इसके विपरीत भी निदर्शन उपलब्ध है जैसे कामदेव की पत्नी रति सती नहीं हुई थी।

कालिदासयुगीन समाज में पितृ सत्तात्मक कुटुम्ब व्यवस्था थी जिसमें पिता का महत्व सर्वोपरि होता था। इस व्यवस्था के कारण भी पुत्र का न कि पुत्री का जन्म हर्षोल्लास का जनक होता था। परन्तु पुत्र को 'पुन्नाम नरकात् त्रायते इति पुत्रः' इस धारणा से महत्व प्रदान किया जाता था जिसमें धर्मभीरुता परिलक्षित होती है। पुत्र ही पितरों-पूर्वजों का श्राद्ध-तर्पण करने वाला होता है। यह मान्यता अभी भी प्रचलन में है।

रघुवंश के अनुशीलन से स्पष्ट होता है कि दिलीप पुत्र न होने से अत्यन्त दुःखी थे। उन्हें वंश के पिण्डच्छेद[65] का भय हो रहा था, प्रजालोपनिमीलन[66] की आशंका हो रही थी, कुलदीप बुझने का डर सता रहा था। इसी कारण उन्होंने पुत्रजन्म की

महिमा का वर्णन किया है। उनके अनुसार तप और दान से प्राप्त पुण्य तो लोकान्तर में ही केवल सुख देता है जबकि शुद्ध वंश में उत्पन्न संतति इहलोक और परलोक दोनों जगह सुख प्रदान करती है।[67]

उक्त विवेचन से स्पष्ट है कि कालिदास कालीन समाज उन्नत और प्रशस्त था। उसमें धर्म के प्रति श्रद्धा, विश्वास और आदर था; वैवाहिक व्यवस्था का एक सुदृढ़ आधार था, लोग आशावादी थे; जो जीवन को 'त्यक्तेन भुञ्जीथा' के अनुसार जी रहे थे। समाज में पाए जाने वाले आमोद-प्रमोद के साधनों का उपयोग-उपभोग कर आनन्द ले रहे थे। उत्सवों में, विशेष रूप से मुक्त-कंठेन भाग लेते थे। स्त्रियों की स्थिति उन्नत थी। उन्हें स्वतन्त्रता प्राप्त थी, परन्तु उच्छृंखलता या अमर्यादित प्रेम व्यवहार के लिए छूट नहीं थी। इस संदर्भ में कण्व शिष्य शार्ङ्गरव द्वारा शकुन्तला के अविचारित, अनिर्देशित एकान्त-यौवनोपभोग की भर्त्सना का उल्लेख किया जा सकता है। परन्तु उस अल्प नियंत्रण के बावजूद उनकी स्थिति को दयनीय नहीं कहा जा सकता। जो लोग इस प्रसंग में 'सीता-निर्वासन' को स्त्रियों की शोचनीय दशा के रूप में प्रस्तुत करते हैं; तो यह राम कृत्य एक राजा के रूप में उचित था। सीता भी उसका समर्थन करती है वह राम को 'मत्वचनात् स राजा' से यद्यपि उनमें पतिभावाभाव के रूप में व्यंग्य करती हैं। पर राम के इस राजनैतिक निर्णय से स्त्रियों की दशा को चिन्तनीय नहीं कहा जा सकता। वे समाज की सम्मानित सदस्या थीं। वे राजाओं के साथ राजदरबार में सिंहासन पर भी बैठती थीं। राजाओं और धनी परिवारों में बहु-विवाह का प्रचलन था। समाज में कुटुम्ब में पिता का स्थान महत्वपूर्ण था। पुत्र जन्म को विशेष महत्व प्राप्त था।

संदर्भ

1. श्री टी० एस० नारायण शास्त्री ने इन नौ कालिदासों का निर्देश किया है। (महाकवि कालिदास – डॉ० रमाशंकर तिवारी, पाद टिप्पणी, पृ० 4
2. इन 39 पुस्तकों का उल्लेख डॉ० भगवत शरण उपाध्याय ने अपने ग्रंथ 'कालिदास' जीवन और साहित्य में किया है।

   (कालिदास-साहित्य एवं संदर्भ, डॉ० वनेश्वर पाठक, प्रथम अध्याय, पाद टिप्पणी 3, पृ० 3
3. मेघदूतः एक अनुचिन्तन, मुखबन्ध, पृ० 5
4. त्रैमासिक आलोचना, वर्ष 7, अंक।, पूर्णांक 25, जनवरी 1959, पृ० 45
5. Moreover, Kalidasa has allotted to him such a large number of works in part to of wholly diverse characters, that we can not but admit the extend of several authors of his name.

   - Albecht webber, The History of Indian Literature, p. 303

6. In the introduction to my translation of this dramas Malvikagnimitra, I have sepecially examined not only the question of its genuineness, but also that of the date of Kalidasa; The result achived at is, in the first place, that this drama belongs to him .... The composition of Kalidasa' a three dramas to a period from the second to the fourth century of our era, the period of the Gupta princes. Ibid, footnotes 311, p. 20.
7. Indian Kavya Literature, p. 123 (1378)
8. Survey of Sanskrit Literature, Kalidasa, p. 95-127.
9. Extension Lectiners series, 4, p. 13-23.
10. S.K. De., History of Sanskrit Literature, p. 120-122
11. V. Raghawan, Sanskrit Literature XIV, Kalidasa, publication division, Ministry of Information and broadcasting, p. 65-66
"The question whether the authore of dramas and epics is the same Kalidasa or different persons is absoutely baseless."
12. Rewas Prasad Divedi, कालिदास ग्रंथावली Editior's Note D. Authorship of dramas, p. 35
13. A New History of Sanskrit Literature, p. 251
14. Macdonell, History of Sanskrit Literature, p. 337
15. Hillebrandt, Kalidasa., p. 66
16. The Sanskrit Drama, - The three dramas - Malvikagnimitra.
17. As a मालविका and अग्निमित्र may be considered Kalidasa's best ..... in fact the play contains for fewer lyricgems than Kalidasa's other two singhbhupal, the dramatic critic, on the other hand, refers to the play several times.

-Indian Kavaya Literature, p. 129 (1386)
18. There is however, general agreement about Kalidasa's authorship of the following works—Abhi, Vikram, Malavi, Raghu, Kumar, Megha and Ritu." - Meghdutam, S.K. De. General introduction.
19. कालिदास ग्रंथावली, रेवा प्रसाद द्विवेदी, मालविकाग्निमित्रम, पृ० 289
20. वही, 1/2
21. वही, पृ० 339
22. वही, अभिज्ञानशाकुन्तलम्, पृ० 427
23. कालिदास ग्रन्थावली, रेवा प्रसाद द्विवेदी, अभिज्ञानशाकुन्तलम्, 7/65, पृ० 560
24. The probable order of the works of Kalidasa is, therefore, as follows –Ritu - Samhara, Kumar (Beginning) Malvikagnimitra, Meghduta, Kumar Sambhava, Vikramorvashiya, Raghuvansha, and Shakuntala. It is probable that the poet was engaged on more that one work at one and the same time, but the above we think is fairly correct representative by the poet - Kalidasa, p. 152

25. "We think that Malvikagnimitra and Meghduta go together."
- Kalidasa., p. 251
26. "Similarly the Kumarsambhava and the Vikrmorvarshiya go together." Ibid.
27. "It is too prove that Raghu and Shakuntala go together. - Ibid, p. 152] (Quoted by Dr. Vaneshwar Pathak
28. "The Ritu Samhar (Seasons) is the work of early youth of a very senstive poet. -A New History of Sanskrit Literature, p. 251.
29. Kalidasa moves from poetry to drama. The transformation is not successful in Vikramorshiya, the achievement is better in Malvikagnimitra, and becomes supreme in Shakuntala - Ibid., p. 311
30. They may be listed as follows in highly conjectural chronological order, Malvikagnimitra, Raghuvansa, Vikramorvasiya, Meghasandes'a, Abhigna sakuntala and Kumarshambhav.
- Indian Kavaya Literature, Vol. 3, Chapter XXIV, p. 123 (1378)
31. त्रैमासिक आलोचना, वर्ष 7, अंक। पूर्णांक 25, जनवरी, 1959, पृ० 45.
32. S.K. De - History of Sanskrit Literature, p. 137
33. Raghuvansha is an epic .... in eighteen cantos ..... It is perhaps one of the Kalidasa's earliest composition. We do not know whether it is his earliest composition or whether the drama Malvikagnimitra preceeded it. The probability is that he started this epic as his first attempt at his poetry ..... This long prelude to the poem indicates that this was his first attempt at writing poetry." - The Survey of Sanskrit Literature, p. 115.
34. The मालविकाग्निमित्र is unquestionaly the first dramatic work of Kalidasa ...... The Vikramorvarshiyas by many reckoned as the last work of in dramas of Kalidasa, seems rather to fall in the internal between the youthful Malvikagnimitra and the nature perfection of the shakuntala. - Sanskrit Drama -
35. A.B. Keith, History of Classical Sanskrit Literature the three dramas.
36. भोगिभोगासनासीनं ददृशुस्तं दिवौकसः।
तत्कणामण्डलोदर्चि-र्मणिद्योतित विग्रहम्।। -रघु० 10/7, पृ० 175
37. आराध्य विश्वेश्वरमीवरेण तेन क्षितेर्विश्वसहो विजज्ञे।
पातुं सहो विश्वसखः समग्रां विश्वम्भरामात्मजमूर्तिरात्मा।। -वही, 18/24, पृ० 246
38. अद्यप्रभृत्यवनताङ्गि तवास्मि दासः -कुमारसंभव, 5/86, पृ० 75
39. सोऽहमाजन्मशुद्धानाम् .... त्यागायसंभृतार्थानां योगेनान्ते तनुत्यजाम्।।
-रघु० 1/4, 6, 7, 8, पृ० 102
40. असौ शरण्यः .. .. .. मगधप्रतिष्ठः। परन्तपो नाम यथार्थनामा। -रघु० 6/21, पृ० 143
41. जगाद चैनामङ्गनाथो सुरांगनाप्रार्थित यौवनश्रीः। वही, 22, पृ० 144

42. अवन्तिनाथोऽयमुद्ग्रबाहुः .... विभाति।
43. सा शूरसेनाधिपति सुषेणमुद्दिश्य .... जगदे कुमारी। -रघु०, 45 पृ० 146
44. पाण्ड्योयमंसार्पिपलम्बहारः .... इवाद्रिराजः। वही, 60, पृ० 147
45. अथोरगारव्यस्यपुरस्य नाथं .... भोज्याम्। वही, 59
46. स्वसुर्विदर्भाधिपतेस्तदीयो .... अरविन्दे। रघु० 6/66, पृ० 148
47. .... हेमाङ्गदं नाम कलिंगनाथम् .... सादितशत्रुपक्षम् ...... वभाषे। वही, 53, पृ० 147
48. नागेन लौल्यात् कुमुदेन नूनमुपात्तमन्तर्द्रदवासिना तत्। -वही 16/76, पृ० 284
49. राजा (सक्रोधम्) आः दुरात्मन् रक्षः। -विक्रमोर्वशीय्म, अंक 4, पृ० 389
50. शक्तिस्त्रिधा। ज्ञानबलं मन्त्रशक्तिः। कोशदण्डवलं प्रभुशक्तिः।
विक्रमबलमुत्साहशक्तिः। -अर्थशास्त्र 6/2
51. लभेत् सामदानभ्यां कृत्यांश्च परभूमिषु।
अकृत्यान् भेददण्डाभ्यां परदोषांश्च दर्शयेत्। -वही, 1/4
52. संधिविग्रहासनसंश्रयद्वैधीभावाः षाड्गुण्यम् इत्याचार्याः। -वही, 8/1
53. ग्रहैस्ततः पञ्चभिरुच्चसंश्रयैः शक्तिरिवार्थमक्षयम्।
असूत पुत्रं समये शची समा त्रिसाधना शक्तिरिवार्थमक्षयम्। -रघु०, 1/13, पृ० 120
54. विद्याविनीतो राजा हि प्रजानां विनये रतः।
अनन्यो पृथिवी भुङ्क्ते सर्वभूत हिते रतः।। -अर्थशास्त्र, 1/5
55. सरंक्ष्यमाणो राजा यं कुरुते धर्ममन्वहम्।
तेनायुर्वद्र्धते राजो द्रविणं राष्ट्रमेव च।। -मनु० 7
56. रक्षार्थमस्य सर्वस्य राजानमसृजत्प्रभुः। -वही, 7/3-4
57. मुनिना भरतेन यः प्रयोगो, भवतीष्वष्टरसाश्रयो नियुक्तः।
ललिताभिनयं तमद्य भर्त्ता, मरुतां द्रष्टुमनाः सलोकपालः।।
-कालिदास ग्रंथावली, रेवा प्रसादा द्विवेदी, विक्रमोर्वशीय्म, 2/17, पृ० 362
58. .... प्रथितयशसां भास सौमिल्ल कविपुत्रादीनां प्रबन्धानतिक्रम्य वर्तमान कवेः कालिदासस्य
क्रियायां कथं बहुमानः। -वही, मालविकाग्निमित्रम्, पृ० 259
59. ब्राह्मो दैवस्तथैवार्षः प्राजापत्यस्तथासुरः।
गान्धर्वो राक्षसश्चैव पैशाचश्चाष्टमोऽधमः। -मनु० 3/2
60. इच्छयाऽन्योन्यसंयोगः कन्यायाश्च वरस्य च।
गान्धर्वः स तु विज्ञेयो मैथुन्यः कामसम्भवः।। -वही, 3/32
61. रम्यः प्रदोषसमयः स्फुटचन्द्रभासः
पुंस्कोकिलस्य विरुतं पवनः सुगन्धिः।
मत्तालियूथविरुतं निशि शीधुपानं
सर्व रसायनमिदं कुसुमायुधस्य।। -ऋतुसंहार, 6/35, पृ० 22
62. रक्ताशोक विकल्पिताधरमधुर्मत द्विरेफस्वनः
कुन्दापीडविशुद्धदन्तविकरः प्रोत्फुल्लपद्माननः।।
चूतामोदसुगन्धि मन्दपवनः शृंगारदीक्षागुरुः।
कल्पान्तं मदनप्रियो विशतु वः पुष्पागमो मङ्गलम्।। -वही, 36

63. प्रतिप्रयातेषु तपोधनेषु सुखादविज्ञात गतार्धमासान्।
सीतास्वहस्तोपहृतग्र्यपूजान् रक्षःकपीन्द्रान् विससर्जरामः। –रघु०, 14/9, पृ० 212

64. मौलेः सार्धं स्थविरसचिवैहमसिंहासनस्था
राज्ञी राज्ये विधिवदशिशष भर्तुख्याहताज्ञा। –वही, 19/57, पृ० 254

65. नूनं मत्तः परं वंश्याः पिण्डविच्छेददर्शिनः।
न प्रक्रामभुजः श्राद्धे स्वधारसंग्रहतत्पराः।। – रघुवंश 1/66, पृ० 108

66. सोऽहमिज्या विशुद्धात्मा प्रजालोपनिमोलितः। –वही, 68

67. लोकान्तरं सुखं पुण्यं तपोदानसमुद्भवम्।
संततिः शुद्धवंश्या हि परत्रेह च शर्मणे।। –वही, 69

• • •

चतुर्थ उन्मेष

साहित्यिक औचित्य विमर्श

(रसौचित्य, गुणौचित्य और अलंकारौचित्य)

रस शब्द रस धातु और अच् प्रत्यय के संयोग से बना है। रस धातु आस्वादन और स्नेहन के अर्थ में पठित है। रस शब्द की व्युत्पत्ति 'रस्यते इति रस:' से ज्ञात होता है कि वह आस्वादन की वस्तु है। वी.एस.आप्टे कोश में रस शब्द के बीस अर्थ बताए गये हैं। इनमें चौदहवें स्थान पर बताए गए 'काव्य रचनाओं में रस' ही प्रस्तुत सन्दर्भ में अभिप्रेत है।

वासना से अधिवासित सभ्यों को ही रसास्वाद होता है। वासना से रहित पुरूष तो नाट्यशाला में लकड़ी, दीवार और पत्थरों के समान जड़वत ही पड़े रहते हैं।

सवासनानां सभ्यानां रसस्यास्वादनं भवेत्

–धर्मदत्त का कथन सा०द० पृष्ठ– 54

रसात्मक अनुभव आस्वाद है, आस्वाद्य नहीं। अत: रस विषयीनिष्ठ या व्यक्तिनिष्ठ (Subjective) अनुभव ही है। विषयनिष्ठ या वस्तुनिष्ठ (Objective) नहीं।

जहाँ तक काव्य या नाट्य में रस का स्थान है, भरत का मत है कि काव्य को रस से उसी प्रकार ओत प्रोत होना चाहिए जिस प्रकार मधुमास में उद्यानभूमि का पुष्पों से अवकीर्ण होती है।

"पुष्पावकीर्णा: कर्त्तव्या काव्येषु हि रसा बुधै:" ना. शा. 7/20

रस व्यंग्य है, अर्थात् व्यंजना वृत्ति के द्वारा ही यह अस्वाद का विषय होता है। शब्द एवं अर्थ अलंकार और वस्तु के रूप में इसके व्यंजक होते हैं। काव्य के आधायक तत्वों में से रस ही एक ही ऐसा है, जो केवल व्यंग्य रहता है, वाच्य या लक्ष्य कभी नहीं होता है। –(रस.सि.के अनालोचित पक्ष पृष्ठ – 21)

आचार्य भरत मुनि रस के सम्बन्ध में अपने ग्रन्थ 'नाट्यशास्त्र' में कहते हैं– "अत्राह–रस इति कः पदार्थः?" आस्वाद्यत्वात् रसः। बुधा आस्वादयन्ति मनसा स्थायि भावान् "नानाभावाभिनय व्यंजितान् वागङ्कसत्त्वोचेतान् सुमनसाः प्रेक्षकाः स्थाथिभावानास्वादयन्ति।"

आस्वादनार्थ स्थायी भावों का प्रसुप्तावस्था से जगना आवश्यक है, उसकी जागृति के लिए कारण रुप में विभावादि हैं, और इसका प्रामाणिक अनुभव सहृदय में अनुभावों की उत्पत्ति है। अर्थात् सहृदय के स्थायी भाव ही उचित वातावरण पाकर रस रूप में परिणत होते हैं। आचार्य भरत के मत में काव्यगत व्यक्ति अथवा रसिक के हृदय में रहने वाला अर्थों का मूल भाव ही रस है–

योऽर्थो हृदयसंवादी तस्य भावो रसोद्भवः।
शरीरं व्याप्यते तेन शुष्कं काष्ठमिवाग्निना।

रस निष्पत्ति की प्रकिया का उल्लेख करते हुए आचार्य भरत ने कहा है–

विभावानुभावसंचारीभावसंयोगातरसनिष्पत्तिः ।
नानाभावोपगताः अपि स्थायिनोभावरसत्वमाप्नुवन्ति।।

नाना भावों अर्थात् विभाव, अनुभाव और संचारी भाव के संश्लिष्ट रूप से धारण करने पर स्थायी भाव रस को प्राप्त करते हैं। अर्थात् रसानुभति कोई विचित्र अनुभूति नहीं वरन् भाव विशेष का ही समन्वित सर्वांगीण फल है। इस तथ्य को सहज हृदयगंम कराने के लिए आचार्य भरत ने एक उपमा (analogy) भी दी है–

विभावानुभाव व्यभिचारि परिवृतः स्थायिभावो रस नाम लभेत नरेन्द्रवत्।

ना.शा.

अर्थात् प्रमुख स्थायी भाव (मनोवृत्तियाँ–moods) विभाव, अनुभाव और संचारी भाव आदि के संयोग से रसत्व को वैसे ही प्राप्त होती है, जैसे राजा अपनी प्रजा और मंत्री के सहयोग से नरेन्द्रत्व को प्राप्त होता है।

ध्यातव्य है कि भरत मुनि के दृष्टिकोण में सामाजिक दृष्टि से व्यंजनों या भावों का भोग रस नहीं है, 'भोगजन्य आनन्द 'रस' है, केवल मनोवेग नहीं, केवल आस्वादन नहीं अपितु उसका आस्वादनजन्य आनन्द का भोक्ता कौन है? भरत मुनि के शब्दों में, "आस्वादयन्ति सुमनसाः प्रेक्षकाः" अर्थात् सहृदय–दर्शक ही भावों का आस्वादन करते हैं।

उपर्युक्त विवेचन का तात्पर्य यह है कि सहृदयहृदय में संस्कार, अनुभव,

निरीक्षण, शिक्षा इत्यादि के कारण वासना रूप में स्थित रति आदि स्थायी भाव ही रंगमंच पर कुशल अभिनेताओं के अभिनय द्वारा प्रस्तुत किए गए विभावादिकों से उपर्युक्त वातावरण पाकर जग जाते हैं। इन्हीं जगे हुए स्थायी भावों का आस्वादनजन्य आनन्द रस नाम से अभिहित होता हैं।

रसानुभूति के घटक तत्व निम्न हैं-

स्थायी भाव, विभाव, अनुभाव और संचारी या व्यभिचारी भाव।

उपर्युक्त घटक तत्वों में अनुगत 'भाव' का लक्षण साहित्यदर्पणकार ने इस प्रकार किया है।

'निर्विकारात्मके चित्ते भावः प्रथम विक्रिया।' -सा. द. 3/93 पृष्ठ 83

इस पर वृत्ति करते हुए आचार्य विश्वनाथ ने कहा है-

जन्मतः प्रभृति निर्विकारे मनसि उद्‌बुद्धमात्रो विकारो भावः।

अर्थात् जन्म से निर्विकार चित्त में उद्‌बुद्ध मात्र काम-विकार को भाव कहते हैं।

भाव (Emotion) किसी बाह्य परिस्थिति या बाह्य प्रतिक्रिया से उत्पन्न मन की वह क्षुब्ध दशा है, जिसमें विषय बोध की धारणा निहित रहती है। जिससे सुखात्मक या दुःखात्मक अनुभुति का बोध होता है, जिसमें प्रवृत्ति-उत्तेजन से चेष्टा के लिए तत्परता रहती है, जिसका साध्य किसी न किसी इच्छा या संकल्प की पूर्ति रहती है। जिसमें मन की ही नहीं शरीर की भी एक विशिष्ट दशा हो जाती है।

मनोविज्ञान की भाषा में इसे इस प्रकार अभिव्यक्त किया जा सकता है। कोई भी चेतन प्राणी किसी विशिष्ट परिस्थिति, वातावरण या व्यक्ति के संपर्क में विशिष्ट प्रकार का भावात्मक प्रत्युत्तर देता है। साहित्य में इसी सिद्धांत का प्रयोग होता है।

Western psychology always prefers to talk of living organism responding to some stimulus or as behaving in a particular way under some situation to adopt the same terminology Darshak or Pathak are living organism emotionally responding to the situation in the drama to the characters and the surroundings the vibhāvas are the stimuli.

समीक्षा दर्शनम् p.161

विभाव दो प्रकार के होते हैं, आलम्बन और उद्दीपन। आचार्य विश्वनाथ ने 'साहित्यदर्पण' में कहा है-

आलम्बनोद्दीपनाख्यौ तस्य भेदावुभौ स्मृतौ।
तत्र आलम्बनो नायकादिस्तमालम्ब्य रसोद्गमात्।।

सा.द. 3/29 p. 65

उद्दीपन विभावास्ते रसमुद्दीपयन्ति ये ते च-आलम्बनस्य चेष्टाद्या देशकालादयस्तथा।। –वही 3/131 p. 93

अद्यतन मनोवैज्ञानिक भाषा में जिसे वातावरण (Environment) कहा जाता है उसका समावेश विभाव अपने भीतर कर लेता है। इस प्रकार इस सिद्धांत के भीतर मनोविज्ञान के दो प्रमुख तत्व–

वंशानुक्रम (Heredity) और वातावरण परिवेश (Environment) दोनों आ जाते हैं। वासनाधिवासित सहृदय को आनुवंशिक रुप में वासनात्मक भाव मिले हैं। वातावरण (Envirourment) के तत्त्व-आलम्बन उद्दीपन उसे जगाकर तथा उत्कर्ष की स्थिति में पहुँचाकर उसे रस में परिणित करते हैं।

मानव जीवन के समस्त कार्यों के प्रवर्त्तक ये भाव ही हैं।

"Springs of actions are emotions," Elements of Educational psychology by L.R. Sakala, p. 113 उद्धृत, समीक्षा दर्शन, राम लाल सिंह, पृ० 155."

स्थायी भाव (Sentiment) : आचार्य विश्वनाथ ने स्थायीभाव का लक्षण करते हुए कहा है-कि अविरुद्ध अथवा विरुद्ध भाव जिसे छिपाया न जा सके वह आस्वाद का मूलभूत भाव स्थायी कहलाता है जैसे शृंगार रस में रति। सा.द.3/174

केवल वही भाव (रत्यादि) जो रस की अवस्था तक पहुँचे, (रस पर्यन्त पुष्ट हो सके) स्थायी भाव कहलाता है। (रसावस्थः परं भावः स्थायितां प्रतिपद्यते।)

जैसे माला के अनेक दानों में एक ही सूत्र अनुगत होता है। इसी प्रकार अन्य भावों में अनुगत होने वाला स्थायी भाव किसी से तिरोहित नहीं होता है।

"जिस प्रकार एक भाव-विधान के भीतर मूल रूप में एक या कुछ सहज प्रवृत्तियाँ रहती हैं, उसी प्रकार भाव प्रणाली के भीतर नीव रूप में कोई न कोई मूलभाव (primary emotion) रहता है उससे सम्बद्ध कुछ गौण या तद्भूत प्रभाव भी रहते हैं। अभिनवगुप्त ने 'स्थायी भाव ' को कहीं 'वासना' कहीं 'संवित्' और कहीं 'चित्रवृत्ति' नाम से अभिहित किया है।" समीक्षादर्शन पृ. 159.

विभाव (Stimuli) साहित्यदर्पण में 'विभाव' का लक्षण निम्नवत् है- रत्याद्बोधका लोके विभावाः काव्य नाट्ययोः। सा..द.3/29 p. 64

वृत्ति– ये हि लोके रामदिगतरतिहासादीनाम् उद्‌बोधकारणानि सीतादय त एव काव्ये नाट्ये च निवेशित:सन्त: विभायन्ते आस्वादांकुरप्रादुर्भावयोग्या: क्रियन्ते सामाजिकरत्यादिभावा एभि: इति विभावा: उच्यन्ते।

लोक में जो रत्यादि के उद्‌बोधक हैं, वे ही काव्य और नाटकादिकों में 'विभाव' कहलाते हैं। लोक में सीतादिक, जो रामचन्द्रादि की रति आदि के उद्‌बोधक प्रसिद्ध हैं, वे ही काव्य में निवेशित किए जायें तो 'विभाव' कहलाते हैं।

अनुभाव (Expression of Emotions) साहित्यदर्पणकार ने 'अनुभाव को परिभाषित करते हुए कहा है–

उद्‌बुद्धं कारणै: स्वै: स्वैर्बहिभावं प्रकाशयन्।
लोके य: कार्यरुप: सोऽनुभाव: काव्यनाट्ययो:।।

–सा.द.3/132 p. 95

सीता आदि आलम्बन तथा चंद्रादि उद्दीपन कारणों से रामादि के हृदय में उद्‌बुद्ध रत्यादि को बाहर प्रकाशित करने वाला, लोक में जो रति का कार्य कहलाता है, वही काव्य और नाटक में 'अनुभाव' कहलाता है।

अनुभावो विकारस्तु भावसंसूचनात्मक:। –दशरुपक 4.1

अनुभाव्यते अनेन वागङ्गसत्वकृतोऽभिनय: इति अनुभाव:।

वागङ्गीभिनयेनेह यतस्त्वर्थोऽनुभाव्यते।
शाखाङ्गोपांगसंयुक्तस्त्वनुभावस्तत: स्मृत:।।

–नाट्यशास्त्र 7.13

संक्षेप में मन या शरीर पर उत्पन्न होने वाले भाव के संसूचनात्मक विकार को अनुभाव कहते हैं। ये अनुभाव उत्पन्न हुए स्थायी भाव का बोध कराते हैं, इसीलिए इनका नाम अनुभाव है। (अनुभावनमेवम्भूतस्य रत्यादे: समनन्तरमेव रसादिरूपतया भावनम्। सा.द.वृत्ति p.[illegible]5)

संचारी भाव या व्यभिचारी भाव

'साहित्यदर्पणकार' ने व्यभिचारी भाव का लक्षण करते हुए कहा है–

विशेषपादभिमुख्येन चरणाद्वयभिचारिण:।
स्थायिन्युन्मग्ननिर्मग्नास्त्रयत्रिंशश्च तद्धिदा:।।

–सा.द.3/140 p.95

वृत्ति-स्थिरतया वर्त्तमाने हि रत्यादौ निर्वेदादयः प्रादुर्भावातिरोभावाभिभ्याम् आभिमुख्येन चरणात् व्यभिचारिणः कथ्यन्ते।

स्थिरता से विद्यमान रत्यादि स्थायी भाव में उन्मग्न-निमग्न अर्थात आविर्भूत-तिरोभूत होकर निर्वेद आदि भाव अनुकूलता से व्याप्त होते हैं। अतएव विशेष रीति से अभिमुख्यचरण के कारण उन्हें व्यभिचारी कहते हैं। ये संख्या में 33 होते हैं।

व्यभिचारी या संचारी भाव उस अल्पकालिक मानसिक स्थिति का नाम है, जो विभाव में जाग्रत होकर अनुभाव विशेषों के माध्यम से व्यक्त होकर स्थायीभाव का पोषण करती हुई उन्हीं में विलीन हो जाती है। मनोविज्ञान की पदावली में उन्हें अस्थायी मनोवृत्ति (Temprory Temperament) कह सकते हैं। संचारी भाव कई रसों में संचरण करते हैं, इसीलिए कुछ आचार्यों ने इन्हें 'संचारी' नाम दिया है। स्थायीभाव की उत्पत्ति में सहायक होने के कारण आचार्य मम्मट ने इन्हें 'सहकारी' नाम से अभिहित किया है। स्थायी भाव और संचारी भाव में सागर और तरंग या फिर सेव्य सेवक सम्बन्ध बताया गया है।

ध्यातव्य है कि एक ही भाव कभी स्थायी होता है, कभी व्यभिचारी इसके दो मुख्य कारण हैं-

(1) विभाव की निर्बलता (2) उस (स्थायी) भाव की शक्तिहीनता। वस्तुतः स्थायी और व्यभिचारी में नैमित्तिक भेद है, नित्य भेद नहीं।

रसौचित्य- प्रकृत रसोपयोगी सहृदयहृदयव्यापी व्यंग्यगर्भाभिहित उद्दीपन विभावोद्दीप्त, अपूर्वकविवर्णन को रसौचित्य कहना अभिप्रेत है।

महाकवि कालिदास का काव्य रसमय है। उसमें अनेकानेक रसों का आनंद अनुभव किया जा सकता है। यद्यपि कालिदास काव्य शृंगाररस-प्रधान हैं, तथापि अन्यान्य करुण, हास्य, वीर, वीभत्स, भयानक आदि रसों का अनुभव भी सुतरां होता है। परंतु प्रकृति प्रसंग में केवल उन्हीं स्थानों का चयन और विश्लेषण किया जाएगा जो सहृदयश्लाघ्य, औचित्य गुण सम्पन्न होकर रसौचित्य के निकष पर खरे उतरेंगे।

(1) शृंगार-रस

शृंगार रस का लक्षण करते हुए साहित्य दर्पणकार ने कहा है कि कामदेव के उद्भेद (अंकुरित होने) को 'शृंग' कहते हैं। मनमथोद्भेद उसकी उत्पत्ति का कारण है। अधिकांशतः उत्तम प्रकृति से युक्त रस शृंगार कहलाता है। परस्त्री तथा अनुरागशून्य वेश्या को छोड़कर अन्य नायिकाएं तथा दक्षिण आदि नायक इस रस के आलम्बन

विभाव माने जाते हैं। चंद्रमा, चंदन, भ्रमर आदि इसके उद्दीपन विभाव हैं। उग्रता, मरण, आलस्य और जुगुप्सा को छोड़कर अन्य निर्वेद आदि इसके संचारी भाव होते हैं। इसका स्थायीभाव 'रति' है और वर्ण श्याम है एवं देवता इसके विष्णु भगवान हैं।[1] आनंदवर्धनाचार्य ने शृंगार रस की महनीयता को स्वीकार करते हुए उसे मधुर विशेषण दिया और उसे मधुर रस कहा है।[2]

शृंगार रसौचित्य

महाकवि कालिदास के यौवनारंभ की कृति ऋतुसंहार के वर्षा-वर्णन में शृंगार रसौचित्य का दर्शन होता है। बादलों की गड़गड़ाहट और बिजली की चमक से किस युवती का चित्त उद्वेलित नहीं होगा? यही कारण है कि स्त्रियां अपने पति का सानिध्य और सहवास पाने के लिए अत्यधिक लालायित होती है और परिस्थिति के कारण उनके किए गए अपराधों को भी भुला देती है।[3]

प्रकृत श्लोक में कवि ने 'रति' स्थायीभाव के उद्दीपन विभावन के लिए पयोधर-निस्वन और 'विद्वयुत् क्रौंध' का बड़ा ही सहृदय-श्लाघ्य चयन किया है। यहां संभोग शृंगार रस का औचित्य सुतरां स्पष्ट होता है।

इसी प्रकार ऋतु संहार के द्वितीय सर्ग के 'प्रावृड्वर्णनम्' की श्लोक संख्या 17 18 और 20 में शृंगार रसौचित्य की हृदयहारी छटा दर्शनीय है।

कदम्बसर्जार्जुनकेतकीवनं विकम्पयँस्तत्कुसुमाधिवाासितः।
ससीकराम्भोधरसंगशीतलः समीरणः कं न करोति सोत्सुकम्।।[4]

प्रकृत श्लोक में केतकी-कुसुमों से अधिवासित और रसों पर ससीकराभोधर-शीतल समीरण का उद्दीपन विभाव रति स्थायी भाव को उद्दीप्त कर शृंगार रस की सृष्टि करता है। इस कारण यहां भी शृंगार रसौचित्य है।

कामदेव-प्रिय नानाविध अधिवासों यथा अवतंस, कुसुमसुगंधी, हार, और स्त्रियों की सीत्कार ध्वनि का मनमोहक विन्यास कर कवि संभोगशृंगार की सृष्टि करता है। शृंगार रस को औचित्यपूर्ण बनाने में कवि के उद्दीपन विभाव का विशिष्ट योगदान है।[5]

इसी प्रकार प्रवासियों के चित्त हरने में 'काञ्चीमणिकुण्डलोउज्ज्वला' स्त्रियाँ तोयभरावलम्बी पयोधर और तडिल्लता प्रभृत्ति विभावों का प्रयोग कर महाकवि ने सहृदयों के रति भाव को शृंगार रस में परिणत होने के लिए बाध्य सा कर दिया हैं। शृंगार रस के सहृदय श्लाघ्य होने के कारण ही यहां शृंगार रसौचित्य है।[6]

पूर्व मेघ में महाकवि ने मेघ के पथ-निर्देश के समय शृंगार रस की सर्जना की है। जिसमें निर्विंध्या को नायिका रूप में मानकर काञ्चीगुण के स्तनित होने, नाभि दर्शन आदि संभोग शृंगार परक प्रतीकों का उपन्यास कर अंत में 'विभ्रम' को प्रिय का आद्य प्रणय-वचन के रूप में स्वीकार करने का उल्लेख कर इसे सहृदय के लिए प्रिय बना दिया है।[7] सहृदय-प्रियता के कारण ही इसे शृंगार रसौचित्य के रूप में उल्लेख किया जा रहा है।

कुमार संभव के तृतीय सर्ग में भी शृंगार रस का औचित्यपूर्ण सर्जन कवि ने किया है। किंचित्परिलुप्त धैर्य[8] वाले शंकर द्वारा बिम्बफलवत् अधरोष्ठ वाली उमा के मुख में स्निग्ध, प्रेमासक्त दृष्टि से देखने में सहृदयों की हृदय कलिका खिल उठती है, उनका रोम-रोम पुलकित हो उठता है, सहृदय-हृदय हरण सामर्थ्य से युक्त शृंगार होने के कारण यहां शृंगार रसौचित्य सुतरां दृष्टिगत होता है।

इसी प्रकार शैलजा पार्वती भी कामदेव के प्रभाव वश होकर अपने प्रेम आकुल नेत्रों से पिनाकी को देखने लगी। इस प्रकार यहां उभयकोटिक प्रेम का मनोहारी वर्णन होने के कारण शृंगार रसौचित्य है।[9]

रघुवंश के सप्तम सर्ग में भी शृंगार रसौचित्य के दर्शन होते हैं। विवाह में नारियों के जालान्तर प्रेषित दृष्टि पथ में नीवी बांधने के कारण अधोवस्त्र के नीचे सरकने से रति स्थायीभाव विभावादि से संपुष्ट होकर रस रूप में परिणत होती है। इस प्रकार यहां भी शृंगार रस सहृदयहृदयहारी होने के कारण शृंगार रसौचित्य की कोटि में परिगणनीय है।[10]

मालविकाग्निमित्र के द्वितीय अंक में मालविका के अनवद्य सौंदर्य से आकृष्ट होकर राजा के आत्मगत कथन में शृंगार रस के औचित्य का दर्शन होता है। राजा (आत्मगतम्) अहो सर्वस्थानानवद्यतारूपविशेषस्य। तथाहि-

दीर्घाक्षं शरदिन्दुकान्तिवदनं बाहूनतावंसयोः
संक्षिप्तं निविडोन्नतस्तनमुरः पार्श्वे प्रमृष्टे इव।
मध्ये पाणिमितो नितम्बिजघनं पादावरांगुली।
छन्दो नर्तयितुर्यथैव मनसि श्लिष्टं तथास्या वपुः।।[11]

प्रकृत श्लोक में मालविका के रूप वर्णन में सहृदय पाठक संभोग शृंगार रस का आनंद अनुभव करता है। सहृदय श्लाघ्यता के कारण ही यहां शृंगार रसौचित्य है।

विक्रमोर्वशीयम् त्रोटक के प्रथम अंक में उर्वशी के सौंदर्य से आकृष्ट होकर

राजा के आत्मगत कथन से[12] सुंदर सरस शृंगार रस व्यंजित हुआ है। यहां रस व्यंजना सहृदय को मुग्ध करती है। इस कारण यहां शृंगार रसौचित्य है।

गंधर्वों और सखियों के साथ उर्वशी के चले जाने के पश्चात् राजा उसके जाने वाले रास्ते की ओर देखकर अपने मदनाभिलाष को प्रकट करते हुए कहता है कि मेरा मन हठात् उधर आकर्षित हो रहा है।[13] राजा के इस कथन में उसकी रति भाव की व्यंजना शृंगार रस में परिणत होकर सहृदयों को अनुभव करा रही है। इस कारण यहां शृंगारसौचित्य मानना अनुचित प्रतीत नहीं होता।

अभिज्ञानशाकुंतल के द्वितीय अंक में राजा और विदूषक के वार्तालाप में राजा अपने मित्र से शकुंतला के अद्भुत सौंदर्य की चर्चा करता है। वह शकुन्तला को 'स्त्रीरत्न सृष्टिरपरा'[14] रूपोच्चय और केवल मन से, न की स्पर्श से, सृजित कह कर अपनी मनोद्भूत, शकुंतला के प्रति आसक्ति, मदनाभिलाष अभिव्यक्त करता है। उस अतिशय आसक्ति के कारणों का उल्लेख करते हुए अनाघ्रात पुष्प[15], अलून किसलय, अनाविद्ध रत्न नवम् मधु अनास्वादित रस और अनघ रूप आदि की चर्चा की है। राजा दुष्यन्त के इस कथन में सहृदय-श्लाघ्य शृंगार रस सुंतरा व्यंजित हुआ है। इस कारण यहां शृंगार रसौचित्य हैं।

ऋतुसंहार तृतीय सर्ग 'शरद् वर्णनम्' में भी शृंगार रसौचित्य के दर्शन होते हैं शरद् काल में शिशिरसीकरवारि प्रह्लादक हृदयहारी चंद्रमा वियोगानल अंगनाओं की अत्यधिक दग्ध कर देता है। यहां वियोग शृंगार रस का औचित्य सुतरां दर्शनीय है।[16]

इसी प्रकार कामोन्मादी हंस मिथुनों, स्वच्छ प्रफुल्ल उत्पलों से सुशोभित, शीतल मंद सुगंध वायु से सुवासित सरोवर की हृदयावर्जक शोभा से सहृदयों के रति स्थायीभाव उद्दीप्त कर रस रूप में परिणत कर उनका मन मोह लेती है। इस कारण यहां भी शृंगार रसौचित्य है।[17]

मेघदूत में अलका की रागात्मकता और शृंगारिक मानसिकता का उल्लेख करते हुए कवि के वर्णन में शृंगार रस की औचित्य पूर्ण व्यंजना हुई है। अमर प्रार्थित कन्याओं के क्रीड़ा वर्णन के पश्चात् कवि उद्दाम यौवन से आक्रांत युवतियों की काम क्रीडा का वर्णन करते हुए उनके नीवी बंधन शैथिल्य, गोपनीय अंगों के प्रदर्शन से सलज्ज नारियों के प्रदीप्त दीपों पर मुट्ठियों से कुमकुमादि चूर्ण फेंकने पर भी उसके न बुझ पाने से प्रेमलज्जोपेतउत्पन्न खीझ आदि का वर्णन करता है। उचित विभाव आदि के उपन्यास से यहां शृंगार रसौचित्य सुतरां स्पष्ट है।[18]

कुमार संभव के पंचम सर्ग में भी पार्वती के मनोहारी सौंदर्य वर्णन में महाकवि की श्रृंगार रसौचित्यविष्ट दृष्टि का दर्शन होता है। पार्वती के रूप अवयवों की चर्चा करते हुए सघन पक्ष्मों, पीन पयोधरों, गंभीर-नाभि आदि के सहृदयावर्जक वर्णन में श्रृंगार रसौचित्य सुस्पष्ट है,[19] क्योंकि रस की प्रह्लादकता का अनुभव तो वासनाधिवासित सहृदय ही कर सकता है, न कि अन्य कोई शुष्क, हृदयहीन।

इसी प्रकार छद्म् वेषधारी शिव के अपने वास्तविक रुप में प्रकट हो जाने पर अपने चिराकांक्षित अभिलाषा के अचानक पूरा होने से पार्वती के श्रृंगार प्रवण मन में रति भाव के अधिक उद्दीप्त होने के कारण ही वह 'सरसांगयाष्टि' और 'वेपथुमती'[20] हुई। अपने भावों-आवेगों के कशमकश में ही वह अपने उठाए हुए पैर को न तो नीचे रख सकी और न ही नीचे वाले पैर को उठाकर चल सकी। यहां श्रृंगार रस की सुकोमलता, स्निग्धता का दर्शन तो से सहृदय ही कर सकेगा। श्रृंगार रस की मनोरमता के कारण यहां श्रृंगार रसौचित्य है।

रघुवंश सप्तम सर्ग में अज और इंदुमती के परिणय के अवसर पर कवि श्रृंगार रस से सहृदय-हृदय को आप्लावित कर देता है। वर के कण्टकित प्रकोष्ठ होने और कुमारी इंदुमती के स्विन्नांगुली[21] होने के वर्णन में उनके काम भावों के प्रकर्षोन्मुख होने की अभिव्यंजना होती है। पाणिग्रहण संस्कार के अवसर पर वर द्वारा कन्या के पाणिग्रहण के समय दोनों प्रणयी युगलों का प्रेमोद्रेक किस प्रकार का हो जाता है, यह या तो भुक्तभोगी या फिर सहृदय ही कर सकता है। इस विशिष्ट गुण के कारण ही यहां श्रृंगार रसौचित्य हैं। रघुवंश एकादश सर्ग में ताड़का निशाचरी का राम के प्रति प्रेमभाव वर्णन में श्रृंगार रस के अनौचित्य का भी दर्शन होता है क्योंकि उत्तम नायक राम का अधम कोटि की निशाचरी के साथ 'मन्मथशरताडन'[22] की बात नितांत अनुचित प्रतीत होती है। इस कारण यहां श्रृंगाररसानौचित्य है।

मालविकाग्निमित्र चतुर्थ अंक में काम पीड़ित राजा द्वारा मालविका के आलिंगन को उद्यत होने परंतु उसके द्वारा यह अनुरोध विलासपूर्वक अस्वीकार कर दिए जाने पर नवांगनाओं के मदन विषयावतार की रमणीयता का मन ही मन अनुभव, हस्तकंप, रसनाव्यापारलोलांगुलि,[23] स्तनों का आवरण अग्नि मित्र द्वारा आलिंगन का प्रयास, दोनों का प्रेमाभिलाष आदि सुतरां अभिव्यक्त हो रहा है, जिससे रति स्थायीभाव की परिणति श्रृंगार रस में हो रही है, जो सहृदय आर्वजक है। इस कारण यहां श्रृंगार रसौचित्य है।

विक्रमोंवशीय के तृतीय अंक में[24] उर्वशी को स्पर्श करने के भाव को रूपायित

करके उसके प्रति पुरुर्रवा की जो उत्कट प्रणय भावना निवेदित हुई है, उससे सहृदय श्लाघ्य संभोग शृंगार रस का औचित्य स्पष्टत: परिलक्षित होता है।

अभिज्ञानशाकुंतलम् में भी हम देखते हैं कि कामवशीभूता शकुंतला द्वारा अनुसूया प्रियंवदा के आने के लिए पुकारने पर राजा दुष्यंत द्वारा पहुंचकर अभिलाषपूर्वक पंखा झलने, गोद में रखकर चरण दबाने आदि के इस प्रेम निमंत्रण पर कोमल भावनाओं से उद्भुत रति भाव की शृंगार रस परिणति चित्ताकर्षक बन पड़ी है, जो शृंगार रस की उचित अभिव्यंजना का कारण बनी है।[25]

शृंगार रसौचित्य की मधुरच्छ्टा का दर्शन राजा दुष्यंत द्वारा शकुंतला से संभोगेच्छा का प्रकाशन और उसके द्वारा उस इच्छा पूर्ति के लिए अस्वीकृति में, इस प्रकार उनके रुकने और मनाने के उपक्रम में भी औचित्य परिलक्षित होता है। शकुंतला राजा के आलिंगन से छूटना चाहती है, परंतु राजा उसे छोड़ना नहीं चाहता। 'पिपासता मया'[26] से उसका अभिलाषोत्कर्ष व्यंजित हो रहा है। इस प्रकार यहां संभोग शृंगार रसौचित्य सुतरां स्पष्ट है।

ऋतुसंहार षष्ठ सर्ग वसंत वर्णन' में शृंगार रसौचित्य परिलक्षित होता है। विभ्रमपूर्ण वधू, अवदात कुन्दों से युक्त उपवन की मनोरमा शोभा मुनियों के निवृत्तराग चित्त को भी हर सकने में समर्थ हैं, तो फिर प्रेमप्रकर्ष अनुरागोत्कर्ष से लबालब युवकों के चित्त की क्या हालत होगी? यह तो सहृदय हृदयज्ञेय, अनुभवगम्य है। परंतु यहां रति भावोद्बोध ही है, शृंगार रस नहीं परंतु इसके अगले श्लोक में आलम्विहेमरसना, स्तनसक्तहारा कंदर्प-दर्प शिथिलीकृत[27] गामयष्टि वाली नारियाँ, नरों के हृदय को हठात् हर लेती हैं। इस कथन में समुचित विभावादि का संयोजन हुआ हैं। इस कारण यहां शृंगार रसौचित्य है।

मेघदूत में यक्ष द्वारा अपनी प्रिया के सादृश्य को प्रकृति के विभिन्न उपादानों यथा श्यामा लताओं में अंगों, चकितहरिणी प्रेक्षण में दृष्टि- विभ्रम, चंद्रमा में मुख प्रतिबिंब, मयूरों के वर्हभारों में उसके वेश, नदी तरंगों में विलास आदि में परिकल्पित कर देखना चाहता है। परंतु उसका सादृश्य कहीं भी मिल नहीं पाता है। तदुपरांत वह अपनी वियोगवस्था में प्रणयकुपिता प्रिया के संप्रेषणार्थ धातुराग से शिला पर प्रेम-रूप आकृति उत्कीर्ण कर उस पर अपने चरणों से अभिनंदन करना चाहता है, लेकिन तभी दुखावेग से उसके नेत्र अश्रुपूरित हो जाते हैं जिसके कारण ऐसा नहीं हो पाता है। इस वियोग-विह्वल वर्णन में विप्रलंभ शृंगार[28] की व्यंजना सुतरां होती है, जो सहृदय हृदय का आवर्जन करती है, इसी कारण यहां शृंगार रसौचित्य है।

कुमारसंभव के अष्टम सर्ग में शृंगार रस का चरमोत्कर्ष है। यद्यपि शिव पार्वती के वर्णन को आलोचकों ने अनुचित माना है, परंतु इस वर्णन में महाकवि की रसमयता को ही प्रमुखता से स्वीकार करना चाहिए। सहृदय की तरह रस का आनंद अनुभव करना चाहिए, न कि धर्म-अधर्म के फेर में पड़कर इस आनंद से वंचित होना चाहिए। इस सर्ग की श्लोक संख्या 7, 8, 9, 11, 13, 18, 19 में शृंगार रस के संभोग पक्ष का दर्शन होता है इसमें शिव-पार्वती के नयनानुराग,[29] अंशुक-हरण, अधरपान, दंतक्षत, नखक्षत,[30] काम्रक्रीड़ोपरान्त दर्पण में पार्वती द्वारा परिभोग चिन्हों को देखने, पीछे से शिव द्वारा देखकर प्रफुल्लित होने और देखकर पार्वती द्वारा लज्जा-प्रदर्शन, पार्वती का धीरे-धीरे 'ज्ञातमन्मथरसा'[31] होने पर रति-क्रीड़ा जन्य वेदना-दुख को भूलने आदि के विवेचन में शृंगार रस का औचित्य स्पष्ट रूपेण परिलक्षित होता है।

शिव द्वारा पार्वती के अधरोष्ठ चुम्बन के पश्चात् उसके शरीर से निकली सुगन्धि के घ्राणार्थ अपने नेत्र, नासिकादि को उसके शरीर बदन आदि से संसक्त होने में शृंगार रस की औचित्यपूर्ण व्यंजना होती है।[32] इसी प्रकार विवृत्तास्वादजघन, हृत-विलोचन हर ने पार्वती के अधोवस्त्र हट जाने से दिखलाई पड़ने वाले गोपनीय स्थल के अवलोकन से पुलकित और प्रफुल्लित हो रहे थे, जब पार्वती उसे छिपाना चाह रही थी तो शिव उन्हें ऐसा करने से रोक रहे थे।[33] महादेव, रात्रि को अधिक जगने से अत्यधिक कषायित (किंचित रक्तिम) लिए हुए दंतक्षत के प्रतीक अधरों वाली प्रिया पार्वती के मुख का अवलोकन कर रहे थे।[34] इन वर्णनों में संभोग शृंगार के औचित्य का सहृदय ही अनुभव कर सकता है। यह औचित्य देखते ही बनता है।

रघुवंश नवम सर्ग में भी शृंगार रस की औचित्यपूर्ण अभिव्यक्ति हुई है। प्रकृत श्लोक में 'ऋतूत्सव' और 'प्रियकंठजिघृक्षा'[35] आदि पदों से रति-भाव की मनोरम परिणति संभोग शृंगार रस में हुई है। इस कारण यहाँ शृंगार रसौचित्य है। इसी प्रकार इसके निचले श्लोक में भी 'त्यजत मानमलं बत विग्रहै'[36] से मानिनी नायिका के नायक द्वारा मनुहार करने के सहृदय द्रावक वर्णन से यहां भी संभोग शृंगार रसौचित्य के दर्शन होते हैं।

रघुवंश के चौदहवें सर्ग में शृंगार रस के औचित्य का अवलोकन होता है। राम द्वारा स्निग्ध नेत्रों से कृशाङ्गयष्टि सीता को अंक में लेकर रमणाभिलाष[37] पूछने के इस मनोरम वर्णन में शृंगार रस का औचित्य हृद्य है।

रघुवंश के उन्नीसवें सर्ग में शृंगार रस के औचित्य का निर्वाह नितरां हुआ है।

अधर चुंबन (रसनाविघट्टन)[38] क्रीड़ारत आदि पदों से संभोग रति इच्छा की व्यंजना रसिकों को आवर्जित करती है। इस प्रकार यहां भी शृंगार रसौचित्य है।

विक्रमोर्वशीयम् के चतुर्थ अंक में भी शृंगार रस का औचित्य निर्वहण हुआ है। पुरूरवा उर्वशी-वियोगानल से दग्ध है। वह कनकनिकषस्निग्धा विद्युत् में अपनी उर्वशी के दर्शन करना चाहता है। वह करुणा विगलित वचनों में अपने रम्भोरु उर्वशी के लापता हो जाने में अपना दुःखातिशय व्यक्त करता है। वह उसके होने की जगह,[39] उसकी मानसिक दशा, अपनी सामर्थ्य आदि का वर्णन मुक्तकंठेन करता है। वह अपनी अभिलषिता उर्वशी के न मिलने से अत्यधिक खिन्न और दुःखी है। यहां पर विप्रलम्भ शृंगाररस सहृदयार्जक बन पड़ा है। इस कारण यहां विप्रलम्भशृंगार रसौचित्य है। इसी प्रकार का वर्णन अगले श्लोक[40] (4/6)में भी मिलता है। यहां पर भी उर्वशी के लिए अत्यधिक विक्षिप्त व्याकुल पूरुर्वा की करुणा-कातर वाणी है, उसका दुःखावेग है। इस प्रकार यहां भी विप्रलम्भ शृंगार रसौचित्य है।

अभिज्ञानशाकुंतल के अंतिम अंक में भी शृंगार रस में औचित्य दृष्टि परिलक्षित होती है। राजा के कथन में उनके प्रिय के विरह कालीन तपस्या से समुद्भूत सात्विक रति भावों की मनोरम सहृदयावर्जक वर्णन व्यंजित होने से शृंगार रसौचित्य हैं।[41]

इसी प्रकार राजा के इस करुणार्द्र, प्रेमार्द्र सहृदय-हृदय द्रावक वर्णन से यहां भी शृंगार रसौचित्य है।[42]

करुण रस

करुण रस का लक्षण करते हुए साहित्यदर्पणकार ने कहा है कि इष्ट के नाश और अनिष्ट की प्राप्ति से करुण रस आविर्भूत होता है। यह कपोत वर्णी होता है। इस के देवता यमराज हैं। इसमें स्थायीभाव शोक होता है; और विनष्ट बंधु आदि शोचनीय व्यक्ति आलम्बन विभाव होते हैं एवम् उसका दाह कर्म आदि उद्दीपन होता है। प्रारब्ध की निंदा, भूमि पतन, रोदन, विवर्णता, उच्छ्वास, निःश्वास, स्तम्भन और प्रलाप इस रस में अनुभाव होते हैं। निर्वेद, मोह, अपस्मार, व्याधि, ग्लानि, स्मृति, श्रम, विषाद, जड़ता उन्माद और चिंता आदि व्यभिचारी भाव हैं।[43]

करुण रसौचित्य

कालिदास काव्य में यद्यपि शृंगार रस ही प्राधान्येन मुखरित है, परंतु करुण रस की करुणच्छ्टा भी देखने को मिलती है। रघुवंश के 'अज-विलाप'और कुमार संभव के 'रति विलाप' प्रसंग सहृदय हृदय द्रावक है। संस्कृत साहित्य के ये करुण-प्रसंग उसकी अमूल्य निधि है।

कुमारसंभव चतुर्थ सर्ग में त्रिनेत्र शिव द्वारा कामदेव को भस्मीभूत कर दिये जाने के पश्चात् रति जब काम सखा वसंत को देखती है, तो अपने दु:ख के आवेग के अतिशय को रोक नहीं पाती और फूट-फूट कर रोने लगती है। वह छाती पीट-पीटकर रोती है, क्योंकि यह सच है कि स्वजनों[44] को देखकर दु:ख-भाव प्रकट होने को बेचैन हो उठता है। वह अश्रुधारा के मार्ग से निकल जाना चाहता है। इस वर्णन में इष्टनाशादिजन्य शोक स्थायी भाव उचित विभावादि के संयोजन से व्यंजित होकर करुण रस में परिणित हुआ है। सहृदयवार्जक होने के कारण यहां करुण रसौचित्य हैं।

कुमारसंभव चतुर्थ सर्ग में कामदेव दहन के पश्चात् रति को अयाचित, अवांछित, अकाल, असह्य वेदनीय नव वैधव्य का स्वागत (दुरागत अर्थ में) करना पड़ा। अपने प्रिय के अत्यंत विलुप्त दर्शन को याद करते हुए वह 'अयि जीवित नाथ'[45] कहकर रुदन करने लगी। रुदन असह्य होने पर पृथ्वी पर भी लोटने लगी।[46] वह अपने दु:ख में पृथ्वी को भी सहभागिनी बना रही थी। महाकवि के इस वर्णन में व्यंजित करुण रस सहृदय-मर्मोद्रावक है। इस कारण यहां करुण रसौचित्य है।

कुमार संभव के इसी सर्ग में रति विलाप के प्रसंग में अन्यत्र भी करुण रसौचित्य के दर्शन होते हैं। अपने पति के मित्र वसंत को देखकर रति की करुणा द्विगुणित हो गई। उसने दाह-कर्म के पश्चात् कामदेव के कपोत कर्बुर भस्म[47] को इतस्तत: विकीर्ण होते हुए दिखला कर अपना दु:ख व्यक्त कर रही है। वह कामदेव के मरने के पश्चात अपनी स्थिति की तुलना दीपक की बत्ती, जो अविषह्य व्यसन में धूमित है,[48] से करती है। कवि ने रति के शोक स्थायीभाव की उचित विभावों अनुभावों का उपन्यास कर करुण रस की औचित्यपूर्ण अभिव्यक्ति कराई है। कामदेव के भस्म को कपोत कर्बुर वर्ण का बता कर करुण रस के वर्ण का भी कवि ने संकेत दिया है; जिससे से सहृदयों को रसानुभूति में और आनंद आता है।

कुमार संभव के चतुर्थ सर्ग के ही श्लोक क्रमश: 35, 36 और 37 में भी करुण रसौचित्य स्पष्ट रुप से अभिव्यक्त हुआ है। रति अपने पति कामदेव को 'सौम्य' के संबोधन से आमंत्रित कर स्वयं भी चिता में जल जाना चाहती है। इसके लिए है वह प्रणिपातांजली[49] बद्ध याचन करती है। तुम्हारे साथ मेरा जलना (तदनुत्व्लनं मद्‌र्पितं)[50] उचित होता। तदनंतर वह जलांजलि[51] की चर्चा करती है। रति का यह करुण प्रलाप सहृदय पाठक को द्रवीभूत कर देता है। यहां पर निश्चय ही करुण रसौचित्य है; क्योंकि यहां शोक स्थायीभाव का उचित विभावादि के संयोजन से रसौचित्य का आविर्भाव हुआ है।

रघुवंश के अष्टम सर्ग में अज विलाप के प्रसंग में भी करुण रस का परिपाक दृष्टिगोचर होता है। इंदुमती की मृत्यु के पश्चात राजा अज धीरज को छोड़ कर मुक्त कंठ से विलाप किए।[52] यही नहीं वह अपने भाग्य को कोसते हुए कहते हैं कि यदि यह माला जीवितपहा[53] है, अर्थात जीवन लेने वाली है, तो मुझे क्यों नहीं मार डालती? यहां राजा का विषाद, अनुभाव लक्षित होता है। राजा अज अपने को 'हतजीवित'[54] मानते हैं। वह इंदुमती के बिना अपना जीवन निष्फल और व्यर्थ मानते हैं। दृष्टांत पर दृष्टांत देते हुए वे शशि और शर्वरी की भांति अपने और इंदुमती को मानते हुए उसके साथ न मर जाने पर दुःखाधिक्य का अनुभव करते हैं, उनका आक्रोश 'कथं न मां दहेः'[55] यह सुतरां प्रकट करता है। इस प्रकार यहां राजा अज का करुणार्द्र विलाप किस सहृदय को अश्रुपूरित नेत्रों वाला न कर देगा? यहां विभावादि के उचित संयोजन से करुण रस में औचित्य का दर्शन सुतरां होता है।

रघुवंश के चौदहवें सर्ग में भी करुण रस का आविर्भाव हुआ है। सीता के अनिष्ट प्राप्ति-जन्य शोक स्थायी भाव विभाव आदि के उचित संयोजन से करुण रस में परिणत हुआ है। विग्न कुररी के समान सीता मुक्त कंठों से दहाड़ मारकर रोने लगी। यह मार्मिक वर्णन किस सहृदय को करुणार्द्र न कर देगा।[56] यहां करुण रस का औचित्य सुतरां विलोकनीय है।

इसी प्रकार अन्यत्र भी कवि ने ब्राह्मण द्वारा अपने अकालकवलित शिशुशव को अंक में उतार कर शय्या पर राजा के सम्मुख ले जाकर करुण क्रंदन करने के वर्णन में भी महाकवि ने करुण रस का औचित्यपूर्ण विधान किया है।[57]

अभिज्ञानशाकुन्तल के चतुर्थ अंक में शकुंतला की विदाई के समय कण्व वचन में यद्यपि इष्टनाश या अनिष्ट प्राप्ति जन्य शोक नहीं है। अपितु प्रिय वियोगजन्य शोक है, जो स्तंभ अनुभाव, निर्वेद, मोह, ग्लानि, स्मृति, श्रम विषाद, जड़ता, चिंतादि व्यभिचारी भावों से स्फुटतया व्यंजित हैं। इन्हीं से उपवृंहित करुण रस का औचित्य सुतरां दृष्टव्य है।

हास्य रस

अथ हास्यः-

विकृताकारवाग्वेष्टादेः कुहकाद् भवेत्।
हास्यो हास स्थायिभावः श्वेतः प्रमथ दैवतः।।
विकृताकारवाक्चेष्टं यमालोक्यहसेज्जनः।
तदत्रालम्बनं प्राहुस्तच्चेष्टोद्दीपनं मतम्।।

अनुभावोऽक्षिसंकोचवदनस्मेरेतादयः ।
निद्रालस्यावहित्थाद्य अत्र स्युर्व्यभिचारिणः ।।

–सा. द./3– 214, 215, 216पृ.115

सहायान्तरमाह–

एक विद्यो विटश्चान्यो हास्यकृच्च विदूषकः।

अवलोक टीका 'हास्यकारी विदूषकः, अस्य विकृताकार वेषादित्वं हास्य कारित्वेन लभ्यते। –दशरूपक द्वितीय प्रकाश, पृष्ठ–93

विदूषक नाटक का मजाकिया पात्र होता है। विदूषक के अजीब तरह के आकार व वेशभूषा हास्य पैदा करने वाले हैं।

विकृत आकार, वाणी, वेष, चेष्या आदि के नाट्य से हास्यरस का आविर्भाव होता है। इसका स्थायी भाव 'हास' है। वर्ण शुक्ल औरअधिष्ठातृ देवता प्रमथ (शिवगण) हैं। जिसका विकृत आकृति, वाणी, वेष तथा चेष्या आदि को देखकर लोग हँसे, वह यहाँ आलम्बन और उसकी चेष्या आदि उद्दीपन विभाव होता है। नयनों का मुकुलित होना और वदन का विकसित होना, इस रस के अनुभाव होते हैं। निद्रा, आलस्य और अवहित्था आदि इसके संचारी भाव होते हैं।

हास्य रसौचित्य

महाकवि कालिदास के काव्यों में हास्य रसौचित्य प्रायः नाटकों में ही परिलक्षित होता है। काव्य में हास्य रस सहृदय हृदय को आवर्जित करने में असमर्थ-सा दिखाई पड़ता है। उसमें महाकवि की प्रतिभा की ओजस्विता और तेजस्विता के सुपरिचित तेवर देखने को नहीं मिलते। नाटकों में भी विदूषक के माध्यम से कवि ने हास्य-रस की अभिव्यक्ति करायी है। विदूषक न तो उत्तम पात्र में आता है और न ही अधम पात्र में। इसकी गणना मध्यम पात्र में होती है।

कालिदास के मालविकाग्निमित्र में अग्निमित्र का प्रणय-व्यापार विदूषक की अपूर्वनिर्माणक्षमा प्रज्ञा से ही गति पाता है।

मालविकाग्नि के दूसरे अंक में विदूषक मालविका को जब राजा का कंगन पुरस्कार स्वरूप देना चाहता है तब देवी धारिणी साश्चर्य पूछती है–

देवी–तिष्ठ तावत्। गुणान्तरम् अजानन् किन्निमित्तं त्वमाभरणं ददासि?

विदूषक–परकीयम् इति कृत्वा।

विदूषक के इस उत्तर पर सहृदय अपनी हंसी रोक नहीं पाता है। वस्तुतः यहां विदूषक का हास्य व्यापार उसकी मूर्खता को ध्वनित नहीं करता है, बल्कि उसके बुद्धिनैपुण्य, प्रत्युत्पन्नमतित्व को ही व्यंजित करता है। यहां पर हास्य रसौचित्य माना जा सकता है।

तृतीय अंक में भी प्रमद-वन में मालविका के साथ अग्निमित्र को बातचीत करते देखकर इरावती जब अपने क्रोध का प्रदर्शन करती है। उस समय भी विदूषक राजा को कुछ उत्तर देने के लिए कहता है–

विदूषक–भोः प्रतिपद्यस्व किमप्युत्तरम। कर्मगृहीतेनापि कुम्भीलकेन संधिच्छेदे शिक्षितोऽस्मि इति वक्तव्यं भवति।[60]

विदूषक का उक्त निर्देश विपत्ति में फंसे राजा को केवल बचाता ही नहीं अपितु दर्शकों का भी प्रचुर मनोरंजन भी करता है। यहां हास्य रसौचित्य दर्शनीय है।

पाँचवें अंक में पुत्र विजय के अवसर पर देवी धारिणी अपने पति के लिए मालविका को उपहार स्वरूप देना चाहती है। उस समय अग्निमित्र को लज्जित देखकर विदूषक का निम्नोक्त कथन हास्य-रस उत्पन्न करता है-धारिणी किमव धीरयति आर्यपुत्र?

विदूषक–भवति एष लोकव्यापारः। सर्वो नववरो लज्जातुरो भवतीति।[61]

यहां मालविका को तो 'नव-वधू' कहना उचित है, लेकिन बहुवल्लभ अग्नि मित्र को कैसे 'नव-वर' की संज्ञा से अभिहित किया जा सकता है? कैसे उसे 'लज्जातुर वर' कहा जा सकता है? इस प्रकार अग्निमित्र को 'नववर' कहने की विदूषक की शैली हास्य रस का मनोरम आधान करती है। इसी कारण यहां भी हास्य रसौचित्य सुस्पष्ट है।

विक्रमोर्वशीय त्रोटक के दूसरे अंक में तो विदूषक भोजनभट्ट के रूप में ही दृष्टिगत होता है। उर्वशी के विरह में कातर पुरुर्वा की उत्कण्ठा के विनोदनार्थ वह उसे रसोई घर ही ले जाना चाहता है। राजा के यह पूछने पर की रसोई घर में क्या है? वह उत्तर देता है–

"तत्र पंचविधस्याभ्यवहारस्य उपनतसंभारस्य योजनां प्रेक्षमाणाभ्यां शक्यमुत्कण्ठाविनोदयितुम्"[62]

यहां भी विदूषक के प्रियजनविरह के विनोदनार्थ महानस में पंच विध भोजन-प्रेक्षण की उक्ति से सुमधुर हास्य रस की ही प्रतीति होती है, क्योंकि कहाँ तो विरहियों के

लिए प्रेयसीप्रेक्षण की बात और कहां पंचविध भोजन प्रेक्षण? इसे सुनकर दर्शकों की हंसी रुकेगी क्या? यहां भी हास्य रसौचित्य है।

और भी, दूसरे अंक में जब पुरुरवा उर्वशी के प्रणय की सूचना देने वाले भूर्जपत्र को प्राप्त करता है तब विदूषक का भूर्ज पत्र की उपमा में यह कहना कि दिष्ट्या मया बुभुक्षितेन स्वस्तिवाचनमिव उपलब्धं भवतोत्कंठितेन समाश्वासनम्।[63]

यहां विदूषक द्वारा हर बात में हर समय भोजन की परिकल्पना से हास्य निर्झरिणी नहीं फूटेगी तो क्या होगी? यहां भी हास्यरसौचित्य द्रष्टव्य है।

विक्रमोर्वशीय के तीसरे अंक में विदूषक का पुरुरवा से यह कहना कि जैसे आप विरह में उर्वशी के नाम-संकीर्तन में भी संतुष्ट नहीं हो जाते हैं, उसी प्रकार मैं भी जब मिष्ट हरिणी के मांस का भोजन नहीं कर पाता तब उसके नाम-संकीर्तन से अपने को आश्वस्त कर लेता हूँ। उसका यह कथन भी हँसी की फुलझड़ियाँ छोड़ता ही चला जाता है। दर्शकों का भरपूर मनोरंजन करने के कारण हास्य-रसौचित्य का दर्शन भी किया जा सकता है।

इसी अंक में विदूषक की स्वर्ग की अनोखी परिकल्पना भी हास्य रसौचित्योत्पादक है।

विदूषक –किं वा स्वर्गे स्मर्त्तव्यम्?

न वा तत्र अश्यते न वा पीयते। केवलम् अनिमिषनयनैः मीनाः विडम्ब्यन्ते।[64]

विक्रमोर्वशीय के पांचवें अंक में भी जब पुरुर्वा अपने पुत्र आयुष से विदूषक को प्रणाम करने के लिए कहता हैं। तब वह अपने शरीर की समता शाखामृग से करता है–

राजा–वत्स, इतस्तवपितुप्रियसखम्। ब्राह्मण–अशंकितो वन्दस्व। विदूषक–किमिति शंकिष्यत। नन्वाश्रमवास परिचित एव शाखामृगः।[65]

यहां भी हास्य रस की महाकवि ने हृद्य-सर्जना की हैं, क्योंकि कोई भी सहृदय विदूषक की उक्ति सुनकर हंसे हुए बिना नहीं रह पाएगा।

अभिज्ञानशाकुंतल में विदूषक हास्य-रस के सर्जक रूप में परिलक्षित होता है।

विदूषक–तेन हि लघु परित्रायतामेनां भवान्। मा कस्यापि तपस्विन इंगुदी तैलचिक्कणशीर्षस्य हस्ते पतिष्यति।[66]

इस प्रसंग में विदूषक के इस कथन कि शकुंतला कहीं किसी गँवार ब्रह्मचारी के पल्ले न पड़ जाय से हास्य रसौचित्य का आधान हो जाता है।

वीर रस-

अथ वीरः

उत्तम प्रकृति वीर उत्साहस्थायिभावकः।
महेन्द्रदैवतो हेमवर्णोऽयं समुदाहृतः।।
आलम्बनविभावास्तु विजेतव्यादयो मताः।
विजेतव्यादिचेष्टाद्या स्तस्योद्दीपनरुपिणः।
अनुभावस्यु तत्र स्युःसहायान्वेषणादय।।
संचारिणस्तु धृतिमतिगर्वस्मृतितर्करोमांचाः।
स च दानधर्म युद्धैर्दयया च समन्वितश्चतुर्धा स्यात्।।

–सा. द. 13/232, 233, 234, पृ. 118

उत्तम पात्र (रामादि) में आश्रित वीर रस होता है। इसका स्थायी भाव उत्साह देवता महेंद्र और रंग स्वर्ण के सदृश होता है। उसमें जीतने योग्य रावणादि आलम्बन विभाव होते हैं और उनकी चेष्टा उद्दीपन विभाव होते हैं। युद्ध के सहायक (धनुष आदि या सैन्य आदि) का अन्वेषण आदि इसका अनुभाव है। धैर्य, मति, गर्व, स्मृति, तर्क, रोमांच आदि इसके संचारी भाव हैं। दानवीर, कर्मवीर, दयावीर और युद्धवीर ये चार प्रकार के वीर होते हैं। दानवीर का उदाहरण परशुराम, धर्मवीर का युधिष्ठर, युद्धवीर का श्रीरामचंद्र और दया वीर का जीमूतवाहन आदि दिया गया है।

वीर रसौचित्य

कालिदास काव्य परिशीलन से उसमें वीर रस का भी दर्शन होता है। परंतु उसमें ओजोगुण विशिष्ट उत्साह भाव–प्रज्वलनशीलता नहीं है। उसका वीर रस भी सुकोमल–सुकुमार भावनोपेत ही अधिक है, कठोरता और क्रूरतापूर्ण कम है। कालिदासीय युद्ध वर्णनों में शूरों की हुङ्कार और शेरों की दहाड़ तथा शास्त्रों की झनकार युक्त औचित्यावह दर्शन बहुत कम होते हैं। कालिदास ने युद्धवीर रसौचित्योपेत वर्णनोपन्यास की जगह दयावीर रसौचित्य का वर्णन ही प्राचुर्येण किया है। इन वर्णनों के पीछे महाकवि की शृंगार प्रभावप्रवणता ही मुख्य प्रेरणा होती है। इनके युद्ध वर्णनों में भी शृंगार कल्पना बाहुल्य का दर्शन होता है। भवभूति और कालिदास की कठोरता और ओजोगुण विद्यमानता की तुलना करने पर पाया जाता है कि कालिदास भवभूति की स्वाभाविक कठोरता गुण की गहराई और ऊंचाई को प्राप्त नहीं कर सके हैं। उनका जीवन संबंधी दृष्टिकोण कोमल भावनाओं का ही संस्पर्श करता है। उनकी कविता परिष्कृत और संवेद्य है।

मेघदूत में मेघ दानवीर का प्रतिनिधित्व करता है। वह संतप्तों को शरण देने वाला[67] जातकों का तृषाहर है। वंध्यात्व का अपहर्त्ता है। मानव जाति के जीवन धारण के लिए जल देने वाला है। इन वर्णनों में दयावीर रसौचित्य सुतरां दृष्टिगत होता है।

कुमारसंभव में शंकर धर्मवीर के अप्रतिम निदर्शन हैं। कुमार संभव के तृतीय सर्ग में पर्यंकबन्धस्थिरपूर्वकाय[68], विरतप्रसंग, नेत्रैरविस्पन्दितपक्ष्ममाल[69], नवद्वारनिषिद्धवृत्ति[70] आदि श्लोकों में धर्मवीराख्य रसौचित्य का दर्शन होता है।

युद्धवीर रसौचित्य का दर्शन रघुवंश में इंद्र को अश्वमेध यज्ञ प्रसंग में ललकारने वाले कथन में किया जा सकता है। 'गृहाण शस्त्रं' में उत्साह स्थायी भाव अपने प्रकर्ष को प्राप्त कर युद्धवीररस की सृष्टि कर रहा है। सहृदय श्लाघ्य होने के कारण यहां युद्धवीर रसौचित्य है।

सप्तम सर्ग में अज द्वारा राजाओं के आक्रमण को विफल करने वाले प्रसंग में अज द्वारा विद्वेषी राजाओं को मारने के लिए चापाकर्षण, लौहिस्तोष्ठदशन, भृकुटि भंग भालादि शस्त्रों से शिरसमुन्मूलन आदि अनुभावों से उत्साह स्थायी भाव का समुच्चय रूप वीर रस में परिणित होता है। यहाँ युद्ध वीर रसौचित्य सुतरां द्रष्टव्य है।[71]

शाकुन्तल के छठें अंक में भी युद्धवीर रसौचित्य के दर्शन होते हैं। प्रियतमा विरहित दुष्यन्त को देखकर इन्द्र सारथि मातलि उसके क्रोध उद्दपीनार्थ राजा के प्रिय मित्र विदूषक का गला पकड़ लेता है। विदूषक राजा से मातलि के इस आक्रमण से बचाने के लिए कहता है। दुष्यन्त न तो विदूषक को देखता है और न ही आक्रमणकारी को, किन्तु अत्यधिक क्रोध में कहता है, राजा भोस्तिरस्करिणी गर्वित! मदीयं शस्त्रं त्वां द्रक्ष्यति। एषं तमिषुसंदधे–

यो हनिष्यति बध्यं त्वां रक्ष्यं रक्षिष्यति द्विजम्।[72]

राजा के कथन और प्रकृत श्लोक में 'भोस्तिरस्करिणी गर्वित' और 'यो वक्ष्यं हनिष्यति' आदि पदों से राजा की क्रोधदीप्ति प्रकर्षित परिलक्षित होती है। इस कारण यहाँ युद्धवीर रसौचित्य है।

दयावीराख्य वीररसौचित्य का उपन्यास महाकवि कालिदास की कृति रघुवंश महाकाव्य में राजा दिलीप के चरित्र के माध्यम से हुआ है। गुरु वशिष्ठ की धेनु नन्दिनी की रक्षा के लिए प्रथमतः युद्धवीरोचित प्रदर्शन के पश्चात् उसकी प्राण रक्षा इस रुप से न होता देखकर अपना शरीर भी बलिदान करने[73] तक को तैयार हो गए।

इस प्रकार देहार्पण से परप्राणरक्षा की भावनापरक उत्साह स्थायी भाव से युक्त दयावीराख्य वीररसौचित्य सहृदयों के हृदय को बरबस ही मोह लेता है, हठात् आवर्जित करता है।

राजा अज द्वारा यज्ञ में राजाओं के प्राण न लेकर उनके प्रति दया भाव दिखलाने का मर्मस्पर्शी वर्णन भी दयावीराख्य वीररसौचित्य का समुचित उपन्यास करता है।

रघु के नवें सर्ग में मृगयाविहारी राजा दशरथ द्वारा भयकंपिता हरिणी की सजल, दया की भीख माँगती, दृष्टि की भावना को पढ़कर लक्ष्यीकृत हरिणी को न मारना[74] इस प्रकार दया दिखलाने वाला मर्मान्तक श्लोक भी दयावीराख्य वीररसौचित्य का उपन्यास है।

भयानक रस

साहित्यदर्पणकार ने भयानक रस का लक्षण करते हुए कहा है– भयानक रस का स्थायी भाव भय है। देवता काल, वर्ण कृष्ण और उनके आश्रय पात्र स्त्री तथा पुरुष आदि होते हैं। जिससे भय उत्पन्न हो वह (सिंहादि) इसमें 'आलम्बन' और उसकी चेष्टाएं उद्दीपन मानी जाती है। विवर्णता, गद्गद् भाषण, प्रलय(मूर्च्छा) स्वेद, रोमांच, कम्प और इधर-उधर देखना आदि इसके अनुभाव होते हैं। जुगुप्सा, आवेग, मोह, त्रास, ग्लानि, दीनता, शंका, अपस्मार, सम्भ्रम तथा मृत्यु आदि इसके व्यभिचारी भाव होते हैं।[75]

भयानक रसौचित्य

ऋतुसंहार में भयानक रसौचित्य का दर्शन 'ग्रीष्म ऋतु वर्णनम्' प्रथम सर्ग में होता है। गर्मी की प्रचण्डता से विपन्न मीन, द्रुत भीत सारसों[76] द्वारा सरोवर सान्दुविमर्दकर्दमित करने के वर्णन में भयानक रसौचित्य सुस्पष्ट है। इसी प्रकार इसी सर्ग के श्लोक 22 और 26 में भयानक रस का औचित्य दृष्टिगत होता है। 'परुषपवनवेगोत्क्षिप्तसंशुष्कपर्ण' दिनकरपरितापक्षीणतोय वनान्तों के देखने से भयोत्पत्ति वर्णन में भयानक रस सहृदयों को आवर्जित करता है। श्लोक 26 में भी हम देखते हैं, कि द्रुम-कोटरों में कनकगौरों का स्फुरण भी भयसर्जक है। यहाँ भी औचित्य है।

कुमारसंभवम् के तृतीय सर्ग में मदन दहन के प्रसंग में शिव के तृतीय नेत्र का खुलने वाला प्रसंग भयानक रसौचित्य का आधान करता है। शंकर के त्रिनेत्र से क्रोध-किरणों का निकलना, देवताओं का आक्रन्दन और शिव द्वारा मदन का भस्मीकरण विभावादि भय स्थायी भाव की पुष्टि सुतरां होकर भयानक रस व्यंजित होता है। जो सहृदय-द्रावक है।[77] यहाँ भी औचित्य है।

रघुवंश में भयानक रस की सहृदय आवर्जकता युद्धादि वर्णनों में भी परिलक्षित होती है। कुम्भोदर नामक सिंह से आक्रान्त नन्दिनी जब कातर दृष्टि से राजा दिलीप को देखती है। वहाँ पर भयानक रस के औचित्य का अवलोकन किया जा सकता है। 'तदीयमाक्रन्दितमार्तसाधोर्गुहानिबद्धप्रतिशब्ददीर्घम्'[78] ध्वनि श्रवण से भयोत्पत्ति सुतरां होती है। यह सहृदय आवर्जक है। तीसरे सर्ग में भी पुरंदर प्रोक्त कथन के 'भीमासुरशोणितोचित' 'मनुष्यशोणित'[79] आदि से भयानक रस व्यंजित होता है। इसी प्रकार रघुवंश के पाचवें सर्ग में विदर्भ देश के प्रति प्रयाणोन्मुख अज द्वारा नर्मदा नदी के तट पर उन्मत्त हाथी को देखे जाने के दृश्य से उत्पन्न भय नामक स्थायीभाव भयानक रस का सुन्दर उपन्यास करता है।

रघुवंश के नवें सर्ग में राजा दशरथ के मृगया वर्णन प्रसंग में भी राजा द्वारा तर्कस से धनुष खींचने से भयाक्रान्त कृष्णसारों[80] के वर्णन में भी भयानक रस का उचित समावेश हुआ है। एकादश सर्ग में भी ताड़का वध वर्णन के प्रसंग में भयानक रस का समुचित उपन्यास महाकवि ने किया है।[81]

'मालविकाग्निमित्रम्' के पाचवें अंक में पुत्रविजय से हर्षित धारिणी द्वारा मालविका को अग्निमित्र को समर्पित किए जाने और तदनन्तर ही परिचयात्मक कथन में भी भयानक रस का समुचित उपन्यास हुआ है।[82]

विक्रमोर्वशीयम् में नान्दी के पश्चात् प्रस्तावना में आर्त्त कुररियों का आकाश में शब्द सुनकर सूत्रधार के कथन में 'वन्दीकृता विबुधशत्रुभिरर्धमार्गे' 'क्रन्दत्यत: करुणम्'[83] आदि से भयानक रस का औचित्य सुतरां दृष्टिगत होता है।

'विक्रमोर्वशीयम्' के द्वितीय अंक की समाप्ति पर राजा पुरूर्वा द्वारा सूर्यातप के दाहातिशय्य वर्णन में भी भयानक रसौचित्य दिखलाई पड़ता है। इसमें 'तप्तं वारि विहायतीरनलिनी' कारण्डव: सेवत 'पञ्जरशुक जलं याचते'[84] पद गर्मी की भयावहता को सुतरां अभिव्यक्त करते हैं।

अभिज्ञानशाकुन्तल के प्रथमांक में मृगानुसारी सशरचापहस्त राजा दुष्यन्त के भय से पलायमान मृग के तीव्र वेग में 'शरपतनभयाद्' और दर्भैरर्धावलीढै: 'श्रम विवृत्तमुखभ्रंशिभि: कोर्णवर्त्मा'' 'पश्यादेग्रप्लुतत्वात्' पदों से भयानक रस की व्यंजना सहृदय-आवर्जक बन पड़ी है।[85] इसी प्रकार तृतीय अंक में नेपथ्य में राजा को संबोधित करके कहे गए वचनों में 'सायंतने' 'हुताशनवतीं वेदीम्' भयमादधाना: छाया: 'पिशिताशनानाम्' संध्यापयोदकपिशा:[86] आदि पदों से भयाकर रस की व्यंजना मनोरम हुई है।

वीभत्स रस

अथ वीभत्सः

जुगुप्सा स्थायिभावस्तु बीभत्सः कथ्यते रसः।
नीलवर्णो महाकाल दैवतोऽयमुदाहृतः।।
दुर्गन्धमांसरुधिरमेदास्यलम्बनं मतम्।
तत्रैव कृमिपाताद्यमुद्दीपनमुदाहृतम्।।
निष्ठीबनास्यवलननेत्रसंकोचनायः ।
अनुभावास्तत्र मतास्तथा स्युर्व्यभिचारिणः।
मोहोऽपस्मारआवेगो व्याधिश्च मरणादयः।।

–सा. द. 3/239, 240, 241 p. 120

वीभत्स रस का स्थायी भाव जुगुप्सा (घृणा), वर्ण नील और देवता महाकाल है। दुर्गन्धयुक्त मांस, रुधिर, चर्बी आदि इसके आलम्बन होते हैं और उन्हीं में कीड़े पड़ जाना आदि उद्दीपन होता है। थूकना, मुँह फेर लेना, आँख मीचना आदि इसके अनुभाव होते हैं। मोह, अपस्मार, आवेग, व्याधि, और मरण आदि इसके व्यभिचारी भाव होते हैं।

वीभत्स रसौचित्य

काव्यशास्त्र–मर्मज्ञों ने वीभत्स रस को 'जुगुप्सा' स्थायी भावात्मक और नीलवर्णात्मक कहा है।

रघुवंश महाकाव्य में यद्यपि वीर रस की ही प्रधानता परिलक्षित होती है; तथापि युद्ध वर्णन के प्रसंग में ही वीभत्स रस की भी व्यंजना हुई है।

इन्दुमती के स्वयंवर के पश्चात् विदर्भोन्मुख राजा अज के साथ ईर्ष्यापरायण अन्य राजाओं के साथ हुए युद्ध में कटे हुए सिरों, रुधिरप्रवाह, पक्षियों द्वारा मृत शरीरों के मांस भक्षणादि से वीभत्स रस की बड़ी मार्मिक अभिव्यक्ति कविनिबद्ध श्लोकों में हुई है।

रघुवंश के सातवें सर्ग में श्येननखाग्रकोटिव्यासक्तकेशानि 'बृहत्सु दन्तेष्वसिभिः पतद्भिः' 'शिलीमुखीत्कृतशिरफलाढ्या'[87] उपान्तयोनिर्निष्कुषितविहगैः 'केयूर–कोटिक्षततालुदेशा' पिशितप्रियापि[88] 'भुजच्छेद्म' द्विषत्खड्गहतोत्माङ्ग[89] आदि पद विभावादि के उचित प्रयोग के निदर्शन है, जिनसे परिपुष्ट होकर भयानक रस औचित्यावह हुआ है, जिसके प्रमाण सहृदय हृदय हैं।

रघुवंश के एकादश सर्ग में ताड़का-वध वर्णन के प्रसंग में कविउपात्त श्लोकों में भी वीभत्स रस अभिव्यंजित हुआ है।

उपर्युक्त पर्यालोचन से स्पष्ट है। कि कालिदास द्वारा वर्ण्य विषय के अनुकूल वीभत्स रसौचित्य परिलक्षित होता है, इसमें सन्देह नहीं।

अद्भुत रस

अथ अद्भुतः

अद्भुतो विस्मयस्थायिभावो गन्धर्वदैवतः।
पीतवर्णो वस्तु लोकातिगमालम्बनं मतम्।।
गुणानां तस्य महिमा भवेदुद्दीपनं पुनः।
स्तम्भः स्वेदोऽथ रोमांचगद्गदस्वरसंभ्रमाः।।
तथा नेत्रविकासाद्या अनुभावाः प्रकीर्त्तिताः।
वितर्कावेगसम्भ्रान्तिहर्षाद्या व्यभिचारिणः।।

–सा. द. 3/242, 243, 244 p.120–21

अद्भत रस का स्थायी भाव 'विस्मय', देवता गन्धर्व और वर्ण पीत है। अलौकिक वस्तु इनका 'आलम्बन' और उसके गुणों का वर्णन उद्दीपन होता है। स्तम्भ, स्वेद, रोंमाच, गद्गद स्वर, सम्भ्रम और नेत्र विकास आदि इसके अनुभाव हैं। वितर्क, आवेग, भ्रान्ति, हर्ष आदि इसके व्यभिचारी भाव हैं।

अद्भुत रसौचित्य

कालिदास काव्य में अद्भुत रस का भी उचित निर्वहण परिलक्षित होता है। कुमारसंभव के छठें सर्ग में पार्वती के साथ पाणिग्रहण की इच्छा से स्मर द्वारा कृत स्मरणात्मक वर्णन में अद्भुत रस की व्यंजना हुई है। इसमें ऋषीञ्ज्योर्मयान प्रभामण्डलैः[90] पदों से इसकी परिपुष्टि होती है।

रघुवंश के द्वितीय सर्ग में नन्दिनी की रक्षा में दिलीप द्वारा अपने तर्कस द्वारा तीर निकालने के समय अदृश्य शक्ति द्वारा उनके हाथ को वैसा करने से रोक दिए जाने तथा सिंह का मनुष्य की वाणी में बोलना[91] आदिवर्णनों में अद्भुत रसौचित्य का उपन्यास हुआ है।

वस्तुतः रघुवंशी राजाओं का चरित्र ही विस्मयोत्पादक है। अतएव कालिदास ने रघुवंश में अद्भुत रस का औचित्यपूर्ण आह्लादक प्रयोग किया है। प्रातः प्रयाणाभिमुख रघु के आक्रमण से भयभीत कुबेर द्वारा रघु के खजाने में विस्मयकारी हिरण्यवृष्टि[92] के वर्णन में कवि ने अद्भुत रस का समुचित निर्वाह किया है।

इन्दुमती-स्वयंवर में जा रहे अज जब नर्मदा नदी के किनारे स्नान कर रहे थे; तभी एक उन्मत्त हाथी सहसा प्रकट होकर अज की सेना की ओर प्रयाण किया तब अज द्वारा उस पर बाण-प्रहार किए जाने पर वह सुन्दर देवता के रुप में परिणत हो गया।[93] इस वर्णन में भी अद्‌भुत रस का उचित निर्वाह हुआ है।

मालिविकाग्निमित्र नाटक के प्रथम अंक में भी नाट्याचार्य हरदत्त द्वारा अग्निमित्र को देखकर उसके व्यक्तित्व से प्रभावित होकर इस कथन में भी अद्‌भुत रस का सन्निवेश हुआ है।

हरदत्त–महत्खलु पुरुषाकारमिदं ज्योतिः।

तथाहि– द्वारे ....प्रतिवारितोऽस्ति।[94]

विक्रमोर्वशीय त्रोटक के प्रथम अंक में भी गन्धर्वराज चित्ररथ के रथ वेग से विस्मित सूत द्वारा पुरुर्वा से निम्न कथन में भी अद्‌भुत रस का उचित निर्वाह हुआ है। "अयं च गगनो......तोयदः।"[95]

शाकुन्तल के सातवें अंक में देवराज सारथि द्वारा दुष्यन्त के स्वर्गपर्यन्त श्रूयमाण यश के वर्णन प्रसंग में भी अद्‌भुत रस की मनोरम व्यंजना हुई है।

"विच्छित्ति शेषैः.......त्वच्चरितं लिखन्ति।"[96]

इसी अंक में मारीच आश्रम में पहुँचकर राजा कह उठता है–

राजा–ननु विस्मयादवलोकयामि।

प्राणाननिमेव............तपस्यन्त्यमी।[97]

दुष्यन्त के इस कथन में अद्‌भुत रस का समुचित अभिव्यंजन हुआ है।

शान्त रस

अथः शान्तः

शान्तः शमस्थायिभाव उत्तमप्रकृतिर्मतः।
कुन्देन्दुसुन्दरच्छायः श्रीनारायणदैवतः।।
अनित्यत्वादिनाद्रवशेषवस्तुनिःसारता तु या।
परमात्मस्वरुपं वा तस्यालम्बनमिष्यते।।
पुण्याश्रमहरिक्षेत्रतीर्थरम्यवनादयः ।
महापुरुषसंगाद्यास्तस्योद्दीपनरुपिणः ।
रोमांचाद्याश्चानुभावास्तथा स्युर्व्यभिचारिणः।
निर्वेदहर्षस्मरणमतिभूतदयादयः ।।

–सा. द. 3/245, 246, 247, 248 p. 121

शान्त रस का स्थायी भाव शम, आश्रय उत्तम पात्र, वर्ण कुन्द पुष्प तथा चन्द्रमा आदि के समान सुन्दर शुक्ल और देवता भगवान लक्ष्मीनारायण है। अनित्यत्व, दु:खमयत्व आदि रुप से संपूर्ण संसार की असारता का ज्ञान अथवा परमात्मा का स्वरूप इस रस में आलम्बन होता है। ऋषि आदिकों, पवित्र आश्रम, हरिद्वार आदि पवित्र तीर्थ, रमणीय एकान्तवन तथा महात्माओं का संग आदि 'उद्दीपन' विभाव होते हैं। निर्वेद, हर्ष, स्मरण, मति और प्राणियों पर दया आदि इसके संचारी भाव होते हैं।

शान्त रसौचित्य

महाकवि कालिदास के काव्यों में जिस तरह शृंगारेतर अन्य रसों का दर्शन होता है, उसी प्रकार शान्त रस का भी।

कुमारसंभव महाकाव्य के पाँचवें सर्ग में तपस्या-निरत पार्वती के दर्शन के लिए देवताओं और ऋषियों के पहुँचने के वर्णन में पवित्र भाव-भूमि की अवतारणा करने वाले मार्मिक श्लोकों के समुचित विन्यास से महाकवि ने शान्त रस को समुचित व्यंजित कराया है। इसमें 'कृताभिषेकां'[98] 'हुतजातवेदसं विरोधिसत्वोज्झितपूर्वमत्सरं' 'नवोटजाभ्यन्तरसंभृतानलतपोवनं' आदि पदों से शम स्थायी भाव तथा 'पुण्याश्रमहरिक्षेम' तीर्थरम्य वनादि 'उद्दीपनादि भावादि' से शान्त रस व्यंजित हुआ है। यहाँ पर शान्त रसौचित्य सुतरां अवलोकनीय है।

रघुवंश प्रथम सर्ग में वशिष्ठाश्रम के पवित्र वातावरण की अनुभूति करानेवाले श्लोकों में 'समित्कुशफलाहरै:' 'पूर्यमाणभट्टश्चाग्नि' प्रत्यूद्यातैस्तपस्विभि: 'आकीर्णऋषिपत्नीनाम मुनिकन्याभि:' आश्रमोन्मुखान् पुनानं पवनोद्धतैर्धूमैराहुति गन्धिभि:'[99] आदि पदों से पवित्र वातावरण की अनुभूति होती है। इन उचित विभावादि से शम स्थायिभाव सम्यक् रूप से शान्त रस में परिणत होता है। इसी कारण यहाँ शान्त रसौचित्य है।

अभिज्ञानशाकुन्तल में शान्त रस का औचित्य उसके आश्रम वर्णनों के अनुशीलन में परिलक्षित होता है। शाकुन्तल का प्रथम, द्वितीय, तृतीय और चतुर्थ अंक में कण्वाश्रम तथा सातवें अंक मारीच-आश्रम के महिमा-मण्डन से मण्डित है। इन आश्रम वर्णनों में निहित भावभूमि शान्त रस की अभिव्यंजना में अत्यधिक रूप से सहायक हुई है। उसने शान्त रस के उद्दीपन और आलम्बन दोनों ही रूपों में काम किया है।

अभिज्ञानशाकुन्तल के प्रथम अंक में राजा दुष्यन्त के कण्वाश्रम में पहुँचकर इस कथन में-

नीवाराः.........रेखाकिंता"[100] में 'वल्कलशिखानिष्यन्द' तथा 'शुक गर्भकोटरमुखभ्रष्टास्तरुणामधः नीवाराः' पदों से आश्रम की परम शान्तिमय नीरवता, पवित्र निश्छलता की व्यंजना शम स्थायि भाव को सुष्ठुतया शान्त रस में परिणत कर दिया है, जो सहृदय-आवर्जक है।

शाकुन्तल के सप्तम अंक में मारीचश्रम में अवस्थित महर्षि मारीच के तपोनिष्ठत्व के विषय में मातलि के कथन[101] में भी शान्त रस का औचित्यपूर्ण निर्वहण हुआ है।

इसी अंक के अन्तिम श्लोक में मारीचाश्रम में राजा दुष्यन्त अपनी पत्नी शकुन्तला और पुत्र भरत को पाकर अत्यन्त कृतकृत्यता और धन्यता का अनुभव करता है, तो महर्षि मारीच द्वारा उससे यह पूछे जाने पर कि मैं और क्या प्रिय करुं? इस पर दुष्यन्त का कथन भी शान्तरस का औचित्यमय विधान करता है। 'ममापि न क्षपयतु नीललोहितः, पुनर्भवं परिगतशक्तिरात्मभूः'[102] परमशान्ति की पवित्र भावना उत्पन्न करने वाले इन पदों से 'शम' स्थायी भाव तथा विभावादि से संयुक्त होकर शान्त रसौचित्य का आधान करता है।

वात्सल्य रस

अथ (मुनीन्द्रसंमतो)वत्सलः-

स्फुट चमत्कारितया वत्सलं च रसं विदुः।
स्थायी वत्सलतास्नेहः पुत्राद्यलम्बनं मतम्।।
उद्दीपनानि तच्चेष्टा विद्याशौर्यदयादयः।
आलिंगनांगसंस्पर्श शिरश्चुम्बनमीक्षणम्।।
पुलकानन्दवाष्पाद्या अनुभावाः प्रकीर्त्तिताः।
संचारिणोऽनिष्टशंकाहर्षगर्वादयो मताः।
पद्मगर्भच्छवि वर्णो दैवतं लोकमातरः।।

-सा. द. 3/251, 252, 253, p. 123

प्रकटचमत्कारकारक होने के कारण कोई-कोई वत्सल रस भी मानते हैं। इसमें 'वात्सल्य-स्नेह' स्थायी भाव होता है। पुत्रादि इसका आलम्बन और उसकी चेष्टा तथा विद्या, शूरता, और दया आदि उद्दीपन विभाव होते हैं। आलिंगन, अंगस्पर्श, सिर चूमना, देखना, रोमांच, आनन्दाश्रु आदि उसके अनुभाव होते हैं। अनिष्ट की आशंका, हर्ष, गर्व, आदि संचारी भाव होते हैं। इसका वर्ण कमलगर्भ के समान और ब्राह्मी आदि माताएँ इसकी अधिष्ठात्री देवियाँ हैं।

वात्सल्य रसौचित्य

कालिदास–काव्य में वात्सल्य रस का औचित्यपूर्ण दर्शन होता है।

कुमारसंभव महाकाव्य के प्रथम सर्ग में हिमवान् और उसकी पत्नी मेना द्वारा पार्वती को पुत्री रूप में पाकर वात्सल्य भाव उमड़ पड़ता है। यहाँ पर 'तस्मिन् अपत्ये तृप्तिं न जगाम'[103] से वात्सल्य रस की औचित्यपूर्ण अनुभूति होती है।

रघुवंश के तृतीय सर्ग में राजा दिलीप द्वारा अपने पुत्र रघु के सतृष्ण दर्शन में वात्सल्य रसौचित्य का दर्शन होता है। निवातपद्मस्तिमितेन चर्क्षुषा "कान्तं सुताननम् पिबत:'[104] से विभावादि से परिपुष्ट होकर वात्सल्य रस अभिव्यंजित होता है। यह सहृदयहृदयावर्जक है। इस कारण वात्सल्यरसौचित्य है।

विक्रमोर्वशीय त्रोटक के पाँचवें अंक में भी च्यवन ऋषि के आश्रम में आयुष् को देखकर पुरुर्वा के मन में प्रादुर्भुत वत्सल भाव वात्सल्य रस में परिणत होकर सहृदय–श्लाघ्य बनकर औचित्य का आधान करता है।

वहीं पर आश्रम में यह जानकर कि यह आयुष् उर्वशी का पुत्र है, पुरुर्वा की अब तक की रुकी हुई वात्सल्य निर्झरिणी धीरज के बांध को तोड़कर अविरल गति से बहने लगी–

सर्वांगीण स्पर्श:........कान्तमिव।"[105]

यहाँ पर वात्सल्य रस की अभिव्यंजना सुतरां होती है, जो इसके औचित्य को भी स्पष्टत: रेखांकित करती है।

विक्रमोर्वशीयम् के ही इसी अंक में सत्यवती के साथ अपने पुत्र आयुष को देखकर हर्षित उर्वशी के प्रवेश करने पर राजा द्वारा उर्वशी को दिखलाकर यह बताने पर कि पुत्र यह तुम्हारी जननी है। इस वर्णन में–

राजा–(उर्वशीं दृष्ट्वा) वत्स......

इयं.......स्तनां शुकम्"[106]

महाकवि का वात्सल्य रसौचित्य देखते ही बनता है।

अभिज्ञानशाकुन्तल चतुर्थ के अंक में पति गृहगमन–अवसर पर शकुन्तला के विषय में महर्षि कण्व का 'त्रत्सल' भावोद्वेग[107] भी वात्सल्य रस का औचित्यपूर्ण सन्निधान करता है।

इसी प्रकार इसके सातत्रें अंक में मारीचाश्रम में सर्वदमन की चेष्टाओं, क्रिया–

कलापों से आकृष्ट होकर जब दुष्यन्त बालक सर्वदमन के प्रति वत्सल स्नेह का अनुभव करता है[108] और अपनी गोद में लेकर विचार करता है। –तथा 'का निर्वृतिं चेतसिं तस्य कृर्यात, यस्यामङ्कात् कृतिनः प्ररुढः'[109] –इस प्रकार के वात्सल्य भाववर्द्धक कथनों से वात्सल्य रस की मनोरम अभिव्यक्ति सुतरां होती है।

इस प्रकार महाकवि के काव्यों के परिशीलन से उसमें अभिव्यंजित सभी रसों का औचित्य–विवेक विवेचन किया गया है। इससे स्पष्ट है कि कवि ने प्रसंग और स्थिति के अनुकूल रसों के औचित्य का समुचित निर्वाह किया है। लेकिन शृंगार रस के औचित्य में उनकी प्रवीणता विशेषतः परिलक्षित होती है।

गुण

साहित्य में गुण शब्द के अनेकानेक अर्थ है। परन्तु काव्यशास्त्रियों की दृष्टि 'गुण' शब्द के विशिष्ट अर्थ को ही देखती है जिनसे शब्दार्थ (काव्य) की शोभा होती है, उसकी कमनीयता बढ़ती है, उन्हें ही काव्यशास्त्र में गुण संज्ञा से अभिहित किया जाता है।

आचार्य वामन काव्यशोभा को उत्पन्न करने वाले धर्मो को गुण कहते हैं। (काव्यशोभाकर्त्तारो धर्माः गुणाः, वामन काव्यालंकार सूत्र 3.1.2)

आचार्य मम्मट ने काव्य प्रकाश में कहा है–जिस प्रकार आत्मा के शौर्यादि धर्म या गुण हैं, उसी प्रकार काव्य में प्रधान तत्त्व रस के उत्कर्ष के हेतु अचल एवं स्थिर स्वरूप वाले धर्म को गुण कहा जाता है। (ये रसस्यांगिनो धर्माः गुणाः–काव्यप्रकाश 8.1)

साहित्यदर्पणकार आचार्य विश्वनाथ ने कहा है– देह में आत्मा के समान काव्य में अंगित्व अर्थात् प्रधानता को प्राप्त रस को उसके धर्म (माधुर्यादिक गुण) गुण उसी प्रकार कहते हैं जैसे आत्मा के शौर्यादि को गुण कहा जाता है।

गुणौचित्य

ओज, प्रसाद और माधुर्यादि गुण दरअसल काव्यार्थ के मुद्रा वैविध्य के वाहक होते है। अभिव्यक्त मनः स्थितियों के अनुकूल वर्णसंघटना ही गुणौचित्य है।"(भारतीय काव्यचिन्तन में शब्द, पृष्ठ–265)

क्षेमेन्द्र ने "औचित्य विचार चर्चा में कहा है कि औचित्यपूर्ण होने पर ही गुण भी उत्कर्षाधान में समर्थ हो पाते हैं। कारिका पर वृत्ति करते हुए उन्होंने कहा कि औचित्य से परिपूर्ण होने पर ही गुण गुणत्व अर्थात् उत्कर्षधान हेतुत्व को प्राप्त कर पाते हैं। अन्यथा तो ये दोष ही हो जाते हैं।"

क्षेमेन्द्र के कहने का तात्पर्य यह है कि प्रकृत अर्थ के अनुरूप, माधुर्यादि गुणों के अभिव्यंजक वर्ण के अनुकुल संघटित पदावली से युक्त सहृदयों के हृदय-आनन्द-प्रवाह के वाहक वाक्य 'गुणौचित्य' हैं।

(औचित्यादच्युता नित्यं भवन्त्येव गुणा गुणाः। -कारिका 6.पृष्ठ 4-5 उसी पर वृत्ति, "तद्वदौचित्यादपरिच्युता गुणा गुणतामासादयन्ति अन्यथा पुनरगुणा एव)

वे गुण माधुर्य, ओज और प्रसाद इन तीन भेदों में विभक्त हैं।[110]

चित का द्रुति स्वरूप आह्लाद – जिसमें अन्तःकरण द्रुत हो जाय ऐसा आनन्दविशेष माधुर्य कहलाता है।

संभोग शृंगार, करुण, विप्रलम्भ शृंगार और शान्त रसों में क्रम से माधुर्य बढ़ा हुआ रहता है। शान्त रस में सबसे अधिक माधुर्य होता है।[111]

चित्त का विस्तार-स्वरूप दीप्तत्व **ओज** कहलाता है। वीर, वीभत्स और रौद्र रसों में क्रम से इसकी अधिकता होती है।[112]

जैसे सूखे ईधन में अग्नि झट से व्याप्त होती है, उसी प्रकार जो गुण चित्त में तुरन्त व्याप्त हो उसे **प्रसाद** कहते हैं। यह गुण समस्त रसों और सम्पूर्ण रचनाओं में रह सकता है। सुनते ही जिनका अर्थ प्रतीत हो जाय ऐसे सरल और सुबोध पद प्रसाद के व्यंजक होते हैं।[113]

माधुर्य गुणौचित्य

आनन्दवर्धनाचार्य ने शृंगार और करुण रस में माधुर्य गुण के प्रयोग को समीचीन बताया है।

संभोग शृंगार में माधुर्य गुणौचित्य

'मालविकाग्निमित्रम्' के चतुर्थ अंक में संभोग शृंगारान्तर्गत माधुर्य गुणौचित्य का दर्शन होता है। बकुलावालिका और विदूषक के सहयोग से जब राजा अग्निमित्र बन्दीकृत मालविका से मान छोड़ने और चिरकाल से प्रणयोन्मुख अपने साथ रमण करने का निमंत्रण देते हैं।

विसृज सुन्दरि संगम साध्वसं मयि चिरात् प्रभृति प्रणयोन्मुखे।[114]

यहाँ पर वर्गान्त्य वर्णो के प्रयोग बाहुल्य से अल्पवृत्ति में विरचित पदावली संभोग शृंगार के अनुकूल माधुर्य गुण को व्यंजित कर रही है। इस कारण यहाँ माधुर्य गुणौचित्य है।

कुमारसंभव के अष्टम सर्ग में संभोग शृंगार के अन्तर्गत माधुर्य गुण का मनोरम विन्यास हुआ है। शिव और पार्वती के वक्त्रचुम्बन, अधरपान, नखक्षत[115] दन्तक्षत, केलिरत आदि वर्णनों से युक्त श्लोक का विधिवत् विश्लेषण करने पर नकार, मकार प्रभृति वर्गान्तों का मार्मिक चयन कवि के माधुर्य गुणौचित्यदर्शिनी दृष्टि का परिचय देती है।

इसी प्रकार जंघान्तराल-दृश्य के आकर्षण से युक्त शिव का तद्-तद् स्थल से हटे पार्वती के अधोवस्त्रों को यथावत रखने के प्रयास में संभोग शृंगार रस की सृष्टि में वर्गान्त्य पदावलीविशिष्ट माधुर्य गुण का महत्व सुतरां दृष्टिगत होता है।[116]

विप्रलम्भ शृंगार में माधुर्य गुणौचित्य

विक्रमोर्वशीयम् के द्वितीय अंक में विप्रलम्भ शृंगार के अन्तर्गत भी माधुर्य गुणौचित्य का अवलोकन होता है। उद्यान-प्रवेश के समय विदूषक से वार्तालाप के प्रसंग में राजा की अपनी प्रबल कामवेदना[117] के वर्णन में वियोग शृंगार का मार्मिक अनुभव तो होता ही है, इसमें प्रयुक्त पदावली के विश्लेषण से मकार, लकार, नकारादि वर्णो के प्रचुर-प्रयोग से माधुर्य गुण का भी औचित्यावह सौन्दर्य परिलक्षित होता है।

अभिज्ञानशाकुन्तल के तृतीय अंक में विप्रलम्भ शृंगारान्तर्गत माधुर्य गुण का समुचित उपन्यास परिलक्षित होता है। प्रियंवदा के राजा दुष्यन्त द्वारा शकुन्तला को स्निग्ध दृष्टि से देखने और इस प्रकार अपना अभिलाष सूचित करने और उसके ही खयालों में खोए रहने, प्रजागरकृश[118] होने की बात के पश्चात् उस तथ्य का समर्थन करते हुए राजर्षि के कथन में भी, जहाँ उनके वियोग-विरह का प्रकर्ष लक्षित होता है, वहीं माधुर्य गुण भी परिलक्षित होता है। इसमें 'निशि निशि' विवर्णमणीकृतम् अनतिलुलित 'कनकवलय'[119] आदि पदों में प्रयुक्त नकार, शकार, पकार, लकार प्रभृति वर्णो से इसकी पुष्टि सुतरां होती है।

करुण रस में माधुर्य गुणौचित्य

करुण रस का जहाँ-जहाँ पर मधुर परिपाक हुआ है; वहाँ वहाँ पर माधुर्य गुण का दर्शन भी प्रायः होता है। रति विलाप प्रसंग में श्लोक 13, 14, और 21 में करुण रस की मार्मिक अनुभूति के साथ साथ माधुर्य गुण के औचित्य का भी दर्शन होता है। इन श्लोकों के अवगम्य बहुलेऽपि वपुः दुःखमनंग[120] हरितारूणचारूबन्धनः 'कलपुंस्कोकिलशब्दसूचितः'[121] मदनेन विनाकृता रति[122] किल मे वचनीयमिदं

रमण आदि पदों में माधुर्य व्यंजक वर्णो के बाहुल्य से माधुर्यगुणौचित्य का दर्शन सुतरां होता है।

इसी प्रकार महाकाव्य रघुवंश के अष्टम सर्ग में भी करुण रस के अन्तर्गत माधुर्य गुणौचित्य परिलक्षित होती है। इन्दुमती की असामयिक मृत्यु के पश्चात् करुणाकलितहृदय महाराज अज इन्दुमती को गृहिणी, सचिव और सखा बताने के पश्चात् अपने दुःख-प्रकर्ष की अभिव्यक्ति करते हैं। पंचतत्वप्राप्त प्रियतमा की स्मृति में शोक विह्वल राजा द्वारा इन्दुमती के साथ मधुपान प्रसंग का सुखद स्मरण और मृत्यूपरान्त जलाजंलि[123] का दुःखद स्मरण कराकर कवि ने करुण रस के अनुकूल माधुर्य गुण का उचित सन्निवेश किया है। यहाँ वर्गान्त्य वर्णों प, ल, व प्रभृति का प्रयोग करुणरसानुकूल माधुर्य गुण की उचित व्यजंना में सहायक सिद्ध हुआ है।

शान्त रस माधुर्य गुणौचित्य

अभिज्ञानशाकुन्तल के प्रथम अंक में राजा दुष्यन्त के कण्वाश्रम पहुँचने के पश्चात् आश्रम के पुण्य-प्रभव-दृश्य को देखकर उस परम पवित्र वातावरण से अभिभूत होकर सूत से उक्त कथन में शांत रस का आर्विभाव हुआ है। यहां पर 'शुकगर्भककोटरमुख' भ्रष्यः नीवाराः 'प्रस्निग्धा क्वचिदिंगुदीफलभिदः सूच्यन्तः एवोपलाः[124] अभिन्नगतय सहन्ते मृगा' प्रवृत्ति शब्दों में वर्गांन्त्य वर्णों का प्रयोग शांत रस के अनुकूल माधुर्य गुण को व्यंजित कर रहा है। सहृदय को यह व्यंजना मनोरम प्रतीत होती है। इस कारण यहां माधुर्य गुणौचित्य है।

ओजगुणौचित्य

वीर रस में ओज गुणौचित्य

विक्रमोर्वशीयम् त्रोटक के प्रथम अंक में राजा चित्ररथ के वार्तालाप के प्रसंग में राजा के कथन[125] में यहां वीर रस की निष्पत्ति हुई है। वहीं पर इसके विश्लेषण में उस में प्रयुक्त वर्णों रकार, ट वर्ण, षकार द्वय से वीर रस के अनुकूल ओजगुण भी परिलक्षित होता है।

रौद्र रस में ओज गुणौचित्य

रघुवंश महाकाव्य के तृतीय सर्ग में तुमुल युद्ध वर्णन प्रसंग में रौद्र रस की अवतारणा हुई है। यहां[126] पर संयुक्त वर्णों दृ, न्त, त्र, ध्व, त्य तथा वर्ग के तृतीय वर्णों षकार आदि के प्रयोग में तुमुल युद्ध वर्णन में रौद्र रस के अनुकूल ओजगुण का

सन्निधान हुआ है। यह सन्निधान सहृदय-श्लाघ्य है। इस कारण यहां रौद्र रसानुकूल ओज गुणौचित्य है।

भयानक रस में ओज गुणौचित्य

मालविकाग्निमित्र नाटक के पंचम अंक में भयानक रस के अनुकूल ओजोगुण विशिष्ट पदावली का उपन्यास हुआ है। परिव्राजिका द्वारा मालविका के जंगली डाकुओं द्वारा लूटे जाने की बात को राजा से कहा जा रहा है। इस श्लोक में 'तूणीरपट्टपरिबद्ध आपार्ष्णि कोदण्डपाणि प्रतिरोधका नाम्[127] दुष्प्रसहम्आदि पदों में संयुक्त वर्णो–द्र, द्व, र्ष्व, ण्ड, ष्प्र तथा णकार, टकार, डकार, धकार आदि वर्णों के प्रयोग से भयानक रस के अनुकूल ओज गुणौचित्य का आधान हुआ है। ओजगुण सहृदय-मनमोहक होने के कारण औचित्योपेत है।

वीभत्स रस में ओजगुणौचित्य

रघुवंश के सातवें सर्ग के प्रकृत श्लोक[128] में बीभत्स रस व्यंजित है। तदनुकूल संयुक्त वर्णों न्त, ष्कु, रम, भ्य, च्छे तथा षकार, क्षकार, रकार, भकार, टकार प्रभृति वर्णो के प्रयोग से ओज गुण मनोहारी होने के कारण औचित्यपूर्ण है।

अद्भुत रस में ओज गुणौचित्य

'विक्रमोर्वशीयम्' के पंचम अंक में प्रकृत श्लोक[129] में आकाश मार्ग में आते हुए नारद मुनि के वर्णन में ट, ष, क्ष, भ प्रवृत्ति वर्णों का प्रयोगातिशय अद्भुत रस के अनुकूल ओजगुणौचित्य का आधान कर रहा है।

प्रसाद गुणौचित्य

महाकवि कालिदास के काव्यों में प्रसाद गुणौचित्य सर्वत्र शुष्केन्धन अग्निवत् सुशोभित होता है।

'अभिज्ञानशाकुन्तल' के चतुर्थ अंक में शाकुंतल के पतिगृह गमनकाल में महर्षि कण्व उसको उपदेश देते हुए कहते हैं कि तुम यहां से (आश्रम से) जाकर पतिगृह में गुरुओं की सेवा करना और सपत्नी जन के साथ प्रियसखीवृत्तित्व आचरण आदि करना[130] महर्षि कण्व का यह उपदेश शुष्क ईंधन और अग्नि की भांति पाठक और श्रोताओं के मन में शीघ्रता से व्याप्त होता है। इसी कारण यहां प्रसाद गुणौचित्य है।

'मालविकाग्निमित्र' के द्वितीय अंक में मालविका के सौंदर्य का वर्णन करते हुए

राजा अग्निमित्र ने उसे विधाता द्वारा परिकल्पित काम का विषदग्ध बाण कहा है।[131] यहां शृंगार रस के अनुकूल प्रसाद गुण की अभिव्यंजना औचित्यपूर्ण है।

मेघदूत पूर्वार्द्ध में भी प्रसाद गुणौचित्य परिलक्षित होता है। प्रकृत श्लोक में मेघवंश-यश[132] वर्णन में विरह विदग्ध यक्ष का अपनी प्रियतमा को संदेश भेजने में निहित उसकी व्यग्रता और याचकता व्यंजित होती है। इस व्यंजना में प्रसाद गुण सहायक हुआ है। इस कारण यहां प्रसाद गुणौचित्य है।

ऋतु संहार के प्रथम सर्ग में प्रसाद गुणौचित्य का दर्शन होता है। 'सुतन्त्रिगीतं मदनस्य दीपनं शुचौ निशीथेऽनुभवन्ति कामिन:'[133] इस कथन में पाठक को पद के सरल सुबोध होने के कारण अर्थ प्रतीति झटिति होती है।

इसी प्रकार 'शिरोरुहै: स्नानकसायवासितै: स्त्रियो कामिनाम् निदाघं शमयन्ति।'[134] से भी अर्थ में सहज प्रतीति होती है। इस प्रकार इन श्लोकों में प्रसाद गुणौचित्य सुतरां दर्शनीय है। ऋतु संहार के अधिकांश श्लोकों में 'द्राक्षापाक' की तरह अर्थ की प्रतीति पाठक को सहजता से होती है। इसके पाचवें सर्ग की श्लोक संख्या 7[135], 9[136], 10[137], 11[138], 14[139], 15[140], 16[141] में प्रसाद गुणौचित्य है।

महाकवि कालिदास की कृतियों का गुणौचित्य दृष्टि से परिशीलनोपरान्त विदित होता है कि उनमें माधुर्य और प्रसाद गुण का औचित्यबाहुल्य है। यद्यपि उनके वीर, भयानक आदि रसों में ओजोगुण विशिष्ट पदावली भी देखने को मिलती है, परन्तु कवि प्रतिभा का चरमोत्कर्ष माधुर्य, प्रसाद इन गुणद्वयों के उपन्यास में ही परिलक्षित होता है।

अलंकार

अलंक्रियतेऽनेनेति अलंकार: अर्थात जो किसी को सुशोभित करने का साधन हो वह अलंकार कहलाता है। यहां 'अलंकार' शब्द करण व्युत्पत्ति से निष्पन्न होने के कारण प्रधान है। अलंकार का अलंकारत्व वहीं सुशोभित होता है, जहां वह रसावर्जक होने में सहायक होता है। जहाँ वह रसादि की शोभा का साधन नहीं, वहां उसे अलंकार की संज्ञा से अभिहित करना ही उचित प्रतीत नहीं होता। उपमादि अलंकारों का चारूत्व सरस काव्य में ही परिलक्षित होता है।

आचार्य वामन ने अपने ग्रंथ 'काव्यालंकार' में अलंकारों को काव्य शोभा के अतिशय का हेतु कहा है। (तदतिशय हेतवोऽलंकारा:, काव्यलंकार 3.1.2)

आचार्य आनंदवर्धन ने ध्वनि की दृष्टि से अलंकारों पर विमर्श करते हुए बताया

है कि अलंकारों को रसक्षिप्त, शक्यक्रिय और अपृथग्यत्ननिर्वर्त्य होना चाहिए, तभी वह बंध या काव्य में उसकी शोभा या चारुत्व है।

रसाक्षिप्ततया यस्य बन्धः शक्य क्रियो भवेत्।
अपृथग्यत्ननिर्वर्त्यः सोऽलंकारो ध्वनौ मतः।।

–ध्वन्यालोक 2–17

साहित्यदर्पणकार आचार्य विश्वनाथ ने अलंकार के विषय में कहा है कि शोभा को अतिशयित करने वाले रस, भाव आदि के उपकारक जो शब्द और अर्थ के अस्थिर या चलायमान धर्म हैं; वह अंगद (बाजूबंद) आदि अलंकार होते हैं।

शब्दार्थयोरस्थिरा ये धर्माशोभातिशयिनः,
रसादीनुपकुर्वन्तोऽलंकारास्तेङ्गादिवत्।।

– सा.द. 10/1 पृष्ठ 273

संस्कृत साहित्य शास्त्रीय जगत में शब्दालंकारों का प्रयोग रस के अनुकूल नहीं माना गया है। आचार्य आनंदवर्धन ने कवियों विशेषतः रस सिद्ध कवियों को अनुप्रास, यमक आदि शब्दालंकारों के प्रयोग को वर्ज्य बताया है-

ध्वन्यात्मभूते शृंगारे यमकादिनिबन्धनम्।
शक्तावपि प्रमादित्वं विप्रलम्भे विशेषतः।।

–ध्वन्यालोक 2–38

आचार्य-कवि क्षेमेंद्र ने अलंकार विषयक औचित्य को 'शब्दालंकार' में नहीं अपितु 'अर्थालंकार' में स्वीकार किया है। यह संकेत औचित्यविचारचर्चा की पन्द्रहवीं कारिका की 'अर्थौचित्येन सूक्तिरलंकारेण शोभते' और उसी कारिका की वृत्ति, 'प्रस्तुतार्थस्यौचित्येन उपमोत्प्रेक्षादिनालंकारेण सूक्तिश्चकास्ति' से सुतरां परिपुष्ट भी होता है।

आचार्य क्षेमेन्द्र जब कहते हैं कि 'अलंकारौचित्य' से सूक्ति वैसे ही उद्भासित हो उठती हैं, जैसे पीन स्तनों पर पड़े हुए हार से कोई मृगनयनी, तब वे (पीनस्तन-स्थितेन हारेण हरिणेक्षणा -औ. वि. च. कारिका-5) कवि द्वारा वर्णन वस्तु के चित्रांकन करने में अलंकार प्रयोग की सार्थकता का ही संकेत कर रहे होते हैं।

'काव्यस्यालमलंकारैः-यस्य जीवितमौचित्य'........ विचिन्त्यादि न दृश्यते।। 'अलंकारस्त्वलंकारा!.......' 'उचित स्थान विन्यासादलंकृति' औ. वि. चर्चा. कारिका 4, 5, 6

क्षेमेंद्र कारिका '6' की वृति में लिखते हैं–

अलंकृतिरुचितस्थानविन्यासादलंकर्तुं क्षमा भवति, अन्यथात्वलंकृति व्यपदेशमेव न लभते'

आचार्य श्री नारायण मिश्र ने औचित्यविचारचर्चा की कारिका 'चार' की अपनी मनोरमा टीका में व्याख्या करते हुए कहते हैं-

यस्य काव्यस्य जीवितमौचित्यंविचिन्त्यपि न विलोक्यते। एतेनौचित्यस्यात्यन्ताभावः प्रतिपादितः। तस्य काव्यस्यालंकारै रुपमादिभिरलमावर्जकत्वं यत्र नास्तीत्यर्थः।

उपर्युक्त विवेचन से स्पष्ट है कि आचार्य क्षेमेंद्र अलंकारों में औचित्य की स्थिति स्वीकार करते हैं। अलंकारों के उचित विन्यास में ही 'अलंकार' के अलंकारत्व का समर्थन करते हैं।

अलंकारौचित्य

आचार्य क्षेमेन्द्र के अनुसार सहृदय चित्त में चमत्कार के आविष्कार योग्य प्रकृत रस के अनुरुप अलंकार की अलंकारौचित्य संज्ञा है।

महाकवि कालिदास के काव्यों में रस के अनुकूल अलंकारों का प्रयोग भूरिशः हुआ है। शृंगार रस के अनुकूल कवि ने रूपक, उपमा, उत्प्रेक्षा, स्वभावोक्ति प्रभृति अलंकारों का समुचित प्रयोग किया है। कहीं भी उन्होंने वीर, अद्भुत के निर्वहण में यमक अलंकार का प्रयोग नहीं किया है। वीर रस के अनुकूल प्रयुक्त अलंकारों में रूपक, उत्प्रेक्षा, अतिशयोक्ति, तुल्ययोगिता, व्याजस्तुति, दृष्टांत, अर्थांतरन्यास प्रभृत्ति अलंकार हैं। वीभत्स और भयानक रस के प्रसंग में वृत्यनुप्रास का ही प्रयोग हुआ है। शांत रस के वर्णन में संदेह, अतिशयोक्ति, रूपक, उत्प्रेक्षा, अर्थांतरन्यास प्रभृत्ति अलंकार प्रयुक्त हुए हैं। करुण रस के प्रयोग में रूपकालंकार का प्रयोग चित्ताकर्षक बन पड़ा है। रौद्र रस के प्रयोग में उपमा, वृत्यनुप्रास प्रभृति ही सुशोभित होते हैं। हास्य रस वर्णन में महाकवि ने भ्रांतिमान, प्रस्तुतप्रशंसा और उपमा अलंकार को ही प्रायः प्रयुक्त किया है।

उपमालंकारौचित्य

उपमा अलंकार में और अन्य अनेक अलंकारों में जनक-जन्य संबंध है। अलंकारों में इसकी श्रेष्ठता निर्विवाद है। महाकवि ने उपमा अलंकार का बड़ा ही मार्मिक और विदग्ध उपन्यास किया है। 'उपमा कालिदासस्य' इस मनोरम आभाणक से भला कौन सहृदय अपरिचित होगा? इसलिए सर्वप्रथम इसी अलंकार को क्षेमेंद्र की औचित्य दृष्टि से, अलंकारौचित्य का, विश्लेषण क्यों न किया जाय।

उत्तरमेघ के प्रकृत श्लोक के मैथिलीवोन्मुखी सा[143] इसमें महाकवि ने उपमा अलंकार से यक्षिणी की एकवल्लभता व्यंजित करायी है। विश्वविश्रुत सीता के पातिव्रत्य की भांति यक्षिणी का पतिव्रत धर्म भी महान् है। इसकी प्रतीति सुगमता से कराने में कवि की उपमा नितांत सफल रही है। इसी कारण यहां उपमा अलंकारौचित्य है।

मालविकाग्निमित्र के तृतीय अंक (3/8) में परिमितआभरणा मालविका के आनंद की उपमा कुंदलता की शरकांड पांडुत्व प्राप्ति[144] से कर के कवि ने पूर्णोपमा अलंकार के व्याज से राजा अग्निमित्र को लक्ष्य करके प्रणयानलविदग्धा मालविका की शरीर–कृशता–सौंदर्य के उत्तरोत्तर अपकर्ष से दीनता और शोचनीयता की व्यंजना कराई है। इस कारण यहां भी उपमा अलंकार औचित्य है।

प्रकृत स्थल में भी 'विसिनीपत्र गतामिव'[146] इस उपमा अलंकार से मंडन–मंडिता मालविका के हृदयोत्पन्न नैराश्य की व्यंजना सुतरां होती है। इसलिए यहां क्षेमेन्द्रोक्त अलंकारौचित्य सुस्पष्ट है।

विक्रमोर्वशीयम् के प्रथम अंक में प्रकृत[147] स्थल में सूत्रधार के मुख से देव शत्रुओं द्वारा आधे रास्ते में ही बंदी बनाई गई उर्वशी की सखियों, अप्सराओं के आर्त्त क्रन्दन की उपमा आर्त्त कुररियों के साथ करके कवि ने तत्कालीन भयभीत आक्रन्दित चीख और चिल्लाहट वाली अप्सराओं की अवस्था का समुचित परिज्ञान कराया है। इस कारण यहां अलंकारौचित्य है।

विक्रमोर्वशीय प्रथमांक में भी उपमा अलंकार का कवि ने मार्मिक प्रयोग किया है। प्रकृत श्लोक में 'निशावसाने नलिनीव पंकजम्[148]' इस उपमा अलंकार के माध्यम से कवि नाटककार ने नायिका उर्वशी की नलिनी के साथ सादृश्य प्रदर्शन से उसकी अत्यंत सुकुमारता और कमनीयता की व्यंजना कराई है। इसी कारण यहां उपमा अलंकार विषयक औचित्य है।

इसी अंक में अन्यत्र[149] भी उपमा अलंकार का औचित्य दर्शन होता है। प्रकृत श्लोक में जिस प्रकार राजहंसी खंडित मृणालसूत्र को खींचती है, उसी प्रकार आकाश में उड़ती हुई यह सुरांगना उर्वशी भी मेरे मन को हठात् आकर्षित कर रही है, खींच रही है। इस अलंकार के माध्यम से कवि ने उर्वशी गमन को राजहंसी गमन के समान रमणीय बताने का प्रयास किया है। तदतिरिक्त 'विसतंतु' विशेषण से उपमेय भूत राजा के हृदय की मदनशरविद्धता और विरहजन्य खिन्नता भी व्यंजित होती है।

विक्रमोर्वशीय द्वितीय अंक में उर्वशी और चंद्रलेखा के वार्तालाप में चित्रलेखा

जब उर्वशी को कौमुदी और राजा पुरूरवा को 'चंद्र' से उपमित करती है तो वहां भी उपमा अलंकारौचित्य का दर्शन होता है। प्रकृत स्थल में 'प्रथमोदित इव चन्द्रमा[150]' इस उपमा अलंकार से कवि यह बताना चाहता है कि जिस प्रकार कृष्ण पक्ष के पश्चात् प्रथमोदित द्वितीया का चंद्रमा लोगों को आह्लादित करता है उसी प्रकार राजा पुरुरवा भी तुमको। यही नहीं इस अर्थ से यह भी व्यंजित होता है कि जिस प्रकार द्वितीया का चंद्रमा क्षीण और ह्रासमान स्थिति में होता है उसी प्रकार यह कामुक राजा पुरुरवा भी तुम्हारे वियोग में क्षीण है। उपमा अलंकार का इन विशिष्टार्थों को प्रकट करने में योगदान होने के कारण यहां भी उपमा अलंकार का औचित्य है।

विक्रमोर्वशीय के पांचवें में अंक (5/14) में 'पौलोमीसंभवेन जयन्तेन पुरन्दरः इव[151]' इस उपमा अलंकार से राजा पुरूर्वा का इंद्र-सदृशत्व, अहोभाग्यत्व, पुत्र प्राप्ति से गर्वोन्नतमुखत्व आदि विशिष्टार्थों की प्रतीति होती है। इस कारण यहां उपमा अलंकारौचित्य है।

इसी अंक में अन्यत्र भी 'हिमवति जलधौ न व्यस्ततोयागंगा[152]' इस उपमा अलंकार से महान आपत्तियों-विपत्तियों में राजा के हिमालय पर्वत की तरह पथ-विचलनाभाव की व्यंजना होती है। तदतिरिक्त हिमालय की धवल-निर्मल शुभ्र शिखरों की भांति पुरुर्वा का यशोन्नतत्व भीव्यंजित होता है। युवराज की जलनिधि उपमा से आयुष् का धीर-गंभीर-स्वभाव भी ध्वनित होता है। इस प्रकार यहां किस सहृदय को उपमालंकारौचित्य अनभीष्ट होगा?

शाकुंतल के तृतीय अंक में शाकुंतल की उपमा माधवी लता[153] से कवि ने दी है। इससे शकुंतला का सौकुमार्यातिशयत्व संताप-असहिष्णुत्वादि व्यंजित होता है। तदतिरिक्त माधव वृक्ष से समागन होने पर पल्लव-कुड्मल-पुष्प आदि के आगमन से जिस प्रकार माधवी लता संतुष्ट होगी उसी प्रकार अपने प्रियतम दुष्यंत के समागम से नायिका शकुंतला भी प्रफुल्लित और संतुष्ट होगी, यह अर्थ भी ध्वनित होता है। इस प्रकार यहां भी उपमा अलंकारौचित्य है।

अभिज्ञानशाकुंतल के चतुर्थ अंक में प्रकृत श्लोक के उत्तरार्द्ध में 'कथा प्रमत्तः प्रथमं कृतामिव'[154] इस उपमा अलंकार से कवि राजा दुष्यंत के शकुंतला विषयक विस्मरण के अत्यंताभाव का व्यावर्तन कर उसकी अल्पकालावधिकता को सहृदय-हृदय को संप्रेषित करना चाहता है। कवि अगर प्रमत्त की कथा की तरह की जगह स्वस्थ, अपने होशो हवाश से दुरुस्त, व्यक्ति की कथा की तरह का प्रयोग करता है तो दुष्यंत द्वारा शकुंतला के पुनःअभिज्ञान के बारे में औचित्य पर उंगली उठने लगती

जो कि कथमपि श्लाघ्य नहीं होता। इस कारण यहां कवि के उपमा अलंकार में औचित्य सुस्पष्ट है।

इसी अंक में अन्यत्र 'अग्निगर्भा शमीमिव[155] स्वतनयं ....दुष्यंततेजो दधानम् अवेहि' उपमा अलंकार के माध्यम से कवि शकुंतला के गर्भस्थ शिशु की परमतेजस्विता और कालान्तर में गौरव-गुरुता-इन विशिष्ट अर्थों की व्यंजना कराई है; जिससे इस अलंकार का औचित्य सुतरां स्पष्ट है।

शाकुंतल के पंचम अंक के प्रकृत[156] श्लोक में प्रजा वर्ग के अमात्य से उपमित होने से राजर्षि दुष्यंत का प्रजा के प्रति प्रेमातिशय और दुष्यंत के प्रति प्रजा का प्रेम व्यंजित होता है। इसी प्रकार द्विजेन्द्र की उपमा से राजा दुष्यंत की सभी अवस्थाओं में अप्रधृष्यत्व की व्यंजना होती है। इस कारण यहां उपमा अलंकारौचित्य है।

इसी अंक में अन्यत्र 'हुतवहपरीतं गृहमिव'[157] इस उपमा अलंकार से संसार भोग विलास-वैभव-विरक्त, विदग्ध-नागर-मन-प्रतिकूलाचरणशील शार्ङ्गरव के विचार के अनुसार तपस्वियों के लिए नगर-निवास अनर्ह है, उनकी स्वाभाविक प्रवृत्ति के नितान्त प्रतिकूल है। इसी कारण उनका वहां क्षणभर ठहरना बड़ा मुश्किल है, उनके लिए नगर प्रवेश, अग्नि अभिमंत्रित स्थल प्रवेश की भांति दुष्कर है। आश्रम के पवित्र ब्रह्मचारियों के मुख से उनकी शांततपोवनप्रियता और नगर की अपवित्र कोलाहलकर्णकटुता आदि की कवि ने बड़ी सार्थक और मनमोहक प्रतीति कराई है। इस कारण यहां उपमा अलंकारौचित्य है।

ऋतु संहार प्रथम सर्ग में भी उपमा अलंकार के प्रयोग से मार्मिक अर्थ की प्रतीति कवि ने कराया है। मार्त्तण्ड की प्रखर-प्रचण्ड किरणों से 'दीरघ-दाघ-निदाघ' काल में अत्यधिक संतप्त गज, गवय[158] और गवेंद्र अपने अहि-नकुलवत् विरोध का सर्वथा परित्याग करके सुहृद् की भांति सरित्-तट पर दृग्गोचर होते हैं। इस कथन में कवि 'विपत्ति काल में सभी प्राणी विरोध-भाव को तजकर एक हो जाते हैं। इस अनुभूत सत्यपरक श्लाघ्य अर्थ का उपन्यास किया है।

रघुवंश महाकाव्य के प्रथम सर्ग के प्रथम श्लोक[159] में भी कवि ने उपमा अलंकार का बड़ा ही मनोरम चित्ताकर्षक प्रयोग किया है। यहां पर उपमा अलंकार के माध्यम से महा कवि ने वाक् और अर्थ की अन्योन्याश्रिता, अर्थात वागाश्रित अर्थ और अर्थ-आश्रित वाक् की सुन्दर परिकल्पना कर अविनाभावत्व, अर्द्धनारीश्वर-रूपत्व, नित्यसम्बधत्व, अभेद-प्रतीत्व, मिथोनुकूलतत्व, चिरंतनसंपृक्तत्व आदि विशिष्ट अर्थों को सहृदय तक संप्रेषित किया है। उसका संप्रेषण सर्वथा सफल रहा है। इस कारण यहाँ उपमा अलंकार का औचित्य स्पष्ट है।

इसी सर्ग में अन्यत्र[160] प्रयुक्त उपमा अलंकार से वैवस्वत् मनु के पूज्यार्हत्व व प्राचीनत्व का प्रतिपादन किया गया है। इस कारण यहां उपमालंकारौचित्य है।

अपरत्र[161] कवि–अभीष्ट उपमा अलंकार महाराज दिलीप और महारानी सुदक्षिणा के सम्यक् सहधर्मचारितत्व के सहज सौम्य संबंधों को प्रकटित करने में सुतरां समर्थ है। इस कारण यहां उपमा अलंकारौचित्य है।

प्रस्तुत[162] श्लोक में महर्षि वशिष्ठ के पावनातिशयत्व, तपोनिष्ठत्व को अभिव्यंजित कराने के उद्देश्य से महाकवि ने वशिष्ठ और अरुन्धती इन उपमेय पदों के क्रमशः 'हविर्भुक्' और 'स्वाहा' इन यज्ञीय पावन उपकरणों को उपमान रूप में उपन्यस्त किया है। इस कारण यहां उपमा अलंकारौचित्य है।

रघुवंश के द्वितीय सर्ग के द्वितीय श्लोक[163] में नंदिनी की उपमा श्रुति तथा दिलीप की स्मृति से देकर कवि ने उनकी (दिलीप की) नंदिनी की नियमपूर्वक सतत अनुगामिता, उसके प्रति सदा समर्पण भावना की अनन्यता आदि विशिष्ट अर्थों को अपने प्रयोजन के अनुकूल सहृदयों तक संप्रेषित किया है। इस कारण यहां भी उपमा अलंकारौचित्य है।

रघुवंश के तृतीय सर्ग के प्रस्तुत श्लोक[164] में सागराम्बरा, शमी और सरस्वती इन उपमात्रयी से सुदक्षिणा के गर्भस्थ शिशु का पवित्रातिशयत्व सुतरां व्यंजित हो रहा है। इस कारण यहां उपमालंकारौचित्य है।

इसी सर्ग में अन्यत्र[165] महाराज दिलीप के पुत्र दर्शन से उत्पन्न महान् आनंद की उपमा चंद्र दर्शन के लिए महान समुद्र की जलवृद्धि से करने में दिलीप के हृदय में पुत्रजन्मजन्य आनंदातिशय को व्यंजित करना ही संभवतः कवि का उद्देश्य रहा होगा, जो इस उपमा से समुचित रुप में फलीभूत हो रहा है। इसी कारण यहां उपमा अलंकारौचित्य है।

रघुवंश महाकाव्य के षष्ट सर्ग को प्रकृत[166] श्लोक की उपमा के खंजन नयन से भला कौन रसिक रंजन घायल नहीं हुआ होगा? इसमें 'दीपशिखा' और 'इंदुमति' 'नरेंद्रमार्गाट्ट' और 'भूमिपालों' की समता अवलोकनीय है। पतिंवरा इंदुमति अपने मनःस्थ उमंग–तरंग से उसी प्रकार आप्लावित है जैसे पूर्ण तेल से उचित प्लावित दीपशिखा होती है। उसमें भी जीवन की उँचाइयों (जलने का प्रकर्ष) को पाने की दुर्धर्ष कामना होती है, ठीक वही स्थिति इंदुमति की है।

राजमार्ग से विशिष्ट अतिथि के चले जाने के बाद जो उमंगशून्यता, उत्साह

हीनता परिलक्षित होती है; ठीक वही स्थिति सर्वकाम्या इंदुमति द्वारा विभिन्न देशों के राजाओं के लिए नियत स्थान पर आसनस्थ राजाओं के तत्तत् स्थानों से वर माला अनर्पण किए (अर्पण न करके) चले जाने के कारण उन कन्या-परिणय अभिलाषी राजाओं की हुई।

इस प्रकार उपमा अलंकार के उपमान और समान धर्म का सहृदय-श्लाघ्य चयन इस उपमा अलंकार का औचित्य तथा सहृदयों द्वारा कवि-शिरोमणि को 'दीपशिखा' कालिदास की इस विश्व-विश्रुत उपाधि से अलंकृत करने के लिए बाध्य-सा कर दिया।

कुमारसंभव महाकाव्य के प्रथम सर्ग में पार्वती-वय-वृद्धि के मनोरम वर्णन में महाकवि ने सुंदर उपमा अलंकार का प्रयोग किया है। उन्होंने पार्वती की उपमा 'स्फुरत्प्रभामंडल सावित्र' तथा 'नवमेघशब्दादुद्भिन्नरत्नशलाका:'[167] लब्धोदया चान्द्रमसी लेखा[168] से करके सहृदय हृदय को विमुग्ध कर दिया है। सहृदय को मनोरम लगने के कारण ही यहां उपमा अलंकार का औचित्य दर्शन किया जा सकता है।

इसी सर्ग में अन्यत्र भी 'शरदीव गंगा'[169] की उपमा हृद्य और सहृदय श्लाघ्य होने के कारण उपमा अलंकार में औचित्य परिलक्षित होता है।

कुमार संभव के तृतीय सर्ग में भी 'स्तोकनम्रा' किंचित् आवर्जिता' पार्वती के मनोरम स्तन सौंदर्य का महाकवि पर्याप्त पुष्पस्तबकों से नम्रसंचारिणीपल्लविनी लता[170] से उपमित करके महाकवि ने अपनी उपमा अलंकार विषयिणी औचित्य दृष्टि का सुतरां परिचय दिया है।

इसी प्रकार महाकवि ने इसी सर्ग में अन्यत्र पुष्पधन्वा के सम्मोहन अस्त्र प्रयोग करने के पश्चात कामक्षुब्ध किंचित परिप्लुत धैर्य वाले कामजयी के रूप में प्रसिद्ध भगवान शिव की चंद्रोदय के आरंभ में क्षुब्ध सागर[171] से करके उनके गांभीर्य-प्रकर्ष को नितरां व्यंजित किया है। उपमा अलंकार सहृदय-हृदय आवर्जक होने के कारण औचित्याधायक है।

प्रतिवस्तूपमालंकारौचित्य

प्रकृत श्लोक[172] में प्रतिवस्तूपमालंकार के माध्यम से कवि कण्वशिष्यों के मत में नागरीय वैभव के प्रति विरक्ति, नगर निवासियों के प्रति घृणा उनके (नगर निवासियों में)अध्यात्म ज्ञान का अभाव, अत: उनसे दूर निवास ही श्रेयस्कर है,

आदि विशिष्यर्थों को व्यंजित कराया है। इससे अंतपुर प्रवेश में शार्ङ्गरव और शारद्वत् के मन की उदासीनता, कण्वकृतन्यासप्रत्यर्पणकर्म–शकुंतला की दुष्यन्त को सुपुर्दगी, में असफल होने की भी सूचना पाठकों को मिलती है। इस कारण यहां प्रतिवस्तूपमालंकार का औचित्य सुस्पष्ट है।

उत्प्रेक्षालंकारौचित्य

कालिदास का न केवल उपमा अलंकार प्रयोग ही हृद्य है, अपितु उनका उत्प्रेक्षालंकार भी उनकी विदग्धता का परिचायक है। वह सहृदयमनमोहक है।

मेघदूत पूर्वार्द्ध के प्रकृत[173] श्लोक में विन्ध्य पर्वत के चरणों में विशीर्ण रेवा नदी के वर्णन से किसी संभोगातुर कामुकी का प्रियतमचरणनिपात और तत्प्रसादनत्व व्यंजित होता है। इस प्रकार कवि का यह उत्प्रेक्षा अलंकार औचित्य का आधान करता है।

कुमारसंभव महाकाव्य के प्रथम सर्ग के प्रथम पद्य में[174] हिमालयो नाम नगाधिराजः पूर्वापरो तोयनिधीवगाह्य पृथिव्याः मानदण्डः इव स्थितः इस उत्प्रेक्षालंकार से हिमालय की ऊंचाई की प्रकर्षता, विशाल पृथ्वी के मानदंड होने के कारण उसका विस्तारधिक्यादि व्यंजित होता है। इस कारण यहां उत्प्रेक्षा अलंकार स्पष्ट है।

कुमारसंभव के इसी सर्ग में पार्वती की चढ़ती जवानी के क्रमागत यौवन के वर्णन में कवि ने अपनी अपूर्वनिर्माणक्षमा प्रज्ञा से इसे 'कामस्य सोपानमिव'[175] कामदेव की सीढ़ियां कहा है, जो कि बड़ा ही आकर्षक, बड़ा ही लुभावना है। इस कारण यहां उत्प्रेक्षा अलंकार का औचित्यपरिपोष सुतरां स्पष्ट है।

इसी सर्ग में अन्यत्र[176] पार्वती के सौंदर्य का वर्णन करते हुए कवि ने 'सर्वोपमा–द्रव्य समुच्चयं' से निर्मित पार्वती को स्रष्टा की 'एकस्थ सौन्दर्य दिदृक्षा' की उत्प्रेक्षा की है। यहां पर पार्वती के अप्रतिम, अनुपम लोकोत्तर सौंदर्य की व्यंजना उत्प्रेक्षा अलंकार से सुस्पष्ट होती है।

रघुवंश महाकाव्य के नवम सर्ग में भी उत्प्रेक्षा अलंकार का कवि ने मर्मस्पर्शी उपन्यास किया है। कोकिल की कोमल–कूक निःसृत मुग्धवधू कथा, श्रुति सुभग, कर्णपेय स्वनगीत, पवनाहत उपवनान्त लता,[177] ललिताविभ्रमबन्धविचक्षण सुरभिगन्धपराजित केसर,[178] विकचतामरसा दीर्घिका, विहंगमोदकलोल स्मितचारुतराननना, श्लथशिञ्जितमेखलास्त्रियो[179] आदि से वातावरण की अत्यधिक उन्मादकता सहृदय को 'सद्यः विगलितवेद्यान्तर' कर देती है। इस कारण यहां उत्प्रेक्षा अलंकार के औचित्य को भला कौन रसिक अस्वीकार कर सकता है?

मालविकाग्निमित्र नाटक के प्रथम अंक में बकुलवलिका द्वारा रानी धारिणी के निर्देश पर गणदास से मालविका के नृत्यादि विषयक उपदेश ग्रहण के विषय में पूछने पर उसने उसे परम निपुणा मेधाविनी बताया और कहा कि यह बाला तो मुझे प्रत्युपदेश सा देती है। यहां 'प्रत्युपदिशतीव मे बाला'[180] उत्प्रेक्षा अलंकार से मालविका की नृत्य संगीत कला के प्रति सहज रुचि और नैसर्गिकोन्नता परिलक्षित होती है। इसी कारण वह अपने गुरु-उपदिष्ट भावाभिनयों को शीघ्रता और अक्लिष्टता से हृदयंगम करके, उनसे द्विगुणित, उनसे भी सुंदर रूप में प्रदर्शन करके उन्हें विस्मय-विजड़ित कर देती है। इस कारण यहां काव्यमर्मज्ञों को उत्प्रेक्षा अलंकार में औचित्य का दर्शन होता है।

इसी अंक में अन्यत्र[181] यतिवेषधारिणी कौशिकी के साथ देवी धारिणी को आता हुआ देख कर राजा अग्निमित्र उन्हें अध्यात्म विद्या के साथ विग्रहवती त्रयी के रूप में परिकल्पित करता है। इस उत्प्रेक्षा अलंकार से राजा अग्निमित्र की देवी धारिणी के प्रति आदरातिशयता, स्पृहणीयता, अभीष्ट वस्तुप्रदानक्षमता, निरभिमानिता ईर्ष्याविकारदिविहीनता आदि उत्कृष्ट गुणों की स्थिति की अभिव्यंजना सुतरां होती है। इस कारण यहां उत्प्रेक्षा अलंकारौचित्य है।

मालविकाग्निमित्र के पांचवे अंक में राजा विदूषक के इस सहर्ष कथन 'तवधृतहस्तकमलया नरेन्द्रलक्ष्म्या वसुमतीव[182]' में उत्प्रेक्षा अलंकार से राजा के हृदय में मालविका के साथ पाणिग्रहणाभिलाष व्यंजित होता है, क्योंकि नरेन्द्रलक्ष्मी नरेन्द्र के साथ ही सुशोभित होती है। कालिदास का यह अभिमत उत्प्रेक्षा अलंकार से सहज रुप में सहृदयों तक संप्रेषित होता है। इस कारण यहां उत्प्रेक्षा अलंकार में औचित्यप्रतीति सुतरां होती है।

अभिज्ञानशाकुंतल के प्रथम अंक में भी उत्प्रेक्षा अलंकार का दर्शन होता है। प्रकृत पद्य में 'पश्यामीव पिनाकिनम्'[183] इस उत्प्रेक्षा अलंकार से महाकवि कालिदास राजर्षि दुष्यंत के लोकोत्तर पराक्रमत्व, वीरत्व, प्रताप-प्रचण्डत्व सततस्मरणीयत्वादि की सुतरां व्यंजना करते हैं। इस प्रकार यहां उत्प्रेक्षा अलंकार का औचित्य परिलक्षित होता है।

द्वितीय अंक में इसका दर्शन राजा दुष्यंत द्वारा अपने मन ही मन में कश्यपसुता शकुंतला का अनुस्मरण कर मृगया के प्रति निरुत्सुक चित्त वाले होकर इस कथन में होता है। यहाँ 'कृत इव मुग्ध विलोकितोपदेश:'[184] इस उत्प्रेक्षा अलंकार से प्रिया शकुंतला और मृगों के गुरु शिष्य संबंध से ये मृग भी पुत्रवत् स्नेहार्ह हैं, न कि बध्य।

यहाँ दुष्यंत द्वारा मृगों के अवध्यार्हत्व इस विशिष्टार्थ की व्यंजना हुई है। इस कारण यहां उत्प्रेक्षा अलंकार का औचित्य परिलक्षित होता है।

रूपकालंकारौचित्य

महाकवि कालिदास ने अपने काव्यों में रूपक अलंकार का भी सुंदर प्रयोग किया है। कुमारसंभव महाकाव्य के प्रकृत श्लोक[185] में कामदेव भूतभावन भगवान शिव के वाहन नंदी बैल के दृष्टिप्रपात से अपने को बचाकर ध्यानमग्न भूतपति के पास पहुंचा। यहां पर दृष्टि को प्रपात के रूप में कवि ने कल्पित किया है। जिस प्रकार प्रपात महा खड्ड में गिरने से व्यक्ति नामशेष ही रहता है; उसी प्रकार नंदी के दृष्टिप्रपात में पड़ने पर कामदेव भी उसी स्थिति को प्राप्त हो जाता। इस विशिष्टार्थ की प्रतीति रूपक अलंकार के प्रयोग से ही हुई है। इस कारण यहां रूपक अलंकार का औचित्य है।

विक्रमोर्वशीय के द्वितीय अंक में भी रूपक अलंकार का मार्मिक प्रयोग हुआ है। प्रकृत वाक्य[186] में चित्रलेखा को देखकर राजा के इस सहर्ष कथन में कि अपनी सखी के बिना तुम मुझे उसी प्रकार आनंद-प्रफुल्लित नहीं कर रही हो, जैसे संगम में यमुना गंगा के बिना।[187] इस पर चित्रलेखा यह कहती है कि पहले मेघच्छटा का दर्शन होता है तत्पश्चात विद्युल्लता का। इससे चित्रलेखा अपने ऊपर 'मेघराजि' का आरोप करके राजा को उसके अभिलाष उर्वशीसंगम का समाश्वासन देती प्रतीत होती है; क्योंकि जिस प्रकार प्रचण्ड आतप से संतप्त परितप्त लोग आषाढ़ के प्रथम दिन में कृष्ण मेघराजि को देखकर आश्वस्त-विश्वस्त होते हैं; उसी प्रकार तुम (राजा पुरूरवा) भी मुझे देखकर धैर्य धारण करो, भरोसा रखो। उर्वशी पर विद्युल्लता के आरोप से उस अप्सरा की दीप्ति, चंचलता, क्षणिक अवस्थिति इत्यादि अनेक व्यंग्यार्थों की अभिव्यंजना होती है। इन अनेकानेक अर्थों की सहृदय-संप्रेषणीयता के हेतु रूप में रूपक अलंकार के होने के कारण यहाँ रूपकअलंकारौचित्य अवलोकनीय है।

इसी प्रकार इसके पंचम अंक में भी प्रकृत[188] स्थल में रूपक अलंकार की मार्मिकता दृष्टिगत होती है। यहां पर राजा पुरूरवा पर नृप-पुंगव का आरोपण किया गया है। इस नृप-पुंगव के आरोप से राजा की पुरुषोचित विशिष्ट सामर्थ्य, अत्यधिक भारवहनक्षमत्व, शक्तिमतत्व, राज्यकार्यभार निर्वहणत्वादि अर्थों की व्यंजना सुतरां होती है। इस अर्थ वैशिष्ट्य की प्रतीति में रूपक अलंकार के सहायक होने के कारण रूपक अलंकारौचित्य है।

अभिज्ञानशाकुन्तल के चतुर्थ अंक में कवि का रूपक अलंकार विषयक मनोहर

प्रयोग कौशल देखने को मिलता है। प्रकृत[189] स्थल में शकुंतला वनज्योत्स्ना लता पर भगिनीत्व का आरोपण कर उसे आमंत्रित करती है। इस आमंत्रण से आश्रम छोड़ कर पतिगृह (ससुराल) जाते समय अपने अचेतन साथियों के प्रति स्नेहातिशय्य, व्यवहार-नैपुण्य आदि विशिष्ट मानवीय गुण उसमें सहज ही परिलक्षित होता है। इन अर्थों की प्रतीति को सहृदय श्लाघ्य बनाने में रूपक अलंकार का महत्वपूर्ण योगदान है। इस कारण यहां रूपक अलंकारौचित्य है।

अभिज्ञानशाकुंतल के तृतीय अंक के प्रकृत[190] स्थल में, विदूषक प्रयुक्त 'पाथेय' पद से राजर्षि दुष्यंत पर प्रेमपथिकत्व का आरोप किया गया है। जिस कारण पाथेय के बिना पथिक पथप्रयाण नहीं करता है। उसी प्रकार तुम भी शकुंतला द्वारा प्रेम पाथेय प्राप्त कर लिए हो। यहां रूपक अलंकार से इस मधुर अर्थ की प्रतीति सुतरां होती है। इस कारण यहां रूपकालंकारौचित्य है।

इसी प्रकार इस के प्रथम अंक में भी रूपक अलंकार की रमणीयता परिलक्षित होती है। प्रकृत वाक्य[191] में पल्लवों पर अंगुलीत्वारोप, केसर पर बालत्वारोप, सखीत्वारोप है। बालत्वारोप, शकुंतला द्वारा पादपों के घट सिंचन कार्य, स्वशिशुवत् लालन-पालन भावोपेत वात्सल्य-स्नेहातिशय्य और सखीत्व के आरोप से शैशव से यौवनपर्यन्त उनके साथ (केसरादि वृक्षों के साथ) विविध क्रीडा के खेलने से उसका सखी भाव सुतरां व्यंजित होता है।

इस अर्थ के चमत्कारी सहृदयहृदयहारी होने के कारण रूपक अलंकार का औचित्य सुतरां स्पष्ट है।

अप्रस्तुतप्रशंसालंकारौचित्य

मालविकाग्निमित्र में अप्रस्तुतप्रशंसा का मार्मिक प्रयोग दृष्टिगत होता है। प्रकृत श्लोक में राजा के विरहजन्य कष्ट अनुभव-विगलित पद्य में परभृता, भ्रमरी, विवुद्धचूतः कोटरम प्रबलपुरोवातया गमिते आदि प्रस्तुत पदों से अप्रस्तुत कोकिलकंठी परंतु दासी मालविका, उसकी सखी बकुलावलिका, मनसिज-अंकुरण, कारागार रूप भंडारगृह, देवी धारिणी की प्रभूत प्रभावशीलता आदि विशिष्यर्थो की व्यंजना होती है। यह व्यंजना हृद्य है। इस कारण यहां अप्रस्तुतप्रशंसा अलंकार का औचित्य सुस्पष्ट है।

'अभिज्ञानशाकुंतल' में भी अप्रस्तुतप्रशंसा का हृद्य प्रयोग परिलक्षित होता है। यहां राजा शकुंतला के मुख को उठाकर चुम्बन लेना चाहता है।[192] परंतु वह उसे ऐसा

करने से विलासपूर्वक रोक लेती है। 'देन कहे नटि जाय' वाली ही स्थिति यहां पर भी है। इसी बीच नेपथ्य में ध्वनि आती है कि चक्रवाक वधू अपने सहचर को अलग कर लो।[193] रात्रि का आगमन हो गया है। 'चक्रवाक वधू' 'सहचर' और 'रात्रि' इन अप्रस्तुत पदों से प्रस्तुत क्रमशः शकुंतला, दुष्यंत, और गौतमी का परिज्ञान होता है। इस विशिष्ट अर्थों की व्यंजना में सहायक होने के कारण अप्रस्तुत प्रशंसा अलंकार का औचित्य दर्शनीय है।

निदर्शनालंकारौचित्य

मालविकाग्निमित्र नाटक के पांचवे अंक में निदर्शना अलंकार का कवि ने बड़ा ही मनोरम प्रयोग किया है। प्रकृत[194] कथन 'चन्दनं खलु मया पादुकोपयोगेन दूषितम्' में चंदन पद से अंतपुर में निवास योग्य मालविका का श्रेष्ठ राजकुलोत्पत्ति, 'पादुकोपयोगेन' पद से चरणसेवा, दासी वृत्ति, तथा 'दूषितम्' पद से महादेवी धारिणी के अज्ञानजन्य प्रायश्चितपरायणत्व आदि विशिष्ट अर्थ व्यंजित होते हैं, अर्थात् जिस राजदारिका मालविका को महलों की रानी, पटरानी के स्थान पर होना चाहिए था, उसे दासी सदृश अनुचित पद पर रखा गया और उससे सेवा कार्य लिया गया। इस प्रकार यहां पर निदर्शना अलंकार का औचित्य सुतरां दर्शनीय है।

इसी नाटक के तृतीय अंक में निदर्शना अलंकार का विदग्ध प्रयोग कवि ने किया है। प्रकृत[195] श्लोक में विधाता द्वारा ललित विधान और शिल्प प्रावीण्यसंपन्न, निसर्ग सौंदर्यशालिनी मालविका के हाथ में काम का विषदग्ध बाण देने के कथन में निदर्शना अलंकार का सहृदय-द्रावक उपन्यास होता है। इस कारण यहां निदर्शना अलंकार का औचित्य दर्शनीय है।

व्यतिरेक अलंकारौचित्य

महाकवि कालिदास ने अपने काव्यों में व्यतिरेक अलंकार का भी सुंदर प्रयोग किया है। रघुवंश महाकाव्य के चतुर्थ सर्ग के प्रकृत[196] श्लोक में दक्षिण दिशा में सूर्य का तेज क्रमशः मन्द होता जाता है, किंतु उसी की दिशा में रघु का प्रताप मंद नहीं होता (और तीव्र होता है) यही नहीं पाण्ड्य देश के राजा महाराजा रघु के तेजस्विता से अभिभूत-पराभूत देखे जाते हैं। इस प्रकार रवि तेज से रघु प्रताप के अधिक्य वर्णन से व्यतिरेक अलंकार सुतरां व्यंजित होता है। इसी कारण यहाँ व्यतिरेक अलंकारौचित्य है।

विक्रमोर्वशीय त्रोटक में भी व्यतिरेक अलंकार का चमत्कार देखने को मिलता

है। प्रकृत श्लोक[197] में आभरण का भी आभरण, प्रसाधन विधि का प्रसाधन विशेष में अंत: पुर स्त्रियों की प्रतीति है। वे सभी उर्वशी के लावण्य प्राचुर्य से अभिभूत हैं। इस प्रकार उपमानभूत 'अंत:पुर सुंदरियों के सौंदर्य' से उपमेयभूत उर्वशी के सौन्दर्याधिक्य वर्णन से व्यतिरेक अलंकार बड़ा ही मनोरम लग रहा है। इसी कारण औचित्य का दर्शन सुतरां होता है।

विरोधालंकारौचित्य

सौंदर्य केवल साम्य में ही नहीं अपितु वैषम्य में भी होता है। जिस प्रकार लोक में वर्ण-साम्य (colour matching) और वर्ण-वैषम्य (colour contrast) नेत्र-प्रिय होता है। उसी प्रकार साहित्य-संसार में भी विरोध अलंकार का स्थान भी प्रिय है। इस अलंकार की औचित्यावहता रघु के द्वितीय सर्ग में परिलक्षित होती है। प्रकृत श्लोक[198] में पांसुल (अपवित्र) को अपासुंल (पवित्र) करने में समर्थ नंदिनी का गरिमागायन करते हुए कवि ने सहज में ही विरोधालंकार का सहृदयावर्जक उपन्यास किया है। इस कारण यहाँ विरोधालंकारौचित्य है। आचार्य मल्लिनाथ ने भी इस अलंकार की व्यंजकता को प्रतिपादित किया है।

मालविकाग्निमित्र नाटक के प्रथम अंक में नान्दी के अंतर्गत महाकवि अपने इष्ट देव के स्मरण में प्रकृत श्लोक[199] का उपन्यास करते हैं। यहां अष्टविध शरीर से संसार को धारण करने पर भी अहंकार शून्य, ऐश्वर्य से युक्त होने पर भी चर्मवसनमात्र धारण करने वाले, स्त्रीसंसक्त देह वाले (अर्थात अर्धनारीश्वर रूप धारण करने वाले) होने पर भी विषयविकाररहित इस मनोरम विरोधालंकार से भक्तों के लिए परमेश्वर की अपार कृपालुता, परिग्राहिता, संयम और निरहंकारातिशयिता इत्यादि महनीय गुणों की व्यंजना होती है। इससे ईश्वर का लोकोत्तरतत्व प्रमाणित होता है। इस प्रकार कवि का यह विरोधालंकार सुतरां औचित्योपेत है।

रघुवंश महाकाव्य के दशम सर्ग में भी विरोध अलंकार की मनोरम छटा देखने को मिलती है। प्रकृत श्लोक[200] में विष्णु की महिमा का मंडन करते हुए महाकवि ने कहा है कि हृदयस्थ होने पर भी अतिदूरस्थ, निष्काम होने पर भी संतप्त करने की सामर्थ्य वाले पुराण (प्राचीन) होने पर भी अजर (चिर युवा) है। इस प्रकार महाकवि ने विविधगुणसम्पन्न भगवान विष्णु का वर्णन करके उनकी अलौकिक शक्ति सामर्थ्य को व्यंजित किया है। इस प्रकार यहां विरोध अलंकार का प्रयोग सुतरां रमणीय है। सहृदय रमणीयता के कारण ही यह औचित्य मंडित है।

समासोक्ति अलंकारौचित्य

मेघदूत पूर्वार्द्ध में समासोक्ति अलंकार का भी हृद्य प्रयोग कवि ने किया है। प्रकृत श्लोक[201] में 'मिथुन' पद से संभोग शृंगार रस की प्रतीति और सर्वत्र मेघ पर नायक व्यवहार प्रतीति से समासोक्ति अलंकार की सहृदयावर्जकता दर्शनीय है।

काव्यलिंग अलंकारौचित्य

मालविकाग्निमित्र नाटक के द्वितीय अंक में काव्यलिंग अलंकार की सहृदयहृदय-हारिता देखते ही बनती है। प्रकृत श्लोक[202] में 'दीर्घाक्षम्' से मालविका के नेत्र प्रांतों नेत्र कोरकों की हरिणी नेत्र सदृश आयत्तता, 'शरदिन्दुकान्तिवदनम् से उसके शरीर की शुक्लता धवलता 'निबिडोन्नतस्तनम्' से उसके उन्नत उरोजों का परिणाह, यौवन परिपूर्णता, 'मध्य पाणिमित' से उसके मध्यक्षामत्व, तन्वंगत्व, नितम्बिजघनम्' से उसके जघनपृथुलत्व, श्रोणिभारत्व, अलसगमनत्व और उपभोगक्षमत्व 'अरालांगुलीपादौ' से उसके चरणों की अंगुलीसंकुचिततत्व के कारण हृदयत्व मनोहरत्वादि विशिष्टार्थ व्यंजित होते हैं। श्लोक के चरणत्रय का चतुर्थ चरण के कारण रूप में उपन्यास है। इसी कारण यहां काव्यलिंग अलंकार है। चतुर्थ चरणस्थ वाक्य में नाट्य गणदास के मन में जैसे छंद स्वयं प्रविष्ट, स्वयं सिद्ध से प्रतीति होते हैं वैसे ही इस मालविका का शरीर स्रष्टा के कर-कमलों से सृजित हुआ है- इस प्रतिपादन से नाट्यगुरु गणदास के आज्ञापालनपरायणत्व, सुयोग्य गुरु की सुयोग्य शिष्या मालविका की नृत्य-प्रवीणता और उसके शरीर के परमाह्लादप्रदायी होने के व्यंग्यार्थ की व्यंजना होती है। इस कारण यहां काव्यलिंग अलंकार का औचित्य दर्शन नितरां सुसंगत है।

अर्थांतरन्यास अलंकारौचित्य

महाकवि कालिदास के काव्य में उपमा अलंकार प्रयोग की रमणीयता सहृदय श्लाघ्यता के पश्चात अर्थान्तरन्यास अलंकार की हृद्यता ही सहृदय समाज को विशेषतः आकृष्ट करती है। इस अलंकार के विदग्ध प्रयोग से कवि के सामर्थ्य समर्थक संबंधों का उचित परिज्ञान तथा लोकसम्मत प्रमाण-पुष्टि माहात्म्य का अनुभव परिलक्षित होता है। यद्यपि कवि ने इसका प्रचुर प्रयोग किया है, लेकिन हर जगह औचित्य का सन्निधान नहीं है।

रघुवंश के आठवें सर्ग में भी कवि ने अर्थान्तरन्यास अलंकार का मनोरम प्रयोग किया है। प्रकृत श्लोक[203] में कहा गया है कि जिस प्रकार तैलनिषेकबिंदु के साथ

दीपार्चि भी पृथ्वी गिरती है, उसी प्रकार करणोज्झित शरीर वाली इन्दुमती ने भी अपने पति अज को पृथ्वी पर गिरा दिया। इसमें 'दीपार्चि' उपमान और इन्दुमती उपमेय तथा तैलबिन्दु उपमान और अज उपमेय हैं। पृथ्वी पर गिरती हुई दीपार्चि समाप्त हो जाती है, परन्तु तैलनिषेक फिर भी रहता है। इसी कारण से इन्दुमती की निष्प्राणता, जीवनसमाप्ति और अज का सप्राणत्व और जीवनशेषत्व व्यंजित होता है। इस मनोरम अर्थ प्रतीति से अर्थान्तरन्यास अलंकार का औचित्य सुतरां सिद्ध होता है।

इस प्रकार इस उन्मेष में कालिदास काव्यस्थ रस, गुण और अलंकार को क्षेमेन्द्र की दृष्टि से परखने का प्रयास किया गया।

संदर्भ

1. शृंगा हि मन्यथोद्भेदस्तदागमन हेतुकः।
   उत्तम प्रकृतिप्रायो रसः शृंगार इष्यते।।
   परोढां वर्जयित्वा तु वेश्यां चाननुरागिणीम्।
   आलम्बनं नायिकाः स्युर्दक्षिणाद्याश्च नायकाः।।
   चन्द्रचन्दनरोलम्बरुताद्युद्दीपनं मतम्।
   भ्रूविक्षेपकटाक्षादिरनुभावः प्रकीर्त्तितः।।
   त्यक्तौग्र्यमरणालस्यजुगुप्सा व्यभिचारिणः।
   स्थायिभावो रतिः श्यामवर्णोयं विष्णु दैवतः।। – साहित्यदर्पण, 3/183–84–85, पृ० 106
2. शृंगार एव मधुरः परप्रह्लादनो रसः। –ध्वन्यालोक, 2/7
3. ऋतुसंहार, 2/11, पृ० 6
4. ऋतुसंहार, 17, पृ० 7
5. वही, 18
6. वही, 2/20, पृ० 7
7. मेघदूत, 1/28, पृ० 30
8. कुमारसंभव, 3/68, पृ० 63
9. वही, 69
10. रघु०, 7/9, पृ० 150
11. माल० 2/3, पृ० 275
12. राजा (उर्वशी विलोक्य).....। अथवा नेयं तपस्विनः सृष्टिरित्यवैमि। –विक्रमोर्वशीयम्, 1/10, पृ० 344
13. राजा (उर्वशीवर्त्मोन्मुखः) अहो दुर्लभाभिलाषी मदनः। –वही, 1/20, पृ० 348
14. अभिज्ञानशाकुन्तलम्, 2/10, पृ० 452
15. अभिज्ञानशाकुन्तलम्, 2/11, पृ० 453
16. ऋतु० 3/7, पृ० 10
17. वही, 3/11

18. मेघदूत, 2/6, पृ० 36
19. कुमार०, 5/24, पृ० 71
20. वही, 5/85, पृ० 75
21. रघु०, 7/22, पृ० 151
22. वही, 11/20, पृ० 184
23. माल०, 4/12, पृ० 312
24. विक्रम०, 3/16, पृ० 383
25. अभिज्ञानशाकुन्तल, 3/18, पृ० 470
26. वही, 3/21, पृ० 470
27. ऋतु, 6/26
28. मेघ०, 2/43, पृ० 41
29. कुमार०, 8/7, पृ० 92
30. वही, 8/9
31. कुमार०, 8/13
32. कुमार०, 8/19, पृ० 93
33. वही, 8/87, पृ० 98
34. वही, 8/88, पृ० 99
35. रघु०, 9/66, पृ० 170
36. वही, 9/47, पृ० 170
37. रघु०, 14/27, पृ० 213
38. वही, 19/27, पृ० 251
39. (विचिन्त्य सकरुणम), क्व नु खलु सा रम्भोरुर्गता स्यात्? तिष्ठेत्.......... कोऽयं विधिः–
    विक्रम०, 4/2, पृ० 390
40. वही, 4/6, पृ० 392
41. अभि०, 7/24, पृ० 554
42. वही, 7/25
43. इष्टनाशादनिष्टाप्तेः करुणाख्यो रसो भवेत्।
    धीरैः कपोत वर्णोऽयं कथितो यमदैवतः।।
    शोकोऽत्र स्थायि भावः स्याच्छोच्यमालम्बनं मतम्।
    तस्य दाहादिकावस्था भवेद्दुद्दीपनं पुनः।
    अनुभावा दैवनिन्दा भूपत क्रन्दितादयः
    ....वैवर्ण्योच्छ्वासनिःश्वास स्तम्भप्रलपानि च।
    निर्वेदमोहापस्मारव्याधिरत्लानि स्मृतिश्रमाः।
    विषादजडतोन्माद चिन्ताद्या व्यभिचारिणः।। –सा०द०, 3/222, 23, 24, 25, पृ० 116
44. कुमार०, 4/26, पृ० 67
45. वही, 4/3, पृ० 65
46. वही, 4/4

47. कुमार०, 4/27, पृ० 67
48. वही, 4/30
49. वही, 4/35, पृ० 67
50. वही, 4/86
51. वही, 4/37
52. रघु०, 8/43, पृ० 160
53. रघु०, 8/46
54. वही, 8/50, पृ० 161
55. वही, 8/56
56. तथेति तस्याः प्रतिगृह्य वाचं रामानुजे दृष्टि पथं व्यतीते।
    सा मुक्तकण्ठं व्यसनाति भाराच्चक्रन्द विग्ना कुररीव भूयः।। –रघु०, 14/68, पृ० 216
57. अथ जानपदो विप्रः शिशुमप्राप्तयौवनम्।
    अवतार्याकशय्यारन्धं द्वारि चक्रन्द भूपतेः।। –वही, 15/42, पृ० 222
58. अभि०शा०, 4/6, पृ० 486
59. विकृताकार वाग्वेष चेष्टादेः कुहकावद् भवेत्।
    हास्ये हास स्थायिभावः श्वेतः प्रमथ दैवतः।
    विकृताकार वाक्चेष्टं यमवलोक्य हसेज्जनः।
    तदत्रालम्बनं प्राहुस्तच्चेष्टोद्दीपनं मतम्।
    अनुभावोऽक्षिसंकोच वदनस्मेरतादयः।
    निद्रालस्यावहित्थाद्या अत्र स्युर्व्यभिचारिणः।। –सा०द०, 3/214–15, 16, पृ० 115
60. माल०मि०, तृतीय अंक, पृ० 297
61. माल०मि०, पंचम अंक, पृ० 333
62. विक्रमोर्वशीयम्, द्विवतीय अंक, पृ० 352
63. विदूषक–आम्। अहमपि प्रार्थयमानो यदा मिष्टहरिणीमांसभोजनं न लभेतदैतत् संकोर्तयन्नाश्वासयाम्यात्मानम् –विक्र०, तृतीय अंक, पृ० 376
64. वही, अंक 3, पृ० 383
65. विक्रमोर्वशीयम्, अंक 5, पृ० 415
66. अभिज्ञानशाकुन्तलम्, अंक 2, पृ० 453
67. मेघदूत, 1/7, पृ० 28
68. कुमारसंभव, 3/45, पृ० 61
69. वही, 3/47, पृ० 62
70. वही, 3/50, पृ० 62
71. रघु०, 7/58, पृ० 155
72. अभि०शा० 6/28, पृ० 538
73. स त्वं मदीयेन शरीरवृत्तिं देहेन निर्वर्तयितुं प्रसीद।
    दिनावसानोत्सुकबालवत्सा विसृज्यतां धेनुरियं महर्षेः।। –रघु, 2/45, पृ० 116

74. लक्ष्यीकृतस्य हरिणस्य हरिप्रभावः
प्रेक्ष्य स्थितां सहचरीं व्यवधाय देहम्।
आकर्णकृष्टमपि कामितया स धन्वी
बाणं कृपा मृदुमनाः प्रतिसंजहार।। –वही, 9/57, पृ० 171

75. अथ भयानकः– भयानको भयस्थायि भावः कालाधिदैवतः।
स्त्री नीचप्रकृति कृष्णो मतस्तत्त्वविशारदैः।।
यस्मादुत्पद्यते भीतिस्तदत्रालम्बनं मतम्।
चेष्टाघोरतरास्तस्य भवेद्दीपनं पुनः।।
अनुभावोऽत्र वैवर्ण्य गद्गद्स्वरभाषणम्।।
प्रलयस्वेदरोमाञ्च कम्पदिवप्रेक्षणादयः।। –साहित्यदर्पण, 3/235–236–237, पृ० 119

76. ऋतुसंहार, 1/19, 22, 26, पृ० 4–5
77. कुमार०, 3/72, पृ० 63
78. रघु, 2/28, पृ० 114
79. रघु०, 3/34, पृ० 123
80. वही, 9/55, पृ० 170
81. वही, 11/28, पृ० 185
82. माल०मि०, 5/10, पृ० 327
83. विक्रम०, 1/4, पृ० 340
84. विक्रम०, 2/22, पृ० 368
85. अभि०शा०, 1/7, पृ० 430
86. वही, 3/24, पृ० 475
87. रघु०, 7/49, पृ० 154
88. वही, 7/50, पृ० 154
89. वही, 7/51, पृ० 154
90. कुमारसंभव, 6/3–4, पृ० 76
91. रघु०, 2/32, 33, पृ० 114
92. रघु०, 5/29, पृ० 136
93. वही, 5/51, पृ० 138
94. माल०मि०, 1/12, पृ० 266
95. विक्रम०, 1/15, पृ० 346
96. अभि०शा०, 7/5, पृ० 543
97. वही, 7/12, पृ० 546
98. कुमार०, 5/16–17, पृ० 70
99. रघु०, 1/49, 50, 51, 53, पृ० 107
100. अभि०शा०, 1/14, पृ० 433
101. बाल्मीकाग्रनिमग्नमूर्त्तिसरसा संदष्टसर्पत्वचा

कण्ठे जीर्णलता प्रतान वलये नात्यर्थ संपीडितः।
अंसव्यापि शकुन्तनीडनिचितं विभ्रज्जटामण्डलं
यत्र स्थाणुरिवाचलो मुनिरसावभ्यर्क बिम्बं स्थितः।। –वही, 7/11, पृ० 545

102. अभि०शा०, 7/35, पृ० 560

103. महीभृतः पुत्रवतोऽपि दृष्टिस्तस्मिन्नपत्ये न जगाम तृप्तिम्।
अनन्तपुष्पस्य मधोर्हि चूते द्विरेफमाला सविशेषसंज्ञा।। –कुमार०, 1/27, पृ० 49

104. निवातपद्मस्तिमितेन चक्षुषा नृपस्य कान्तं पिबतः सुताननम्।
महोदधैः पूर इवेन्दुदर्शनाद् गुरूः प्रहर्षः प्रबभूव नात्मनि।। –रघु०, 3/17, पृ० 120

105. विक्रम0, 5/11, पृ० 415

106. वही, 5/12, पृ० 416

107. अभि०शा०, 4/6, पृ० 486

108. कि नु खलु बालेऽस्मिन्नौरस इव पुत्रे स्निहयति मे हृदयम्।
नूनमपत्यता मां वत्सलयति। –अभि०शा० अंक 7, पृ० 547

109. वही, 7/19, पृ० 549

110. रसस्यांगित्वमाप्तस्य धर्माः शौर्यादयो यथा गुणाः
माधुर्यमोजोऽथ प्रसाद इति ते त्रिधा। -सा०द० 8/1, पृ० 264

111. चित्तद्रवीभावमयो ह्लादो माधुर्यमुच्यते
संभोगे करुणे विप्रलम्भे शान्तेऽधिकं क्रमात्। –सा०द०, 8/2, पृ० 265

112. ओज श्चित्तस्य विस्ताररूपं दीप्तत्वमुच्यते
वीरवीभत्सरौद्रेषु क्रमेणाधिक्यमस्य तु।। –वही, /4

113. चित्तं व्याप्नोति यः क्षिप्रं शुष्केन्धनमिवानलः।
सः प्रसादः समस्तेषु रसेषु रचनासु च।।
शब्दस्तद्व्यंजका अर्थबोधकाः श्रुतिमात्रतः।। –वही, 3/8, पृ० 266

114. माल०मि०, 4/13, पृ० 312

115. कुमार० 8/8, पृ० 92

116. वही, 8/87, 88, पृ० 98–99

117. इदम सुलभवस्तु प्रार्थनादुर्निवारं
प्रथममपि मनो मे पंचबाणः क्षिणोति
किमुत मलयवातोन्मूलिताऽऽपाण्डुपत्रै
रूपवनसहकारैदर्शितेष्वङ्कुरेष ।। –विक्रम०, 2/6, पृ० 354

118. प्रियंवदा– ननु स राजर्षिरितस्यां स्निग्धदृष्ट्या सूचिताभिलाषः एतान् दिवसान् प्रजागरकृशो लक्ष्यते। –अभि०शा०, अंक 3, पृ० 465

119. अभि०शा०, 3/10, पृ० 465

120. रघु०, 4/13, पृ० 66

121. वही, 4/14, पृ० 66

122. वही, 4/21, पृ० 66

123. वही, 8/68, पृ० 162
124. अभि०शा०, 1/14 पृ० 433
125. विक्रम0, 1/17, पृ० 347
126. रघु०, 3/57, पृ० 123
127. माल०मि, 5/10, पृ० 327
128. रघु० 7/50, पृ० 154
129. विक्रम०, 5/19, पृ० 420
130. अभि०शा०, 4/18, पृ० 491
131. माल०मि०, 2/13, पृ० 280
132. मेघ०, 1/6, पृ० 27
133. ऋतु 1/3 पृष्ठ 3
134. वही 1/4
135. प्रकामकामैर्युवभिः सुनिर्दयं, निशासुदीर्घास्वभिरामिताश्चिरम्।
भ्रमन्ति मन्दं श्रमखेदितोरवः, क्षपावसाने नवयौवनाः स्त्रियः।। –ऋतु० 5/7, पृ० 16
136. पयोधरैः कुंकुमरागपिंजरैः सुखोपसेव्यैर्नवयौवनोष्मभिः।
विलासिनीभिः परिपीडितोरसः स्वपन्ति शीतं परिभूय कामिनः। –वही, 5/9
137. सुगन्धिनिः श्वासविकम्पितोत्पले मनोहरं कामरतिप्रबोधकम्।
निशासु दृष्टाः सह कामिभिः स्त्रियः पिबन्ति मद्यं मदनीयमुत्तमम्।। –वही, 5/10
138. वही, 5/11
139. वही, 5/14, पृ० 17
140. वही, 5/15
141. वही, 5/16
142. निवार्यतामालि किमप्यं वटुः पुनविर्वक्षुः स्फुरितोत्तराधरः।
न केवलं यो महतोऽपभाषते शृणोति तस्मादपि यः स पापभाक्।।
–कुमार० 5/83, पृ० 875
143. मेघ०, 2/38
144. माल०मि, 3/8
145. मा०मि०, अंक 5, पृ० 323–24
146. वही
147. बन्दीकृता विबुधशत्रुभिरर्धमार्गे
कुन्दल्यतः करुणमप्सरसां गणोऽयम्।। –विक्रम०, 1/4, पृ० 340
148. विक्रम०, 1/6, पृ० 343
149. वही, 1/20, पृ० 348
150. चित्रलेखा– (राजानं दृष्ट्वा सहर्षम्) सखि। एष खलु
प्रथमोदित इव चन्द्रः कौमुदीमिव त्वां प्रतीच्छति। –विक्रम०, अंक 2, पृ० 357
151. विक्रम०, 5/14

152. वही, 5/21, पृ० 422
153. अभि०शा०, 3/8, पृ० 463
154. वही, 4/1, पृ० 477
155. वही, 4/4, पृ० 482
156. अभि०शा०, 5/5, पृ० 498
157. वही, 5/101, पृ० 499
158. ऋ०, 1/27, पृ० 5
159. रघु० 1/1, पृ० 103
160. वही, 1/11, पृ० 104
161. वही, 1/56, पृ० 107
162. वही, 2/2, पृ० 112
163. रघु०, 1/56, पृ० 112
164. वही, 3/9, पृ० 119
165. वही, 3/17, पृ० 120
166. संचारिणी दीपशिखेव रात्रौ यं यं व्यतीयाय पतिंवरा सा।
नरेन्द्रमार्गाट्ट इव प्रपेदे विवर्णभावं स स भूमिपालः।। –रघु० 6/67, पृ० 148
167. कुमारसंभव, 1/24, पृ० 48
168. वही, 1/25
169. वही, 1/30, पृ० 49
170. कुमारसंभव, 3/54, पृ० 62
171. वही, 3/63, पृ० 63
172. शारद्वत्– जाने भवान् पुर प्रवेशादित्थं भूतः संवृत्तः।
अभ्यक्तमिव स्नातः शुचिरशुचिमिवप्रबुद्ध व सुप्तम्।
बद्धमिव स्वैरगतिर्जनमिह सुखसंगिनमवैमि।। –अ०शा०, 5/11, पृ० 500
173. मेघ०, 1/19, पृ० 29
174. कुमार०, 1/1, पृ० 47
175. वही, 1/39, पृ० 49
176. सर्वोपमाद्रव्यसमुच्चयेन यथा प्रदेशं विनिवेशितेन।
सा निर्मिता विश्वसृजा प्रयत्नोदेकस्थसौन्दर्यदिदृक्षयेव।। –कुमार०, 1/49, पृ० 50
177. रघु०, 9/35, पृ० 169
178. वही, 9/36, पृ० 169
179. वही, 9/37
180. माल०वि०, 1/5, पृ० 263
181. वही, 1/14
182. माल०वि, 5/6
183. अभि०शा०, 1/6

184. वही, 2/3
185. दृष्टिपातं परिहृत्य तस्य कामः पुरः शक्रमिव प्रयाणे।
प्रान्तेषु संसक्तनमेरुशाखं ध्यानास्पदं भूतपतेर्विवेश।। –कुमार०, 3/43, पृ० 61
186. ननु प्रथमं मेघराजिर्दृश्यते पश्चाद् विद्युल्लता। –विक्रम०, अंक 2, पृ० 36
187. न तथा नन्दयसि मां सख्या विरहिता तया।
संगमे दृष्टपूर्वेव यमुना गंगया विना।। –वही, 2/14
188. कुमार– नार्हति तातः पुंगवधारितायां धुरि दम्यं नियोजयितुम्। –विक्रम०, अंक 5, पृ० 419
189. शकुन्तला (स्मृत्वा) तात्! लताभगिनीं वनज्योत्स्नां तावदामन्त्रयिष्ये।
–अभि०शा०, अंक० 4, पृ० 488
190. विदूषक– तेन हि गृहीतपाथेयः कृतोऽसि तथा। कृतं त्वयोपवनं तपोवनमिति पश्यामि।
–अभि०शा०, अंक 2, पृ० 454
191. शकुन्तला– सख्यौ! एष वातैरितपल्लावांगुलीभिस्त्वरयतीव मां केसरवृक्षकः।
–वही, अंक, पृ० 434
192. राजा– कष्टं कष्टम्।
मधुरस्वरा परभृता भ्रमरी च विवुद्धचूतसंगिन्यौ।
कोटरमकालवृष्ट्या प्रबलपुरोवातया गमिते।। –माल०मि०, 4/2, पृ० 301
193. (नेपथ्ये)
चक्रवाक वधूः! आमन्त्रयस्व सहचरम्। उपस्थिता रजनी। –अभि०शा०, अंक 3, पृ० 473
194. कथं राजदारिकेयम्! चन्दनं खलु मया पादुकोपयोगेन दूषितम्।
–मा०मि०, अंक 5, पृ० 326
195. अव्याजसुन्दरीं तां ललितविधानेन योजयता।
परिकल्पितो विधात्रा बाणः कामस्य विषदिग्धः।। –वही, 2/13, पृ० 280
196. दिशि मन्दायते तेजो दक्षिणस्यां रवेरपि।
तस्यामेव रघोः पाण्ड्याः प्रतापं न विषेहिरे।। –रघु०, 4/49, पृ० 130
197. आभरणस्याभरणं प्रसाधनविधेः प्रसाधनविशेषः।
उपमानस्यापि सखे प्रत्युपमानं वपुस्तस्याः।। –विक्रम० 2/3, पृ० 353
198. तस्याः खुरन्यासपवित्रपांसुमपांसुलानां धुरिकीर्तनीया।
मार्गं मनुष्येश्वरधर्मपत्नी श्रुतेरिवार्थं स्मृतिरन्वगच्छत्।। –रघु० 2/2, पृ० 112
199. माल०मि०, 1/1, पृ० 257
200. हृदयस्थमनासन्नमकामं त्वां तपस्विनम्।
दयालुमनघस्पृष्टं पुराणमजरं विदुः।। –रघु० 10/19, पृ० 176
201. छन्नोपान्तः परिणतफलद्योतिभिः काननाम्रै
स्त्वयारूढे शिखरमचलः स्निग्धवेणी सवर्णे।
नूनं यास्यत्यमरमिथुनप्रेक्षणीयामवस्थां
मध्येश्याम स्तन इव भुत्रः शेषविस्तारपाण्डुः।। –मेघ०, 1/18, पृ० 29
202. दीर्घाक्षं शरदिन्दुकान्तिवदनं बाहू नतावंसयोः।

संक्षिप्तं निविडोन्ततस्तनसुरः पार्श्वे प्रमृष्टे इव।
मध्यः पाणिमितो नितम्बिजघनं पादावरालाङगुली
छन्दो नर्तयितुर्यथैव मनसि शिलष्टं तथास्या वपुः।। –माल० 2/3, पृ० 275

203. वपुषा करणोज्झितेन सा निपतन्ती पतिमप्यपातयत्।
ननु तैलनिषेकबिन्दुना सह दीपार्चिरुपैति मेदिनीम्।। –रघु० 8/38, पृ० 160

• • •

पंचम उन्मेष
भाषागत औचित्य विमर्श

1. पद

विच्छित्तिशोभिनैकेन, भूषणनेव कामिनी।
पदद्योत्येन सुकवे ध्वनिना भाति भारती।।

प्रायः सभी आलंकारिकों ने शब्द, अर्थ तथा उनके परस्पर सम्बन्ध एवं शब्द की अर्थ प्रत्यायिका शक्ति का न्यूनाधिक रूप से निरूपण किया है। आचार्य आनन्दवर्धन ने भी कहा है कि प्रतीयमान अर्थ एवं उसे अभिव्यक्त करने में समर्थ शब्द की पहचान प्रत्येक महाकवि को प्रत्यत्नपूर्वक करनी चाहिए।[1] अद्यतन प्रचलित शब्द के ही पर्याय रूप में पद को संस्कृत साहित्य में ग्रहण किया गया है।

महान् वैयाकरण पाणिनी ने सुबन्त तिङन्त को पद संज्ञा से अभिहित किया है– 'सुप्तिङन्तं पदम्'।[2] सुप् जिसके अन्त में हो उसे सुबन्त और तिङ जिसके अन्त में हों उसे तिङन्त कहा जाता है। इस प्रकार स्पष्ट है कि वे पद के 'सुबन्त' और तिङन्त दो भेद स्वीकार करते हैं। निरुक्तकार ने पद के चार भेद नाम, आख्यात, उपसर्ग और निपात माने हैं। किन्हीं विद्वानों ने इन चार भेदों में 'कर्म प्रवचनीय' एक भेद और जोड़ दिया इनकी संख्या पांच तक स्वीकार की है। आचार्य महिमभट्ट ने शब्द के दो मुख्य भेद – पद एवं वाक्य को अंगीकार किया है।[3] इनमें पद के प्रभेदों के अन्तर्गत नाम, आख्यात, उपसर्ग, निपात और कर्मप्रवचनीय का उल्लेख किया है। इसमें नाम सत्वप्रधान अर्थात् सिद्ध वस्तु प्रधान, क्रिया प्रधान या भाव प्रधान आख्यात है। सभी शब्द क्रियावाचक हैं, इस युक्ति से नाम पदों में भी यद्यपि क्रिया शब्दत्व है, किन्तु वहां क्रिया की प्रधानता नहीं होती। क्रिया की प्रधानता होने पर ही आख्यात संज्ञा होगी। उपसर्ग असत्वभूतार्थ है। चादि या स्वरादि अव्ययों की निपात संज्ञा होती है। कर्मप्रवचनीय के प्रयोग का नियमन निपात के समान ही होता है। किन्तु ये लक्षण आदि के बोधक होते हैं। पद का एक भेद नाम भी चार प्रकार का होता है–

जातिवाचक, गुणवाचक, क्रियावाचक और द्रव्यवाचक। घट, पट प्रभृति जातिवाचक, शुक्ल, नील आदि गुणवाचक, पाचक पाठक इत्यादि क्रियावाचक और दण्डी, कपाली आदि द्रव्यवाचक। इनमें परस्पर भेद इनके प्रवृत्ति-निमित्त को लेकर है। किन्हीं आचार्यों ने सभी पदों की प्रवृत्ति का एकमात्र निमित्त क्रिया को माना है। परन्तु यहाँ यह कथ्य है कि वह पदों का व्युत्पत्ति निमित्त ही होती है प्रवृत्ति निमित्त नहीं, क्योंकि पद का प्रकृति-प्रत्यय विभाजन करके अर्थ करने पर वहाँ क्रिया की प्रधानता स्वतः होती है, किन्तु क्रिया व्युत्पत्ति का ही निमित्त होती है प्रवृत्ति का नहीं। व्युत्पत्ति निमित्त से प्रवृत्ति-निमित्त सर्वथा भिन्न होता है। उदाहरणार्थ गच्छति इति गौः की व्युत्पत्ति से 'गो' शब्द का व्युत्पत्ति का निमत्त गमन क्रिया है, लेकिन उसकी प्रवृत्ति का निमित्त तो गोत्व ही है, गमन क्रिया नहीं।

पद विषयक इस संक्षिप्त विवेचन के उपरान्त प्रकृत प्रसंग में सर्वाधिक महत्वपूर्ण आचार्य क्षेमेन्द्र के पदौचित्य के 'पद' शब्द का क्या अभिप्राय है? यह स्पष्ट करना आवश्यक हो जाता है। इस सम्बन्ध में विचार करने पर हम पाते हैं कि उन्होंने 'पद' की कहीं कोई परिभाषा नहीं दी है। ऐसी परिस्थिति में हमारे पास उनके द्वारा पदौचित्य के संदर्भ में उद्धृत श्लोक और उसमें निर्देशित पद का विश्लेषण करके ही उनके अभिप्राय को जानने का साधन अवशिष्ट बचता है। पदौचित्य के संदर्भ में आचार्य क्षेमेन्द्र परिमल कवि के प्रकृत पद्य को उद्धृत करते हैं-

मग्नानि द्विषतां कुलानि समरे त्वत्खंगधारकुले
नायस्मिन्निति वन्दिवाचि बहुशो देवश्रुतायां पुरा।
मुग्धा गुर्जरभूमिपालमहिषी प्रत्याशया पायसः।
कान्तारचकिता विमुञ्चति पत्युः कृपाणे दृशौ।।[4]

क्षेमेन्द्र उपर्युक्त पद्य में 'मुग्धा' पद को औचित्य सम्मत स्वीकार करते हैं। विचारणीय है कि यहां मुग्धा पद क्या है? -क्या वह जातिवाचक, गुणवाचक, क्रियावाचक है या फिर द्रव्यवाचक। इस संदर्भ में यह कहना अनुचित नहीं होगा कि मुग्धा जातिवाचक नहीं क्योंकि मुग्धा कोई जाति नहीं होती, मुग्धा क्रियावाचक भी नहीं क्योंकि मुग्ध करना, गमन क्रियावत् लोक प्रसिद्धि प्राप्त नहीं है। मुग्धा द्रव्य भी नहीं है क्योंकि दण्डित्व और कपालित्व की तरह इसमें द्रव्यत्व नहीं है। तो फिर क्या मुग्धा गुण वाचक है? इसका उत्तर सकारात्मक है क्योंकि विचार करने पर स्पष्टतः परिलक्षित होता है कि मुग्धा को यहां गुणवाचक ही स्वीकार करना उचित होगा। 'मुग्धात्वगुण विशिष्या ही मुग्धा पद का अर्थ लेना युक्तियुक्त, तर्कसंगत एवं अभीष्ट होगा।

इस प्रकार स्पष्ट है कि क्षेमेन्द्र पद से नाम के गुणवाची और द्रव्यवाची रूप को तथा आख्यात (क्रिया) के उस रूप को जो पद के सामान्यत्व को संकेतित करती है– कहना चाहते हैं। अर्थात् नाम का गुणवाची व द्रव्यवाची रूप तथा आख्यात का सामान्यत्व बोधक क्रिया रूप ही आचार्य क्षेमेन्द्र को पद के रूप में स्वीकार्य है।

आचार्य क्षेमेन्द्र की इस मान्यता के आलोक में महाकवि कालिदास के पदों का अनुशीलन करने पर हम पाते हैं कि कपाली, पिनाकी और शूली प्रभृति पद द्रव्यवाची हैं जबकि भव, हर, स्थापु, ईश्वर, शर्व प्रभृति पद आख्यात के सामान्यत्व बोधक क्रिया रूप हैं। दीप्ति शर्मा त्रिपाठी ने अपने निबन्ध सिनानिम्स आफ शिव: मारफालाजिकल एण्ड सेमेंटिक एनेलेसिस[5] में शिव के पर्यायों का विश्लेषण करते हुए शम्भु, शंकर, ईश, ईशान, ईश्वर, शर्व, भर्ग, भव, भीम, सर्वज्ञ, शिव, स्थाणु प्रभृति शब्दों को धातुज (क्रियाजन्य) कहा है। उदाहरण प्रस्तुत करते हुए उन्होंने ईश, ईशान और ईश्वर को एक ही धातु ईश– ऐश्वर्य से निष्पन्न बताया है। इन पदों को उन्होंने 'रुट मारफिम' की कोटि में रखा है। इसी प्रकार शूली, पिनाकी, कपर्दी, कपाली और धूर्जटी प्रभृति पदों को 'नामिनल मारफिम' की कोटि में रखा है। सुश्री त्रिपाठी के इस निबन्ध से भी आचार्य क्षेमेन्द्र की पद सम्बन्धी मान्यता और उसके आलोक में महाकवि कालिदास के पदों के तदगतरूपत्व सम्बन्धी मेरे विचार की पुष्टि होती है।

पदौचित्यः–प्रकृत अर्थ के अवयव के रूप में शोभावर्द्धक, चमत्कारजन्य, सहृदयहृदयावर्जक वर्णों के समूह की संज्ञा पदौचित्य है।

महाकवि कालिदास के काव्यों में पद का औचित्य पदे-पदे परिलक्षित होता है। पद चयन और पद प्रयोग दोनों ही स्तरों पर कवि की औचित्यदर्शिनी प्रतिभा के दर्शन होते हैं। उनके पद अन्वर्थकत्व, सार्थकत्व, साभिप्रायत्व, अभिव्यंजकत्व प्रभृति महनीय गुणाभरणों से मंडित हैं।

ऋतुसंहार के प्रथम सर्ग में प्रकृत[6] श्लोक में प्रयुक्त कामिनीभि:' पद से कवि का अभिप्राय नारी सामान्य नहीं है; अपितु कामसुखप्रदायिनी रमणीय रमणी है, जो कामनाभिभूत है। ऐसी विशेषताओं वाली कामिनियों से ही 'दीरघ दाघ निदाघ' से संतप्त सहृदयों को संतृप्ति मिल सकती है, न कि उक्त सामान्य नारी मात्र से। इस कारण कवि का यह पद प्रयोग औचित्यपूर्ण है।

इसी प्रकार षष्ठ सर्ग में भी 'कान्तामुखद्युतिजुषामचिरोद्गतानां'[7] तथा 'कान्तावियोगपरिखेदिताचित्तवृत्तिः'[8] में प्रयुक्त कान्ता पद भी साभिप्राय है। यहां भी

'कान्ता' पद का अर्थ अभिलषिता प्रेयसी है, स्त्री जाति नहीं। अभिलषिता, मन-मन्दिर-प्रविष्टा प्रेयसी को देखने पर ही चित्त कन्दर्पबाण से व्यथित हो सकता है, इसी के वियोग से चित्तवृत्ति परिखिन्न, परिक्लिष्ट और परिवेदनीय हो सकती है, न कि तथाकथित सामाजिक मर्यादा के कारण सप्तपदी के बन्धन से बाँधी गई अनचाही भार्या के दर्शन से। इस प्रकार यहां कान्ता पद नितान्त औचित्यपूर्ण है।

अखण्ड रस की निर्झरिणी प्रवाहित करने वाले खण्डकाव्य मेघदूत के पूर्वार्द्ध के प्रकृत श्लोक[9] में भी कवि का कान्ता पद प्रयोग मार्मिक है। यहां पर भी √कमु कान्तौ से निष्पन्न 'कान्ता' पद से यक्ष की मनोरथ प्रियतमा अभिलषिता, प्रेमएकायनीभूता यक्षिणी का ग्रहण किया जाता है; क्योंकि यथा-तथा कर्तव्य निर्वाहरुपा भारस्वरूपा भार्या के वियोग से उस तरह का विक्षोभ, वैक्लव्य कदापि संभव न था। यक्ष 'दु:खेन' कृशकाय भार्या-वियोग के कारण नहीं, कान्ता-वियोग के कारण था। इस कारण यहां पदौचित्य है। विरह का गुरुत्व कान्ता के कारण होगा, न कि भार्या के कारण।

इसी में अन्यत्र यक्ष के लिए 'राजराजस्य अनुचर:' के रूप में कहकर कवि ने यक्ष की भोगविलास-ऐश्वर्य सुखादि की अतिशयता और तज्जन्य विरहदु:खाधिक्य को व्यंजित कराया है। इस प्रकार 'राजराज' पद में पदौचित्य है।[10]

अन्यत्र 'धनुष्खण्डमाखण्डलस्य'[11] में आ समन्तात् खंडयति इति आखंडल:' इस व्युत्पत्ति से धनुष के खंडन-विखंडन कार्य के साथ खंडन-कर्म-दक्ष आखंडल पद का उपन्यास कवि के शब्द-चयन नैपुण्य को प्रदर्शित करता है। 'आखंडल' पद में औचित्य है।

मेघदूत के प्रकृत[12] पद्य में प्रणयकुपिता चण्डीरूपा[13] यक्षिणी के प्रसादन के लिए मेघ के जाने से पूर्व महाकाल, क्रोधजयी चण्डीश्वर के मन्दिर जाकर उनका आशीर्वचन लेना यक्षिणी मन: प्रसादन-मनो-मालिन्य-निर्मली-करण संभवत: सहज और सुकर हो जाय, इसलिए कवि ने यक्ष-मुख से यहाँ शिव, त्रयम्बक, शंकर, पिनाकी आदि पदों की जगह इस 'चण्डीश्वर' पद का प्रयोग करवाया है; जो कि औचित्यावह है।

मेघदूत के प्रकृत[14] पद्य में भी कवि वीर शैव या लिंगायत शैव संप्रदाय के तांत्रिक-क्रिया रूपों के आराध्य रूप में पशु स्वभाव-प्रियता गजाजिन की स्वाभाविक इच्छा आदि गुणों को प्रकट करने के लिए शिव, स्थाणु प्रभृति पदों की जगह 'पशुपति' पद का प्रयोग किया है, जो कि औचित्योपेत है।

ऋतुसंहार के प्रकृत[15] पद्य में भी 'चन्द्रः' पद √चदि आह्लादे से निष्पन्न है। इस प्रकार आह्लादक धर्म के कारण चन्द्र संज्ञा है। संयोग काल में जो वस्तुएं सुख प्रदायिनी होती है, वियोग काल में वहीं वस्तुएं अतिशय दुःख देने लगती है। यथा– आह्लादक चन्द्र भी प्रिय–वियोग में अंगनाओं को अत्यधिक दग्ध करता है। इस कारण 'चन्द्र' के आह्लादकता गुण के वियोग काल में वैपरीत्य अभिव्यंजनार्थ ही कवि ने यहां चन्द्र पद का प्रयोग किया है।

मेघदूत उत्तरार्द्ध में 'चन्द्रपादैः' और 'चन्द्रकान्ताः'[16] में 'चन्द्र' पद का प्रयोग द्रष्टव्य है। सुरतजनित ग्लानि को दूर करने, उसे आह्लादक बनाने में इस गुण युक्त चन्द्र पद के अतिरिक्त और कौन सा पद उपयुक्त होता? शशि, निशाकर प्रभृति पदों में प्रकृत प्रसंग में सहृदय हृदय–आवर्जन की शक्ति कहाँ है? इस कारण इस पद में औचित्य है।

इसी प्रकार इस पद्य में भी 'कामिनः'[17] पद साभिप्राय है। काम–विह्वलकन्दर्पदर्पदलन–असमर्थ मनुष्य ही, कामीजन ही, आलिंगन सुरतोपभोगादि के लिए वनिताओं, कामिनियों की तलाश में उपवन में प्रयास करेंगे न कि इन भावों से विरक्त।

अन्यत्र 'शशिनि' पद का प्रयोग भी कवि ने सप्रयोजन किया है। वह इस पद प्रयोग से चन्द्रमा में शश–लांछन–कलंक, अवगुण प्रदर्शन ही कवि को अभीष्ट है। संभवतः इसी कलंकी शशि की कालिमा के कारण षोडश कला पूर्ण पूर्णेन्द्रमुखी यक्षिणी की वक्त्रच्छाया का सादृश्य यक्ष को लक्षित नहीं होता। इस कारण यहां पदौचित्य है।

मेघदूत पूर्वार्द्ध के प्रकृत[18] पद्य में भी प्रयुक्त 'शूलिनः' पद से कठोर तपस्वी से प्राप्त आशीर्वचन की प्रभावातिशयता, जो अवितथ–निश्चित फल प्राप्ति में सहायक होगा, के व्यंजनार्थ कवि ने यहां शिव के लिए इस पद का प्रयोग किया है। इस कारण यहां पदौचित्य है।

इसी के उत्तरार्द्ध में प्रकृत पद्य[19] में कवि विष्णु को कुबेर से भी अधिक प्रभावशील–क्योंकि जहाँ कुबेर केवल यक्ष–यक्षिणी का शाप प्रभाव से वियोग करा सकता है, वहां शार्ङ्गपाणि (विष्णु) उन दोनों का संयोग–संगम कराने में समर्थ हैं। इसलिए उनका कृपा–अर्जन कुबेर से भी अधिक कठोर होगा; बताया गया है। इस विशिष्टार्थ की अभिव्यंजना के लिए ही कवि ने 'शार्ङ्गपाणि' पद का प्रयोग किया है।

मेघदूत पूर्वार्द्ध में प्रकृत[20] पद्य के 'धनपति क्रोधविश्लेषितस्य' का 'धनपति'

पद साभिप्राय हैं। यहाँ कवि कुबेर के धन-प्राचुर्य से गर्वोद्धता, अंहकारमन्यता, घमण्ड विद्यमानता आदि गुणों को अभिव्यंजित कराना चाहता है, क्योंकि सौमनस्य युक्त सज्जन व्यक्ति अपराध को क्षमा कर देता है; परन्तु घमंड में चूर व्यक्ति ऐसा नहीं करता। इस प्रकार निरपराध यक्ष को कुबेर का शाप धनमद के प्रभाववश है। इस कारण यहां इस पद में औचित्य सुस्पष्ट है।

यहां[21] 'जीमूतेन' पद भी साभिप्राय है। 'जीवनं उयते बद्धयतेऽनेनेति जीमूतः इस निरुक्ति से जीमूत की प्राणसंधारणक्षमता अभिव्यक्त होती है। जिस प्रकार जीमूत प्राणसंधारणक्षम; है उसी प्रकार यक्षिणी भी यक्ष का जीवन है। वह उसे 'तां जानीथाः परिमित कथां जीवितं मे द्वितीयम्[22] कहता भी है। इससे कवि द्वारा मेघ, बादल, प्रभृति पदों के बजाय जीमूत का प्रयोग हृद्य है। इस कारण यहां पदौचित्य है।

कुमारसंभव महाकाव्य में भी पदौचित्य का दर्शन होता है। इसके पंचम सर्ग में महेन्द्रप्रभृतीनाधिश्रिय चतुर्दिगीशानवमत्य मानिनी[23] में 'मानिनी' पद साभिप्राय है। अपने मान-सम्मान और स्वाभिमान को सर्वोपरि रखने वाली, अपनी इच्छा को वरीयता देने वाली पार्वती, जो अन्य राजाओं को परिणय के अयोग्य समझकर, अपने अभिलाष पिनाकी को वरण करना चाहती है, के लिए यह 'मानिनी' पद नितान्त उपयुक्त है।

इसी महाकाव्य के षष्ठ सर्ग में भी 'कन्येयं कुलजीवितम्'[24] में कन्या पद साभिप्राय है। यहाँ परिणयपूर्व विवाहयोग्य कान्ति, तेज गुणों से युक्त पार्वती के लिए कन्या पद नितान्त औचित्यपूर्ण है।

इसी सर्ग के प्रकृत श्लोक[25] के 'तनयाम्' पद में भी औचित्य है। 'तनोति कुलम् इति तनया' इस व्युत्पत्ति से विचार करने पर हिमालय-कुल और शिव-कुल में संबंध स्थापन-संभावना प्रकटन-के कारण कुल-विस्तार के संकेतक रूप में 'तनया' पद सुतरां हृद्य है। इसका स्पष्टीकरण 'शैलराजकन्या' से 'त्रिलोचन वधू' संज्ञा से भी हो जाता है।

इसी प्रकार 'दुहितृस्नेहविक्लवाम्'[26] का 'दुहितृ' पद भी सार्थक प्रतीत होता है। 'दूरे हिता' दुहिता इस व्युत्पत्ति से कन्या के विवाह के पश्चात् उसका हित-अनहित पितृकुल से दूर पतिकुल से सम्बद्ध हो जाता है। इस पतिकुलसम्बद्धत्व और दूरहितत्व के अवबोधनार्थ ही कवि ने इस पद का प्रयोग किया है।

कुमारसंभव के सप्तम सर्ग में भी औचित्य का दर्शन होता है। प्रकृत[27] श्लोक

में कृशानु की प्रदक्षिणा के पश्चात् विवाह के पवित्र बन्धन में बँधे शिव और पार्वतो की चिरन्तन-संपृक्तता, 'अद्वैतं सुखदु:खयो: सर्वास्वस्थासु यत्' इस श्लोक चरण के भावों से ओत-प्रोत आजीवन-अवियुक्तता आदि मार्मिक अर्थो की प्रतीति के लिए ही कवि ने मिथुन पद का प्रयोग किया है।

इसी सर्ग में अन्यत्र[28] 'दम्पती' पद का प्रयोग भी सार्थक है। यहां कवि ने शिव और पार्वती के द्वयत्व, युगलत्व, मिथुनत्वादि विशिष्टार्थो की व्यंजना के लिए ही उक्त पद का प्रयोग किया है।

कुमारसंभव के अष्टम सर्ग में 'दक्षिणेतर भुज व्यापाश्रयां व्याजहार सहधर्मचारिणीम् में प्रयुक्त 'सहधर्मचारिणी'[29] पद से शिव और पार्वती की मनोनुकूलता– 'तव चित्त च मम चित्तं एकमस्तु' से एक दूसरे के सुख-दु:ख में सहभागिता प्रभृति अनेक व्यंग्यार्थो का सहृदय-पाठक को अनुभव होता है। इस कारण यहां पदौचित्य है।

रघुवंश महाकाव्य के द्वितीय सर्ग में भी पदौचित्य का दर्शन होता है। 'दोहावसाने पुनरेव दोग्ध्रीं 'भेजे भुजोच्छिन्नरिपुर्निषण्णाम्'[30] में दोग्ध्रीं पद के प्रयोग से कवि नन्दिनी के कामधेनुत्व - सर्वकामनापूरणक्षमत्व के व्यंजनार्थ किया है। दोग्ध्री पद में औचित्य दर्शनीय है।

इसी सर्ग के प्रकृत श्लोक[31] में 'गौ:' पद √गा स्तुतौ से निष्पन्न है। यह पद प्रयोग निरभिप्राय नहीं, साभिप्राय है। इससे केवल 'स्तुत्यत्व' महनीयत्व – इस विशिष्टार्थ के व्यंजनार्थ किया गया है। इसी कारण 'गौ' पद में औचित्य द्रष्टव्य है।

इसी प्रकार 'प्रजानाथ' पद के प्रजा रक्षक होने से उनके ऐश्वर्य की अतिशयता को व्यंजित कर रहा है। 'प्रजाया: नाथ:' इस षष्ठी तत्पुरुष विग्रह में उत्तर पद नाथ √नाथृ नाधृ याञ्चोपतापैश्वर्याऽऽशी:षु' धातु से निष्पन्न है, जो कि ऐश्वर्य अर्थ में भी पठित है। इस कारण यहां पदौचित्य है।

इसी प्रकार 'पाति रक्षति इति पिता' इस व्युत्पत्ति से रक्षण कार्य-संपादन से महाराज दिलीप के लिए पिता पद नितान्त औचित्यपूर्ण है।

रघुवंश के षष्ठ सर्ग में 'मनुष्यवाह्यं चतुरस्रयानम अध्यास्य कन्या परिवारशोभि[32] में कन्या पद प्रयोग साभिप्राय है। युवावस्था में वर्तमान, विवाहपूर्व पतिंवरा इन्दुमती के लिए कन्या पद-प्रयोग नितरां औचित्यपूर्ण है।

इसी सर्ग में अन्यत्र 'प्राक्सन्निकर्षम् मगधेश्वरस्य नीत्वा कुमारीमवदत् सुनन्दा'[33] प्रयुक्त कुमारी पद में पदौचित्य है, क्योंकि यह पद इन्दुमती की विवाह-पूर्व-कौमार्यत्व को व्यंजना नितरां करता है, जो सहृदय-श्लाघ्य है।

इसी प्रकार अन्यत्र[34] 'असौ' सर्वनाम पद से इन्दुमती के लिए मगध के राजा के विप्रकृष्यर्थ बोध से सम्बन्ध में असम्बन्धार्ह-अवरणार्ह मागध नृप हैं। इस विशिष्टार्थ की सहृदयहृदयहारी व्यंजना कराने के कारण पदौचित्य है।

कुमारसंभव के पंचम सर्ग के प्रकृत[35] पद्य में शंकर के लिए कवि ने सौन्दर्याकर्षक 'पिनाकी' पद की जगह 'कपाली' पद का साभिप्राय प्रयोग किया है; क्योंकि यहां वह उससे जुगुप्सा-घृणा, अशुचिता, अपवित्रता, अस्पृश्यता, वीभत्स प्रभृति विशिष्टार्थो को लक्षित कराना चाहता है; और इस प्रकार विद्रूप अमंगल शिव को पार्वती के वरण के लिए हेय, त्याज्य और अयोग्य बताना चाहता है। इस प्रकार यहाँ कपाली पद का प्रयोग सुतरां औचित्यावह है।

रघुवंश के द्वितीय सर्ग में भी 'जायाप्रतिग्राहितगन्धमाल्याम्'[36] में 'जाया' पद का साभिप्राय प्रयोग है। 'जननात् जाया' इस व्युत्पत्ति से जाया पद से सुदक्षिणा का पुत्र जनन सामर्थ्य ध्वनित करना ही कवि प्रयोजन था। कहना पड़ेगा कि कवि अपने इस प्रयोजन में नितान्त सफल रहा है। जाया पद औचित्य गुण से युक्त है।

रघुवंश के चौदहवें सर्ग के प्रकृत श्लोक[37] में सीता द्वारा राम के लिए प्रयुक्त 'राजा' पद से उनके 'राजत्व' गुण का आधिक्य और पतित्व गुण का अभाव लक्षित होता है। इसी कारण यहां पदौचित्य है।

मालविकाग्निमित्र नाटक के प्रथमांक में प्रकृत[38] श्लोक में प्रयुक्त 'बाला' पद के बाल स्वाभाव - चापल्याततिशय्य, वाल्यावस्था में वर्तमान होने के कारण जिज्ञासा और कौतूहल की सहज प्रवृत्तियों से युक्त होने के कारण सीखने में दुर्दम्य इच्छोपेत कला सीखने में स्वभाविक रुचि प्रियता और उसे सहज हृदयंगम करने तथा उसमें प्रावीण्योपलब्धि आदि अनेक विशिष्यर्थो की व्यंजना करता है। इस कारण यहां पदौचित्य है।

इसी नाटक के चतुर्थाकं में विदूषक प्रयुक्त 'विडालपरिगृहीताया परभृतिकाया:'[39] में परभृतिका' पद साभिप्राय है। इससे मालविका के परभृतत्व- दूसरों के द्वारा भरण-पोषण-अर्हत्व व्यंजित होता है इससे मालविका की हतभाग्यता, दयनीयता, शोचनीयता प्रभृति अर्थो का परिज्ञान होता है, क्योंकि हम देखते हैं कि वह देवी धारिणी और इरावती की दया पर ही निर्भर है। इस कारण यहाँ पदौचित्य है।

विक्रमोर्वशीय त्रोटक के प्रथम अंक में अमृतं खलु ते वचनम्। अथवा चन्द्रामृतमपि[40] 'उर्वशी के इस कथन में राजा पुरुर्वा के न केवल दर्शनीयत्व गुण अपितु उसके सकलजनआह्लादकत्व गुण का भी ध्वनन होता है। इस कारण यहाँ पदौचित्य है।

विक्रमोर्वशीय के प्रथम अंक में भगवान शिव के लिए 'स्थाणु' पद का प्रयोग करके कवि ने नायिका के विरह में नायक अग्निमित्र भी स्थाणुवत् स्थिर निश्चल स्थित हो गए हैं। नायक अग्निमित्र का जीवन नायिका मालविका के वियोग में सर्वथा नीरस हो गया है। इस विशिष्टार्थ की सुतरां व्यंजना करायी है।

मालविका और इरावती के लिए चतुर्थ अंक में विदूषक के 'सा खलु तपस्विनी तया पिंगलाक्ष्या'[41] इस कथन में 'तपस्विनी' और 'पिंगलाक्ष्या' दोनों पद साभिप्राय है। जहां तपस्विनी पद से मालविका की दयनीया अवस्था व्यंजित होती है वहीं 'पिंगलाक्ष्या' पद से ईर्ष्या-क्रोधाभिभूता पिंगलवर्णी इरावती के प्रति निन्दा भाव की व्यंजना कराई है।

इसी प्रकार अन्यत्र प्रकृत श्लोक[42] में 'आयतलोचनानाम्' पद से मालविका के दृष्टि चारुत्व को अभिव्यंजित किया गया है। मालविका के आयतलोचनत्व पर राजा अग्निमित्र मुग्ध है। यहाँ पर पदौचित्य द्रष्टव्य है।

मालविकाग्निमित्र पंचम अंक में मालविका के डाकुओं द्वारा लुट जाने की कथा सुनने के पश्चात् राजा अग्निमित्र की उसके प्रति चरित्रगत टिप्पणी के रूप में प्रकृत श्लोक[43] उपन्यस्त है। इसमें मालविका के लिए 'सती' पद का प्रयोग है। इससे उसकी उच्च कुल में जन्म और सौन्दर्यादि गुणों से प्रशस्त होने और इस प्रकार परहस्तदूषणरहितत्व का प्रमाण-पत्र प्रदान करने के लिए, इन विशिष्टार्थों की व्यंजना के उद्देश्य से कवि ने सती पद का प्रयोग किया है।

अभिज्ञानशाकुन्तल द्वितीय अंक में प्रकृत श्लोक नैतच्चित्र ...... नगरं च व्रजे"[44] में 'नगर' पद से भुजाओं की अतिदीर्घता सूचित की गई है और नगर-परिघा की उपमा से शत्रुविजय में असाधारण क्षमता भी व्यंजित है। इस कारण यहाँ पदौचित्य है।

इसी में अन्यत्र[45] 'चपलोऽयं वटुः' पद निन्द्य अर्थ में ही प्रयुक्त हुआ है इससे अल्पवयस्कत्व और वाच्यावाच्यादिविवेकशून्यत्व आदि विशिष्टार्थ व्यंजित हुए हैं। इस करण 'वटुः' पद में औचित्य है।

अभिज्ञानशाकुन्तल के तृतीय अंक में कण्व-शिष्यों के 'अहो महाप्रभावो राजा दुष्यन्त"[46] इस कथन में राजा पद से नृप दुष्यन्त के दुष्ट-निग्रह शिष्यनुरंजनादि गुणों की अभिव्यक्ति सुतरां होती है इस कारण यहाँ पदौचित्य है।

इसी अंक में अन्यत्र प्रियंवदा और अनुसूया के 'हला! अपि सुखयति ते नलिनी

वात:[47] नलिनी पद से वात का शैत्यातिशय अभिव्यंजित हुआ है। इस कारण 'नलिनी' में पदौचित्य है।

इसी अंक में अन्यत्र [48]शकुन्तला के लिए 'बाला' पद का प्रयोग किया गया है। इससे मुग्धात्व, अबोधत्व, छलप्रपंचरहितत्व, कैतवानभिज्ञत्व प्रभृति अर्थ लक्षित होते हैं जिससे उसका सत्य वचन-व्यवहारपरायणत्व व्यंजित होता है। इस कारण यहाँ 'बाला' पद में औचित्य सुतरां दृष्टिगत होता है।

अभिज्ञानशाकुन्तल के प्रथम अंक में प्रमदा:[49] पद भी साभिप्राय है। प्रकृष्टो मदो रूपसौभाग्यजनित विकारो यासां ता: प्रमदा: 'यहाँ प्रमदा' शब्द से शाकुन्तला का ग्रहण किया गया है। उसके रूप-यौवन-सौभाग्यादि मदों से युक्त होने के कारण आकर्षक और अभिलषणीय होने की व्यंजना कराना ही कवि को अभीष्ट था। इस कारण यहाँ पदौचित्य है।

इसी अंक में अन्यत्र 'क: पौरवे....कन्यासु'[50] में वसुमतीम्' पद से 'रक्षायोग्यत्व तथा 'तपस्वि' पद से अत्यन्त-असंभाव्य-अविनयस्थानत्व व्यंजित होता है। इस कारण इन पदों में औचित्य सुतरां दर्शनीय है।

इसी अंक में अन्यत्र अनुसूया के किन्निमित्तं-वा सुकुमारतरोऽपि तपोवनगमन्परिश्रमस्यात्मपदम् उपनीत:[51] यहाँ पर 'तपोवन' पद से दुष्यन्त के नात्यधिकप्रयोजनत्व व्यंजित कराने के अभिप्राय से महाकवि ने प्रयोग किया है।

अभिज्ञानशाकुन्तल के प्रथमांक के अंत में 'गच्छति ....नीयमानस्य'[52] में चीन पद से चित्त की अतिशय चंचलता व्यंजित हो रही है। इस कारण यहाँ भी पदौचित्य है।

अभिज्ञानशाकुन्तल के तृतीय अंक में तव कुसुम शरत्वं ..... वज्रसारीकरोति[53] में कुसुम शब्द से कोमलातिशयता व्यंजित की गई है। इस कारण यहाँ पदौचित्य है।

इसी प्रकार अन्यत्र 'स्तनन्यस्तो शरीरं ....युवतिषु' यहा पर स्तनों के तापाधिक्य की व्यंजना के लिए कवि ने हृदि-न्यस्ता' न कहकर' स्तनन्यस्ता' कहा है।

अन्यत्र राजा के कथन कि शीतलै...... पदमृताम्रौ[54] में नलिनी पद से सौगन्ध्यातिशयत्व व्यंजित कराने के लिए कवि ने उसके पर्याय विसिनी, कमलिनी आदि का प्रयोग नहीं किया है। यहाँ 'नलिनी' में पदौचित्य है।

अभिज्ञानशाकुन्तल के तृतीय अंक में अन्यत्र [55]'मुहुरंगुलिसंवताधरोष्ठं चुम्बितं तु राजा के इस कथन में 'पक्ष्मलाक्ष्या:' पद से शकुन्तला के चुम्बन के प्रयास में

अक्षि-पक्ष्म-सौन्दर्य की अतिशयता की व्यंजना कराना कवि का उद्देश्य है। इस कारण यहाँ पदौचित्य है।

इसी अंक में तस्याः पुष्पमयी...... शून्यादपि[56] यहाँ पुष्पमयी पद से शय्या के कोमलातिशयत्व का विशिष्टार्थ पाठकों को कवि संप्रेषित करना चाहता है, नहीं तो वह उसकी जगह पल्लवमयी, कुड्मलमयी आदि का भी प्रयोग कर सकता था।

अभिज्ञाशाकुन्तल के चतुर्थ अंक में 'कमलिनी'[57] पद से 'कमलसंयोगत्व' शकुन्तला दुष्यन्तसंगमत्व की व्यंजना कराने के लिए ही कवि ने विसिनी, नलिनी आदि पदों का प्रयोग नहीं किया है।

अभिज्ञानशाकुन्तल के प्रथम अंक में प्रकृत श्लोक[58] में ईश पद से प्रत्यक्ष या परोक्ष रूप से शाकुन्तल के रक्षा-सामर्थ्य की अभिव्यंजना कराई गई है।

इसी अंक में अन्यत्र आपारितोषात्......चेतः[59] में 'चेतः 'पद से मन की चिन्तनशीलता की अभिव्यंजना कराई गई है।

अभिज्ञानशाकुन्तल के द्वितीय अंक में विदूषक प्रयुक्त तापसकन्यका[60] पद निन्दा बोधक है, जिससे शकुन्तला को जन्म, रूप और वेष इन तीनों ही दृष्टियों से अयोग्य व हेय बताने के अभिप्राय से ही विदूषक के मुख से तापसकन्यका' पद का प्रयोग कवि ने करवाया है।

अभिज्ञाशाकुन्तल के द्वितीय अंक के प्रकृत श्लोक काम प्रिया ......कुरुते।[61] में 'प्रिया' पद को प्रीणाति इति प्रिया इस व्युत्पत्ति से इसका प्रयोग अन्वर्थक है, क्योंकि जो प्रिय होता है, उसी के मिलने पर हर्ष और न मिलने पर विषाद होता है। नहीं तो दुनिया के सफ़र में हजारों लोग रोज मिलते हैं, बिछुड़ते हैं, कौन किसी के मिलने से हर्ष या बिछुड़ने से विषाद अनुभव करता है? इस करण यहाँ प्रिया पद में पदौचित्य है।

अभिज्ञानशाकुन्तल के द्वितीय अंक में सुरयुवति संभव......नवमालिकाकुसुमम्[62] में 'सुरयुवति' पद से शकुन्तला के दिव्य और सर्वायवसौन्दर्य की अतिशयता की मार्मिक व्यंजना कवि ने कराया है।

इसी अंक में 'तपस्विनः' पद से विषय-वासनाओं से विमुख होने के करण उनकी अरसिकता, हृदयहीनता को कवि व्यंजित कराना. चाहता है। इस कारण यहाँ पदौचित्य है।

इस प्रकार कवि के काव्यानुशीलन से उनके पद-प्रयोग में औचित्य-प्रावीण्य से अभिभूत हुए बिना नहीं रहा जाता है।

वाक्य

वर्णसमुदाय पदम्। तत्समुदायो वाक्यम्। अर्थात् वर्णो का समुदाय पद है और उन पदों का समुदाय वाक्य है। –ध्वन्यालोक लोचन, पृष्ठ 33

वाक्यं स्याद्योग्यताकंक्षा सत्तियुक्तः पदोच्चयः – सा.द. पृ०24

योग्यता, आकांक्षा और आसत्ति युक्त पदों का समूह 'वाक्य' कहलाता है।

वाक्यौचित्य– क्षेमेन्द्र के अनुसार 'वाक्यौचित्य'की स्थिति वहाँ होगी, जहाँ वाक्य में प्रयुक्त सारे पद रस के अनुकुल अर्थ की अभिव्यंजना कराने में अहम अहमिकया परस्पर स्पर्धा कराने में सक्षम हों, जिससे वाक्यार्थ प्राणवन्त व जीवन्त हो जाय वाक्यौचित्य की पहचान है। वाक्यार्थः सजीव इव अवभासते, अर्थात् जीवन स्पन्दनशील वाक्यार्थ।

दूसरे शब्दों में नायक नायिका की प्रकृति के अनुरूप काव्यरसिकों को रुचिकर लगने वाले 'वाक्य' ही 'वाक्यौचित्य' की संज्ञा से विभूषित होगा।

कालिदास के काव्य में पदों का चयन और उनका विनियोजन इतने उत्तमोत्तम ढंग से किया गया है कि उनका सौन्दर्य हठात् ही सहृदय को आकर्षित करता है। महाकवि के श्रव्य या दृश्य किसी भी काव्य में वाक्य सहज अर्थ के बोधक हैं। उनमें कही भी क्लिष्टता और शिथिलता के दर्शन नहीं होते। कवि कुलगुरु ने अपने शब्द–तंतुओं से वाक्य–वस्त्र की बुनावट इतनी मँजी हुई, इतनी कसी हुई की है कि किसी को किसी भी प्रकार से उँगली उठाने का अवसर ही नहीं मिलता। उन्होंने प्रसंग, अवसर और परिस्थिति के अनुकूल अपने वाक्यों को ओजोगुण विशिष्ट, प्रसाद गुण सम्पन्न और माधुर्य गुण–संसक्त किए हैं। जहाँ कवि के श्रव्य काव्यों में उक्त तीनों ही गुणों से युक्त वाक्य दृष्टिगत होते हैं, तो वहीं पर दृश्य काव्यों में भी। परन्तु किंचित अन्तर यह है कि दृश्य काव्य के अन्तर्गत नाटकीय संवादों में असमासबहुल, रसप्रतीति–विघातक–विनाशिनी प्रसादगुणविशिष्ट पदावली ही प्रायः परिलक्षित होती है।

महाकवि कालिदास के यौवन सुलभ, प्रेमाभिव्यक्ति प्रधान कृति 'ऋतुसंहार' के ग्रीष्म वर्णन के पर्यालोचन से विदित होता है कि कवि ने जहाँ गीष्म की प्रचण्डता, भीषणता, भयावहता को व्यंजित कराना चाहा है। वहाँ पर प्रचण्डसूर्यः[63] निदाघकालः "असह्यवातोद्धरेणुमण्डला प्रचण्डसूर्यातपतापिता[64] 'विशुष्ककंठोद्गतसीकराम्भसी' 'गर्भस्तिभिर्भानुमतोऽनुतापिताः[65] प्रवृद्धतृष्णोपहता आदि वाक्यों में ओजोगुणविशिष्या समास बहुल पदावली का अवलम्बन किया है, वही पर इसी सर्ग में मधुर आह्लादक

शृंगार रस की व्यंजना कराने के लिए 'सुवासित' 'प्रिये' 'सरसं' 'चन्द्रं' 'यान्ति' 'जनस्य' 'मदनस्य' 'निशीथे' 'अनुभवन्ति' 'कामिन:' 'मनोहर' 'मधु[66]' 'स्तेनषु' 'प्रमदा:' 'सयौवना[67]' 'मन्मथ:' सवल्लकोकाकालिगोत निस्वन[68]: आदि प्रसाद गुणोपेत वाक्यों का सृजन करते हैं।

ऋतुसंहार के द्वितीय सर्ग में 'प्रावृड्वर्णनम्' के प्रसंग में' घन घमण्ड नभ गर्जत घोरा' की भाँति भयोत्पादक ध्वनि उत्पन्न करने के लिए कवि ने ससीकराम्भोधरमत्तकुंजरस्तडित्पताकोऽशानिशब्दमर्दल: [69]जैसे समास बहुल वाक्यों का विन्यास किया है, किन्तु जहाँ सहृदय को 'द्राक्षापाक' प्रदान करना है, वहाँ पर स्तनैः सहारैर्वदनैः ससीधुभि: स्त्रियो रतिं संजनयन्ति कामिनाम्[70] वहन्ति वर्षन्ति नदन्ति भान्ति रुदन्ति नृत्यन्ति समाश्रयन्ति, नद्यो घना मतगजा वनान्ता प्रियाविहीना: शिखिन: प्लवंगमा:[71] श्रुतिमधुर, कर्णपेय पदावली निर्मित वाक्यों का प्रयोग करते हैं। इसी प्रकार इसके षष्ठ सर्ग में वसन्त वर्णन के प्रसंग में भी माधुर्यगुण संपन्ना पदावली में निर्मित वाक्यों कान्तामखद्युतिजुषामचिरोद्गतानां' 'कन्दर्पबाणपतनं व्यथितं हि चेत: '[72]प्रागेव रागमलिनानि मनांसि यूनाम'[73] कन्दर्पदर्पशिथिलीकृतगाम यष्टय: 'मासे मधौ मधुरकोकिलभृंगनादै:' नार्यो हरन्ति हृदयं प्रसभं नराणाम्'[74] नेत्रे निमीलयति रोदिति याति शोकं'[75] कलकिसलयकान्तिपल्लवैविद्रुमाभै:[76] 'कनककमलकान्तैराननै:'[77] में औचित्यदर्शन सुतरां होता है।

मेघदूत में भी वाक्यों का औचित्यपूर्ण नियोजन किया गया है। यक्षेश्वरों की नगरी अलका के अतिशय ऐश्वर्य, समृद्धि का वर्णन करते समय कवि ने समास-बहुला पदावली-निर्मित वाक्यों का प्रयोग किया है। 'बाह्योद्यानस्थितहर-शिरश्चन्द्रिकाधौतहर्म्या[78] वीचिक्षोभस्तनितविहगेश्रणिकाञ्ची गुणाया:[79] त्वन्निष्यन्दोच्छ्वसितवसुधागन्धसंपर्करम्य:[80] पक्ष्मोत्क्षेपादुपरिविलसत्कृष्ण-शारप्रभाणाम्' कुन्दक्षेपानुगममधुकरश्रीमुषामात्मबिम्बं'[81] आदि वाक्यों में क्रमश: अलका, निर्विन्ध्य, मेघ, दशपुरवधू के नेत्रों का वर्णन किया गया है। परन्तु जहां पर यक्ष यक्षिणी से तादात्म्य स्थापित कर भावनामय होकर उससे कुछ रागाभिनिवेश पूर्वक कहना चाहता है वहां वाक्य प्रसादमधुरा पदावली पूर्ण है। इस संबंध में तन्वी श्यामा शिखरिदशनापक्वबिम्बाधरोष्ठी ....या तत्र स्याद् युवति विषये सृष्टिराद्येव धातु[82], तां जानीथा: परिमितकथां जीवितं मे द्वितीयं, जातां मन्ये शिशिरमथितां पद्मिनी वाऽन्यरूपाम्[83] साभ्रेऽह्नीव स्थलकमलिनी न प्रबुद्धां न सुप्ताम्'[84] 'अंगेनाङ्गं प्रतनुतनुना गाढतप्तेन तप्तं[85] त्वामलिख्यप्रणकुपितां धातुरागै: शिलायाम्' क्रूर: तस्मिन्नपि न

सहते संगमं नौ कृतान्तः[86] 'आदि वाक्यों का उल्लेख किया जा सकता है। ये वाक्य नितान्त औचित्यपूर्ण हैं।

कुमारसंभव महाकाव्य के तृतीय सर्ग में वाक्यौचित्य का दर्शन वहां सुतरां होता है, जहाँ कवि रुक्ष, शुष्क, नीरस वर्णनों के प्रसंग में समासबहुल ओजोगुणविशिष्ट पदावली वाले वाक्यों का विनियोजन करता है। इसके तृतीय सर्ग में 'विशदाधराणामापाण्डुरीभूतमुखच्छवीनाम् स्थाणु वनौकसस्तामाकालिकीं पर्यकंबन्ध-स्थिरपूर्वकाय'[87], भुंजगमोन्नद्धजटाकलापं कर्णावसक्तद्विगुणाक्षसूत्रम्' किंचित्प्रकाशस्तिमितोग्रतारैर्भ्रूविक्रियायां' नेत्रैरविस्पन्दितपक्ष्ममालैः लक्ष्यीकृतघ्राणमधोमयूखैः 'अवृष्टिरसंरम्भमिवाम्बुवाहमपामिवाधारमनुत्तरङ्म्[88] आदि वाक्य ओजोगुण विशिष्ट हैं। विपरीत इसके चतुर्थ सर्ग में 'अथ मोहपरायणा सती विवशा कामवधूविर्विधिता[89] 'शशिना सह याति कौमुदी सह मेघेन तडित् प्रलीयते[90] तथा पंचम सर्ग में 'तथा समक्षं दहता मनोभवं पिनाकिनाभग्नमनोरथासती, निनिन्द रूपं हृदयेन पार्वती प्रियेषु सौभाग्यफला हि चारुता'[91] षष्ठ सर्ग में' एवंवादिनि देवर्षौ पार्श्वे पितुरधोमुखी, लीलाकमलपत्राणि गणयामास पार्वती'[92] आदि उनके प्रसादमधुरा पदावली निर्मित वाक्यों का प्रतिनिधित्व करते हैं। इस प्रकार कुमारसंभव में भी वाक्यौचित्य का दर्शन होता है।

रघुवंश महाकाव्य के वाक्यविन्यास तो कवि की विदग्धता को सुतरां प्रमाणित करते हैं। इसके प्रथम सर्ग में कवि का वाक्यनियोजन उसकी विनम्रता और सदाशयता को अभिव्यक्त करते हैं। यहाँ पर पाठक को पठन-काल में ही अर्थ प्रतीति सहजता से हो जाती है। प्रसादगुणोपेत प्रायः असमास पदावली-पूर्ण वाक्यों का दर्शन मन्दः कवियशःप्रार्थी गमिष्याम्युपहासताम्' प्रांशुलभ्ये लोभादुद्बाहुरिव वामनः[93]' वैवस्वतो मनुर्नाम माननीयोमनीषिणाम्' तदन्वये शुद्धिमति प्रसूतः शुद्धिमत्तरः[94] ज्ञाने मौनं क्षमा शक्तौ त्यागे श्लाघाविपर्ययः 'प्रजानां विनयधानाद् रक्षणाद् भरणादपि[95]' आदि में सुतरां होता है।। परन्तु कवि जहाँ औद्धत्य, दुर्धर्षत्व, अहंमन्यत्व प्रभृति ओज गुणों को प्रकट करता है, वहां उसके वाक्य समासबहुल और परुषाक्षरपूर्ण हो जाते हैं। ऐसे वाक्यों का दर्शन, इसके सातवें सर्ग में, शिलीमुखोत्कृत्तशिरः फलाद्या तुरंगमस्कन्धनिषण्णदेहं उपान्तयोर्निष्कुषितं'[96] रोषदष्टाधिकलोहितौष्ठे-र्व्यक्तोर्ध्वरेखा[97] भल्लनिकृत्तकण्ठैहुंकारगर्भै द्विषतां धनुष्कर्षणमूढस्तभेकासपर्यस्त शिरस्त्रजालम्[98]' इन उद्धृत अंशों में नितरां होता है। ये वाक्य कवि की औचित्य दृष्टि के प्रदर्शक हैं।

मालविकाग्नि नाटक में वार्तालाप के प्रसंग में निबद्ध वाक्यों का सुगठनत्व देखते ही बनता है। इसके प्रथम अंक में स्थाने सज्जति दृष्टिः, आकृतिविशेष्वादरः

पदं करोति'[99] तेन ह्यवितथं तन्त्रकारवचनम्' अहो दुरासदो राजमहिमा[100] पत्तने सति ग्रामे रत्नपरीक्षा'[101] सुशिक्षितोऽपि सर्वं उपदेश दर्शनेन निष्णातो, भवति[102] यदि राजकार्येषु ईदृशी उपायनिपुणता आर्यपुत्रस्य ततः शोभनं भवेत्[103] आदि। द्वितीय अंक में' अहो सर्वावस्थाननवद्यता रूप विशेषस्य' अहो सर्वास्वस्थासु चारुता शोभान्तरं पुष्यति[104] आदि। तृतीय अंक में वयस्य निसर्गनिपुणा स्त्रियः अनुरागोऽनुरागेण परिक्षितव्य इति[105]।'स्थाने खलु शंकितम् मे हृदयम्'अहो नवनीतकल्पहृदय आर्यपुत्रः' अविश्वसनीयाः पुरुषाः' सुन्दरि! न शोभते प्रणयिनि जने निरपेक्षता'[106] मन्दो' वः उपचारः यत् परिजने संक्रान्तं वल्लभत्वं न ज्ञायते। अहो। दीर्घरोषता तत्र भवत्याः'[107] चन्दनं खलु मया पादुकोपयोगेन दूषितम्'[108] प्रभृति वाक्य कवि के वाक्यमर्म - परिज्ञान को सुतरां संपुष्ट करते हैं। श्लोकों में कोमल भावों के वाहक वाक्य प्रायः समासरहित पदों वाले ही हैं, जो प्रसाद और माधुर्य गुणों से संपन्न हैं। मालविका के सौन्दर्य-वर्णन के श्लोकों का विश्लेषण इसकी पुष्टि करता है। प्रथम अंक में 'सा वामलोचना मे स्नेहस्यैकायनीभूत' इसका उचित निदर्शन है। पंचम अंक में भयानक रस की अवतारणा करने वाले पद्य में क्लिष्ट, परुष वर्णों के संयोजन से निर्मित वाक्य- यथा- तूणीरपट्टपरिणद्धभुजान्तरालमापार्ष्णिलम्बिशिखिबर्हकलापधारि कोदण्डपाणि विनदत्प्रतिरोधकानामापातदुष्प्रसहमाविरभूदनीकम्'[109] आदि उल्लेखनीय है।

विक्रमोर्वशीय त्रोटक में भी कवि के वाक्य-चमत्कार का दर्शन होता है। मधुर प्रेमभावोच्छलन के समय कवि के वाक्य असमस्त, अक्लिष्टार्थबोधक होते हैं। द्वितीय अंक में पुरूर्वा-चित्रलेखा वार्तालाप के प्रसंग में राजा के कथन में 'पर्युत्सुका कथमसि प्रियदर्शनां ताम् आर्त्तां न पश्यामि पुरुरवसं तदर्थे साधारणोयऽमुभयोः प्रणयः स्मरस्य तप्तेन तप्तमयसा घटनाय योग्यम्'।[110] प्रसाद गुणोपेत वाक्य परिलक्षित होता है। इसी तरह का प्रयोग चतुर्थ अंक में राजा (संज्ञा, लब्ध्वा) प्रिये अद्य जीवितम्। 'त्वद् वियोगद्भवे तन्वि मया, तमसि मज्जता'[111] तथा पंचम अंक में' इयं ते जननी प्राप्त त्वदालोकनतत्परा[112] में भी दृष्टिगत होता है। समस्त पदावली युक्त वाक्य का दर्शन भी इसी अंक में भगवान नारद को देखकर राजा के गोरोचना निकषपिंगजटाकलापः[113] इस कथन में सुतरां होता है।

अभिज्ञानशाकुन्तल में भी कवि के प्रतिभा-प्रकर्ष को प्रदर्शित करने वाले वाक्यों का दर्शन सुतरां होता है। इसमें समस्त क्लिष्ट पद-समूहों का अवलोकन बहुत कम होता है, लेकिन हुआ है। इसके द्वितीय अंक में सेनापति द्वारा राजर्षि दुष्यन्त को देखकर अनवरत धनुर्ज्यास्फालनक्रूरपूर्वं' रविकिरणसहिष्णुस्वेदलेशैरभिन्नम्[114]' तथा

पंचम अंक में राजा के इस कथन में .... व्रतिनामुपोढतपसां विघ्नैस्तपो दूषितं आहोस्वित् प्रसवो ममापचरितैर्विष्टम्भितो वीरुधामित्यारूढबहुप्रतर्कमपरिच्छेदाकुलं[115]' के वाक्य ओजोगुण विशिष्ट हैं। इनकी पदावली समासबहुला है। विपरीत इसके असमस्त, सरल, सहज वाक्यों का विनिवेश 'तव न जाने हृदयं मम पुनः कामो दिवापि रात्रावपि। निर्घृण! तपति बलीयस्त्वयि वृत्तमनोरथांगानि।

तपति तनुमात्रि मदनस्त्वामनिशं मां पुनर्दहत्येव। इन श्लोकों में सुतरां हुआ है। इस प्रकार कवि के वाक्यों के विश्लेषण से उसमें निहित मार्मिक्ता वाक्यौचित्य का प्रमाण-पत्र दे देती है।

प्रबन्ध -संघटित वाक्यसमुदाय प्रबन्धः। अर्थात् संघटित वाक्य-सुमदाय ही प्रबन्ध है। आचार्य श्री नारायणमश्र ने औचित्य विचारचर्चा की अपनी 'मनोरमा' व्याख्या में लिखा है-प्रबन्ध महाकाव्यं काव्यं वा। मनोरमा औ.वि.च. पृ० 6

आचार्य क्षेमेन्द्र का, 'प्रबन्धार्थ' से अभिप्राय महावाक्यात्मक काव्य-प्रबन्ध से है। औचित्यविचारचर्चा की तेरहवीं कारिका के वृत्ति भाग में, प्रबन्धार्थो महाकाव्यात्मक प्रबन्धभिधेयः कहकर उन्होंने इस तथ्य को स्पष्ट कर दिया है।

प्रबन्धार्थौचित्य -आचार्य प्रवर क्षेमेन्द्र के अनुसार सम्पूर्ण काव्य या महाकाव्य के अर्थ, प्रयोजन अथवा उद्देश्य का अभिवयञ्जक, सहृदयों के हृदय में चमत्कार उत्पन्न करने वाला, नवनवोन्मेषगुणप्रकर्षोत्प्रेक्षी, समुचितार्थ विशेषण से युक्त प्रबन्धार्थ को, प्रबन्धाथौचित्य कहते हैं।

महाकवि कालिदास ने अपने काव्यों में प्रबन्धार्थौचत्य का संकेत यत्र-तत्र किया है।

मेघदूत के प्रकृत श्लोक[118] में कवि ने अपने वर्ण्य विषय, मेघ के पुष्कर और आवर्त्तक जैसे प्रख्यात कुल में उत्पत्ति कामरूपत्त्व, गुणप्रकर्षोपेतत्व आदि कुलीन अभिजात्य गुणों का, उल्लेख करके अपने प्रबन्ध-प्रणयन का औदात्य संकेतित करता है। इस प्रकार यहां प्रबन्धार्थौचित्य द्रष्टव्य है।

कुमारसंभव महाकाव्य के प्रथम सर्ग के प्रथम श्लोक'[119] में भी प्रबन्धार्थौचित्य का दर्शन होता है। इसमें भी कवि हिमालय के पूर्वी और पश्चिमी समुद्र तक विस्तृत होने, पृथ्वी के मानदण्ड के रूप में वर्णित करने के व्याज से हिमालय सुता पार्वती पुत्र कुमार के महत्व को सूचित करते हुए' कुमारसंभव' महाकाव्य के उत्कर्ष का भी संकेत किया है। इस प्रकार यहां भी प्रबन्धार्थौचित्य द्रष्टव्य है।

रघुवंश महाकाव्य के प्रकृत'[120] श्लोक में सूर्यवंश के अतिशय महत्व को कवि ने सूचित किया है। वह इस वंश के वर्णन को अपनी अल्पविषया मति से संभव नहीं मानता। इन दोनों में महत् वैषम्य (जमीन–असमान–सा अन्तर) दिखलाते हुए रघुकुल वर्णन को प्रांशुलभ्य फल' और अपनी बुद्धि को वामन कहा है। इस प्रकार कवि ने अपने प्रतिपाद्य विषय का विशिष्ट गुणोपेतत्व को सविनय निवेदित किया है। इस प्रकार यहाँ प्रबन्धार्थौचित्य सुतरां दृष्टिगत होता है। आचार्य मल्लिनाथ ने भी अपनी टीका में इसका उल्लेख किया है। 'इदंचवंशोत्कर्षकथनं स्वप्रबन्धमहत्वार्थमेव'।

इसी महाकाव्य में अन्यत्र[121] भी प्रबन्धार्थौचित्य का संकेत प्राप्त होता है। रघु के पास वरतंतु शिष्य कौत्स दक्षिणा के निमित्त जाते हैं। परन्तु विश्वजित यज्ञ में सर्वस्व दान कर देने के कारण रघु अत्यन्त निर्धन हो गए हैं। परन्तु वह कौत्स को बिना दक्षिणा लिए जाने से मना करते हैं, और इसी प्रसंग में अपनी कुल–कीर्ति और अपनी दान–वीरता का उल्लेख करते हैं। इसमें' रघोः सकाशात् अनवाप्य कामम् श्रुतपारदृश्वा आदि पदों में रघोः से 'रघुवंश महाकाव्यात्' अर्थ ग्रहण कर (कालिदासीय) रघुवंश महाकाव्य को परिष्कृत रूचि वाले लोगों के इच्छित विषय का भण्डार बताया है, जो 'यदिहास्ति न तदन्यत्र' की भांति सबके लिए ज्ञानवर्धक और पठनीय है। इस प्रकार अपने महाकाव्य रघुवंश के महत्व का उलेख करके प्रबन्धार्थौचित्य का उपन्यास कर दिया है।

क्रिया

श्री बी.के.घोष ने अपनी पुस्तक 'लिंग्विस्टिक इन्ट्रोडक्शन टू संस्कृत, पृ०140 में कहा है कि मूल भारोपीय भाषा में सकर्मक क्रिया (Finite verb) संज्ञा (Noun) या सर्वनाम (Pronoun) की अपेक्षा प्रकृत्यात्मक रूप में प्रतियोगी थी। वे क्रियापद लिंग के प्रति उदासीन थे। परन्तु वे क्रिया के विभिन्न अवस्थाओं के सूचक होते थे। कालान्तर में धीरे–धीरे उन्होंने टेम्पोरल वैल्यू (temporal values) का स्थान ले लिया और कुछ सीमा तक काल के भी संकेतक हो गए। संस्कृत भाषा के प्रत्येक फाइनाइट वर्ब का रूप वस्तुतः आधुनिक भाषा के वाक्य (sentence)का पर्याय था, क्योंकि यह न केवल कृत्य या कर्म (deed) को परिभाषित करता था अपितु साथ ही साथ कर्त्ता (doer) को भी बताता था। सम्भवतः इसी कारण अधिकांश सन्दर्भों में अनावश्यक समझकर कर्त्ता का अलग से उल्लेख नहीं होता था, केवल प्रथम पुरूष (third person) को छोड़कर।

क्रिया –क्रियते अनया असौ अस्मिन् इति वा डुकृञ करणे करण कर्माधिकरणादौ

च यथायथ च प्रत्ययः। रिङ् शयालिङ्सु (अष्टाध्यायी 7-4-18)इति रिंगादेशः। अचिश्नु धातुभ्रुवां श्वोरियङ् वुङौ (3-6.477) इति इयङ्। धात्वर्थः करोत्यर्थो वा इति वैयाकरणाः। क्रिया साध्यरूपा वस्तुधर्माः। पाकादयः स्युः हि अधिश्रयणद्यवश्रयन्तादिः) पूर्वापरीभूतो व्यापारः कलापः पाकादि शब्द वाच्यः इति साहित्य दर्पणः। अर्थात् क्रिया शब्द की व्युत्पत्ति (Etymology)के अनुसार जिससे किया जाय या जिसमें किया जाय वह क्रिया होती है।

क्रिया पद की निष्पत्ति (formation) है कृ+श्+रिङ् आदेश इयङ्।

'आक्सफोर्ड एडवान्स लर्नर्स डिक्शनरी के अनुसार क्रिया का अर्थ शब्दसमूह है। जो एक कृत्य (an action), एक करना (an event) या अवस्था (state) की अभिवयक्ति है।

क्रिया (Verb) भू, स्था, गम् इत्यादि को धातु (root) कहते हैं। धात्वर्थ प्रकाशक पद को क्रिया कहते हैं। जैसे भवति, गच्छति इत्यादि। ये सब तिङन्त क्रिया हैं। धातु में तिङ् प्रत्यय लगाने से क्रिया बनती है। धातु के अन्त में जो विभक्तियाँ लगती हैं उसका नाम तिङ् है। तिङ् अन्त में होने के कारण तिङन्त नाम पड़ा है। इनको छोड़कर तव्यत् (क्त, क्तवतु) निष्ठा आदि कृत् प्रत्यय के योग से भी धात्वर्थ क्रिया प्रकाशित होती है। जैसे गतः, गतवान् आदि। कृत् अन्त में रहने से कृदन्त नाम पड़ा है। (A sanskrit composition and Translation by pandit sharada prasad bidya bhushan p-100)

इस प्रकार तिङ्न्त और कृदन्त दोनों के ही, क्रिया पद की निष्पत्ति में योगदान को स्वीकार किया गया है। सामान्यत:तिङन्त पदों को ही क्रिया के रूप में ग्रहण किया जाता है, और किया भी गया है। परन्तु विशेष साहित्यिक सन्दर्भों में कृदन्त क्रिया पदों को भी प्रयुक्त किया जाता है, क्योंकि वे भी कर्म के अभिप्राय को कहते हैं।

क्रियौचित्य

काव्यमर्मज्ञों एवं काव्यरसिकों का यह अनुभूत सत्य है कि काव्य में किसी भी वाक्य की आर्थी व्यञ्जना मुख्यतः क्रियापद पर आश्रित है। वैयाकरणों द्वारा इस तथ्य को सर्वतोभावेन स्वीकार किया गया है। जब सामान्य भाषा व्यवहार में सही क्रिया पद के बिना अपने मन्तव्य को सम्प्रेषित नहीं किया जा सकता, तो फिर समुचित क्रिया-पद विन्यास के अभाव में काव्य भाषा में काव्यार्थ सहृदयसंवेद्य हो पाए प्रायः असम्भव सा प्रतीत होता है। इस सन्दर्भ में आचार्य क्षेमेन्द्र का स्पष्ट मत है कि

गुणोत्कर्षविशेषातिशयपोषक, प्रसंग के अनुरूप, सहृदयहृदयनिर्वृतिक्षम प्रयुक्त क्रिया पद ही 'क्रियौचित्य' है। इस सन्दर्भ में उन्होंने उदाहरण दिया है कि गुणयुक्त पुरूष की उचित क्रिया ही उसके चारित्र्य की परिचायिका होती है।

महाकवि कालिदास के काव्य में प्रयुक्त क्रिया पदों के सूक्ष्म निरीक्षण और तात्विक विश्लेषण से उसके चयन और प्रयोग में कवि की विदग्धता और सप्रयोजनता सुतरां दृष्टिगत होती है।

ऋतुसंहार के प्रथम सर्ग में क्रियौचित्य के दर्शन होते हैं। प्रकृत श्लोक में[122] निवेशयन्ति' क्रिया यौवनमदोन्मत्त प्रमदाओं के वस्त्रधारण को सहजता से सहृदय को सम्प्रेषित करती है। इस कारण यहां क्रियौचित्य है।

इसी प्रकर इस श्लोक के अनन्तर प्रयुक्त क्रिया 'विबोध्यते'[123] भी सुप्त मन्मथ को सवल्लकीकाकलिगीतनिस्वनैः' से मानो जागरण क्रिया को प्रत्यक्ष कर रही हो। इस कारण इसमें भी क्रियौचित्य है।

इसी प्रकार अन्यत्र 'निषीदति'[124] क्रिया मयूरस्य तले फणिः निषीदति' वाक्य के मर्म को, यानी गर्मी से व्याकुल असहाय विवश सर्प के बैठने की भावना को अभिव्यंजित करती है। इस कारण यहां भी क्रियौचित्य है।

अपरत्र ज्वलति, स्फुटति, प्रसरति, ग्लपयति[125] अदि क्रियाएं प्रतिपाद्य विषय को सहजता से सम्प्रेषित कर रही हैं। इस कारण यहाँ भी औचित्य है।

ऋतुसंहार के प्रकृत श्लोक में' संविशन्ति'[126] क्रिया भी आग से घबराये और झुलसे पंशुओं के जंगल से शीघ्रता से निकलकर नदी के रेतीले भाग की ओर आने को प्रत्यक्ष-सी करती हुई प्रतीत होती है। इस प्रकार यहां भी क्रियौचित्य है।

ऋतुसंहार के द्वितीय सर्ग के प्रकृत श्लोक[127] में 'हरन्ति' क्रिया भी, हृ हरणे धातु से निष्पन्न होने के कारण कांचीमणिकुण्डलोज्जवला, पयोधरास्तोयभरावलम्बी वनिताओं, अनुरागवती स्त्रियों द्वारा प्रवासियों के चित्त हरने के सामर्थ्य को विदग्धता से सहृदय-हृदय को उद्वेलित करती है। इस प्रकार यहाँ क्रियौचित्य सुस्पष्ट है।

कुमारसंभव महाकाव्य के तुतीय सर्ग के प्रकृत श्लोक 'पपौ' क्रिया से कृष्णसार द्वारा अपनी प्रिया को सतृष्ण देखने और फिर भी अतृप्त रहने के भाव को नेत्र-पान कर्म से महाकवि ने बड़े सशक्त ढंग से अभिव्यक्त किया है। इस प्रकार यहाँ क्रियौचित्य है।

इसी सर्ग में अन्यत्र 'व्यापारायामास'[128] क्रिया किंचित् परिलुप्त धैर्यवान् त्रिलोचन

के लोचनों के नयनानुराग व्यापार को सहृदय–हृदय–द्रावक रूप में चाक्षुष–प्रत्यक्ष सा कर दिया है। इस कारण यहाँ भी क्रियौचित्य है।

कुमारसंभव के षष्ठ सर्ग के प्रकृत[129] श्लोक में प्रयुक्त 'स्पृशन्ति' क्रिया भी शिव के मन में पार्वती के समागम की उत्कट इच्छा से उद्भूत अनुराग भावों की स्पृश्यता को मूर्त सा कर दिया है। इस कारण यहाँ भी क्रियौचित्य है।

रघुवंश महाकाव्य में भी क्रियौचित्य दृष्टिगत होता है। इसके प्रथम सर्ग के प्रथम श्लोक में 'वन्दे'[130] क्रिया पद, वदि अभिवादन स्तुत्योः,[131] वदि धातु का आत्मनेपद, उत्तम पुरुष एकवचन का रूप है। कवि ने अपने महाकाव्य में इष्ट देवता की स्तुति और अभिवादन में अपनी नम्रता और इष्टदेव की अतिशय महत्ता को व्यंजित करने के अभिप्राय से इस क्रिया का प्रयोग किया है। इसी कारण यहाँ क्रियौचित्य है।

इसके द्वितीय सर्ग में भी क्रिया का चमत्कारिक प्रयोग देखने को मिलता है। वन से लौटते हुए दिलीप को सुदक्षिणा द्वारा देखे जाने के दृश्य को तलस्पर्शी बनाने के लिए महाकवि ने 'ददर्श' क्रिया की जगह 'पपौ'[132] क्रिया का प्रयोग किया है। यहाँ महाकवि ने सुदक्षिणा के सतृष्ण दर्शन, निर्निमेष निरखने के मर्मस्पर्शी भाव को सहृदयों तक संप्रेषित किया है। इस कारण यहाँ क्रियौचित्य है।

रघुवंश द्वितीय सर्ग में 'पाति रक्षति इति पिता' की व्युत्पत्ति से 'पिता' पद से रक्षणीयता और 'प्रजानाथ' पद से प्रभुत्व की अभिव्यंजना को सशक्त बनाने की दृष्टि से कवि ने पा रक्षणे धातु से निष्पन्न 'पासि'[133] क्रिया पद का प्रयोग किया है, जो दिलीप द्वारा नन्दिनी की, की जा रही रक्षा के भाव को बड़े ही मार्मिक ढंग से सहृदयों के समक्ष रखता है। इस कारण यहां क्रियौचित्य है।

इसी प्रकार अन्यत्र 'ययाचे'[134] इस क्रिया में भी औचित्य है। याचृ धातु 'टु याचृ याञ्चायाम्' अर्थात याचना करने के अर्थ में पठित है। यहाँ पर राजा दिलीप द्वारा करुणातिशयतापूर्वक संतान की याचना करने–भीख मांगने के भाव को, जो सजल नेत्रों को प्रत्यक्ष सा करता हुआ प्रतीत होता है, सहजता से सहृदय को संप्रेषित करने में यह क्रिया पद नितान्त सफल हुआ है। इस कारण यहाँ क्रियौचित्य है।

इसी सर्ग में अन्यत्र आधत्ते[135] धा धारणे से निष्पन्न क्रिया पद का प्रयोग भी कवि ने साभिप्राय किया है; क्योंकि इसी से वह रानी सुदक्षिणा के गर्भ धारण के मर्म को सहृदय–संप्रेष्य बनाया है। इस कारण यहाँ क्रियौचित्य है।

रघुवंश के तृतीय सर्ग के प्रकृत श्लोक में भी 'आविशत्'[136] क्रिया पद में औचित्य परिलक्षित होता है। यह क्रिया पद विश प्रवेशने से निष्पन्न है। इस क्रिया

पद का प्रयोग कवि ने साभिप्राय प्रयोग किया है, क्योंकि इससे वह रघु के समस्त वाङ्मय प्रवेश को सहृदयों तक चमत्कारिक ढंग से संप्रेषित करना चाहता है। इस कारण यहाँ क्रियौचित्य है।

मालविकाग्निमित्र नाटक के प्रथम अंक के प्रकृत श्लोक 'देवानाम्...... समाराधनम्'[137] में 'आमनन्ति' क्रिया पद से महाकवि ने नाट्य के देवतर्पकत्व और वेदप्रतिप्रादित्व की सुन्दर व्यंजना कराई है। इस कारण यहाँ क्रियौचिंत्य है।

इसी अंक में राजा के इस कथन कि 'पश्यामि एनाम्'[138] में प्रयुक्त 'पश्यामि' क्रिया पद राजा द्वारा देवी-दर्शन के प्रति आदराधिक्य को व्यंजित कर रही है। इस कारण यहाँ क्रियौचित्य है। इसी 'पश्यामि' क्रिया से अन्यत्र भी कवि ने दर्शन की प्रधानता व्यंजित कराई है।

मालविकाग्निमित्र के तृतीय अंक में 'पुष्यति'[139] क्रिया पद यद्यपि अश्लील अर्थ, फूहड़ अर्थ, को व्यंजित करता है, लेकिन सहृदय-पाठकों को मालविका और अग्निमित्र के प्रगाढ़ प्रेम सम्बन्धों, तज्जन्य रमणीय परिणामों को भी सहजता से संप्रेषित करता है। इस कारण इनमें क्रियौचित्य मानना चाहिए। इन क्रिया पदों के अश्लीलत्व की ओर संकेत डॉ० सी०आर० देवधर[140] ने किया भी है। परन्तु उन्होंने भी इसे इरावती को नशे में होने से सहृदय उद्वेगजनक न होना बताया है।

इसके चतुर्थ अंक में 'सिमसिमायन्ति'[141] क्रिया पद नादात्मक अनुगूंज के साथ 'सिमसिम' संवेदना का वेगपूर्वक बड़ी मार्मिकता से अनुभव कराता है। इस कारण यहाँ क्रियौचित्य है। इसका उल्लेख डॉ० देवधर[142] ने भी किया है।

अभिज्ञानशाकुन्तल में भी क्रियौचित्य के दर्शन होते हैं। इसके प्रथम अंक में राजा के इस कथन कि...... पादपन्तर्हित एव तावदेनां पश्यामि'[143] में 'पश्यामि क्रिया पद का प्रयोग साभिप्राय है। यहाँ राजा द्वारा 'गच्छामि' की जगह 'पश्यामि' के प्रयोग से उनकी शकुन्तला-दर्शन की उत्कट इच्छा, बलवान अभिनिवेश व्यंजित होता है। इस कारण यहाँ क्रियौचित्य है।

इसी अंक में अन्यत्र प्रकृत श्लोक[144] में भी 'ददाति' क्रिया का प्रयोग वैदग्ध्यपूर्ण है। यहाँ पर राजा शाकुन्तला को देखकर अपनी और शकुन्तला के समान अनुराग का अनुमान उसके कतिपय क्रिया कलापों को देख कर करता है। इसमें कवि द्वारा 'कर्ण' ददाति' अभिमुखं मयि 'ददाति' क्रिया शकुन्तला द्वारा राजा के मधुर संभाषण को सावधान- साभिलाष श्रवण क्रिया को व्यंजित करती है अर्थात् अनवधान, अनीच्छित श्रवण का व्यावर्त्तन करने के लिए कवि ने श्रू श्रवणे का प्रयोग न कर दद दाने का प्रयोग किया है। इस प्रकार यहाँ भी क्रियौचित्य है।

द्वितीय अंक में अन्यत्र दौवारिकों द्वारा ऋषि कुमारकों के आगमन की राजा को सूचना देते समय 'ते भवन्तं प्रार्थयन्ते'[145] में 'प्रार्थयन्ते' क्रिया का प्रयोग कवि ने साभिप्राय किया है। इससे वह ऋषि कुमारकों के राजा के प्रति सम्मान, आदर भावना को व्यंजित कराना चाहत है। यदि ऐसा नहीं होता, आदेशनिर्देश का भाव प्रकट करना होता तो कवि 'आज्ञापयन्ति' का प्रयोग करता। इस प्रकार यहाँ क्रियौचित्य है।

अभिज्ञानशकुन्तल के तृतीय अंक में भी उचित क्रिया का प्रयोग कवि ने किया है। इसकी मार्मिकता का अनुभव सहृदय ही कर सकता है। शकुन्तला अपनी काम-वेदना का संप्रेषण दुष्यन्त को प्रकृत श्लोक के माध्यम से करती है। इसमें 'तपति'[146] क्रिया बड़ी हृद्य है। तप सन्तापे से निष्पन्न 'तपति' क्रिया शाकुन्तला के मदन-संताप को सम्यक्तया सहृदय को संप्रेषित करती है। इसी श्लोक के अनन्तर दुष्यन्त के मदन-संताप को बताने के लिए कवि ने 'दहति'[147] क्रिया का प्रयोग किया है। दह भस्मीकरणे धातु से निष्पन्न दहति क्रिया दुष्यन्त के शकुन्तला से भी उत्कट मदन-संताप को लक्षित करता है; क्योंकि जहाँ 'तपति' क्रिया से शरीर के प्रबलतर औष्ण्य से संतप्त होने का भाव प्रकट होता है वहाँ 'दहति' क्रिया से ताप के प्रबलतम होकर भस्मसात् करने का भाव प्रकट होता है। 'दहति' क्रिया से यह भी व्यंजित होता है। कि समागम में विलम्ब होने पर देह अपाय अर्थात् मरण भी संभव है। इस प्रकार जहाँ शकुन्तला में काम की नौ दशाओं की अवस्थिति पाई जाती है वहां दुष्यन्त दसवीं मरण दशा के भी सन्निकट पहुंच चुका है, यह भी पता चलता है। इस प्रकार महाकवि के काव्यों के क्रिया-पदों के परिशीलन से उनके एतत् सम्बन्धी औचित्य-विवेक का परिचय सुतरां परिलक्षित होता है।

कारक

कारक पद कृञ् करणे धातु से 'ण्वुल' प्रत्यय के संयोग से निष्पन्न होता है।

क्रिया जनकत्वम् कारकत्वम्। करोति क्रियां निवर्तयति इति भाष्ये व्युत्पत्ति दर्शनम् (सि.सै.)अर्थात् एक व्युत्पत्ति के अनुसार क्रिया के करने वाले, क्रिया की उत्पत्ति करने वाले, क्रिया से साक्षात् सम्बन्ध रखने वाले को कारक कहते हैं।

'कियान्वयित्वं कारकम्' इस व्युत्पत्ति के अनुसार क्रिया के साथ जिसका अन्वय रहता है, उसी को कारक कहते हैं। यथा रामः गच्छति। यहाँ गच्छति क्रिया के साथ 'रामः' का अन्वय है, इसलिए यह कारक है।

कारक का अर्थ है अभिकर्त्ता, व्याकरण में संज्ञा और क्रिया के मध्य रहने वाला सम्बन्ध (या संज्ञा और उससे सम्बद्ध अन्य शब्द)-आप्टे कोश

Case-(in grammers) (a) a form taken by a noun, pronoun or adjective to show ralation to neighbouring words (b) any such relation whether expressed by inflection or otherwise. (c) such forms or relation collectively. (webster dictionary p. 279)

कारकौचित्य–वाक्य निर्मिति में क्रिया और कारक दोनों की ही अपेक्षा और आवश्यकता होती है। वाक्यार्थ के परिज्ञान के सन्दर्भ में विश्लेषण करने पर इस तथ्य का सुतरां अवलोकन होता है कि वाक्यार्थ सही क्रिया पद के आश्रित तो है ही, परन्तु समुचित क्रिया पद के प्रयोग की अन्तिम कसौटी तक पहुँचने के पूर्व वाक्य की सार्थकता को कारकौचित्य की कसौटी पर खड़ा उतरना पड़ता है। वाक्य में कर्तृ, कर्म, करण आदि कारक अर्थ व्यापारगत संगति से जुड़े होते हैं। वाक्य यदि पदों का समूह है, तो पद रूप घटकों को अर्थ-व्यापार की दृष्टि से कारकगत टाँकों से परस्पर जुड़ा हुआ होना होगा, तभी वे वाक्य-संघटक कहे जायेंगे। वाक्य में कारक की यह स्थिति वैयाकरणों की दृष्टि से व्याकरणिक शुद्धता के नियमन हेतु है। परन्तु काव्यशास्त्रीय दृष्टि केवल शुद्धता से ही सन्तुष्ट न हो कर अपूर्वता और विलक्षणता की कामना करती है। **कारकौचित्य** में वाक्य में कारक-प्रयोग में व्याकरणिक शुद्धता से बढ़कर काव्यार्थ जन्य चमत्कार का है। आचार्य क्षेमेन्द के अनुसार आह्लादातिशयजनक, अपूर्वशोभाविधायक, सहृदयावर्जक औचित्यमण्डित क्रिया पद से सदन्वित पद समूह ही कारकौचित्य की संज्ञा से अभिहित होने योग्य है।

कविकुलगुरु कालिदास के काव्यों में कारक-प्रयोग भी सामान्य कोटि का नहीं, अपितु वह भी विशिष्ट कोटि का ही है।

'कुमारसंभव' महाकाव्य के द्वितीय सर्ग के प्रकृत श्लोक[148] में मनोभव कामदेव की कार्यसंसिद्धि में 'मनसा' पद को करण कारक में उपन्यस्त करके कवि ने सिद्धि में 'साधकतम-करणत्व' को व्यंजित किया है। इस कारण यहाँ कारकौचित्य है।

रघुवंश प्रथम सर्ग के प्रस्तुत श्लोक[149] में 'रघूणाम्' न तु येषां केषां महत्वहीन नृपाणाम् अपितु नृपेषु गौरवभूतानां रघूणाम् इति आशयः अस्ति कवेः।

'अर्थात रघूणाम' इस पद से रघुकुल की गुरुता, महत्ता को व्यंजित करने के अभिप्राय से कवि ने रघूणाम्' इस षष्ठ्यन्त बहुवचनान्त पद का प्रयोग कर अनायास ही कारकौचित्य का आधान कर दिया है।

इसी सर्ग में अन्यत्र[150] दिलीप प्रयुक्त 'विधातः' सम्बोधन भी औचित्योपेत है। इससे यह व्यंजित हो रहा है कि जो हर-प्रकार के कल्याण के विधान की सामर्थ्य रखता है। वह किस प्रकार मेरे कल्याण-संतान सुख-के प्रति कैसा उपेक्षा-भाव रख

रहा है? इस प्रकार यह संबोधन उचित रूप से सर्वसमर्थ विधाता के प्रति दिलीप का वेदनापरक आक्रोश प्रकट करने में सहायक सिद्ध हो रहा है। इस कारण यहाँ कारकौचित्य है।

इसी सर्ग में अन्यत्र[151] संबोधन कारकौचित्य है। प्रकृत श्लोक में हर प्रकार से रक्षा करने की सामर्थ्य के कारण महाराज दिलीप द्वारा-प्रयुक्त संबोधन भगवन्" औचित्योपेत है। इसका समर्थन अगले 12वें श्लोक के इससे भी होता है सिद्धियाँ तुम्हारे अधीन हैं – तवाधीना हि सिद्धय:।

मेघदूत उत्तरार्द्ध में 'कातरेण[152] चेतसा स्मरामि' में स्मरण क्रिया में चित्त का करण-कारक प्रयोग नितरां सहृदय-श्लाघ्य है। इस कारण यहां करणकारकौचित्य है।

इसी में प्रकृत श्लोक में 'उत्सर्गे वा मलिनवसने' [153] 'उत्संग' पद में अधिकरण कारक का औचित्य सुतरां दृष्टिगत होता है क्योंकि वीणावादन का उचित स्थान अधिकरणत्व - गोद ही है।

इसी प्रकार 'सीमन्तनीनां'[154] पद का सम्बन्ध कारक का मर्मस्पर्शी प्रयोग कवि ने किया है क्योंकि सिन्दूर-सुहाग प्रतीक, अपने प्रवासी कान्तों का प्रिय समाचार जानने की उत्कृष्ट इच्छा, सधवाओं सीमन्तिनियों को ही होगा, न कि सधवेतरों को। इसी प्रकार अन्यत्र भी सम्बन्ध कारक का ही मार्मिक प्रयोग' प्रोषितानां'[155] पद में है। क्योंकि अम्वुबाह के अम्बुओं की दृष्टि प्रोषित प्रवासियों को ही शीघ्रातिशीघ्र प्रिय के पास चलने को प्रेरित करता है।

इसी प्रकार 'अविधवे'[156] सम्बोधन भी बड़ा ही सहृदयहृदयद्रावक है। इस एक सम्बोधन का कर्ण-प्रवेश यक्षिणी के प्राण-संधारण के लिए पर्याप्त होगा; क्योंकि प्रियतम के जीवित रहने पर ही पुनर्मिलन संभव है। इसमें यक्ष का यह मार्मिक संदेश भी व्यंजित है कि मैं अभी जीवित हूँ, शीघ्र आऊँगा, चिन्ता मत करो, आशा रखो आदि। इस प्रकार यहाँ सम्बोधन कारक का औचित्य सुतरां द्रष्टव्य है।

अभिज्ञानशाकुन्तल के प्रथम अंक के वैखानस के कथन में' एष खलु कण्वस्य कुलपते: अनुमालिनीतीरमाश्रमो दृश्यते।[157] इस कथन में 'कण्वस्य' उनके माहात्म्यातिशय का संकेत कर आश्रम से उनके संबंध होने से उसकी महत्ता व्यंजित कराई है। इस प्रकार यहाँ संबंधकारकौचित्य है।

इसी प्रकार 'तपोधनानां'[158] से तप को ही धन मानने वाले तपस्वियों की निर्विघ्न यज्ञादि क्रियाओं के सम्पादन में दुष्यन्त की सहायता को सम्बद्ध करके यहाँ भी कवि ने सम्बन्ध कारकौचित्य का उपन्यास किया है।

इसी प्रकार 'अस्यामभिलाषि मे मनः[159] मे अस्याम्' में अधिवास का उचित स्थान श्रेष्ठ शकुन्तला के अलावा और कौन हो सकता है। यहाँ अधिकरणौचित्य हृद्‌य है।

रघुवंश प्रथम सर्ग के प्रकृत श्लोक[160] में 'स्वभुजात्' पद में 'अपादानौचित्य' है, क्योंकि जब तक राज्य भार के संचालन में महाराज दिलीप सम्बद्ध थे, तब तक शासन-संचालन के प्रतीक रूप में उनकी भुजाएँ थीं और इस भुजा से उन्होंने पूर्ण रूपेण इस भार को निश्चित रूप से हटा दिया है। 'स्वभुजात्' में 'अपायध्रुवत्व' सुतरां सिद्ध हो रहा है। इस कारण यहाँ अपादान कारकौचित्य है।

रघुवंश के प्रकृत श्लोक[161] में महाराज दिलीप के स्थान पर उनकी शोभा के कर्तृपद स्थानीय होने के कारण, इसका सौन्दर्य सहृदयहृदयावर्जक हो गया है। इस कारण 'काप्यभिख्या' इस पद में कर्त्ता कारकौचित्य है।

रघुवंश के द्वितीय सर्ग में 'सम्यक् प्रदीयते अस्मै तत् संप्रदानम्' की परिभाषा' 'हरये'[162] इस पद पर पूर्णतः चरितार्थ होती है। यहाँ पर महाराज दिलीप अपने स्वदेह को सिंह के लिए सर्वात्मना सम्यक् समर्पण किया है। इस कारण 'हरये' पद में संप्रदान कारकौचित्य है।

रघुवंश के पंचम सर्ग के प्रकृत श्लोक[163] में प्रयुक्त 'कौत्साय' पद में रघु द्वारा कौत्स को सर्वस्व हेमराशि समर्पित करने के कारण सम्प्रदानौचित्य है।

लिंग

लिंग के विषय में वाक्यपदीयकार आचार्य भर्तृहरि ने कहा है-

भावतत्वदृशः शिष्टाः शब्दार्थेषु व्यवस्थिताः।
यद् धर्मेऽङ्गतामेति लिंगं तत्तत् प्रचक्षते।।

अर्थात् भावतत्वदर्शी शिष्टों के द्वारा शब्द और अर्थ में व्यवस्थित जिन-जिन धर्मों में जिन-जिन गुणों की विशिष्टता को आत्यन्तिक रूप से निश्चित किया गया है, उन-उन को उनका लिंग कहा जाता है।

लिंग की व्युतत्ति है-लिंगयते ङीप्टाबदिभिः व्यज्यत इति स्त्रीपुन्नपुंसकम्। (लिंगानुशासन)

लिंग का अर्थ हैं-विशिष्ट सम्बन्ध से युक्त धर्म (संस्कृत आलोचना)।

लिंग का शाब्दिक अर्थ है-पहचान। इस दृष्टि से लक्षण को भी लिंग कहा जाता है। काव्य में लिंग-प्रयोग के सम्बन्ध में आचार्य क्षेमेन्द की धारणा है कि प्रस्तुतार्थ

के अनुकूल लिंग-विन्यास से काव्य में भव्यता आती है। काव्य में इस भव्यता का आधार व्याकरण की दृष्टि से शुद्ध प्रयोग न होकर प्रकृतार्थ वर्णन में चमत्कार, सहृदयहृदयावर्जनक्षमता उत्पन्न करने में उस लिंग-विशेष की योग्यता और प्रभावोत्पादकता का है। आचार्य कुन्तक ने भी 'वकोक्ति जीवित' में लिंग के प्रकारान्तर प्रयोग से उत्पन्न चमत्कार की चर्चा की है।

लिंगौचित्य- प्रकृत अर्थ के अनुरूप सहृदयहृदयहारी पुल्लिंग, स्त्रीलिंग और नपुंसकलिंग संसूचक पद को लिंगौचित्य कहते हैं।

काव्य-पदों के चारुत्व का उत्कर्ष तब और बढ़ जाता है, जब उसमें लिंग-वैशिष्ट्र्य का भी उचित समावेश हो। समुचित लिंग-वैशिष्ट्र्य से युक्त पद की भाव-संप्रेषणीयता पैनी और धारदार हो जाती है। वीररस व्यंजक और ओजोगुण विशिष्ट पदावली में प्रयुक्त पुल्लिंग पद, तथा शृंगार करुण रस व्यंजक, माधुर्य और प्रसाद गुण विशिष्ट पदावली में प्रयुक्त स्त्रीलिंग और नपुंसक लिंग पद मर्मस्पर्शी बनकर भाव-अभिप्राय को अनायास सहृदय-हृदय को संप्रेषित कर, उनकी कृतज्ञता और भूरि-भूरि प्रशंसा को प्राप्त करते हैं।

महाकवि कालिदास के पदों के विश्लेषण से उनका लिंग के चमत्कार से सुपरिचय, सहृदय-संप्रेषण क्षमता, मर्मस्पर्शी प्रभावोत्पादकता आदि विशिष्ट गुणों का दर्शन होता है। कवि ने पद-चयन के समय उसके लिंग को भी ध्यान में रखा है।

ऋतुसंहार के प्रथम सर्ग के प्रकृत[164] श्लोक में 'प्रचण्ड सूर्य:' और 'निदाघ काल:' पदों को कवि ने साभिप्राय प्रयुक्त किया है। ग्रीष्म में मार्त्तण्डरश्मि की भीषणता, भयावहता और प्रचण्डता की प्रखरता को तीव्रता और श्लाघ्य सहृदय-संप्रेषण क्षमता प्रदान करने के लिए 'प्रचण्डसूर्य:' और 'निदाघकाल:' इन पुंस्त्वबोधक पुल्लिंग पदों का प्रयोग किया है। इस प्रकार यहाँ पुल्लिंगौचित्य सुतरां अवलोकनीय है।

कुमारसंभव महाकाव्य के पंचम सर्ग में वर्णी द्वारा पार्वती के कुल गौरव का गायन करने वाले प्रकृत श्लोक[165] में 'प्रसूति:' स्त्रीलिंग पद का प्रयोग करके कवि ने पार्वती के स्त्रियोचित गुणों की सम्पन्नता और रमणीयता का बोध सहृदय हृदय को सुतरां कराया है। इस कारण यहाँ लिंगौचित्य सुस्पष्ट है।

इसी प्रकार अन्यत्र[166] पन्नगरत्नधारी शिव के औद्धत्य-प्रसंग की अवतारणा करते समय पार्वती के हाथों की कोमलता के बजाय, उसकी कठोरता, धृष्टता और पुरुषोचित परुषता की व्यंजित करने के लिए 'करम्' पुल्लिंग पद का प्रयोग कवि ने किया है। इस कारण यहाँ लिंगौचित्य है।

कुमारसंभव के पंचम सर्ग के ही प्रकृत श्लोक[167] में पार्वती के मन में यौवन में ही अनुराग-प्रेम की उपेक्षा और वैराग्य भाव-वृद्धि को द्योतित करने के लिए कवि ने 'वल्कल' इस नपुंसकलिंगी पद का प्रयोग किया है। इस कारण यहाँ लिंगौचित्य परिलक्षित होता है।

इसी प्रकार अन्यत्र[168] शिव में प्रेम के अभाव की व्यंजना के लिए कवि ने 'वक्त्रम्' इस नपुंसकलिंग पद का सुतरां औचित्यपूर्ण प्रयोग किया है।

प्रकृत श्लोक[169] में 'प्रभवः' पुल्लिंग पद का प्रयोग कवि ने शिव के परम तेजस्वी, ओजस्वी स्वरूप तथा उनके महिमा-माहात्म्य की प्रभूत प्रभावशालिता को अभिव्यंजित करने के उद्देश्य से किया है। अभिव्यंजन सहृदय-श्लाघ्य होने के कारण लिंगौचित्योपेत है।

रघुवंश महाकव्य के प्रथम सर्ग के प्रकृत श्लोक[170] में 'वंशः' पद पुल्लिंग बोधक और 'मति' पद स्त्रीत्व बोधक है। ये दोनों ही पद लिंगौचित्य से युक्त हैं क्योंकि जहाँ 'वंश' पद से कवि वर्ण्य-वंश (रघुवंश)का माहात्म्य, गुरुत्व परिलक्षित होता है वहाँ मतिः पद से कवि-बुद्धि की तुच्छता, लघुता, अक्षमता और विनम्रता व्यंजित होती है। इस प्रकार इन दोनों पदों में क्रमशः पुल्लिंग और स्त्रीलिंग का औचित्य सुतरां दर्शनीय है।

इसी सर्ग में अन्यत्र[171] गतिः 'पद में स्त्रीलिंगौचित्य है, क्योंकि कवि यहाँ पर अपनी पौरुषहीनता, अक्षमता एवं नम्रता को व्यक्त करने के अभिप्राय से ही इस पद को प्रयुक्त किया है। इस कारण यहाँ स्त्रीलिंगौचित्य है।

रघुवंश के ही प्रकृत[172] श्लोक में महर्षि वशिष्ठ और उनकी पत्नी अरुन्धती के लिए क्रमशः पुल्लिंग बोधक 'हविर्भुक' और स्त्रीलिंग बोधक 'स्वाहा' आदि पदों का प्रयोग भी लिंगौचित्य का भी आधान कर रहा है।

अभिज्ञानशाकुन्तल के द्वितीय अंक में राजा के आत्मगत कथन में 'अयं चैवमाह, ममापि काश्यपसुतामनुस्मृत्य मृगयां प्रति निरुत्सुकं चेतः'[173] प्रयुक्त 'मृगया' पद के स्त्रीलिंग निर्देश से महाकवि ने राजर्षि दुष्यन्त की शाकुन्तला में विशेष अनुरक्ति और परकीयावत् मृगया के प्रति उसके अन्यासक्त, परानुरक्त और उपयुक्त आदि विशिष्टार्थों की व्यंजना कराई है जो सहृदय श्लाघ्य होने के कारण औचित्यावह है।

इसके तृतीय अंक में प्रियवंदा के कथन 'अनुदिवसं खलु परिहीयसेअङ्गैः। केवलं लावण्यमयी छाया त्वां न मुञ्चति।[174] में 'छाया' पद के स्त्रीलिंग प्रयोग से उस

पर शकुन्तला के प्रियसखीत्व की व्यंजना महाकवि ने कराई है। इस कारण यहाँ भी लिंगौचित्य है।

इसी प्रकार शकुन्तला के लिए 'लता' स्त्रीलिंग पद से उपमित करके कवि ने उसकी कोमलता, मसृणता आदि गुणों के अतिशय को व्यंजित किया है। इस प्रकार यहाँ भी स्त्रीलिंगौचित्य सुतरां दर्शनीय है।[175]

रघुवंश के षष्ठ सर्ग के सर्वप्रसिद्ध उपमालंकारभूषण प्रकृत श्लोक[176] में 'दीपशिखा' और' नरेन्द्रमार्गाट्ट' स्त्रीलिंग और पुल्लिंगवाची पद क्रमशः इन्दुमती और अन्य भूमिपालों के लिए प्रयुक्त हैं। इसमें कवि ने' दीपशिखा' पद से इन्दुमती की मंजुलता, कोमलता, स्निग्धता और नरेन्द्रमार्गाट्ट' पद से वैवर्ण्यभाव प्राप्त चेहरों वाले राजाओं के सौन्दर्य-अपकर्ष, उपेक्षा से आत्मग्लानि अनुभव करने का खिन्नत्व, पुरुषत्व आदि भावों की व्यंजना करने के लिए किया है। इन भावों की सहृदय-संप्रेषणीयता श्लाघ्य है। इस कारण यहाँ लिंगौचित्य सुतरां स्पष्ट है।

रघुवंश के तृतीय सर्ग के प्रकृत श्लोक[177] में 'प्रसव' की जगह 'प्रसूति'। स्त्रीलिंग पद से कवि ने शिशु के प्रति माँ के सहज वात्सल्य, स्नेह प्रभृति मार्मिक गुणों को सहृदयों तक सम्यक्तया संप्रेषित किया है, जो सुतरां औचित्यपूर्ण है।

वचन

वामन शिवराम आप्टे के संस्कृत हिन्दी कोश में वचन पद को वच् धातु से ल्युट् प्रत्यय करके निष्पन्न किया गया है जैसे वचनम्- वच्+ल्युट्। इसका भिन्न-भिन्न अर्थ इस प्रकार है-

1. बोलने, उच्चारण करने या कहने की क्रिया।
2. भाषण, उद्‌गार आदि वाक्य।
3. दोहराना, पाठ करना।
4. मूल वाक्य विन्यास नियम विधि, धार्मिक ग्रन्थ का संदर्भ आदि।
5. आदेश, हुक्म।
6. उपदेश, परामर्श, अनुदेश।
7. घोषणा, प्रकाशन।
8. व्याकरण में वर्ण का उच्चारण।
9. शब्द की यथार्थता।
10. व्याकरण में वचन, एकवचन, द्विवचन और बहुवचन।

वचन का अर्थ संख्या भी है। पाणिनी की अष्टाध्यायी (1.1.23) में कहा गया है। 'बहुगुणवतुडति संख्या'। अमरकोश में कहा गया है-संख्या चर्चा विचारणा। (1.5.3)

अष्टाध्यायी की प्रसिद्ध टीका 'बालमनोरमा' में वचन पद की व्युपत्ति इस प्रकार की गई है- 'उच्चयते उच्चार्यते इति वचनम् कर्मणि ल्युट्'।

'वेब्सटर्स न्यू डिक्शनरी' में वचन या संख्या का पर्याय Number है। यह संज्ञा है। पुरानी फ्रेन्च भाषा में Numbr है। लैटिन भाषा में यह Number है। इसमें Number को a symbol or words or group or either of these showing how many or what place in a sequence 1, 2, 3, are called cordinal Numbers.

First, Second, third are called ordinal numbers. in grammar (a) a difference of word form to show whether one or more or more then one person or things is meant.

महर्षि पाणिनि कृत अष्टाध्यायी के सूत्र सुपः(3.4.104)की वृत्ति में बताया गया है-सुपस्त्रीणि वचनानि एकशः एकवचन द्विवचन बहुवचनानि संज्ञा स्युः अर्थात् वचनों की क्रमशः एकवचन द्विवचन और बहुवचन होगी या होनी चाहिए। संस्कृत भाषा में तीन वचन का प्रयोग उपलब्ध होता है, जबकि लैटिन, अंग्रेजी आदि विश्व की अन्य भाषाओं में दो वचनों का ही प्रयोग मिलता है।

संस्कृत में ये तीन वचन हैं- एकवचन, द्विवचन और बहुवचन। प्रस्तुत सन्दर्भ में वचन का व्याकरणपरक अर्थ ही अभिप्रेत है।

एकवचन- एकवचन एक व्यक्ति या वस्तु का संकेतक है। परन्तु कभी-कभी अंग्रेजी भाषा की तरह पूरे समूह का भी बोध कराता है, यथा-ब्राह्मणः पूज्यः, ब्राह्मणाः पूज्याः।

द्विवचन-द्विवचन से दो का बोध होता है- यथा बालकौ, अश्विनौ, दम्पती। परन्तु जहाँ पर द्वित्व या युगलत्व (couple or pair) का बोध अभिप्रेत है यथा द्वय, युगल, युग, द्वन्द्व इत्यादि, वहाँ पर एकवचन का ही सदा प्रयोग होता है। अपवाद केवल वहाँ है जहाँ अनेक युगलों का बोध अभिलषित है, यथा-बाहुद्वय, सुकुमारचरणयुगल।

द्विवचन का प्रयोग वहाँ भी प्राप्त होता है, जहाँ एक ही वर्ण के पुल्लिंग और स्त्रीलिंग हों। इस तरह के प्रयोग एकशेष द्वन्द्व समास के उदाहरण में परिलक्षित होते है। यथा जगतः पितरौ वन्दे पार्वती परमेश्वरौ (रघुवंश 1.1)

बहुवचन–महर्षि पाणिनि कृत अष्टाध्यायी में प्रयुक्त बहुषु बहुवचनम् (1.4.21) सूत्र की व्याख्या करते हुए बालमनोरमाकार ने कहा है–

बहुत्वं च त्रित्व-चतुर्षु आदि परार्ध संख्या व्यापकीभूतधर्मविशेषः न तु त्रित्वादि अन्यतमम् इति।

अर्थात् बहुवचन व्यापकीभूत धर्मविशेष है, जो एक से लेकर परार्ध संख्या तक परिगणित है। अंग्रजी के cardinal member से यह तुलनीय है। बहुवचन दो या दो से अधिक का बोध कराते हैं। परन्तु वर्ग या समूह का बोध कराने में एकवचन की तरह प्रयुक्त होता है। यथा– शकुन्ताः। परन्तु संस्कृत भाषा में कुछ शब्द ऐसे होते हैं। जो रूप–रचना की दृष्टि से बहुवचन होते हैं, परन्तु अर्थ में एकवचन होते हैं यथा–दाराः, अपः, वर्षाः, सिक्ताः, असवः, प्राणाः इत्यादि।

कभी–कभी बहुवचन का प्रयोग व्यक्ति के प्रति सम्मान या आदर प्रकट करने के निए भी होता है। 'आदरार्थे बहुवचनम्' यथा–इति श्रीशकंराचार्याः। उत्तमपुरुष में बहुवचन का प्रयोग एकवचन में भी होता है, यदि वक्ता विद्वान् या उच्चकुलीन है। 'वयमपि भवत्यौ सखीगतं किमपि पृच्छामः 'अभिज्ञानशाकुन्तलम्' में राजा दुष्यंत का कथन।

संस्कृत भाषा में देश का नाम सदा बहुवचन में प्रयुक्त होता है। यथा–कलिंगान्, विदर्भान् इत्यादि।

वचनौचित्य विमर्श के पूर्व इस बात का भी उल्लेख करना आवश्यक प्रतीत होता है कि व्याकरणिक दृष्टि से वचन के विश्लेषण में उसकी व्याकरण सम्मत 'युक्तियुक्तता' की दृष्टि प्रधान होती है, परन्तु काव्यशास्त्रीय दृष्टि में काव्य में सौन्दर्य, चारुता, विच्छित्ति, वक्ता, ध्वन्यर्थता का आधान करने में वह वचन–एकवचन, द्विवचन, बहुवचन का प्रयोग और वैपरीत्य प्रयोग चमत्कार उत्पन्न करने में कितना सक्षम और सार्थक है।

वचनौचित्य–संस्कृत भाषा में तीन वचनों, एकवचन, द्विवच और बहुवचन का प्रयोग होता है। एकवचन, द्विवचन तथा बहुवचन के प्रयोगान्तर (variative) का उपयोग काव्य में चारुता अथवा सौन्दर्य–वृद्धि के लिए किया जा सकता है। एकवचन के बदले बहुवचन अथवा इसके विपरीत प्रयोग से विशेष अर्थगौरव, अर्थच्छटा अथवा अभिप्राय विशेष की समर्थ अभिव्यंजना की जा सकती है। यहाँ पर भी वचनों का प्रयोग व्याकरणगत शुद्धता की अपेक्षा काव्यार्थ–विच्छित्ति या काव्य–वैचित्र्य का विन्यास ही अभिलषित है। आचार्य क्षेमेन्द्र ने सहज सुसम्प्रेषक, सहृदय हृदयाह्लादक

एकत्वादि उपचित वचन को वचनौचित्य संज्ञा से अभिषिक्त किया है। उनका 'वचनौचित्य' के सन्दर्भ में दिये गये उदाहरण 'अदैन्य धन्यमनसां वदनं विदुषामिव आयाति चारुताम्' की यह पंक्ति सर्वथा स्पष्ट कर देती है कि याचना के अभाव में तेजस्वी एवं ओजस्वी आभामण्डल से युक्त, मन की निर्मलता से आप्लुत विद्वान के प्रसन्न मुखारविन्द के अभिव्यंजक होने की तरह वचन का औचित्यपूर्ण प्रयोग काव्य में अपूर्व सौन्दर्य की अभिवृद्धि कर देता है। आचार्य कुन्तक ने 'वक्रोक्तिजीवित' में संख्यावक्रता के विवेचन में वचन विपर्यय के प्रयोग से काव्य में वैदग्ध्य और चारुत्व की चर्चा की है।

ऋतुसंहार में वियोगानल से दहन क्रिया के प्रभावातिशयता को व्यंजित करने के लिए कवि ने उनसे प्रभावित प्राणियों को बहुवचनान्त पद में ही प्रायः प्रयुक्त किया है। इसमें औचित्योपेत बहुवचनान्त पदों के अन्तर्गत 'तुदन्ति चेतः प्रसभं प्रवासिनाम्'[178] का प्रवासिनाम् पद, स्तनैः सहारैर्मदनै ससीधुभिः स्त्रियः रति संजनयन्ति कामिनाम्'[179] का 'कामिनाम्' त्था 'परिहरति नभस्वान् प्रोषितानां मनांसि'[180] में प्रोषितानां' और 'मनांसि' दोनों ही पद, आदि का उल्लेख किया जा सकता है। मद के प्रभाव से प्रभावित लोगों की अतिशयता प्रदर्शित करने के कारण यहाँ वचनौचित्य है।

ऋतुसंहार के तृतीय सर्ग के प्रकृत[181] श्लोक में प्रयुक्त 'चन्द्रो दहत्यातितरां तनुमङ्नानाम्' में 'चन्द्रः' इस एकवचनान्त पद की वियोग से संतप्त प्राणियों को अकेले चन्द्र द्वारा अत्यधिक दग्ध किए जाने, और अगर चन्द्रगण होते तो फिर क्या होता– इसकी भी व्यंजनागर्भता को अन्तभूर्त किए हुए, से उसकी एतद्विषयक-प्रभावक्षमता का कवि ने परिज्ञान कराया है। इस प्रकार यहाँ एकववनौचित्य सुतरां द्रष्टव्य है।

मेघदूत पूर्वार्द्ध के प्रकृत श्लोके में[182] 'आश्रमेषु' पद भी कवि के वचन-प्रयोग के विषय में उसके वैदग्ध्य का परिज्ञान करता है। इससे कवि यक्षिणी वियोग से विक्षिप्त - बेचैन यक्ष के 'एकत्र अनवस्थान - एक जगह न टिक पाने - के विशिष्यार्थ को सहृदयों तक संप्रेषित करना चाहता है। इस कारण यहाँ भी वचनौचित्य सुस्पष्ट है।

इसी श्लोक के अनन्तर प्रयुक्त नीत्वा 'मासान्'[183] में मासान्' बहुवचनान्त से यक्ष द्वारा वियोग-दुःख की अवधि के अति दीर्घत्व, सुदुःसहत्व को व्यंजित करने के अभिप्राय से कवि ने प्रयुक्त किया है। इसी श्लोक में 'कनकवलयभ्रंशरिक्तप्रकोष्ठः में 'वलय' एकवचनान्त पद भी यक्ष के मात्र एक कनकवलय धारण करने से उसकी

वियोग के कारण अधिक आभरण–आभूषण धारण करने के प्रति चाव की कमी, रुचि का अभाव, खिन्न मन:स्थिति आदि विशिष्ट अर्थों की भी व्यंजना होती है। इस प्रकार यहाँ बहुवचनान्त पद 'मासान्' और एकवचनान्त पद 'वलय' दोनों ही औचित्य गुण से मण्डित है।

कुमारसंभव महाकाव्य के प्रथम सर्ग के प्रकृत श्लोकों[184] में प्रयुक्त 'प्राक्तन जन्म विद्या:' बहुवचनान्त पद से कवि द्वारा उपदेश काल में अर्थात् बहुत ही कम समय में अत्यधिक विद्याओं के ज्ञान को सहज में ही प्राप्त करने, विद्या के संख्याधिक्य वर्णन–संकेत से उसके व्यापकत्व को प्रदर्शित कर पार्वती के सीखने–जानने की बुद्धि की अतिशय प्रभावक्षमता को कवि व्यंजित कराना चाहता है। इस कारण यहाँ 'प्राक्तनजन्म विद्या:' पद में वचनौचित्य है।

कुमारसंभव के द्वितीय सर्ग में 'त्वं पितृणामपि पिता देवानामपि देवता'[185] 'त्वमेव हव्यं होता च भोज्यं भोक्ता च शाश्वत: '[186] पद में 'त्वम्' एकवचनान्त पद से ईश्वर के सर्वगुणसम्पन्नता, सर्वज्ञता और सर्वव्यापकता की व्यंजना सुतरां हो रही है। इस कारण यहाँ वचनौचित्य है।

इसी सर्ग में मेरुशृंगाणि उत्पाट्य'[187] में बहुवचनान्त पद उसकी निर्बलता, क्षुद्रता, अनायास–उत्पाटन–क्षमता प्रभृति अवगुणों का संकेत कवि ने किया है। इस कारण यहाँ वचनौचित्य है।

कुमारसंभव के तृतीय सर्ग के प्रकृत श्लोक[188] में 'लोकेषु' बहुवचनान्त पद से कवि कामदेव के द्वारा तीनों लोकों और चौदहों भुवन में अपनी मद प्रभृति शक्ति के बल पर कुछ भी कर सकने, प्रलय कर देने की सामर्थ्यातिशयता के व्यंजनार्थ इस 'लोकेषु' पद का प्रयोग किया है। इस कारण यहाँ वचनौचित्य है।

कुमारसंभव के षष्ठ सर्ग के प्रकृत श्लोक[189] में 'अमी स्पृशन्ति भावा: ' में 'भावा:' बहुवचनान्त पद भी साभिप्राय प्रयुक्त है। यहाँ पर कवि काम भावनाओं के आधिक्य और आतिशय्य को व्यंजित करने के अभिप्राय से किया है, क्योंकि काम–भाव–जागरण के समय व्यक्ति की विविध चेष्टाएं, प्रबल हो उठती हैं; धीर गंभीर शान्त चित्त को भी कामना की असंख्य तरंगें चंचल कर देती हैं। कामना–भावना की इन्हीं विविध तरंगों का ही संकेत कवि ने उक्त पद से किया है। इस प्रकार यहाँ वचनौचित्य सुस्पष्ट है।

रघुवंश प्रथम सर्ग में भी वचनौचित्य परिलक्षित होता है। प्रथम सर्ग के प्रकृत[190] श्लोक में सचिवे, सचिवयो: आदि एकवचनान्त और द्विवचनान्त पदों का सर्वथा

परित्याग कर 'सचिषु' इस बहुवचनान्त पद का प्रयोग महाकवि ने साभिप्राय किया है। इससे वे महाराज दिलीप के राज्य कार्य की अधिकता, विशालता आदि भावों को व्यंजित कराना चाहते हैं और वे इस प्रयास में सफल हुए हैं। इस कारण यहाँ वचनौचित्य है।

इसी सर्ग में[191] 'अन्यत्र ग्रामेषु' इस बहुवचनान्त प्रयोग से कवि महाराज दिलीप के यज्ञादि क्रियाओं की असंख्यता और उसके अत्यधिक विस्तार को सहृदयों तक संप्रेषित करना चाहते हैं। इस कारण यहाँ वचनौचित्य है।

अभिज्ञानशाकुन्तल में भी वचनौचित्य का दर्शन होता है। राजा दुष्यन्त द्वारा शकुन्तला के सौन्दर्य प्रशंसा में उपन्यस्त प्रकृत श्लोक[192] में प्रयुक्त अंगे, अंगयो: प्रभृति एकवचनान्त और द्विवचनान्त पदों को छोड़कर बहुवचनान्त पद 'अंगेषु' का प्रयोग भी साभिप्राय है। इसमें शकुन्तला के प्रत्येक अंगों–उपांगों की अहम अहमिकया सौन्दर्य–श्री वृद्धि को पाने की संनद्धता, इस प्रकार यौवन के सर्वांगीण प्रविकास को अभिव्यंजित कराने के लिए ही कवि ने उपन्यस्त किया है। इस पद के मर्म को उरेहते हुए नवकिशोरकार ने कहा है कि 'अंगेषु'–इस बहुवचन से वदन में कान्तिमत्ता, नेत्रों में अनुराग, कंठ में कम्बुसाम्य व त्रिरेखात्व, कुचों का औन्नत्य, नाभि की निम्नता, नितम्ब का मध्यनिम्नत्व और मांसलत्व, जघन – जंघा और जानु में मांसलत्व, उर्वी की विशालता, मृदुलता और शीतलता और चरणों की मदालसता आदि गुणों का संकेत मिलता है।[193] इस प्रकार यहाँ बहुवचनौचित्य सुतरां द्रष्टव्य है।

अभिज्ञानशाकुन्तल के इसी अंक में अन्यत्र वैखानस द्वारा राजा को लक्षित करके कहे गए वचन 'ज्ञास्यसि कियद् भुजो में रक्षति मौर्वीकिणाङ्क इति[194] में 'भुजो' एकवचनान्त पद भी साभिप्राय है। यहाँ पर प्रयुक्त 'भुजो' पद से दुष्यन्त के स्वयं सामर्थ्य की अतिशयता और दूसरों की या दूसरों से सहायता आदि की अपेक्षा का अभाव इन विशिष्यर्थों की व्यंजना नितरां होती है। इस कारण यहाँ एकवचनौचित्य है।

अभिज्ञानशाकुन्तल के द्वितीय अंक के अंत में राजा द्वारा आत्मगत विचार के समय उपन्यस्त श्लोक क्व वयम्……सममेधित जन:'[195] में 'वयम्' बहुवचनान्त पद और 'जन:' एकवचनान्त पद क्रमश: दुष्यन्त और तत्सदृश अन्य नागर मनुष्य तथा शकुन्तला और तत्सदृश पवित्र तपोवन के लोग संकेतित है। यहाँ 'वयम्' पद से सात्विक, राजसिक और तामसिक गुणों छलप्रपंच माया प्रभृति लोक व्यवहार नयों, चतुषष्टि कला पारंगत, काम विद्या ज्ञान निष्णात आदि तथा 'जन:' पद से सात्विक

गुणविशिष्ट निश्छल, कामकला से अनभिज्ञ प्रभृति विशिष्ट अर्थों की व्यंजना सुतरां हो रही है। इस कारण यहाँ वचनौचित्य सुस्पष्ट है।

अभिज्ञानशाकुन्तल चतुर्थ अंक के प्रकृत[196] श्लोक में प्रयुक्त 'हव्यगन्धै:' बहुवचनान्त पद से हव्यगन्ध की प्रचुरता की व्यंजना सुतरां हो रही है। इस कारण यहाँ वचनौचित्य है।

अभिज्ञानशकुन्तल के चतुर्थ अंक के प्रकृत[197] श्लोक में सर्वै:' इस बहुवचनान्त पद से सभी वृक्षों द्वारा संभूय-समवेतत्व रूप से, इकट्ठे, शकुन्तला को आशीर्वचन प्रदान करने के लिए महर्षि कण्व कहते हैं, ताकि शाकुन्तला को कहीं अधिक विलम्ब न हो जाय, क्योंकि कण्वाश्रम से हस्तिनापुर की दूरी अधिक थी।

इसी अंक में अन्यत्र 'सरोभि:[198]' बहुवचनान्त पद से शकुन्तला के पतिगृह गमनपथ में सरोवरों की अधिकता इससे गमनसौकर्य को कवि सूचित करना चाहता है। इस कारण यहाँ वचनौचित्य है।

मेघदूत के प्रकृत श्लोक[199] में तालै: इस बहुवचनान्त पद से यक्ष प्रिया की नृत्य, गीतादि ललित कलाओं में बहुविध वैदग्ध्य की व्यंजना होती है। इस कारण यहाँ वचनौचित्य है। कालिदास के काव्यों के परिशीलनोपरान्त यह स्पष्ट है कि उनके काव्यों में न केवल क्रिया, कारक और लिंग का ही साभिप्राय प्रयोग है, अपितु वचनों का प्रयोग भी सप्रयोजन और सोद्देश्य है।

विशेषण

विशेषण पद की निष्पत्ति वि उपसर्ग पूर्वक, शिष् धातु और ल्युट् प्रत्यय के योग से हुई है।

विशेषण की व्युत्पत्ति है- विशिष्यते अनेन इति, वि+शिष्+ल्युट्। विशेष्यधर्म: स तु गुणादि:।

विशिष्यते सम्बुध्यते अनेन छत्रेण छात्रमद्राक्षीत्। विशेषण की एक अन्य व्युत्पत्ति भी पाई जाती है- वैशिष्ट्यं प्रतिपादकम् इति विशेषणम्। उपर्युक्त व्युत्पत्ति से स्पष्ट है कि विशेषण को विशेष्य की विशेषता प्रकट करने वाले गुण के रूप में स्वीकार किया गया है।

विशेष्यं स्यादनिर्ज्ञातं निर्ज्ञातोऽर्थो विशेषणम्।
परार्थत्वेन शेषत्वं सर्वेषामुपकारिणाम्।।

भर्तृहरि, वाक्यपदीय, वृत्ति समुद्देश कारिका 7

उपर्युक्त कारिका में आचार्य भर्तृहरि ने विशेष्य को 'अनिर्ज्ञात'और विशेषण को 'निर्ज्ञात अर्थ वाला' कहा है।

आचार्य महिमभट्ट ने विशेषण की उपयुक्तता के लिए 'सम्भव' और 'व्यभिचार' दोनों की ही सत्ताओं का होना स्वीकार किया है।

सम्भवव्यभिचाराभ्यां विशेषणविशेष्य भावो भवति, न केवलं सम्भवेन उष्णः अग्निः इतिवत्। नीलोत्पलादौ तु स्वरूपे सम्भवात्। रक्तोत्पलादि (त्व्) भावाच्च सम्भव व्यभिचारौ विद्येते इति। भवत्येव विशेषणविशेष्य भावः।

–व्यक्तिविवेक, प्रथम विमर्श

संस्कृत के प्रसिद्ध आचार्य महिमभट्ट ने विशेषण' वाचक शब्द का प्रयोग वहीं ठीक माना है जहाँ उसके बिना विशेषणीभूत अर्थ का ज्ञान सम्भव न हो। ऐसा अर्थ वह होता है जिसके विषय में यह ज्ञान रहता है कि वह दूसरे अर्थ में नियमतः नहीं रहता है।

विशेषण उन संज्ञा शब्दों के पूर्व आते हैं जिनके अर्थ को वे अनवच्छिन्न करते हैं। विशेषण के पर्याय के रूप में 'भेदक' को परिगणित किया गया है। भेदति अन्यं पदार्थं पृथक् करोति इति भेदकम्। नाम्ना शिवः गोत्रेण गार्ग्यः। परन्तु जहाँ विशेषण दृष्ट वस्तु में भेद उत्पन्न करता है, वहाँ भेदक अदृष्ट वस्तु में भी भेद बताने समर्थ है। विशेषण विशेष्य का संकेतित गुणात्मक पक्ष है।

विशेष्य (द्रव्य) अपने सामान्य रूप में ज्ञात होता है तो भी अपने अन्तर्गत विशेष्य का निश्चय कराने के लिए ज्ञापक होने से स्वयं निश्चित रूप, गुण आदि से व्यवहृत हुए विशेषण होते हैं। जो ज्ञाप्य है, वह प्रधान है वह विशेष्य है; और जो ज्ञापक है, वह अप्रधान है विशेषण है; यथा नीलोत्पलम्। यहाँ 'नील' विशेषण (गुणवचन) है और उत्पल विशेष्य (जातिवचन) है।

विशेष्य के पर्याय रूप में द्रव्य, जातिवचन, प्रधान, ज्ञाप्य, व्यावर्त्य, भेद्य, सीमित होने वाला substantive, attributive इत्यादि है, जबकि विशेषण के पर्यायवाची–गुण, गुणवचन, अप्रधान, ज्ञापक, व्यावर्तक, भेदक, सीमित करने वाला, Adjective, attributor इत्यादि पद है।

विशेषण वाक्य में गौण होता है और विशेष्य प्रधान। जिसका क्रिया में सीधा अन्वय होता है; वह प्रधान होता है। विशेषण का स्वतंत्र तथा क्रिया में अन्वय न होने के कारण यह अप्रधान (गौण) है, अतः यह कारक नहीं माना जाता, तथापि विशेषण के वे ही विभक्ति, लिंग, वचन होते हैं जो विशेष्य के। "विशेष्यस्य हि यल्लिंगं

विभक्ति वचने चे ये। तानि सर्वाणि योज्यानि विशेषणपदेष्वष्पि।। –अनुवाद कला या वाग्व्यवहारादर्श, विषय प्रवेश।

विशेषणौचित्य– आचार्य क्षेमेन्द्र के अनुसार सम्यकतया उचित, उत्कर्षाधायक, सहृदयहृदयनिर्वृतिप्रदायक प्रकृतार्थपोषक विशेषण (गुणवचन, उपाधि, विशेष्यधर्म)से युक्त पद को विशेषणौचित्य कहते हैं।

आचार्य कुन्तक ने विशेषण वक्रता के सन्दर्भ में कहा है कि प्रसंग, रस, वस्तु स्वभाव तथा अलंकृति के अनुकूल विशेषण के प्रयोग का विशेष महत्व है।

स्वमहिम्ना विधीयन्ते येन लोकोत्तरश्रियः।
रसस्वभावालंकारस्तद्विधेयं विशेषणम्।।

–व.जी. 2/15

निश्चित रुप से औचित्य से परिपूर्ण विशेषण के समर्थ प्रयोग से महाकवि काव्य में सहृदयहृदयहारी अर्थच्छ्टाओं और चित्रात्मक दृश्यों का विलक्षण सृजन कर देता है।

कालिदास के काव्यों में प्रयुक्त विशेषण, विशेष्य पदों की चारुता को बहुगुणित करते हुए परिलक्षित होते हैं। कवि के विशिष्टार्थ को मर्मस्पर्शी और सहृदयसंवेद्य बनाने में इनका महत्पूर्ण योगदान है।

ऋतुसंहार के प्रथम श्लोक[200] में 'सूर्य' के विशेषण रूप में 'प्रचण्ड' पदांश और चन्द्रमा के विशेषण रुप 'स्पृहणीय' पदांश दोनों के ही उग्र और मृदु स्वभाव सूर्य के दाहकता गुण और चन्द्रमा के शीतलता गुण का दोनों विशेषण सुतरां अभिव्यंजित करते हैं। इस कारण यहाँ विशेषणौचित्य है।

इसी सर्ग में अन्यत्र[201] 'फणी' के विशेषणों क्रमशः 'अभितापितः विदह्यमानः, अवाड.मुखः, जिह्मगतिः श्वसन् का इतना सटीक प्रयोग महाकवि ने किया है कि ग्रीष्म की भयावहता से आक्रान्त, विक्षिप्त, व्याकुल सर्प का एक शब्द–चित्र सा खिंच जाता है। इस कारण यहाँ विशेषणौचित्य है।

ऋतुसंहार के तृतीय सर्ग के अंत में शरद्[202] के लिए प्रयुक्त विशेषण 'विकच कमलनेत्रा फुल्लनीलोत्पलाक्षी' शरदकालीन शोभा को प्रत्यक्ष सा कर देते हैं। ये विशेषण सहृदयश्लाघ्य हैं। इस कारण यहाँ विशेषणौचित्य है।

ऋतुसंहार के पंचम सर्ग में 'मद्य'[203] विशेष्य का विशेषण 'कामरति प्रबोधकम्' मद्य के मद्यत्व गुण के उत्कर्ष को व्यंजित करने में सुतरां सफल हुआ है। इस कारण यहाँ विशेषणौचित्य है।

ऋतुसंहार के षष्ठ सर्ग में 'वसन्त:श्रेष्ठ काल' के विशेषण रूप में 'शृंगार दीक्षागुरू:[204] 'पद भी वसन्त के शृंगारिक रूप की अतिशयता को सुतरां व्यंजित कर सहृदय-हृदयावर्जक बन पड़ा है। इस कारण यहाँ विशेषणौचित्य है।

मेघदूत के पूर्वार्द्ध के प्रथम श्लोक[205] में 'उदक' के विशेषण रूप में 'पुण्य' पद का उपन्यास भी मार्मिक है। यहाँ कवि उत्पत्तिपरिपूता जनकतनया के स्नान से उदक की अतिशय पवित्रता को ध्वनित करने के लिए ही पुण्य पद का प्रयोग किया है। इस कारण यहाँ भी विशेणौचित्य है।

कुमारसंभव महाकाव्य के चतुर्थ सर्ग में 'वैधव्यम्'[206] पद के विशेषण रूप में 'नव' विशेषण पदांश और 'असह्यवेदनम्' विशेषण पद रति के अकालोपात्त वैधव्य से अचानक आए अननुभूत दु:ख तथा प्रफुल्ल यौवन में ऐसा होने के कारण अत्यधिक वेदनाकारक होने के कारण, अत्यधिक वेदना इसीलिए होगी, क्योंकि युवावस्था में संयोग की प्रबल कामना रहती है। जवानी बीत जाने और बुढ़ापे में संभवत: दो कारणों से किंचित् सह्यवेदनीयता होती है - एक तो संगम सुख की उपभुक्ति से तृप्ति और दूसरे जल्दी से देह-अपाय (मृत्यु) की संभावना - कतिपयदिवस दु:खभोगभाव के रहने के संतोष के कारण यहाँ विशेषणौचित्य है।

इसी प्रकार तदनन्तर के श्लोक में 'प्रियम्' के विशेषण रूप में 'अत्यन्त विलुप्त दर्शनम्'[207] पद भी रतिपति कामदेव के अत्यन्ताभाव, पूर्ण विनाश, पुनर्मिलनाभाव आदि विशिष्टार्थों की समुचित व्यंजना कराता है। इस कारण यहाँ विशेषणौचित्य है।

रघुवंश महाकाव्य के प्रथम सर्ग के प्रकृत श्लोक[208] में 'वंश' पद का विशेषण 'सूर्यप्रभव:' रघुकुल के तेजोत्कर्ष को प्रख्यापित कर रहा है, उसके सतत विस्तार और प्रविकास को द्योतित कर रहा है। इसी प्रकार 'मति:' का विशेषण 'अल्पविषया' पद भी मति की अल्पज्ञता और अक्षमता प्रभृति गुणों को सहजता से सहृदयहृदय को आवर्जित कर रहा है। इस कारण यहाँ विशेषणौचित्य है।

रघुवंश के इसी सर्ग में अन्यत्र[209] दिलीप के लिए प्रयुक्त 'पिण्डविच्छेद दर्शिन:' विशेषण पद उनकी मृत्यु के उपरान्त श्राद्ध-पिण्ड आदि कर्मों के लुप्त होने, जो पुत्र न होने के कारण होगी। इसका तीव्रता से संप्रेषण सहृदय को सुतरां होता है। पुत्रोत्पत्ति के महत्व के विषय में उनका कहना है कि शुद्ध वंश में उत्पन्न संतति इहलोक और परलोक दोनों जगह सुख प्रदान करती है। राजा दिलीप के चिंतामग्न, मांसिक क्लेशापन्न, मर्मन्तुद भावों की अभिव्यक्ति कराने में उक्त विशेषण सर्वथा समर्थ सिद्ध हुआ है। इस कारण यहाँ विशेषणौचित्य है।

इसी सर्ग में अन्यत्र 'प्रजालोपनिमीलितः'[210] इस विशेषण से भी दिलीप के पुत्रविहीनत्व से उत्पन्न नाना चिन्ताभावों की अभिव्यंजना कराने में कवि नितान्त सफल हुआ है। इस कारण यहाँ भी विशेषणैचित्य है।

अभिज्ञानशाकुन्तल के प्रथम अंक में भी राजा के 'अहो! मधुरमासां दर्शनम्'[211] में मधुर विशेषण पद से शकुन्तला सहित सखियों के दर्शन से विमुग्ध राजा के अतिशय आह्लाद और विशेषतः शकुन्तला के प्रति प्रगाढ़ अभिलाष को व्यंजित करता है। इस प्रकार यहाँ विशेषणौचित्य है।

इसी अंक में अन्यत्र[212] 'कन्यासु' के विशेषण रूप में 'तपस्वि' और 'मुग्धासु' पद का प्रयोग कवि ने साभिप्राय किया है। प्रथमतः तो कन्याओं के प्रति ही अविनय आचरण अच्छा नहीं ततोऽपि तपस्विकन्याओं के प्रति और वह भी प्रौढ़ा और प्रगल्भाओं के प्रति नहीं, मुग्धाओं के प्रति। यहाँ 'मुग्धासु' पद से कवि शिशुवत् अबोधता, सरलता, अकृत्रिमता, अप्रतीकारक्षमता तथा 'तपस्वि' से कन्याओं के साथ अविनयाचरण से गंभीर अपराधभावोपेतता तज्जन्य भयंकर परिणाम की संभाव्यता, एतदर्थ अत्यधिक सावधनार्हता की अपेक्षा प्रभृति विशिष्टार्थों की व्यंजना कराता है। इस कारण यहाँ विशेषणौचित्य है।

अभिज्ञानशाकुन्तल के द्वितीय अंक के प्रकृत श्लोक[213] में शकुन्तला के अनुपम सौन्दर्य का वर्णन राजा दुष्यन्त कर रहे हैं। इसमें पुष्प के लिए प्रदत्त सभी विशेषण औचित्य गुण से ओतप्रोत हैं। इसमें अनाघ्रातम्, अलूनं, अनाविद्धम' अनास्वादितरसम्, अखण्डं प्रभृति विशेषण क्रमशः न सूंघे जाने के कारण अन्य घ्राणेन्द्रिय संपर्कराहित्यगुण से प्राप्त्याकांक्षा, अलून से नखक्षतराहित्य प्रभृति अनेकानेक गुणों की अभिव्यंजना के कारण विशेषणौचित्य का दर्शन सुतरां होता है।

उपसर्ग –महर्षि पाणिनि ने 'अष्टाध्यायी' के प्रथम पद में उपसर्गों के सम्बन्ध में निम्नलिखित सूत्रों का संग्रथन किया है। प्रादयः (अ.1–4–58), उपसर्गाः क्रियायोगे (अ.1.4.59) गतिश्च (अ.1.4.60)।

'उपसर्गास्तु प्रादयः' अर्थात् 'प्र' आदि 'उपसर्ग' कहे जाते हैं। उप उपसर्ग, सृज् धातु, घञ् प्रत्यय (उप+सृज् विसर्ग+घञ) से निष्पन्न उपसर्ग पद धातु से पूर्व लगता है। उपसर्ग को गति भी कहते हैं। आंग्लभाषा में इन्हें preposition or prefix कहते हैं।

इन उपसर्गों की विशेषता के सम्बन्ध में दो सिद्धान्त है। एक सिद्धान्त के अनुसार धातुओं के अनेक अर्थ होते हैं, (अनेकार्थाः हि धातव)। जब उपसर्ग उन

धातुओं के पूर्व जोड़े जाते है तो वे केवल धातुओं में पहले से विद्यमान परन्तु सुप्त एवं गुप्त अर्थ को प्रकाशित करते हैं। वह स्वयं अर्थ की अभिव्यक्ति नहीं करते, क्योंकि वह हैं ही अर्थहीन। कविवर माघ ने शिशुपालवध में इस तथ्य की पुष्टि की है-

सन्तमेव चिरमप्रकृतत्वाद प्रकाशितमविद्युतदंगे।
विभ्रमः मधुमदः प्रमदानां धातुलीनमुपसर्गमिवार्थम्।।

आचार्य यास्क ने 'निरूक्त' में आचार्य शाकटायन के मत को उद्धृत करते हुए बताया है कि उपसर्ग अर्थ के द्योतक हैं, वाचक नहीं (न निर्बद्धा उपसर्ग अर्थान्निराहुरिति शाकटयनः निरुक्त 1.3)।

दूसरे सिद्धांत के अनुसार उपसर्ग अपना स्वतंत्र अर्थ प्रकट करते हैं। वह धातुओं के अर्थो में सुधार करते हैं, बढ़ाते हैं और कई उनके अर्थों को बदल भी देते हैं। आचार्य यास्क ने उपसर्गो की पृथक् सत्ता स्वीकार करने वाले आचार्य गार्ग्य के भी मत का उल्लेख किया है। (उच्चावचाः पदार्थाः भवन्तीति गार्ग्यः) वही, 1.3

निपाताश्चादयो ज्ञेयाः उपसर्गास्तु प्रादयः।
द्योतकत्वात् क्रियायोगे लोकादवगता इमे।।

स त्रिधा। धात्वर्थं बाधते कश्चित् यथा आदत्ते। कश्चिन्तमनुवर्तते यथा प्रसूते। तमेव विशिनष्टि अन्यः यथा प्रणमति। अपि च उपसर्गेण धात्वर्थो बलादन्यत्र नीयते नीहारसंहारप्रतीहारप्रहारवत् - शब्दकल्पद्रुम, भाग प्रथम, पृ० 26

इस प्रकार उक्त विवेचन से उपसर्ग के रूप त्रैविध्य परिलक्षित होते हैं। प्रथम धात्वर्थबाधक अर्थात् धातु के अर्थ को परिसीमित करने वाला। द्वितीय अनुवर्तक-धातु के अर्थ का अनुगमन कर उससे पश्चभावी सम्बन्ध प्रकट करने वाला। तृतीय धातु के अर्थ के वैशिष्ट्य, अतिशयता एवं प्रकर्षता को प्रकट करने वाला।

उपसर्गौचित्य- युक्तियुक्त, प्रस्तुतार्थ के परिपोष और उत्कर्ष में समर्थ, निर्बाधगुण प्रवाहक, सहृदयहृदय के उल्लास को विवर्धित करने वाले उपसर्गों के संयोग से उपचित पद को उपसर्गौचित्य कहा जाता है।

महाकवि कालिदास के काव्यों में उपसर्ग के उक्त रूप त्रैविध्य का दर्शन सुतरां होता है। उपसर्गों का कवि ने इतना सुविचारित सुविमर्शित प्रयोग किया है कि उनके योग से पद मर्मस्पर्शी बन गए हैं। ऐसे ही पदों को पढ़कर सहृदय-हृदय अघाता नहीं है। वह अतृप्त ही रहता है। उस पद की रमणीयता बार-बार पढ़ने के लिए सहृदय को विवश करती है। काव्य के पदों को बार-बार पढ़ने के लिए बाध्य कर देना ही महाकवि की काव्य-महनीयता का पुष्कल प्रमाण है। महाकवि कालिदास के पदों को रमणीय और प्रभावोत्पादक बनाने में उपसर्गों का महत्वपूर्ण योगदान है।

ऋतुसंहार के द्वितीय सर्ग के प्रकृत श्लोक में प्रयुक्त 'प्रयाचित' और 'प्रयान्ति' पदों में 'प्र' उपसर्ग का प्रयोग साभिप्राय है। 'प्रयाचित' पद के 'प्र' उपसर्ग से कवि ग्रीष्म के प्रचण्ड परिताप से संतप्त तृषाकुल चातकों के पिपासातिशय्य के कारण याचनाभाव की प्रकर्षता और तज्जन्य सहायता की अपरिहार्यता और अविलम्बता को अभिव्यंजित कराना चाहता है। इसी प्रकार 'प्रयान्ति' में 'प्र' उपसर्ग से तृषार्त्त चातकों के सहायतार्थ बादलों के गमन-शैघ्र्य और गमन-त्वरा की अतिशयता को व्यंजित कराना चाहता है। इन विशिष्टार्थों की मार्मिक अभिव्यंजना में सहायक होने के कारण इन उपसर्गों का औचित्य सुतरां अवलोकनीय है।

मेघदूत पूर्वार्द्ध के प्रकृत[214] श्लोक के इस अंश' कतिचिदबलविप्रयुक्तः में 'विप्रयुक्त' पद के 'वि' और 'प्र' उपसर्गों की मार्मिकता द्रष्टव्य है। यहाँ पर यक्ष के यक्षिणी संबंधी वियोग की प्रबलता, अतिशयता प्रभृति विशिष्टार्थ की अभिव्यंजना में उपसर्ग नितान्त सफल हुए हैं। इस कारण यहाँ उपसर्गौचित्य है।

मेघदूत के उत्तरार्द्ध के प्रकृत[215] श्लोक में निर्विनोदा' और 'उन्द्रिाम्' पदों में क्रमशः 'निर् और उत्' उपसर्गो का चमत्कार दर्शनीय है। निर् उपसर्ग से कवि ने रात्रि की नीरवता में अन्य किसी के साथ न होने, सुनसान अकेले में होने से यक्ष प्रिया द्वारा अपने प्रियतम यक्ष की मधुर स्मृति से प्रिय-विरह असहत्वातिशयत्व की तथा' उत्' उपसर्ग से यक्ष की यादों में खोयी-खोयी और उखड़ी-उखड़ी सी रहने और उसके उनादिपन, निद्रा का अभाव आदि की अतिशयता व्यंजित किया है।

इसी प्रकार मेघदूत - उत्तरार्द्ध के प्रकृत[216] श्लोक में 'आलिख्य' और 'आलुप्यते' पदों में 'आ' उपसर्ग तलस्पर्शी है। 'आलिख्य' के 'आसमन्तात्' से कवि यक्ष के वियोग काल में प्रबल-प्रेम भावना के अधिकरणभूत तत्तत् स्थलों, अर्थात् हृदय के हर उपांगों के वियोग-मर्म को मैं लिख रहा हूँ न कि एकांगी या एक देशभूत वियोग को निवेदित कर रहा हूं अर्थात् हृदय के कोने के भी कोने का प्रतिनिधित्व यह मेरा मदनलेख (धातुराग से उत्कीर्ण शिलालेख) है, के समवेतत्व-संभूयत्व की अभिव्यंजना के लिए इस उपसर्ग का चयन और प्रयोग किया है। इसी प्रकार 'आलुप्यते' के आ उपसर्ग से, 'मुहुः उपचित-अस्त्रों' अविरल प्रचुर अश्रुओं से दृष्टि के सभी तरफ से ढँक जाने, जिससे यक्ष अपनी प्रियतमा को चित्र-प्रतिकृति को नहीं देख पाता, संभवतः यदि उसकी दृष्टि का लोप नेत्र के किन्हीं एकाध कोनों से या किसी एक सीमित भाग से होता, वह अवश्य देखने का प्रयास करता। इस प्रकार यक्षिणी के प्रतिकृति-दर्शन न होने से यक्ष की अतिशय खिन्नता, विरहोद्दीपकता, कृतान्त के

प्रति अतिशय असूया भाव को कवि ने सुतरां व्यंजित किया है। इस प्रकार यहाँ उपसर्गौचित्य है।

कुमारसंभव महाकाव्य के प्रथम सर्ग के प्रकृत श्लोक[217] में 'विप्रेक्षितम्' पद में 'वि'और 'प्र' उपसर्ग आयताक्षी पार्वतो के अक्षि-प्रेक्षण-सौन्दर्य की अतिशय दृष्टि चंचलता, स्निग्धता, विभ्रम विलासोपेतता को सुतरां अभिव्यक्त करते हैं। इस कारण यहाँ उपसर्गौचित्य है।

इसी प्रकार इसी सर्ग में अन्यत्र[218] पार्वती के केश-विन्यास-वैदग्ध्य को सहृदयश्लाघ्य बनाने की दृष्टि से कवि ने चमरियों द्वारा पार्वती के केशपाश को बार-बार विमुग्ध दृष्टि से देखने के भाव को उपन्यस्त करने के लिए 'प्रसमीक्ष्य' पद में 'प्र' उपसर्ग का प्रयोग किया है। इस कारण यहाँ उपसर्गौचित्य है।

रघुवंश के चौदहवें सर्ग के प्रकृत[219] श्लोक में सीता द्वारा लक्ष्मण से राम के लिए संदेश में 'विशुद्धाम्' पद का 'वि' उपसर्ग अत्यन्त रमणीयार्थ प्रतिपादक है। यहाँ पर उत्पत्तिपरिपूता सीता के अतिशय पवित्र, परम पावन अत्यन्त शुद्ध दिव्य भाव को प्रकट करने के लिए ही कवि ने 'वि' उपसर्ग का प्रयोग किया है। इस कारण यहाँ उपसर्गौचित्य है।

अभिज्ञानशाकुन्तल के प्रथम अंक के प्रकृत श्लोक[220] 'प्रस्निग्धा' क्वचिदिङ्गुदी फलभिद: में 'प्रस्निग्धा:' पद के 'प्र' उपसर्ग से उपलों और इंगुदी फलों की अतिशय स्निग्धता, सरसता, मसृणता, कोमलता, चिक्कणता प्रभृति विशिष्यार्थो की अभिव्यंजना सुतरां होती है। इस प्रकार यहाँ उपसर्गौचित्य है।

निपात-(नि+पत्+घञ्)नि उपसर्ग पत गतौ धातु से घञ् प्रत्यय के संयोग से निपात शब्द निष्पन्न होता है। इसका अर्थ अनियमित रूप, अनियमितता, अनियमित या अपवाद मानना, एते निपाता:, निपातोऽयम् आदि।

निपात (A particle) प्रागेव नाम पर्याये निपाता: केऽपि कीर्त्तिता: स्वरादिनिपातमव्ययम्।

महर्षि यास्क ने निपात के तीन अर्थो का प्रतिपादन किया है, उपमार्थक, कर्मोपसंग्रहार्थक और पदपूरणार्थक (अप्युयमार्थे। अपि कर्मोसंग्रहार्थे। अपि पद पूरणा:)

महर्षि पाणिनि ने अपने ग्रन्थ 'अष्टाध्यायी' के प्रथम पाद में निपातों के सम्बन्ध में निम्न सूत्रों का न्यास किया हैं। स्वरादिनिपातमव्ययम् (अ.1.1.37) प्रागीश्वरनिपाता:

(वही 1.4.56) चादयोऽसत्त्वे (वही 1.4.57)अधिरीश्वरे (1.4.97) अष्टाध्यायी, सूत्रपाठ, पृ० 2,6,7

उन्होंने 'प्रागीश्वरनिपाताः ' सूत्र से 'अधिरीश्वरे' सूत्र तक विविध संज्ञाओं के अन्तर्गत 'निपात' संज्ञा की अवधि बताई है। (संस्कृत में लकार विवेचन, पृष्ठ, 15)

निपातौचित्य-काव्य में समुचित स्थान में प्रयुक्त 'च'आदि निपातों से परिपुष्ट प्रकृत अर्थ की संगतिकरण में सहायक एवं उपादेय असन्दिग्ध अर्थ की प्रतीति कराने वाले सहृदयावर्जक निपात की 'निपातौचित्य' संज्ञा है। महाकवि कालिदास के काव्य में निपात-प्रयोग भी निरभिप्राय नहीं, अपितु साभिप्राय और सोद्दश्य है।

ऋतुसंहार के षष्ठ सर्ग के प्रकृत श्लोक[221] चित्तं मुनेरपि हरन्ति निवृत्तरागं' में 'अपि' निपात वसन्त काल में कामप्रकर्ष को सुतरां अभिव्यंजित कर रहा है। इस कारण यहाँ निपातौचित्य है।

मेघदूत के पूर्वार्द्ध के प्रकृत[222] श्लोक 'मेघालोके भवति सुखिनोऽप्यन्यथावृत्ति चेतः के अपि पद के वर्षाकाल में प्रिया-विरह-वियोग, प्रेयसी-विश्लेष से अत्यधिक विक्षिप्त और बैचेन हो जाने के विशिष्टार्थ को 'अपि' निपात समुचित रूप से अभिव्यंजित कर रहा है। इस कारण यहाँ निपातौचित्य है।

कुमारसंभव महाकाव्य के तृतीय सर्ग के प्रकृत श्लोक[223] में 'तु' निपात का भी बड़ा रमणीय प्रयोग है। यहाँ पर कन्दर्पबाण से आहत शिव की किंचित् धैर्यच्युति की उन्मुखता-स्वल्पकाय विकार-क्षोभ को सुतरां अभिव्यक्त करता है। इस कारण यहाँ निपातौचित्य है।

इसी महाकाव्य के षष्ठ सर्ग के प्रकृत[224] श्लोक में पार्वती के विवाह के लिए वर-चयन में उसकी माता मेना के अतिशय महत्व को प्रख्यापित करने, निर्णायक भूमिका निभाने, उन विशिष्टार्थों की अभिव्यंजना में 'अपि' निपात का सहृदयश्लाघ्य प्रयोग कवि की औचित्यदृष्टि को प्रदर्शित करता है।

इसी प्रकार इसी सर्ग में अन्यत्र[225] प्रयुक्त अपि निपात कामभाव से विरक्त पशुपतिनाथ में पार्वती समागम-संभोग के अभिलाषोद्भव को सहृदयहृदयावर्जक बनाने में 'अपि' निपात का योगदान महत्वपूर्ण है। इसी कारण यहाँ पर निपातौचित्य है।

रघुवंश महाकाव्य के द्वितीय सर्ग के प्रकृत[226] श्लोक में 'अथ' निपात का प्रयोग अतीव मनोरम है। यहाँ 'अथ' निपात से प्रथम सर्ग के पश्चात् द्वितीय सर्ग के

आरम्भ तथा निशा के पश्चात् प्रभात होने से उनका आनन्तर्य तथा नन्दिनी को प्रसन्न कर लेने पर पुत्र लाभरूप मंगल इस आर्शीवचन का विशिष्टार्थ सहजसंवेद्य हो जाता है। इस कारण 'अथ' निपात का प्रयोग औचित्यपूर्ण है।

रघुवंश महाकाव्य के ही षष्ठ सर्ग के प्रकृत[227] श्लोक में 'अपि' निपात का प्रयोग अतीव मनोरम है। यहां अत्यन्त सुन्दर और सुदर्शन होने पर भी क्षितीश प्रतीप इन्दुमती के योग्य नहीं है। इस प्रकार अज ही वरणीय है, प्रतीप नहीं। इस आशय की मधुर व्यंजना को सहृदय-द्रावक बनाने में 'अपि' निपात का श्लाघ्य योगदान है। इस कारण यहाँ निपातौचित्य है।

अभिज्ञानशाकुन्तल तृतीय अंक के प्रकृत[228] श्लोक में 'तु' निपात के तलस्पर्शी प्रयोग से कौन रसज्ञ सहृदय अपरिचित होगा? यहां पर राजर्षि दुष्यन्त द्वारा पक्ष्मलाक्षी शकुन्तला के साथ अंगुलिसंवरण निषेधादि अनेक प्रयत्नों से सन्निधापित अधरोष्ठ को यथा-तथा उन्नमित ही किया जा सका, उसका सम्भोगप्राक्सर्वस्वभूत चुम्बन नहीं लिया जा सका। जिसकी अप्राप्ति से उनके विषादातिशयता की व्यंजना' तु' निपात सुतरां करता है।

अभिज्ञानशकुन्तल के पंचम अंक के प्रकृत[229] श्लोक में भी शार्ङ्गरवमुखेन महाकवि ने 'अपि' निपात का मर्मस्पर्शी प्रयोग किया है। यहाँ पर भर्तृमती सती साध्वी स्त्रियों के पितृकुल निवास करने पर व्यभिचार-दोष का आरोप जब समाज कर सकता है, तो फिर भर्तृपरित्यक्ता शकुन्तला पर उक्त दोष का आरोपण तो और सुकर, सहज और आसान होगा। इस प्रकार अभर्तृमती शकुन्तला के व्यभिचार-दोष की अतिशयता को व्यंजित कराने में' अपि' निपात सुतरां समर्थ है। इस कारण यहाँ भी निपातौचित्य है।

अभिज्ञानकुन्तल के प्रथम के प्रकृत श्लोक[230] में सरसिजमनुविद्धम्' में 'अनु' उपसर्ग से' शैवाल' और सरसिज के सह-सम्बन्ध की सातत्य और संपृक्तत्व, अनुवर्तनत्व को सुतरां अभिव्यक्त करता है। इस कारण यहाँ क्षेमेन्द्रोक्त उपसर्गौचित्य सुतरां स्पष्ट है।

विक्रमोंवशीय त्रोटक के चतुर्थ अंक के प्रकृत श्लोक[231] में उर्वशी के रक्तवर्णी लोचनों का स्मरण नवकन्दली के रक्त वर्णी कुसुमों से उपमेय है। किन्तु क्रोधाविष्टा उर्वशी के नेत्रों के रक्तवर्णत्व की अतिशयता के व्यंजनार्थ ही कवि ने 'आ' उपसर्ग का औचित्यपूर्ण प्रयोग किया है।

मेघदूत-उत्तरार्द्ध के प्रकृत श्लोक[232] में 'हन्त' इस निपात के प्रयोग से कवि

प्रकृति के समस्त उपादानों में यक्षिणी का साम्य दिखाई न पड़ने के कारण यक्ष–हृदय की अतिशय विषादानुभूति को अभिव्यंजित कराता है। इस कारण यहाँ निपातौचित्य है।

इसी प्रकार 'क्वचिदपि' के 'अपि' निपात प्रयोग से कवि यक्षिणी के अनुपम सौन्दर्य की उद्घोषणा बड़े ही आत्मविश्वास के साथ करता है। प्रकृति के सभी उपादानों से यक्षिणी के सौन्दर्य–अनौपम्य की मार्मिकता तथा यक्ष हृदयगत विषाद–अनपहरणीयत्व के प्रकाशन को सुतरां उक्त निपात अभिव्यक्त करता है। इस कारण यहाँ निपातौचित्य है।

इस प्रकार महाकवि के काव्यों के परिशीलन से पद, वाक्य, प्रबन्धार्थ, क्रिया, कारक, लिंग, वचन, विशेषण, उपसर्ग और निपात इन भाषा एककों सम्बन्धी इस विश्लेषण में महाकवि कालिदास की औचित्य दृष्टि का भव्य दर्शन होता है।

इस प्रकार इस उन्मेष में कालिदास–काव्य में निहित रस, गुण और अंलकार को क्षेमेन्द्र की औचित्य दृष्टि से परखने का प्रयास किया गया।

संदर्भ

1. सोऽर्थस्तद्व्यक्ति सामर्थ्ययोगी शब्दश्च कश्चन।
   यत्नतः प्रत्यभिज्ञेयौ तौ शब्दार्थौ महाकवेः।। –ध्वन्यालोक 1/8
2. अष्टाध्यायी 1.1.14
3. व्यक्तिविवेक. कारिका 11. पृ० 7
4. औचित्यविचारचर्चा, पृ० 8
5. प्रोसीडिंग्स आफ द फिफ्थ वर्ल्ड संस्कृत कन्फेरेन्स, पृ० 338.96
6. ऋतु०, 1/28, पृ० 5
7. वही, 6/20, पृ० 20
8. वही, 6/28, पृ० 2।
9. मेघ०, 1/1, पृ० 27
10. वही, 1/3,
11. वही, 1/15, पृ० 29
12. मेघ०, 1/33, पृ० 31
13. हन्तैकस्मिन् क्वचिदपि न ते चण्डि! सादृश्यमस्ति। –वही, 2/42, पृ० 4।
14. वही, 1/36, पृ० 32
15. चन्द्रो दहत्यतितरां तनुमङ्नानाम् –ऋतु० 3/9, पृ० 10
16. मेघ० 2/8, पृ० 37
17. मेघ०, 2/9, पृ० 37
18. वही, 1/34, पृ० 31

19. वही, 2/48, पृ० 42
20. मेघ०, 1/7 पृ० 28
21. वही, 1/4, पृ० 27
22. वही, 2/21, पृ० 38
23. कुमार०, 5/53, पृ० 73
24. कुमार०, 6/63, पृ० 81
25. वही, 6/89, पृ० 83
26. वही, 6/92, पृ० 83
27. वही, 7/79, पृ० 90
28. वही, 7/80, पृ० 90
29. कुमार०, 8/29, पृ० 94
30. रघु०, 2/23, पृ० 114
31. वही, 2/48, पृ० 116
32. रघु०, 6/10, पृ० 142
33. वही, 6/20, पृ० 143
34. वही, 6/21
35. कुमार०, 5/71, पृ० 74
36. रघु०, 2/1, पृ० 112
37. रघु०, 14/61, पृ० 216
38. माल०वि०, 1/5, पृ० 263
39. वही, अंक 4, पृ० 300
40. विक्रम०, प्रथम अंक, पृ० 344
41. माल०मि०, चतुर्थ अंक, पृ० 300
42. वही, 4/8, पृ० 309
43. वही, 5/12, पृ० 329
44. अभि०शा०, 2/16, पृ० 455
45. अभि०शा०, अंक 2, पृ० 458
46. वही, अंक 3, पृ० 457
47. वही, पृ० 481
48. वही, 3/9, पृ० 463
49. अभि०शा०, 1/4, पृ० 428
50. वही, 1/22, पृ० 437
51. वही, अंक प्रथम, पृ० 439
52. वही, 1/31, पृ० 445
53. वही, 3/3, पृ० 460
54. अभि०शा०, 3/18, पृ० 470

55. वही, 3/22, पृ० 474
56. वही, 3/23, पृ० 475
57. वही, 4/11, पृ० 487
58. वही, 1/1, पृ० 427
59. अभि०शा०, 1/2, पृ० 428
60. वही, अंक 2, पृ० 452
61. वही, 2/1, पृ० 447
62. वही, 2/9, पृ० 452
63. ऋतु०, 1/1, पृ० 3
64. वही, 1/10
65. वही, 1/15, पृ० 4
66. ऋतु०, 1/3, पृ० 3
67. वही, 1/17,
68. वही, 1/18
69. वही, 2/1, पृ० 6
70. वही, 2/18, पृ० 7
71. वही, 2/19, पृ० 7
72. वही, 6/20, पृ० 20
73. वही, 6/25, पृ० 21
74. वही, 6/26, पृ० 21
75. ऋतु०, 6/26, पृ० 21
76. वही, 6/28
77. वही, 6/31, पृ० 22
78. मेघ०, 1/7, पृ० 28
79. वही, 1/28, पृ० 30
80. वही, 1/42, पृ० 32
81. वही, 1/47, पृ० 33
82. वही, 2/20, पृ० 28
83. वही, 2/21 पृ०28
84. वही, 2/28, पृ० 39
85. मेघ०, 2/40, पृ० 4।
86. वही, 2/43
87. कुमार०, 3/33-34, पृ० 60
88. वही, 3/45, 46, 47, 48, पृ० 6।
89. वही, 4/1, पृ० 65
90. वही, 4/33, पृ० 67

91. वही, 5/1, पृ० 69
92. वही, 6/84, पृ० 82
93. रघु०, 1/3, पृ० 103
94. वही, 1/11, 12, पृ० 104
95. वही, 1/22, पृ० 105
96. वही, 7/49, पृ० 154
97. वही, 7/58, पृ०155
98. वही, 7/62, पृ० 155
99. माल० मि०, अंक I, पृ० 260-61
100. वही, पृ० 266
101. माल० मि०, पृ० 268
102. वही, पृ० 271
103. वही, पृ० 272
104. वही, अंक 2, पृ० 276
105. वही, अंक 3, पृ० 293
106. वही, अंक 3, पृ० 298
107. वही, अंक 4, पृ० 301
108. वही, अंक 5 पृ० 326
109. वही, 5/10, पृ० 327
110. विक्रम०, 2/15, पृ० 362
111. वही, 4/41, पृ० 405
112. वही, 5/12, पृ० 416
113. वही, 5/19, पृ० 420
114. अभि०शा०, 2/4, पृ० 449
115. अभि०शा० 5/9, पृ० 499
116. अभि०शा०, 3/13, पृ० 467
117. वही, 3/14, पृ० 467
118. मेघ०, 1/6, पृ० 27
119. कुमार०, 1/1, पृ० 47
120. रघु०, 1/2, पृ० 103
121. वही, 5/24, पृ० 136
122. ऋतु०, 1/7, पृ० 3
123. वही, 1/8, पृ० 3
124. वही, 1/13, पृ० 4
125. वही, 1/28, पृ० 5
126. ऋतु०, 1/27, पृ० 5

127. वही, 2/20, पृ० 7
128. कुमार, 3/67, पृ० 63,
129. वही, 6/95, पृ० 83
130. रघु०, 1/1, पृ० 103
131. धातुपाठ, 10, पृ० 3
132. रघु० 2/19, पृ० 113
133. वही, 2/48, पृ० 116
134. वही, 2/64 पृ० 117
135. रघु०, 2/75, पृ० 118
136. वही, 3/28, पृ० 121
137. माल०मि०, 1/4 पृ० 4
138. वही, पृ० 268
139. अयं पुन: पुष्यत्येव –वही, (माल०मि०) पृ० 297
140. This reference to the further favourite to follow from the king or to the children that मालविका would bear to the king. The latter sense is surely an indecent one, but it is keeping with the drunken state of इरावती - Malvikaganimira, Notes, p. 181.
141. वही, अंक 4 पृ० 304
142. सिमसिमायन्ति –An onomatopoetic word expressive of convulsive sensation, Ibid, p. 187
143. अभि०शा०, प्रथम अंक, पृ० 434
144. अभि०शा०, 1/28, पृ० 443
145. वही, द्वितीय अंक, 456
146. तव न जाने हृदयं मम पुन: कामो दिवापि रात्रावपि।
     निर्घृण। तपति बलीयस्त्वयि वृत्तमनोरथान्यंगानि।। –अभि०शा० 3/13, पृ० 467
147. तपति तनुगात्रि! मदनंत्वामनिशं मां पुनर्दहत्येव।
     ग्लपयति यथा शशाङ्कं न तथा हि कुमुद्वतीं दिवस:।। –अभि०शा० 3/14, पृ० 467
148. कुमार 2/63 पृ० 57
149. रघु० 1/9 पृ० 103
150. रघु०, 1/70, पृ० 109
151. वही, 1/71, पृ० 109
152. मेघ०, 2/15, पृ० 38
153. वही, 2/24, पृ० 39
154. मेघ०, 2/38, पृ० 41
155. वही, 2/37, पृ० 41
156. वही, 2/41 पृ० 42
157. अभि०शा०, प्रथम अंक, पृ० 432

158. वही, 1/13, पृ० 432
159. अभि०शा०, 1/20, पृ० 436
160. रघु०, 1/34, पृ० 106
161. वही, 1/46, पृ० 107
162. वही, 1/59, पृ० 117
163. वही, 5/30, पृ० 136
164. ऋतु०, 1/1, पृ० 3
165. कुमार, 5/41, पृ० 72
166. कुमार०, 5/43, पृ० 72
167. वही, 5/44
168. वही, 5/49
169. वही, 5/50, पृ० 73
170. रघु०, 1/2, पृ० 103
171. रघु० 1/4, पृ० 103
172. वही, 1/56, पृ० 107
173. अभि०शा०, द्वितीय अंक, पृ० 448
174. वही, तृतीय अंक, पृ० 463
175. अभि०शा०, तृतीय अंक, 3/8, पृ० 463
176. रघु०, 6/67, पृ० 148
177. रघु०, 5/7, पृ० 134
178. ऋतु०, 2/4, पृ० 6
179. वही, 2/18, पृ० 7
180. वही, 2/27, पृ० 8
181. वही, 3/9, पृ० 10
182. मेघ०, 1/1, पृ० 27
183. मेघ०, 2/1,
184. कुमार०, 1/30, पृ० 49
185. कुमार०, 2/14, पृ० 53
186. वही, 2/15, पृ० 53
187. वही, 2/43, पृ० 53
188. कुमार०, 3/3, पृ० 58
189. वही, 6/95, पृ० 83
190. रघु०, 1/34, पृ० 106
191. वही, 1/44
192. अभि०शा०, 1/19, पृ० 435
193. अंशेषु इति बहुवचनेन वदने कान्तिमत्वम्, नेत्रयोरनुरागः, कंठे कम्बुसाम्यम् त्रिरेखात्वम्,

कुचयोः औन्नत्यम्, नाभौनिम्नत्वम्, नितम्बे मध्यनिम्नत्वं मांसलत्वम्; जंघन-जंघा जानुषु मांसलत्वम्, उर्वोर्विशालत्वम् मृदुलत्वम्, शीतलत्वम् च पदयोः मदालसत्वमित्यादि सूच्यते।

–किशोरकेलि टीका, पृ० 39

194. अभि०शा०, 1/3, पृ० 432
195. अभि०, 1/19, पृ० 458
196. वही, 4/8, पृ० 486
197. वही, 4/9, पृ० 437
198. वही, 4/10, पृ० 437
199. मेघदूत 19
200. ऋतु०, 1/1, पृ० 3
201. वही, 1/13, पृ० 4
202. वही, 3/28, पृ० 12
203. वही०, 5/10, पृ० 16
204. वही०, 6/36, पृ० 22
205. कुमार०, 4/1, पृ० 65
206. वही,
207. कुमार, 4/2, पृ० 65
208. रघु०, 1/2, पृ० 103
209. कुमार०, 1/66, पृ० 108
210. रघु०, 1/68, पृ० 108
211. अभि०शा०, प्रथम अंक, पृ० 433
212. वही, 1/22, पृ० 437
213. अभि०शा०, 2/11, पृ० 453
214. मेघ०, 1/2, पृ० 27
215. वही, 2/26, पृ० 39
216. वही, 2/43, पृ० 41
217. कुमार०, 1/46, पृ० 50
218. वही, 1/47, पृ० 50
219. रघु०, 14/61, पृ० 216
220. अभि०शा०, 1/14, पृ० 433
221. ऋतु०, 6/25, पृ० 2।
222. मेघ०, 1/3, पृ० 27
223. कुमार०, 3/67, पृ० 63
224. कुमार०, 6/85, पृ० 82
225. वही०, 6/95, पृ० 83
226. रघु०, 2/1, पृ० 113

227. वही, 6/44, पृ० 146
228. अभि०शा०, 3/22, पृ० 474
229. अभि०शा०, 5/17, पृ० 503
230. वही, 1/18, पृ० 435
231. विक्रम०, 4/5, पृ० 393
232. मेघ०, 2/42, पृ० 41

• • •

षष्ठ उन्मेष

सामाजिक औचित्य विमर्श

देश

दिश्यते निर्दिश्यते इति। दिश निर्देशे+कर्मणि घञ् भूगोलभागविशेषः इति सिद्धान्तमंजरी। जनपदे जनपदसमुदाये जनपदैकदेशे सजलनिर्जलस्थान मात्रे च इत्यमरटीकायां भरतः। स त्रिविधः। जांगलःअनूपः साधारणश्च। तत्पर्यायः जनपदः नीवृत्, विषयः उपवर्तनम् इति राजनिघण्टुः। प्रदेशः राष्ट्रम् इति शब्दरत्नावली।

(शब्दकल्पद्रुम, भाग–2 पृष्ठ 747)

देश पद दिश् धातु और घञ् प्रत्यय के संयोग से निष्पन्न है। इसकी व्युत्पत्ति है– दिश्यते निर्दिश्यते इति। शब्दकल्पद्रुम में दिए गए देश सम्बन्धी उल्लेख के आधार पर यह स्पष्ट है कि देश के सन्दर्भ भू–भाग, उसमें हुए या होने वाले परिवर्तनों तथा जलवायु, उच्चावचन, तापक्रम, वर्षा प्रभृति विशेषताओं का वर्णन करना होता है।

देशौचित्य– आचार्य क्षेमेन्द्र के अनुसार देश के स्वभाव का परिचय और सम्यक् सूचना देने वाले सहृद्यों के हृदय को आवर्जित करने वाले विदग्ध कवि वर्णन की संज्ञा देशौचित्य है।

महाकवि कालिदास ने अपने काव्य में स्थान, भाग, प्रान्त, आदि की विशेषताओं की व्यंजना अवसर प्राप्त होने पर सुतरां की है। इस अवसर पर उनके स्थान परिचय, तत्तत् प्रान्तों की विशेषताओं का परिज्ञान परिलक्षित होता है। अपने देश परिज्ञान की हृदयहारी अभिव्यंजना कवि ने कराई है। कवि के उन वर्णनों पर क्षेमेन्द्र–दृष्टि से सिंहावलोकन करने पर देशौचित्य का दर्शन होता है।

मेघदूत पूर्वार्द्ध के प्रकृत श्लोक[2] में कवि माल प्रदेश की बधुओं की अकृत्रिमता, निसर्गप्रियता, भोलापन आदि की व्यंजना 'भ्रूविकारानभिज्ञैः' से किया है। वहाँ के क्षेत्र के स्द्यः सीरोत्कणसुरभित्व आदि विशेषताओं को सुतरां अभिव्यक्त किया है। यहाँ कवि के उस स्थान से परिचित होने का संकेत प्राप्त होने के कारण देशौचित्य है।

मेघदूत पूर्वार्द्ध के ही प्रकृत श्लोक[3] में कवि के दशार्ण प्रदेश की भौगोलिक विशेषता यथा- हंस-निवास, 'कतिपयदिनस्थायि हंसाः' तथा 'नीडारम्भैर्गृहबलि-भुजामाकुलग्रामचैत्यां' से सामाजिक सांस्कृतिक जीवन से परिचित होने का संकेत बड़ा ही हृद्य और मनोरम है। इस कारण यहाँ देशौचित्य है।

उत्तर मेघ के प्रकृत श्लोक[4] में यक्ष द्वारा मेघ को अपने गृह परिचय के समय कवि-उपात्त श्लोक में भी देशौचित्य का दर्शन होता है। यहाँ पर भी कवि उस स्थान विशेष से पूर्ण परिचित होने का संकेत मिलता है। इस कारण यहाँ पर भी देशौचित्य है।

अभिज्ञानशाकुन्तल में प्रथम अंक के प्रकृत स्थल[5] में राजा के सूत से इस कथन में कि सूत! विनीतवेषेण प्रवेष्टव्यानि तपोवनानि नाम' में तपोवन-देश के भव्य परिवेश-विनयादि गुणों के भण्डार, सरलता, शिष्टता, सुजनता प्रभृति मानवीय गुणों के उत्पादक, रक्षक के रूप में तपोवन की गरिमामयी विशेषता से, कवि के सुपरिचय की मनोरम अभिव्यंजना होने से यहाँ देशौचित्य है।

रघुवंश महाकाव्य के चतुर्थ सर्ग का प्रकृत[6] श्लोक का काव्यार्थ कवि के देश विशेष से सुपरिचित होने का संकेत देता है, जो कविवर्णित 'इच्छुछाया' और 'शालि-शस्य वर्णन' से विदित होता है। इस प्रकार यहाँ देशौचित्य दर्शन करना अनुचित नहीं है।

रघुवंश महाकाव्य के षष्ठ सर्ग के प्रकृत श्लोक[7] के 'विहराम्बुराशेस्तीरेषु' तालीवनमर्मरेषु पदों से कवि के देश परिचय सूचक काव्यार्थ सहृदय-हृदय आह्लादक होने से यहाँ देशौचित्य का दर्शन सुतरां होता है।

इसी सर्ग में अन्यत्र[8] 'ताम्बूलवल्ली परिणद्धपूगास्वेत्लालतालिंगितचन्दनासु' पद से कवि के देश-परिचय का संकेत सुतरां प्राप्त होता है। कवि के इस श्लोक के सहृदयश्लाघ्य होने के कारण यहाँ देशौचित्य है।

कुमारसंभव महाकाव्य के प्रथम सर्ग के प्रथम श्लोक[9] में भी 'पृथिव्या मानदंडः इव' पद में पौराणिक आस्थाओं की पीठिका पर भौगोलिक एवं सांस्कृतिक तथ्यों का भव्य समावेश हुआ है। यह भव्य समावेश सहृदय को सहज आकर्षित करता है। इस कारण यहाँ देशौचित्य है।

रघुवंश महाकाव्य के त्रयोदश सर्ग के प्रकृत श्लोक[10] में 'सैषा स्थली यत्र विचिन्वता त्वां' में राम के इस वचन में स्थान परिवर्तन का परिचयात्मक वर्णन सहृदयावर्जक है। इस कारण यहाँ 'देशौचिय' सुतरां दृष्टिगत होता है।

काल

भारतीय दार्शनिकों ने दिक् (space) और काल (Time) पर प्राचीन काल से ही अपनी मनीषा-दृष्टि केन्द्रित रखी है। काल की वास्तविकता एवं स्वरूप आदि से सम्बद्ध जिज्ञासाएँ जिज्ञासु मन में आती रही हैं। प्राचीन काल से ही वे इस जिज्ञासा का समाधान खोजते आए हैं।

आधुनिक समय में काण्ट (Kant) जैसे पाश्चात्य दार्शनिकों ने काल का अत्यन्त सूक्ष्म विवेचन किया है। काण्ट ने यह माना है कि काल और आकाश (Time and space) हमारी सभी अनुभूतियों में अनुस्यूत रहने वाले अन्तिम तथ्य हैं।

काल शब्द की निष्पत्ति कल क्षेपे धातु से स्वार्थिक णिच् प्रत्ययान्त धातु में अच प्रत्यय करने पर होती है। (कल+णिच्+अच्)।

आचार्य यास्क ने 'काल' शब्द की व्युत्पत्ति कालः कालयतेर्गतिः कर्मणः मानी है; और इसे कालि धातु से घञ् प्रत्यय करके निष्पन्न किया है, जिसका अर्थ है-गति (निरूक्त 2-25)।

अमर कोश में कलयति आयु कालः यह व्युत्पत्ति की गई है। क्षीरस्वामी ने काल का अर्थ गति माना है।

वाचस्पत्यम् कोष में 'व्यवहार हेतूनां भूतादिकालविशेषाणाम् आधारः कालःस परमात्मैव अर्थात् भूतादि कालों के लिए काल की 'काल' संज्ञा मानी गई है।

तर्कसंग्रहकार अन्नभट्ट ने काल को परिभाषित करते हुए कहा है- 'अतीतादिव्यवहारहेतुः कालः' 'परस्परव्यतिकरयौगपद्यचिरक्षिप्रप्रत्ययकारणंद्रव्यः कालः' अर्थात अतीत आदि के व्यवहार के कारण रूप में काल संज्ञा है, और जिसके द्वारा हमें पौर्वापर्य, यौगपद्य, चिर और क्षिप्र का ज्ञान होता है, वह काल है।

आचार्य भर्तृहरि ने काल से ही क्रिया की गति मानी है। (कालादेव क्रिया गतिः-वाक्यपदीय कला समुद्देश-28)

सभी भाव क्रम से उत्पन्न होते हैं, जो स्वकारण में विलीन रहते हैं। उन स्वकारण में विलीन भावों को जो बाहर करता है, वह काल है।

-अम्बा कर्त्री टीका, काल समुद्देश-14

कालः पुं कलयति आयुः। कल संख्याने पचाद्यच् ततः प्रजाघण। यद्वा कालयति सर्वाणि भूतानि। कल् प्रेरणे ण्यन्तात् पचाद्यच्। क्षणमुहूर्त्तप्रहरदिवारात्रिपक्षमाससायन वत्सरादि इति दुर्गादासः। तत्पर्यायः दिष्टः अनेहः समयः इत्यमरः।

"कालस्तु त्रिविधो ज्ञेयोऽतीतोऽनागत एव च वर्तमानस्तृतीयस्तु ....।

(शब्द कल्पद्रुम, भाग-2, पृ० 108)

उपर्युक्त उल्लेख से स्पष्ट होता है कि आयु कलनत्व के कारण काल की काल संज्ञा है। काल त्रैविध्य का उल्लेख करते हुए उन्हें अतीत, अनागत और वर्त्तमान कहा गया है।

वर्तमानकालः-वर्तमान आदि शब्दों का सम्बन्ध काल से है। अतः वर्तमान की परिभाषा का सम्बन्ध भी काल से है। वर्तमान वह काल है, जो प्रारम्भ की गई तथा अपरिसमाप्त क्रिया से उपलक्षित होता है। अभिप्राय यह है कि वर्त्तमान काल एक ऐसी क्रिया का आश्रय है, जो आरम्भ कर दी गई है, परन्तु सर्वथा उस क्रिया की समाप्ति नहीं हुई है।

तत्र वर्त्तमानत्वं। प्रारब्धापरिसमाप्तक्रियाधिकरणसमयत्वम्।

- परम लघुमंजूषा, पृ० 852

वर्त्तमानकालत्वं च प्रारब्धापरिसमाप्तक्रियोपलक्षित्वम्।-वही-पृ० 248

अतः क्रिया के आरम्भ से फल प्राप्ति के पूर्व तक के काल को वर्त्तमान काल कहा जायेगा।

महाभाष्यकार पतंजलि के अनुसार वर्त्तमान की परिभाषा है-"**इह भूत भविष्यत्यप्रतिद्वंद्वो वर्त्तमानकालः।**"

-महाभाष्य, पा. 3-2-123 पृ०183 अर्थात भूत और भविष्यत्काल से भिन्न काल को वर्त्तमान काल कहते हैं।

भूतकालः-वर्त्तमान काल की संज्ञा में एक प्रमुख हेतु यह था कि लोक में ऐसी क्रियाएँ देखने को मिलती है, जिनका आरम्भ तो हो गया है, किन्तु उनकी परिसमाप्ति नहीं हुई है। ऐसी क्रियाओं के लिए वर्त्तमान संज्ञा का प्रयोग होता है, और वर्त्तमानकाल में लट् लकार का प्रयोग होता है। लोक से यह भी सिद्ध होता है कि भूतकाल होता है, क्योंकि ऐसी क्रियाएँ देखी अथवा अनुभव की जाती है; जिनका आरम्भ हुआ था, तथा जो अब निष्पन्न भी हो गई हैं। इसलिए भूतकाल को सभी स्वीकार करते हैं।

इसी आधार पर महाभाष्य के टीकाकार कैयट उसे 'भूत' शब्द से व्यक्त करते हैं, जिसकी अपनी सत्ता समाप्त हो चुकी है। (यस्य स्वसत्ताव्यपकृता तत्सर्वं भूत शब्देन उच्यते। - प्रदीप अ. 3-2-84 पृ० 164)

प्राचीन नैयायिकों के अनुसार जो वर्त्तमानकालीन ध्वंस है, उसकी प्रतियोगी जो

क्रिया है, उसका आश्रयकाल ही भूतकाल है। घटोऽभवत् अथवा घटोऽभूत् वाक्य में घट की उत्पत्तिरूप क्रिया का वर्त्तमानकालीन ध्वंस हुआ है। इस ध्वंस की प्रतियोगिनी क्रिया का जो आश्रयकाल है, वही भूतकाल है।

नागेशभट्ट तथा कौण्डभट्ट के अनुसार भी वर्त्तमानकालीन जो ध्वंस है उसका प्रतियोगित्व ही क्रिया में भूतत्व है। प्रतियोगी वह है जिसका अभाव होता है। 'घट का अभाव' इसमें घट प्रतियोगी है, क्योंकि उसके अभाव की विवक्षा है। जिस व्यापार का ध्वंस हो गया है, घट उसका प्रतियोगी है, क्योंकि उसके अभाव की विवक्षा है। जिस व्यापार का ध्वंस हो गया है, उसका प्रतियोगी वही है। अतः वर्त्तमानकालीन ध्वंस का प्रतियोगी वही व्यापार अथवा क्रिया है। उस व्यापार अर्थात् प्रतियोगी में जो 'प्रतियोगित्व' है वही 'भूतत्व' है।

नागेशभट्ट द्वारा 'भूतकाल' की परिष्कृत परिभाषा इस प्रकार है–

'भूतत्वं च वर्त्तमानध्वंसप्रतियोगयुत्पत्तिकत्वम्'

भविष्यत्कालः– भविष्यत्व की सत्ता में लोकव्यवहार ही प्रमाण है, क्योंकि जिस प्रकार लोक में ऐसी क्रियाएँ देखी अथवा अनुभव की जाती है, जिनका आरम्भ भी हुआ था तथा जो अब निष्पन्न भी हो चुकी है; ऐसी क्रियाएँ 'भूत' शब्द से व्यवहृत होती हैं। उसी प्रकार यह भी अनुभव किया जाता है कि अमुक क्रिया जिसका प्रागभाव है, वह प्रारम्भ भी होंगी, ऐसी क्रियाएँ भविष्यत्व का विषय हैं। अतः 'भविष्यत्काल' की सत्ता को अस्वीकार नहीं किया जा सकता।

भविष्यत्काल का सामान्य अर्थ है– जिसकी वर्त्तमान में सत्ता नहीं है, किन्तु अगले क्षण जिसकी सत्ता होगी। वर्त्तमान से उत्तरवर्त्ती क्षण भविष्यत् है।

प्राचीन नैयायिकों का प्रतिनिधित्व करने वाले वाक्यवृत्तिकार ने भविष्यत्काल की परिभाषा यह दी है– भविष्यत्वं च वर्त्तमानकालप्रागभावप्रतियोगित्वम् अर्थात् वर्त्तमानकालिक जो वृत्ति है और उसका जो प्रागभाव है, उसका प्रतियोगी होना ही 'भविष्यत्त्व' है। जैसे सःपक्ष्यति (वह पकाएगा) वाक्य में पकना रूप क्रिया होगी, तब उसे भविष्यत्काल कहेंगे।

नागेशभट्ट ने लघुमंजूषा और परमलघुमंजूषा में भविष्यत्काल का विवेचन किया है।

"भविष्यत्त्वं वर्त्तमानप्रागभावप्रतियोगिसमयत्वम्" –लघुमंजूषा पृ० 852 भविष्यत्वं च वर्त्तमानप्रागभाव प्रतियोगिक्रियोपलक्षित्वम्–परम लघुमंजूषा पृ० 252

उपर्युक्त दोनों परिभाषाओं का अभिप्राय यह है कि जब वर्त्तमान काल में जिसका प्रागभाव है, उस क्रिया से उपलक्षित होने वाला अर्थात् उसका आश्रयभूत काल ही भविष्यत्काल है।

कालौचित्यः– आचार्य क्षेमेन्द्र के अनुसार सहृदयहृदयास्वादनयोग्य, रमणीयार्थ प्रतिपादक प्रस्तुतार्थ परिपोषक काल के विलक्षण कविवर्णन की संज्ञा कालौचित्य है। महाकवि कालिदास ने अपने काव्य में पदों–विशेषतः क्रिया पदों के चयन के समय वर्तमान, भूत और भविष्यत् इन कालों की अभिव्यंजकता और सहृदयसम्प्रेषण क्षमता को भी अवश्य ध्यान में रखा है। ऐसा उनके काव्यानुशीलन से सुतरां स्पष्ट होता है।

कुमारसंभव महाकाव्य के सप्तम सर्ग के प्रकृत श्लोक[11] में पाणिग्रहण के समय स्विन्नांगुलीभूत भूतभावन शिव और रोमोद्गमा पार्वती के विवाह पश्चात् उनके एकान्त शयन में सान्निध्य योग से समागम–सुख की अवर्णनीयता, अतिशय आह्लादक क्षणों की मार्मिकता की अभिव्यंजना भविष्यतकालिक क्रिया पद 'पुष्यति' सुतरां करता है। इस कारण यहाँ कालौचित्य है।

अभिज्ञानशकुन्तल नाटक के प्रथम अंक के प्रकृत श्लोक[12] में राजा द्वारा कण्वाश्रम में शकुन्तला के पास पहुँचकर धृष्ट मधुकर को चेतावनीपरक कथन में प्रयुक्त 'आचरति' क्रिया से उसके (मधुकर के) राजा द्वारा शकुन्तला के बचाव के लिए आने के बाद भी इस धार्ष्ट्याचरण के अनवसान, वर्तमानत्व के साथ–साथ भ्रमर के निश्शंकितातिशय्य को अभिव्यंजित करने के लिए आचरत्, आचरिष्यति प्रभृति भूत और भविष्यत् कालिक क्रियाओं का प्रयोग न करके कवि 'आचरति' वर्तमान कालिक क्रिया का प्रयोग किया है, जो नितरां हृद्य है। यहाँ पर कालौचित्य सुतरां अवलोकनीय है।

अभिज्ञानशाकुन्तल के द्वितीय अंक के प्रकृत[13] श्लोक में 'समुपस्थास्यति' क्रियापद के भविष्यत् कालिक प्रयोग से दुष्यन्त के शकुन्तलाविषयक अभिलाषा की प्रगाढ़ता–जो उसकी प्राप्ति को विधि की असीम कृपा और तज्जन्य हर्ष–प्रकर्ष, सौभाग्यत्व तथा उसकी अप्राप्ति से दैव का दुर्विपाक, कृतान्त की क्रूरता और तज्जन्य विषादातिशयत्व और हतभाग्यत्व प्रभृति व्यंग्यार्थों– का हृद्य अनुभव रसज्ञों – काव्यमर्मज्ञों को सुतरां होता है। शकुन्तला की प्राप्त्याप्राप्ति की कल्पनामात्र से दुष्यन्त के अनुकूलवेदनीय सुख और प्रतिकूलवेदनीय दुःख की सरस संप्रेषणा इस पद से कवि द्वारा किए जाने के कारण यहाँ कालौचित्य है।

अभिज्ञानशाकुन्तल के तृतीय अंक के प्रकृत[14] श्लोक में कामभावविह्वला शकुन्तला के मदन-लेख में प्रयुक्त 'तपति' क्रिया से उसके कन्दर्पदर्पदलनाभाव की निरन्तरता, कामभावप्रभाव की विकरालता की विद्‌यमानता प्रभृति विशिष्ट अर्थों को चमत्कारिक ढंग से सहृदयों को संप्रेषित करने के कारण कालौचित्य का आधान अनायास हो गया है।

इसी श्लोक के अनन्तर इसके प्रत्युत्तर में दुष्यन्त की प्रबल काम वेदना के होने, वर्तमान होने इस विशिष्टार्थ का अनुभव सहृदय को सहज ही हो, इसकी सूचना देने वाली वर्तमान कालिक क्रिया 'दहति'[15] भी उसके कामभाव की उत्कटता और अतिशयता की निरन्तरता, अनवसानता, वर्तमानता को सहृदय को सहज रूप से संप्रेषित करती है। संप्रेषण के हृद्‌य होने के कारण यहाँ कालौचित्य है।

अभिज्ञानशाकुन्तल के चतुर्थ अंक के प्रकृत श्लोक[16] के प्रथम पाद में 'यास्यति' क्रिया के भविष्यत् कालिक प्रयोग से शकुन्तला के विदाकाल के वर्तमान या भूत में न होने वाली अघटित घटना की कल्पना मात्र से अत्यधिक दु:खी और अतिशय करुणार्द्र कण्व के चित्त-वैक्लव्य की मनोरम व्यंजना महाकवि ने कराई है। इस कारण यहाँ कालौचित्य सुतरां द्रष्टव्य है।

स्वभावः- स्वस्य भावः स्वभावः। अर्थात् अपना मूल स्वभाव। स्वभाव जन्मजात (Innate) होता है।

स्वभाव का पर्याय प्रकृति भी है। किसी वस्तु की नैसर्गिक स्थिति, माया, जड़, जगत, स्वाभाविक रूप।

नैसर्गिक स्वभाव, मिजाज, आदत, मानसिक संरचना, वृत्ति आदि।

(वी.एस.आप्टे कोश पृ०-640)

अर्थात् स्वभाव वर्णन प्रकृति वर्णन है। स्वभाव के अनुकूल वर्णन स्वाभाविक वर्णन है।

स्वभावौचित्यः-आचार्य क्षेमेन्द्र के अनुसार नैसर्गिक, असाधारण, सहृदय हृदयहारी, आभरण स्वरूप विच्छित्ति सर्जक कविवर्णना की संज्ञा 'स्वभावौचित्य' है।

महाकवि कालिदास के काव्यों के वर्णनों में स्वभावपरकता तो परिलक्षित होती है; किन्तु वर्णनों की औचित्यावहता विशेषत: नाटकों में ही दृष्टिगत होता है।

मालविकाग्निमित्र नाटक के पंचम अंक के प्रकृत श्लोक[17] में परिव्राजिका द्वारा

मालविका के अटवी–अपहरण का आंखों देखा हाल–वर्णन जिसमें डाकुओं की वेशभूषा तूणीरपट्टपरिणद्धभुजान्तरालमापार्ष्णिलम्बिशिखिबर्हकलापधारि को सजीव सा वर्णित किया है। इस वर्णन के सहृदय श्लाघ्य होने के कारण यहाँ क्षेमेन्द्रोक्त स्वभावौचित्य सुतरां द्रष्टव्य है।

विक्रमोर्वशीय के तृतीय अंक के प्रकृत श्लोक[18] में कंचुकी के उत्कीर्ण 'इववासयष्टिषु ....सन्ध्या मंगलदीपिका विभजते' इस कथन में सन्ध्याकालीन पूजा का मनोरम चित्र सहृदय को प्रत्यक्ष सा प्रतीत होता है। इस कारण यहाँ 'स्वभावौचित्य' है।

विक्रमोर्वशीय त्रोटक के पंचम अंक में नारद मुनि को देखकर राजा द्वारा नारद के व्यक्तित्वपरिचयपरक कवि–उपात्त प्रकृत श्लोक[19] में 'गोरोचनानिकषपिङ्ग जटाकलापः' पद से नारद की सजीवता सहृदय को अनुभव होने लगती है। नारद–स्वभाव को सजीव उपस्थित करने के कारण यहाँ स्वभावौचित्य है।

अभिज्ञानशाकुन्तल के प्रथम अंक के प्रकृत श्लोक[20] राजा द्वारा शिकार के लिए लक्ष्यीकृत पलायमान सारंग के भयजन्य स्वाभाविक क्रियाओं का कवि ने मार्मिक वर्णन किया है। इसकी मार्मिकता से सहृदय बरबस मुग्ध हो जाता है। सहृदयश्लाघ्य होने के कारण यहाँ स्वभावौचित्य है।

अभिज्ञानशाकुन्तल के द्वितीय अंक के प्रकृत श्लोक[21] में राजा के भव्य वीरोचित स्वभाव का सहृदयहृदयावर्जक वर्णन, जो अनवरत धनुर्ज्यास्फालनक्रूरपूर्वं से नितरां व्यंजित होता है। इस कारण यहाँ स्वभावौचित्य है।

अभिज्ञानशाकुन्तल के तृतीय अंक में नेपथ्य से राजा को सम्बोधित–प्रकृत श्लोक[22] में भयावह दृश्य का स्वाभाविक चित्र महाकवि ने खींचा है। भय स्वभाव का मार्मिक वर्णन जो–'हुताशनवतीं वेदीम्' 'भयमादधानाः छायाः' संध्यापयोदकपिशाः' आदि पदों से सुतरां व्यंजित है। इस श्लोक में स्वभावौचित्य का आधान हुआ है।

कुलः– कुल बन्धौ। संहतौ इति कवि कल्पद्रुमः (भ्वा–परं–अक–क्वचित् अंक सेट ज्वलादिः ञ कोलः कुलः कोलति कुलीनः सर्वेषां बन्धुस्यादित्यम्। वाचस्पत्यम् कोश

कुल– (क्ली)कुल+इगुपधेति क। गृहम्। वंशः।

आचारोविनयोविद्याप्रतिष्ठा तीर्थदर्शनम्।
निष्ठावृत्तिस्तपोदानं नवधा कुललक्षणम्।।

– हलायुध कोश, पृ० 235

कुलम् (कुल+क)। -वंश, परिवार।

2. उत्तम कुल, उच्च वंश, भला घराना -वी०एस०आप्टे कोश पृ० 287

उपर्युक्त नवधा कुल लक्षणों से युक्त व्यक्ति के व्यक्तित्व में एक अद्भुत तेजोमय विशिष्ट गुण से परिप्लुत व्यवहार का दर्शन होता है।

कुलौचित्यः- आचार्य क्षेमेन्द्र के अनुसार जहाँ काव्य में विलक्षण कुलाभ्युदय का वर्णन होता है, और वह वर्णन यदि अधिकांश सहृदय को रुचिर और अभिलषित होता है, वहाँ 'कुलौचित्य' का दर्शन नितरां होता है।

कालिदास के काव्यों में क्षेमेन्द्रोक्त कुलौचित्य का दर्शन भी होता है। नायक और नायिकाओं के उदात्त चरित्र वर्णन में कुलौचित्य का आधान हुआ है।

मेघदूत पूर्वाद्र्ध के प्रकृत श्लोक[23] में यक्ष द्वारा मेघ के 'जातं वंशे भुवन विदिते पुष्करावर्तकानां' इस कथन में उसके पुष्कर और आवर्तक जैसे प्रसिद्ध कुलीनवंश में प्रादुर्भूति का उल्लेख कर कवि ने उसके महत्व को प्रदर्शित किया है। मेघ के कुल की महत्ता की हृद्य अभिव्यंजना के कारण, यहाँ कुलौचित्य का उपन्यास हुआ है।

कुमारसंभव महाकाव्य के पंचम सर्ग के प्रकृत श्लोक[24] में, वर्णी द्वारा पार्वती के कुल गौरव तथा लोकोत्तर सौन्दर्य का कीर्ति-गायन किया गया है। यहाँ पर पार्वती के यशस्वी कुलपरंपरा की सहृदयहृदयहारी व्यंजना होने के कारण कुलौचित्य है।

रघुवंश महाकाव्य के प्रथम सर्ग के प्रकृत श्लोकों के 'सूर्यप्रभवो वंशः'[25] अथवा कृतवाग्द्वारे वंशेऽस्मिन् पूर्वसूरिभिः'[26] रघूणामन्वयं वक्ष्ये......तद् गुणैः ...... कर्णमागत्य चापलाय प्रचोदितः[27] वैवस्वतो मनुर्नाम माननीयो मनीषिणाम्'[28] 'तदन्वये शुद्धिमति'[29] प्रसूतः शुद्धिमत्तर :'इन पदों और वाक्यों से रघुकुल की महती प्रतिष्ठा की व्यंजना सुतरां होती है। इस कारण यहाँ कुलौचित्य सुतरां अवलोकनीय है।

रघुवंश के पंचम सर्ग में महर्षि वरतन्तु के शिष्य कौत्स द्वारा महाराज रघु के कुल की महनीयता की मार्मिक व्यंजना की है, जो 'भक्तिः प्रतीक्ष्येषु कुलोचिता ते पूर्वान् महाभागतयातिशेषे[30] से सुतरां प्रकट होती है। इस प्रकार यहाँ कुलौचित्य का आधान हुआ है।

रघुवंश के षष्ठ सर्ग के प्रकृत[31] श्लोक में इन्दुमती स्वयंवर के समय सुनन्दाप्रोक्त वचनों 'इक्ष्वाकुवंश्यककुदं नृपाणां काकुत्स्थ इत्याहित लक्षणोऽभूत' में रघु के प्रशस्त कुल का प्रशस्तिपल्लवन हुआ है। प्रशस्तिपल्लवन सहृदयश्लाघ्य होने के कारण कुलौचित्य सुतरां दर्शनीय है।

अभिज्ञानशाकुन्तल के प्रथम अंक के प्रकृत[32] श्लोक में वैखानस वचन 'सदृशमेतत् पुरूवंशप्रदीपस्य। जन्म यस्यपुरोर्वंशे युक्तरूपमिदं तव' में राजर्षि दुष्यन्त के उच्च पुरुकुल में उत्पत्ति का यशोगायन किया गया है। दुष्यन्त के कुलमाहात्म्य वर्णन के हृदयहारी होने के कारण यहाँ कुलौचित्य है।

व्रतः-व्रतम्-क्ली-पुं भक्षणम्। इत्युणादिकोषः। व्रियते इति। वृञ वरणे+बाहुलकात् अतच्। सत्त कित। पुण्यजनकोपवासादि। तत्पर्यायः नियमः। पुण्यकम् इत्यमरः। नियमः संयमः इति शब्दरत्नावली। -शब्द कल्पद्रुम भाग 4, पृ० 559

व्रतः, व्रतम्र (प्रज्+घ, जस्य तः प्रषो पस्य व)

1. भक्ति या साधना का धार्मिक कृत्य, प्रतिज्ञात का पालन, प्रतिज्ञा, पण।
2. संकल्प, प्रतिज्ञा, दृढ़ निश्चय, सत्यव्रत, दृढ़ व्रत इत्यादि।
3. जीवनचर्या, -आचरण, चाल-चलन।
4. कर्म, करतब, कार्य।

व्रत चरणम्- किसी प्रतिज्ञा का पालन करना।

व्रत ग्रहणम्- किसी धार्मिक अनुष्ठान को पूरा करने के लिए संकल्प लेना।

अर्थात् व्यक्ति द्वारा स्वसंकल्पित प्रतिज्ञा या निश्चय का नियमपूर्वक निष्ठा से परिपालन ही व्रत है।

व्रतौचित्यः-आचार्य क्षेमेन्द्र के अनुसार विमलचित्तवृत्तियुक्त पुरूष के विच्छित्ति विधायक, सहृदय हृदयसंतोषकारक सदव्रतगौरवकीर्त्तन 'व्रतौचित्य' संज्ञा से अभिषिक्त होता है।

कविकुल गुरु कालिदास के काव्यों में क्षेमेन्द्रोक्त व्रतौचित्य का भी हृद्य दर्शन होता है।

कुमारसंभव महाकाव्य के पंचम सर्ग में पार्वती के तपस्यानिरत होने में समस्त सांसारिक भोगसाधनों के परित्याग के वर्णन के समय कवि-उपात्त-प्रकृत पदों 'विमुच्य सा हारमहार्य निश्चया विलोलयष्टि प्रविलुप्त चन्दनं बवन्ध बालारुणबभ्रु वल्कलं पयोधरोत्सेधविशीर्णसंहति ..... शिरोरुहैर्जटाभिरप्येवमभूत् तदाननम प्रतिक्षणं सा कृतरोमविक्रयां व्रताय मौञ्जीं त्रिगुणां बभार याम्'[33] से व्रतौचित्य का आधान सुतरां होता है।

रघुवंश महाकाव्य के प्रथम सर्ग के प्रकृत[34] श्लोक में हम देखते हैं कि महाराज दिलीप ने पुत्रप्राप्ति के लिए कष्टकारी नन्दिनीसपर्या को नियमतः व्रत रूप में ग्रहण

कर उसका परिपालन प्रारम्भ कर दिया। महाराज दिलीप द्वारा राजोचित स्वर्णनिर्मित, रत्नजटित पर्यंकों की जगह कुशशयन पर निशा व्यतीत करने के इस सहृदयश्लाघ्य वर्णन में महाराज दिलीप का गोसेवा रूप व्रतौचित्य सुतरां दृष्टिगत हो रहा है।

रघुवंश के द्वितीय सर्ग में नन्दिनी की सेवा-परायणता, जो महाराज दिलीप के स्थितः स्थितामुच्चलितः प्रयातां निषेदुषीमासनबन्धधीरः[35] से प्रकट भी होती है। इस प्रकार यहाँ भी गोसेवा व्रत का औचित्य दर्शनीय है।

रघुवंश महाकाव्य के तृतीय सर्ग के प्रकृत श्लोक[36] अथ स विषयव्यावृत्तात्मा मुनिवनतरुच्छायां देव्या तया सह शिश्रिये 'गलितवयसामिक्ष्वाकूणामिदं हि कुलव्रतम्' में इक्ष्वाकुवंशीय राजाओं के वृद्धावस्था में वानप्रस्थाश्रम और संन्यासाश्रम में जाने के मनोरम वर्णन में आश्रम-व्रतौचित्य सुतरां दृष्टिगत होता है।

मालविकाग्निमित्र नाटक के चतुर्थ अंक के प्रकृत श्लोक[37] में राजा के कथन में नायकों के दाक्षिण्यव्रत का औचित्य सुतरां परिलक्षित होता है।

विक्रमोर्वशीय के तृतीय अंक के प्रकृत[38] श्लोक में राजा के देवी धारिणी को देखकर 'अनेन कल्याणि मृणाल कोमलं व्रतेनगात्रंग्लपयस्यकारणम्' इस कथन में व्रतौचित्य सुतरां दृष्टिगत होता है।

अभिज्ञानशाकुन्तल के सप्तम अंक के प्रकृत श्लोक[39] में शकुन्तला को देखकर 'वसने परिधूसरे वसाना, नियमक्षाममुखी धृतैकवेणिः। अतिनिष्करुणस्य शुद्धशीला' इस कथन में उसके विरहव्रतौचित्य का सुतरां अवलोकन होता है।

नामः-नाम शब्द अव्यय है। यह नम् धातु णिच्+ङ प्रत्यय से निष्पन्न है। (नम्+णिच्+ड्) नम (णम्) धातु प्रह्वत्व और शब्द अर्थ में पठित है। (धातु पाठ पृ० 21)

नाम की व्युत्पत्ति करते हुए 'नामलिंगानुशासन' में कहा गया है, 'नाम प्रह्वत्वे शब्दे चेत्यनुसारात् अभिधीयते अर्थः अनेक इति नाम। या वा म्नायते अभ्यस्यते इदम् इति नाम। स्वर्गादिशब्दः। (म्ना अभ्यासे सार्वधातुभ्यो मनिन्) पृषोदरत्वात् प्रकृत्यलोपः।

'सत्त्व प्रधानानि नामानि' नाम का यह लक्षण निरुक्तकार यास्क ने दिया है। सामान्यतः नाम का अर्थ है, सुबन्त रूप। जहाँ सत्त्व अर्थात लिंग, संख्या, वचन आदि जिसका अनुगमन करें, ऐसा सत्त्व अर्थात द्रव्य प्रधान हो और क्रिया गौण हो वह नाम कहलाता है। अतः विद्वान् लिंग तथा संख्या से युक्त को ही सत्त्व अर्थात द्रव्य या नाम मानते हैं।

'लिंगसंख्यान्वितं द्रव्यं सत्त्वमित्यभिधीयते'

नाम वह है जो क्रिया और अव्यय को छोड़कर अर्थवत् पद राशि के रूप में किसी भी भाषा में शेष रह जाती है। पाणिनि आदि भारतीय विद्वानों द्वारा प्रस्तुत इस सत्य को विश्वभाषा के विषय में भी विद्वान् सत्य मानते हैं।

(व्याकरण की दार्शनिक भूमिका पृ० 173 उद्धृत संस्कृत का.में. लकारार्थ विवेचन पृ० 14)

नाम वह शब्द या शब्दों का समूह है, जिसे किसी व्यक्ति, वस्तु या सत्ता आदि का बोध होता है। ...... नाम संकेत या प्रतीक होता है।

– शब्दों का अध्ययन, पृ० 79

ओनोमा (onoma) का अर्थ है नाम। नाम अपने अस्तित्व (being) से अभिन्न है। नाम और अस्तित्व का अविनाभाव सम्बन्ध है। नाम के पीछे या उसकी भूमिका में अनेक कारक कार्य करते हैं। एक नाम सर्वदा कोशगत अर्थों को ही अभिव्यक्ति नहीं करता, प्रत्युत इसके साथ ही साथ यह अन्य अनेक पहलुओं, यथा इतिहास, समाज, भूगोल, नीति एवं नैतिकता, विश्वास, अर्थ-वित्त (economy), दर्शन, धर्म, समय, संस्कृति, स्थान आदि को भी अभिव्यक्त करता है।

– (summaries of papers, 47 AIOC, 2015, p. 99)

"साहित्यिक दृष्टि से नामों की सार्थकता सिद्ध मानी जाती है। प्रकृत अर्थ के अनुरूप नाम का चुनना कवि की काव्यप्रतिभा का एक सुन्दर दृष्यन्त होता है। स्थान-विशेष पर प्रकृत अर्थ के समर्थन के लिए उपयुक्त नाम को खोज निकालना तथा उसका यथोचित प्रयोग करना ऊँची काव्यप्रतिभा का निदर्शन है।"

–संस्कृत आलोचना, पृ० 188

नामौचित्यः-कर्म के अनुरूप काव्य के गुण और दोष दोनों की मार्मिक अभिव्यञ्जना करने वाले, सहृदयहारी कवि द्वारा निबद्ध श्लोकों, वाक्यों आदि में तथा पात्रों के नाम में 'नामौचित्य' परिलक्षित होता है।

कालिदास के काव्यों में प्रयुक्त अभिधानों, नामों में अन्वर्थकता, कर्मानुरूप व्यंजकता परिलक्षित होती है। कालिदास के नाम-पर्यायों में साम्य के सामान्य गुणों के दर्शन के साथ-साथ वैशिष्ट्य दर्शन भी सुतरां होता है।

मेघदूत पूर्वार्द्ध के प्रकृत श्लोक[40] 'बाह्योद्यानस्थित-हरशिरश्चन्द्रिकाधौतहर्म्या' के 'हर' पद में भगवान शिव द्वारा यक्षेश्वरों की नगरी अलका के महलों के अंधकारहरण कार्य किए जाने के कारण हर पद में नामौचित्य है।

इसी के प्रकृत श्लोक[41] के 'धौतापांगहरशशिरूचाप-पावकैस्तं मयूरम्' में मयूरों के अपांगमालिन्य का हरण कर अतिशुक्ल बनाने के कारण मालिन्यहरण कर्त्ता की दृष्टि से शिव के लिए 'हर' नाम नितान्त औचित्यपूर्ण है।

मेघदूत पूर्वार्द्ध के प्रकृत श्लोक[42] में विष्णु पद से मेघ की समता प्रदर्शित की गई है। 'वेवेष्टि व्याप्नोति चराचरं जगत् सः विष्णुः' इस व्युत्पत्ति से विष्णु की सर्वव्यापकता सिद्ध होती है। मेघ की सर्वव्यापकता को सहृदयश्लाघ्य बनाने की दृष्टि से कवि प्रयुक्त विष्णोः पद में नामौचित्य अवलोकनीय है।

इसी के प्रकृत श्लोक[43] त्र्यम्बकस्याट्टहासः में शिव की दृष्टि की भयावहता, नेत्र-वीक्षण की प्रभाववत्ता, महिमाशालिता को द्योतित करने, अट्टहास की विद्रूपता - वीभत्सता को व्यंजित करने के लिर कवि ने शंभु, स्थाणु, प्रभृति शिव पर्यायों का प्रयोग न कर त्र्यम्बक पद का प्रयोग किया है। उक्त अर्थों की व्यंजना में सहायक होने के कारण इसमें क्षेमेन्द्रोक्त नामौचित्य दर्शनीय है।

ऋतुसंहार के प्रकृत श्लोक[44] चन्द्रः पद से उसके आह्लादक-कर्म की व्यंजना होती है। प्रह्लादक चन्द्रमा भी पति वियोग से दग्ध अंगनाओं को और दग्ध करता है। अर्थात् जहां उसे दहनत्व को शीतलत्व में परिणत करना था, वह वैपरीत्याचरण कर रहा है। प्रेम की यही तो उलटी धारा होती है। इस प्रकार 'चन्द्र' पद में नामौचित्य सुतरां स्पष्ट है।

मेघदूत पूर्वार्द्धं के प्रकृत[45] पद्य में 'मेघालोके भवति सुखिनोऽप्यन्यथावृत्ति चेत': में बादल के लिए कवि प्रयुक्त मेघ नाम साभिप्राय है। मेहति सिञ्चति इति मेघ': इस व्युत्पत्ति से बादल के मेहनकर्मत्व - सिंचन-कार्य- (जलवर्षण) जो वियोगिनियों के लिए वियोगियों द्वारा वीर्य-सिंचन कार्य का ध्वनन करता है। इस मेहन कर्म की मनोरम व्यंजना में सर्वथा समर्थ मेघ पद में नामौचित्य सुतरां अवलोकनीय है।

कुमारसंभव महाकाव्य के सप्तम सर्ग के प्रकृत श्लोक[46] में 'प्रसन्नचेतसलिलः शिवोऽभूत' पद में 'शिव' नाम कवि ने साभिप्राय प्रयोग किया है। 'शिवं कल्याणं मंगलं विद्यते अस्य इति शिवः। श्यति अशुभम् इति वा शिवः' इस व्युत्पत्ति से शिव के कल्याणप्रदत्व कर्म का परिचय प्राप्त होता है। यहां 'प्रफुल्लचक्षुं कुमुदः' और 'प्रसन्नचेतसलिलः' से शिव के कल्याणकारित्व की सुतरां पुष्टि भी होती है। इस प्रकार प्रकृत प्रसंग में 'शिव' नाम में औचित्य सुतरां द्रष्टव्य है।

इसी महाकाव्य के तृतीय सर्ग के प्रकृत[47] श्लोक में शिव-पर्यायों में 'हरः नाम

भी साभिप्राय है। यहाँ पर हरण कर्म में दक्ष शिव के मन को भी पार्वती के रामणीयक सौन्दर्य की अतिशय मनोहरता ने हरण कर लिया। पार्वती के अनुपम सौन्दर्य से अपहृत शिव के हरण–कर्म की मनोहारी व्यंजना के लिए ही कवि ने 'हर' नाम प्रदान किया है। इस नाम – मनोहरता के कारण ही यहाँ नामौचित्य है।

कुमारसंभव महाकाव्य के पंचम सर्ग के प्रकृत श्लोक[48] में शिव के लिए 'पिनाकी' नाम उनकी शूरवीरता उग्र–ओजस्विता, दहन–कर्मक्षमत्व को सुतरां व्यंजित करता है। इस कारण यहां नामौचित्य है।

इसी महाकाव्य के तृतीय सर्ग के प्रकृत[49] श्लोक में 'भवस्य' नाम कवि ने साभिप्राय प्रयोग किया है। 'भवति संभवति अस्मात् इति भवः' व्युत्पत्ति से शिव की उत्पत्ति–सामर्थ्य का पता चलता है। शिव के वीर्य की अतिशय प्रभावशालिता और कालजयी शक्ति के उत्पादन–सामर्थ्य को अभिव्यंजित करने के लिए कवि प्रयुक्त 'भव' नाम में नामौचित्य है।

इसी सर्ग के प्रकृत श्लोक[50] में प्रयुक्त रुद्रसंरम्भभीत्या में 'रुद् नाम कवि का साभिप्राय प्रयोग है। 'रोदयति भयं उत्पादयति इति रूद्र': ' इस व्युत्पत्ति से शिव के रुदनकारित्व और भयोत्पादकत्व कर्मों का आभास मिलता है। इस शिव के संरम्भण से भयोत्पत्ति की सहृदयहृदयावर्जकता लाने के लिए कवि ने रुद्र नाम प्रयुक्त किया है, जो कि नितान्त औचित्यपूर्ण है।

कुमारसंभव महाकाव्य के पंचम सर्ग के प्रकृत श्लोक[51] में पार्वती के तपस्या कर्म की महत्ता को प्रदर्शित करने के लिए 'अपर्णा' नाम नितान्त औचितीयुक्त है। इस नामौचित्य के स्पष्टीकरण में 'स्वयं कवि प्रदत्त इस निरुक्ति स्वयं विशीर्णद्रुमपर्णवृत्तिता परा हि काष्ठा तपस': का उल्लेख करना उचित होगा।

कुमारसंभव महाकाव्य के तृतीय सर्ग के प्रकृत श्लोक[52] में 'अथोपनिन्ये गिरिशाय गौरी तपस्विने ताम्ररुचा करेण' में गौरी नाम भी कवि ने सोददे्श्य प्रयुक्त किया है। 'गौरवर्णत्वात् गौरी' इस व्युत्पत्ति से गौर वर्ण की महत्ता विदित होती है। रूप के महत्व निर्धारण में वर्ण को भूमिका अहम् होती है। युवती का वर्ण ही सर्वप्रथम युवक के मन को हठात् आकर्षित करता है।

यहाँ पर पार्वती के ताम्रवर्णी करों की कोमलता की व्यंजना के साथ ही गौरवर्णी गौरी नाम की संगति सटीक बैठती है, और इसी कारण सहृदय का हृदय 'गौरी' संज्ञा के प्रति आकृष्ट हो जाता है। इस कारण यहाँ 'गौरी' पद में नामौचित्य है।

इसी सर्ग के प्रकृत श्लोक[53] में 'गुरोर्नियोगाच्च नगेन्द्र कन्या स्थाणुं तपस्यन्तमधित्यकायाम्' प्रयुक्त शिव-पर्याय 'स्थाणु' नाम अत्यन्त औचित्यपूर्ण है। 'तिष्ठति इति स्थाणुः' इस व्युत्पत्ति से शिव की स्थिरता, अचलता ज्ञात होती है। शिव के तपस्या में रत, समाधिलीन रूप अर्थात् – 'आपूर्यमार्णमचलं प्रतिष्ठम्' रूप को अभिव्यंजित करने के लिए ही कवि ने 'स्थाणु' संज्ञा का चयन किया और शंभु, शिव, त्र्यम्बक, त्रिलोचन प्रभृति पदों का व्यामोह छोड़ा।

रघुवंश महाकाव्य में भी क्षेमेन्द्रोक्त नामौचित्य दृष्टिगत होता है। इसके त्रयोदश सर्ग के प्रकृत श्लोक[54] तां तामवस्थां प्रतिपद्यमानं स्थितं दश व्याप्य दिशो महिम्ना, विष्णोरिवः..... में 'विष्णु' के नाम उनके व्यापकत्व कर्म के अनुरूप नाम है। फेनिल अम्बुराशि की व्यापकता की व्यंजना के लिए 'विष्णु' पर्याय से उचित और कौन नाम होता? संभवतः कवि-अभीष्ट सहृदयश्लाघ्यता विष्णु-इतर पर्यायों में नहीं होती। इस कारण यहाँ नामौचित्य है।

रघुवंश के द्वादश सर्ग के प्रकृत[55] श्लोक में 'शार्ङि्गणः' नाम साभिप्राय प्रयुक्त है। शार्ङ्गधनुः अस्य अस्ति इति शाङ्र्गी इस व्युत्पत्ति से राम के अप्रतिम धनुर्धारित्व, प्रभवातिशयत्व को अभिव्यंजित करने के लिए कवि प्रयुक्त शार्ङ्गिण नाम औचित्योपेत है।

रघुवंश द्वितीय सर्ग के प्रकृत[56] श्लोक के 'जडीकृतस्त्र्यम्बकवीक्षणेन' में त्र्यम्बक' नाम कवि का साभिप्राय प्रयोग है। त्रीणि अम्बकानि यस्य स 'त्र्यम्बक' इस व्युत्पत्ति से शिव के मानुष नेत्र द्वय से महद् वैशिष्ट्य प्रदर्शित कर वीक्षण-कर्म की प्रभावातिशयता व्यंजित करने में उक्त नाम सुतरां समर्थ है। इस कारण यहाँ नामौचित्य है।

रघुवंश तृतीय सर्ग के प्रकृत[57] श्लोक के 'महेश्वरस्त्र्यम्बक एव नापर': के 'त्र्यम्बक' नाम की वीक्षण अतिशय्य-कर्म को प्रख्यापित करने में सुतरां समर्थ है। इस कारण यहाँ नामौचित्य है।

रघुवंश के चतुर्थ सर्ग के प्रकृत श्लोक[58] के 'कामरूपाणामत्याखंडलविक्रमम्' के 'आखंडल' पद इन्द्र के लिए कवि ने प्रयुक्त किया है। आ समन्तात् खंडयति इति आखंडलः इस व्युत्पत्ति से आखंडलविक्रम को भी अतिक्रान्त करने वाले रघु के विक्रमातिशयत्व कर्म को व्यंजित करने, इस प्रकार कर्मानुरुप नाम धारण करने के कारण 'आखंडल' पद में नामौचित्य है।

रघुवंश के पंचम सर्ग के प्रकृत[59] श्लोक में 'अज' नाम भी साभिप्राय है। 'न

जायते इति अजः ' इस व्युत्पत्ति तथा जन्म के ब्राह्म मुहूर्त्त सम्बन्ध के कारण ब्रह्मा के पर्यायवाची रूप में 'अज' यह नाम नितान्त सार्थक है। इस कारण यहाँ नामौचित्य है।

रघुवंश द्वितीय सर्ग के प्रकृत[60] श्लोक में 'क्षतात् किल त्रायत इत्युदग्रः क्षत्रस्य शब्दो भुवेनषु रूढः' इसमें 'क्षतात् त्रायत इति क्षत्र' इस कालिदासीय व्युत्पत्ति से दिलीप के लिए क्षत्र नाम औचित्यपूर्ण है। अतिरिक्त इसके 'क्षणु हिंसायाम्' से क्षण धातु में क्विप प्रत्यय करके क्षत्र रूप निष्पन्न होता है, अर्थात् नाश से जो बचाए वही क्षत्रिय है। यहाँ पर राजा दिलीप मायावी सिंह के हिंसादि कार्यों से नन्दिनी के प्राण को नष्ट होने से बचाने के लिए अपने अमूल्य जीवन को नष्ट करने 'बहुहातुमिच्छन् में भी नहीं हिचकते। इस प्रकार उनके लिए क्षत्रिय नाम नितान्त औचित्यपूर्ण है।

रघुवंश तृतीय सर्ग के प्रथम[61] श्लोक में 'कौमुदी' नाम साभिप्राय प्रतीत होता है। 'कौ मोदन्ते जना यस्यां तेनासौ कौमुदी' इस व्युत्पत्ति से कौमुदी का कर्मानुरूप नाम है क्योंकि सुदक्षिणा के दौर्हृद लक्षण से युक्त होने के कारण दिलीप-कुल की वृद्धि के समाचारजन्य हर्षातिरेक से समस्त अयोध्यावासी प्रमुदित और प्रफुल्लित हो रहे थे। इस कारण यहाँ नामौचित्य है।

इसी सर्ग के प्रकृत श्लोक[62] में लघि धातु के गमनार्थक रूप पर विचार करके यथा–यह बालक शस्त्रों में गति उन्नति को प्राप्त करे और राजाओं से युद्धादि में गति–विजय प्राप्त करे अर्थात् यह बालक शास्त्रविज्ञ और दिग्विजयी सम्राट हो – इस मंतव्य को ध्यान में रखकर उसका साभिप्राय नाम 'रघु' रखा। इस प्रकार इस रघु नामकरण में नामौचित्य सुतरां स्पष्ट हो जाता है।

रघुवंश के चतुर्थ सर्ग के प्रकृत श्लोक[63] में वसुन्धरा नाम भी साभिप्राय है। 'धरति इति धरा' वसूनाम् धरा इति वसुन्धरा व्युत्पत्ति से रघुकालीन शासन में विद्या, ज्ञान, कला कौशलादि तथा प्रभूत धन आदि के सम्पन्न होने की कवि ने व्यंजना कराई है जो 'अखिल चारिमण्डलम्' सिंहासनम्[64] 'मनुप्रभृतिभिर्मान्यैर्भुक्ता' तथा 'प्रशस्ते महिते तदीये वसंश्चतुर्थोऽग्निरिवाग्न्यगारे'[65] से सुतरां स्पष्ट भी होता है। इस कारण यहाँ 'वसुन्धरा' पद में नामौचित्य स्पष्ट है।

रघुवंश चतुर्थ सर्ग प्रकृत[66] श्लोक में कवि ने स्वयं कर्मानुरूप नाम प्रदान करके क्षेमेन्द्रोक्त नामौचित्य दृष्टि का मर्मस्पर्शी उपन्यास किया है। प्रह्लादनात् चन्द्रः से चन्द्र नाम, प्रतापात् तपनः से तपन नाम और प्रकृतिरंजनात् राजा से 'राजा' नाम में क्रमशः आह्लाद-कर्म के अनुरूप चन्द्र, तपन कर्म के अनुरूप 'तपन' तथा प्रकृतिरंजन कर्म के कारण राजा इस नाम में नामौचित्य सुतरां स्पष्ट है।

रघुवंश के पंचम सर्ग में प्रकृत श्लोक[67] 'तं भूपतिर्भासुरहेमराशिं लब्धं कुबेरात' में' 'कुबेरः' नाम भी कवि द्वारा साभिप्राय प्रयुक्त प्रतीत होता है। यहाँ महाकवि ने धनपति, राजराज, यक्षेश्वर प्रभृति पर्यायों का प्रयोग नहीं किया। 'कुम्बति आच्छादयति धनं ऐश्वर्यं वेति कुबेरः' व्युत्पत्ति से धनाच्छादक, धन के प्रभूत भण्डारी, कोषाध्यक्ष के रूप में कुबेर नाम अतिशय मनमोहक है। भासुर हेमराशि का प्रदाता अत्यन्त धनवान् कुबेर ही हो सकता है, दीन-हीन, अकिंचन भिखारी नहीं। इस प्रकार यहाँ कुबेर नाम सहृदयश्लाघ्य होने के कारण औचित्य-संवलित है।

इसी सर्ग के प्रकृत श्लोक[67a] में 'श्रीः' नाम भी साभिप्राय है। श्रयति श्रयते वा नीतिज्ञम् उद्योगिनं वा सा श्रीः' इस व्युत्पत्ति से, गुरुओं से विधिवत् विद्यार्जन, जो सतत उद्योग और परिश्रम के बिना कथमपि संभव नहीं होता- किए और यौवन सुलभ विशिष्ट भव्य आभा से मंडित युवावस्था की विशेष कान्ति से युक्त कमनीय अज के प्रति श्री का साभिलाष आकर्षण नितरां हृदय है। श्रयत्वगुणोपेत अज के प्रति श्री का अभिलाष - रमणाभिलाष प्रदर्शन, कवि के पद-संयोजन-संगति का मनोरम दर्शन कराता है। इस कारण यहां 'श्री' में नामौचित्य है।

रघुवंश प्रथम सर्ग के प्रकृत श्लोक[68] क्व सूर्य प्रभवो वंश में सूर्य नाम भी साभिप्राय प्रतीत होता है। 'सरति इति सूर्यः' इस व्युत्पत्ति से सरणशील कर्म के अनुरूप सूर्य नाम नितान्त उचित है। कवि अपने वर्ण्य वंश-रघुवंश - के अतिशय विस्तार, प्रस्तार और प्रसार को अभिव्यंजित करने के लिए संसरणशीलता कर्म को दृष्टि में रखकर वंश माहात्म्य को सूचित करने वाला यह सूर्य नाम रखा, जो औचित्यपूर्ण है।

इसी सर्ग में 'राजेन्दुरिन्द्रः क्षीरनिधाविव'[69] में इन्दु' नाम भी साभिप्राय है। उनत्ति क्लेदयति अमृतधारया भुवं क्लिन्नां करोति इति इन्दुः' इस व्युत्पत्ति से क्लेदन कर्म के कारण इन्दु नाम अन्वर्थक है। राजा दिलीप के लिए रघु का जन्म उनके हृदय को अमृतवत् क्लिन्न किया, इसमें संदेह नहीं। इस प्रकार क्लेदन कर्म के अनुरूप इन्दु नाम औचित्योपेत है।

मालविकाग्निमित्र नाटक के प्रथम अंक के प्रकृत श्लोक 'रुद्रेणदमुमा' कृतव्यतिकरे स्वाङ्गे विभक्तं द्विधा[70]' में 'रुद्र' नाम सार्थक है। शिव के उग्र-उद्धत नृत्य 'ताण्डव' की ओजस्विता-तेजस्विता को प्रकट करने के लिर 'रूद्र' नाम रखा गया है। अर्द्धनारीश्वर रूप में शिव का अपने अंग के द्विविधत्व विभाजन, जिसमें कठोर अंग के वाहक रुद्र और मधुर अंग की वाहिका पार्वती मानी जाती हैं। इन्हीं दो

अंगों से किए जाने वाले नृत्यों के मधुर और उद्धत भेद के आधार पर लास्य और ताण्डव इन नृत्य – द्वैविध्य का उल्लेख मिलता है।[71] इस प्रकार 'ताण्डव' नृत्य के प्रसंग में शिव का रुद्र नाम नितान्त औचितीपूर्ण है।

विक्रमोर्वशीय त्रोटक के नान्दी पाठ में 'अन्तर्यश्च मुमुक्षिभिर्नियमित-प्राणादिभिर्मृग्यते, स स्थाणु स्थिरभक्तियोगसुलभो निःश्रेयसायास्तु वः'[72] में 'स्थाणु' नाम साभिप्राय है। शिव के 'आपूर्यमाणमचलंप्रतिष्ठम्' स्थिति को अभिव्यंजित करने तथा 'तिष्ठति इति स्थाणुः'अन्वर्थकत्व को चरितार्थ करने के कारण, क्षेमेन्द्रोक्त नामौचित्य द्रष्टव्य है।

मालविकाग्निमित्र तृतीय अंक में मालविका के इस कथन 'न जाने अप्रतिकारगुरुकां वेदनां कियन्तं कालं मदनो मां नेष्यतीति' में प्रयुक्त 'मदन' नाम साभिप्राय है, जो व्यंग्य रूप में हैं, क्योंकि सुख प्रदाता दुःखदाता सिद्ध हो रहा है। मदन की व्युत्पत्ति 'मदयति हर्षयति इति मदनः' की जाती है। यहां मदन को मदनत्व का वैलक्षण्य, प्रेम से मदोन्मत्त करने का भाव, अभिव्यंजित करने के लिए कवि ने 'मदन नाम प्रयुक्त किया है। इसलिए यहां नामौचित्य है।

मालविकाग्नि के इसी अंक में अन्यत्र[73] राजा द्वारा स्वयं को पथिक कहने में इस पथिक नाम में भी औचिती का दर्शन होता है। 'पन्थानं गच्छति इति पथिक' व्युत्पत्ति से राजा की पथिक की उपमा से मालविका प्राप्ति का वैवश्यातिशय और पिपासातिशय सुतरां प्रकट होता है। इस कारण यहां भी नामौचित्य है।

अभिज्ञानशकुन्तल के प्रथम अंक के प्रकृत[74] श्लोक में राजर्षि दुष्यन्त के लिए वैखानस-वचन 'पुत्रमेवंगुणोपेतं चक्रवर्तिनामाप्नुहि' में 'पुत्र' नाम भी अन्वर्थक है। 'पुन्नाम नरकात् त्रायत इति पुत्रः' की व्युत्पत्ति से इसकी प्राप्ति राजर्षि दुष्यन्त के लिए आवश्यक बतायी है। 'पुत्र' यह नाम अपनी कर्मानुरूपता को सुतरां सिद्ध कर रहा है। इस कारण यहां नामौचित्य है।

अभिज्ञानशाकुन्तल के द्वितीय अंक में विदूषक के कथन में 'मृगयाशीलस्य राज्ञो .... अयं मृगः ...... तुरगानधावनकण्डितसंघे'[75] में मृग और 'तुरग' नाम साभिप्राय है। 'मृग्यते इति मृगः' और तुरं गच्छति इति 'तुरगः' व्युत्पत्ति इन दोनों नामों का औचित्य सिद्ध कर रहा है।

अभिज्ञानशाकुन्तल के तृतीय अंक में प्रकृत[76] श्लोक में शकुन्तला द्वारा लिखित प्रेम-पत्र में, प्रयुक्तः 'काम' पद में भी नामौचित्य अवलोकनीय है। 'कामयते इति

कामः' व्युत्पत्ति से शकुन्तला के कामाभिनिवेश को सहृदयश्लाघ्य कोटि तक पहुँचाने में काम नाम का विशेष योगदान है। इस कारण यहां नामौचित्य है।

इसी प्रकार इसी अंक में अन्यत्र[77] दुष्यन्त के काम-प्रकर्ष को अभिव्यंजित करने के लिए महाकवि प्रयुक्त मदन के मदयति उन्मादयति इति मदनः से दुष्यन्त के कामाग्नि से दग्ध होने की बड़ी ही हृद्य व्यंजना की गई है। इस कारण यहां मदन पद में भी नामौचित्य है।

अभिज्ञानशाकुन्तल के तृतीय अंक में राजा के कथन 'भगवान् कुसुमायुध त्वया चन्द्रमसा च विश्वसनीयाभ्यामतिधीयते कामिजनसार्थः'[78] में कामदेव के लिए 'कुसुमायुध' नाम प्रयोग साभिप्राय है। प्रेमियों को सुकोमल कुसुम का आयुध वज्रवत् घायल करता है। घायल करने की क्षमता के कारण कुसुम का आयुधत्व सुतरां सिद्ध होता है। आयुध कर्मकारिता के अनुरूप कामदेव का कुसुमायुध नाम नितान्त औचित्यपूर्ण है।

अभिज्ञानशाकुन्तल के पात्रों के नामों क्रमशः शकुन्तला, प्रियंवदा, अनुसूया में भी नामौचित्य का दर्शन होता है। 'शकुन्तैः लाता लालिता-पालिता वा से शकुन्तला; प्रियं वदति इति प्रियंवदा; न असूया विद्यते अस्याम् इति अनुसूया गांभीर्य-भावोपेता; इन व्युत्पत्तियों के आधार पर इनमें नामौचित्य इनके वार्तालाप के वचनों के विश्लेषण से भी सुतरां स्पष्ट हो जाता है। जहां प्रियंवदा एक चुलबुली, 'चुहलबाज, हँसमुख, है जो उसके 'पयोधर विस्तारयितृ आत्मनो यौवनमुपालभस्व'[79] तथा अनसूये! जानासि किं निमित्तं शकुन्तला वनज्योत्स्नामतिमात्रं पश्यति?..... यथा वनज्योत्स्ना अनुरूप पादपे संगता, अपि नाम एवमहमप्यात्मनोऽनुरूपं वरं लभेयेति'[80] इन वचनों से सुस्पष्ट होता है। उसके इस सरस उपालंभक वचनों को सुनकर शकुंतला भी उसे उसके नामौचित्य को स्पष्ट करती है –अतः खलु प्रियंवदाऽसित्वम्'

इस प्रकार उक्त पर्यालोचन से स्पष्ट है कि महाकवि नाम-प्रदान के समय उसकी कर्मानुरूपता को भी निश्चित रूप से ध्यान में रखते हैं। इसमें अन्वर्थकता सुतरां अभिलक्षित-परिलक्षित होती है।

संदर्भ

1. शब्दकल्पद्रुम, भाग 2, पृ० 747
2. मेघ०, 1/16, पृ० 29
3. वही, 1/23, पृ० 30
4. मेघ०, 2/13, पृ० 37

5. अभि०शा०, प्रथम अंक, पृ० 433
6. रघु०, 4/20, पृ० 127
7. वही, 6/57, पृ० 147
8. वही, 6/64, पृ० 147
9. कुमार० 1/1, पृ० 47
10. रघु, 13/23 पृ० 204
11. कुमार०, 7/78, पृ० 90
12. अभि०शा०, 1/22, पृ० 437
13. वही, 2/11, पृ० 453
14. अभि०शा०, 3/13, पृ० 467
15. वही, 3/14, पृ० 467
16. अभि०शा०, 4/6, पृ० 486
17. माल०, 5/10, पृ० 327
18. विक्रम०, 5/19, पृ० 420
19. अभिशा०, 1/7, पृ० 430
20. अभि०शा० 1/7, पृ० 430
21. वही, 2/4, पृ० 449
22. वही, 3/24, पृ० 475
23. मेघ०, 1/6, पृ० 27
24. कुमार० 5/41, पृ० 72
25. रघु०, 1/2, पृ० 103
26. रघु० 1/4,
27. रघु०, 1/9
28. वही, 1/11
29. वही, 7/12
30. रघु०, 5/14, पृ० 135
31. वही, 6/71, पृ० 148
32. अभि०शा०, 1/12, पृ० 432
33. कुमार० 5/8, 9, 10, पृ० 69
34. रघु० 1/94, 95, पृ० 111
35. वही, 2/6, पृ० 112
36. रघु० 3/70, पृ० 125
37. माल०, 4/14, पृ० 312
38. विक्रम० 3/13, पृ० 379
39. अभि०शा०, 7/21, पृ० 552
40. मेघ 1.7, पृ० 28

41. वही 1/44
42. मेघ०, 1/15
43. वही, 1/58, पृ० 35
44. ऋतु० 3/9, पृ० 10
45. मेघ०, 1/3, पृ० 27
46. कुमार०, 7/74, पृ० 90
47. वही, 3/67, पृ० 63
48. वही, 5/1, पृ० 69
49. कुमार० 3/15, पृ० 59
50. वही, 3/76, पृ० 64
51. वही, 5/28, पृ० 71
52. वही, 3/65, पृ० 63
53. कुमार०, 3/17, पृ० 59
54. रघु०, 13/5, पृ० 202
55. वही, 12/70, पृ० 198
56. रघु०, 2/42, पृ० 115
57. वही, 3/49, पृ० 123
58. वही, 4/83, पृ० 113
59. वही, 5/36, पृ० 137
60. रघु०, 2/53, पृ० 116
61. वही, 3/1, पृ० 119
62. वही, 3/21, पृ० 120
63. वही, 4/7, पृ० 126
64. रघु०, 4/4, पृ० 126
65. वही, 5/25, पृ० 136
66. वही, 4/12, पृ० 127
67. वही, 5/30, पृ० 136
67-a वही, 5/38
68. रघु०, 1/2, पृ० 103
69. वही, 1/12, पृ० 104
70. माल०, 1/4, पृ० 262
71. मधुरोद्धत भेदेन तद्द्वयं द्विविधं पुनः।
    लास्यताण्डवरूपेण नाटकाद्युपकारकम्।। –दशरूपक, 1/10, पृ० 7
72. विक्रम०, 1/1, पृ० 339
73. माल०, 3/6, पृ० 226
74. अभि०शा०, 1/12, पृ० 432

75. वही, द्विवतीय अंक, पृ० 446
76. वही, 3/13, पृ० 467
77. वही, 3/14, पृ० 467
78. अभि०शा०, 3/3, पृ० 460
79. वही, प्रथम अंक, पृ० 435
80. वही, पृ० 436

• • •

सप्तम उन्मेष

तात्त्विक औचित्य विमर्श

तत्त्वम् (तन्+क्विप्, तुक् पृषोदरादि, तत्+त्व)

1. वास्तविक स्थिति या दशा
2. तथ्य
3. यथार्थ या मूल प्रकृति
4. मानव आत्मा की वास्तविक प्रकृति या विश्वव्यापी परमात्मा के समनुरूप विराट् सृष्टि या भौतिक संसार
5. प्रथम या यथार्थ सिद्धान्त
6. मूल तत्व या प्रकृति।

वी०एस० आप्टे कोश, पृ० 417

श्री नारायण मिश्र जी ने 'औचित्य विचारचर्चा' की 'मनोरमा व्याख्या में तत्व का अर्थ 'यथावद् वस्तु वर्णन' किया है।

Essence - Some thing that is or exists, entity 2 that which makes something what intrinsic, fundamental nature (of something) essential being - Webster Dictonary P - 624

तत्वौचित्य : आचार्य क्षेमेन्द्र के अनुसार सत्यार्थ प्रतीतिनिश्चायक, सहृदयावर्जक, वस्तुस्वरूप यथार्थ, परन्तु विलक्षण कवि-वर्णन की संज्ञा 'तत्वौचित्य' है।

महाकवि कालिदास के काव्यों के पद्यों अथवा गद्यों में प्रकटित विचारों से सहृदय-हृदय का तादात्म्य स्थापित हो जाता है। यह तादात्म्य अकारण नहीं अपितु सकारण है, और वह कारण है उनके काव्य से सत्यार्थ की प्रतीति का निश्चय। मानव मन के अंतस्थल का संस्पर्श करने और लोक व्यवहार से समुचित (जो प्राय: मनोविज्ञान सम्मत ही साहित्य में समादृत है) सम्बन्ध रखने वाले काव्य-तत्वों पर ही सहृदय को विश्वास होता है और उसी को लोक-प्रतिष्ठा भी मिलती है। इस प्रकार

महाकवि के काव्यों का गंभीर विचार करने पर क्षेमेन्द्रोक्त तत्वौचित्व का दर्शन होता है।

मेघदूत पूर्वार्द्ध के प्रकृत श्लोक[1] में जो 'कामार्त्ता हि प्रणयकृपणाश्चेतनाचेतनेषु कहा गया है, अर्थात् कामार्त्त व्यक्ति कामवेदना से इतना व्यथित होता है कि उसे चेतन (सजीव) और अचेतन (निर्जीव) का ध्यान ही नहीं रहता। इसमें कामार्त्त के वास्तविक स्वभाव का वर्णन है। अत: यह कथन नि:सन्देह सहृदयहृदयसंवाही होने से तत्वौचित्य का उपन्यास करता है।

मेघदूत उत्तरार्द्ध के प्रकृत श्लोक[2] के 'कान्तोदन्त: सुहृदुपनत: संगमात् किंचिदून:' में मित्र द्वारा प्रियतम का लाया गाया समाचार संगम (मिलन) से कुछ ही कम होता है। इस कथन में सत्यार्थ की प्रतीति सहृदय को सुतरां होती है। इस कारण यहां तत्वौचित्य उल्लेखनीय है।

कुमारसंभव महाकाव्य के द्वितीय सर्ग में भी तत्वौचित्य के दर्शन होते हैं। महाकवि ने इस सर्ग में जगत-नियन्ता के वर्णन में अपने दार्शनिक ज्ञान का परिचय दिया है। कवि के वर्णन सहृदयहृदय को दार्शनिक मन:स्थिति में ले जाते हैं। उसके प्रकृत श्लोक[3] द्रव, स्थूल सूक्ष्म, व्यक्ताव्यक्त के सम्बन्ध में महाकवि ने जो विचार गाम्भीर्य प्रकट किया है। उसमें सहृदय को सत्यार्थ की प्रतीति का निश्चय होता है। इस कारण यहां तत्वौचित्य है।

कुमारसंभव के प्रकृत श्लोकों[4] में कामशक्ति (सृजनेच्छा) को सब कुछ मानने अर्थात् वही पिताओं का पिता, देवताओं का देवता, विधाताओं का भी विधाता और 'परतोऽपिपर:' है। यही नहीं वही शाश्वत हव्य और होता, भोग्य और भोक्ता दोनों हैं, वही वेद्य और विदित, ध्याता और ध्येय है। अर्थात् 'सर्वं वै ब्रह्म' की उक्ति सुतरां चरितार्थ हाती है। महाकवि द्वारा दर्शित काम की सर्वव्यापकता, सर्वविद्यमानता, प्रभृति अर्थों के प्रति सहृदय को सत्यार्थ की प्रतीति नितरां होती है। इस कारण यहां तत्वौचित्य है।

कुमारसंभव महाकाव्य के पंचम सर्ग के प्रकृत[5] श्लोक 'शरीरमाद्यं खलु धर्म साधनम्' में महाकवि ने धर्म-साधन रूप में शरीर-साधन की महत्ता को सुतरां प्रतिपादित किया है। यद्यपि धर्म-प्राप्ति में समित्कुश, जल और अध्यात्म प्रवण शक्ति का महत्व है, परन्तु इन सभी से शरीर की साधनता श्रेष्ठ है। कवि के इस वक्तव्य में सहृदय को सत्यार्थ की प्रतीति का निश्चय बिना सन्देह के हो जाता है। इस कारण यहां तत्वौचित्य है।

इसी सर्ग में अन्यत्र 'न केवलं यो महतोऽपभाषते शृणोति तस्मादपि य:स पापभाक्'[6] से महान लोगों (ईश्वर प्रभृति) के प्रति अपभाषण (निन्दावचन) करने वाला (बोलने वाला) ही केवल पाप का भागी नहीं होता, अपितु उसे सुनने वाला भी होता है। इस कथन के प्रति सहृदय को सत्यार्थ की प्रतीति निश्चित रुप में होती है। इस कारण यहां भी तत्वौचित्य है।

कुमारसंभव के सप्तम सर्ग के प्रकृत श्लोक 'एकैव मूर्ति बिभिदे त्रिधा सा'[7] में एक ही मूर्ति के त्रैविध्य विभाजन की ओर संकेत किया है। इसमें ब्रह्मा, विष्णु, महेश इन त्रिदेवों की एक ही आदि शक्ति से व्युत्पन्न होने के मार्मिक अर्थ की व्यंजना कवि ने किया है। इस अर्थ के प्रति सत्यार्थ का निश्चय सहृदय को सुतरां होता है। इस कारण यहां तत्वौचित्य है।

रघुवंश महाकाव्य के तृतीय सर्ग के प्रकृत श्लोक[8] में महाकवि ने रघु के अध्यापन में गुरु के अवन्ध्य यत्न (सफल प्रयत्न वाले) निरुपित करने के प्रसंग में कवि ने सद्वस्तु (सच्छिष्य) को प्रदत्त शिक्षा ही फलवती होती है। 'क्रिया हि वस्तूपहिता प्रसीदति' यह काव्यार्थ- नि:संशय सहृदयहृदय में सत्यार्थ की प्रतीति निश्चयात्मक रूप से कराकर तत्वौचित्य का उपन्यास कर रहा है।

रघुवंश महाकाव्य के अष्टम सर्ग के प्रकृत श्लोक[9] परलोकजुषां स्वकर्मभिर्गतयो-र्भिन्नपथा हि देहिनाम् 'में अर्थात् परलोक जाने वाले प्राणियों की अपने कर्मों के कारण भिन्न-भिन्न गतियाँ होती है। इस कथन के प्रति सहृदय को सहज में ही सत्यार्थ की प्रतीति का निश्चय हो जाता है। इस कारण यहाँ तत्वौचित्य है।

इसी सर्ग के प्रकृत[10] श्लोक के 'मरणं प्रकृति: शरीरिणां विकृतिर्जीवितमुच्यते बुधै:' में महाकवि ने मृत्यु को प्रकृति और जीवन को विकृति बताया है। इसमें सत्यार्थ की प्रतीति का निश्चय सहृदय संवेद्य है। इस कारण यहाँ तत्वौचित्य है।

एतदनन्तर के श्लोक[11] में प्रिय के शरीर विनाश को मायोपहित मूढचेता द्वारा मोह-ममता वश विलाप करने और स्थिरधी, ज्ञानी मनुष्य द्वारा उसे मुक्ति मार्ग में सहायक मानने के इस मनोहारी काव्यार्थ के प्रति भी सहृदय-आवर्जकता सत्यार्थ की प्रतीति का निश्चयत्व सुतरां अनुभव करती है। इस कारण यहां भी तत्वौचित्य है।

रघुवंश महाकाव्य के त्रयोदश सर्ग के प्रकृत[12] श्लोक 'तत्वाबोधेन विनापि भूयस्तनुत्यजा नास्ति शरीरबन्धा' के कथन में 'कर्म सिद्धान्त और पुनर्जन्म' का मर्मस्पर्शी तत्वोपन्यास हुआ है। मुक्ति में तत्वाबोध, ज्ञान की प्राप्ति को कवि ने अत्यावश्यक बताया है। ज्ञान प्राप्ति के बिना जन्म-मरण के बन्धन और आवागमन

से छुटकारा नहीं मिलता, इस काव्यार्थ के सत्यार्थ के प्रतीति का निश्चय सहृदय को सुतरां होता है। इस कारण यहां तत्वौचित्य है।

अभिज्ञान शाकुन्तल के चतुर्थ अंक के अंत में कवि द्वारा उपन्यस्त श्लोक, अर्थो हि कन्या परकीय एव[13] से कन्या को 'प्रत्यर्पित न्यास' और 'परकीय अर्थ' के रूप में जो हृदयद्रावक मार्मिक अनुभूति करायी है, उसके सत्यार्थ प्रतीति के निश्चय से कौन तनया-विश्लेष के नवीन दुःख से पीड़ित गृहस्थ वा सहृदय असहमत होगा? इस कारण यहां तत्वौचित्य नितरां हृद्य है।

अभिज्ञान शाकुन्तल के पंचम अंक के श्लोक के 'तच्चेतसः स्मरति नूनमबोधपूर्वं भावस्थिराणि जननान्तरसौहृदानि[14] से कवि प्रेम की पराकाष्ठा में प्रिय स्मरण को जन्म-जन्मान्तर के प्रेम-तत्व का संचित संस्कार कहा है। कवि की दृष्टि में अबोधपूर्व के प्रति चंचल चित्त से एकाग्रीभूत तादात्म्यापन्न होकर स्मरण में निश्चय ही पूर्वजन्म के प्रेमी-युगल के मधुर सम्बन्धों से वासनाधिवासित मन है। इस प्रकार यहाँ कवि के 'भावास्थिराणि जननान्तर सौहृदानि' के काव्यार्थ के प्रति सहृदय को सत्यार्थ की प्रतीति सुतरां होती है। इस प्रकार यहां तत्वौचित्य है।

सत्त्व

सत्वम् (प्रथम दस अर्थों में पुल्लिंग भी होता है। (सतो भावः सत्+त्व)

1. होने का भाव, अस्तित्व, सत्ता
2. प्रकृति, मूल तत्व
3. स्वाभाविक चरित्र, सहज स्वभाव
4. जीवन, जीव, प्राण, जीवनी शक्ति, प्राण शक्ति का सिद्धान्त
5. चेतना, मन, ज्ञान
6. भ्रूण
7. तत्त्वार्थ, वस्तु, सम्पत्ति
8. मूल तत्त्व जैसे कि पृथ्वी, वायु, अग्नि आदि।
9. प्राणधारी जीव, जानदार जन्तु
10. भूत, प्रेत, पिशाच
11. भद्रता, सद्गुण, श्रेष्ठता
12. सच्चाई, वास्तविकता

13. सामर्थ्य, ऊर्जा, साहस, बल, शक्ति, अन्तर्हित शक्ति, वह तत्त्व जिससे पुरुष बनता है– पुरुषार्थ
14. बुद्धिमत्ता, अच्छी समझ
15. भद्रता और शुचिता का सर्वोत्तम गुण
16. स्वाभाविक गुण या लक्षण

वी० एस० आप्टे कोश, पृ०1063

सत्वं क्ली सतो भावः। सत्+त्व। प्रकृतेः गुण विशेषः। अत्र सत्त्वं प्रकाशकं ज्ञान सुखहेतुः। सतो भावः सत्त्वम्।

सत्वं रजस्तमश्चैव त्रीन् विधात्मनो गुणान्
ये व्याप्येमान् स्थिते भावान् महान् सर्वान् शेषतः।

शब्दकल्पद्रुम, भाग–5, पृ० 224

श्री नारायण मिश्र ने 'औचित्य विचारचर्चा' की 'मनोरमा' व्याख्या में सत्व का अर्थ अन्तर्बल–मनोबल बताया है। (सत्त्वं अन्तर्बलम्)।

उपर्युक्त उल्लेखों से स्पष्ट है कि सत्त्व का अर्थ अन्तर्हित शक्ति, अन्तर्बल, स्वाभाविक गुण या लक्षण, चरित्र या आचरण है।

सत्वौचित्य – आचार्य क्षेमेन्द्र के अनुसार सत्त्वगुणविशिष्ट के चरित्र या आचरण का सहृदयचित्ताकर्षक चमत्कारजनक समुचित वर्णन होने पर सत्त्वौचित्य होता है।

रघुवंश पंचम सर्ग[15] की प्रकृत श्लोक संख्या 13, 14, 15 के इन वाक्यों 'नाथे. ...... प्रजानां भक्तिः, प्रतीक्ष्येषु कुलोचिता ते, स्थाने भवानेक नराधिपः सन्न किंचनत्वं मखजं व्यनक्ति से महाराज रघु के सत्त्वोत्कर्ष की व्यञ्जना सुतरां होती है। इस कारण यहाँ सत्त्वौचित्य है।

महाकवि कालिदास ने अपने वर्ण्य विषय या पात्र को सत्वगुण से अत्यंत सम्पन्न निरूपित किया है। कवि द्वारा इस निरूपण में सत्वोत्कर्ष–प्रकर्ष भी परिलक्षित होता है, जिसे सहृदय के हृदय का कोना–कोना पुलकित और आह्लादित हो उठता है। इन्हीं आकर्षक स्थलों में क्षेमेद्रोक्त सत्वौचित्य का भी उपन्यास हुआ है।

कुमारसंभव महाकाव्य के पंचम सर्ग में शिव को लक्ष्य करके कहे गए इस वचन 'अकिञ्चन सन् प्रभवः स सम्पदां त्रिलोकनाथ पितृसद्मगोचरः[16] में शिव के सत्वोत्कर्ष का सहृदयश्लाघ्य उपन्यास हुआ है। इस कारण यहाँ सत्वौचित्य है।

कुमारसंभव महाकाव्य के प्रथम सर्ग के प्रकृत श्लोकों[17] के 'भागीरथी निर्झर

सीकराणां वोढा "सप्तर्षिहस्तावचितावशेषाण्यधो विवस्वान् परिवर्तमान:' तथा यज्ञांगयो नित्यमवेक्ष्य यस्य सारं धरित्रीधरणक्षमं च' वाक्यों से हिमवान् का सत्वोत्कर्ष सुतरां व्यंजित होता है। सत्वोत्कर्षी अभिव्यंजना के सहृदयश्लाघ्य होने के कारण सत्वौचित्य है।

रघुवंश महाकाव्य के प्रथम सर्ग के प्रकृत श्लोकों[18] में रघुकुल की सत्व सम्पन्नता का प्रतिपादन करना ही कवि को अभीष्ट है, और इसको कवि आवश्यकता के अनुरूप सत्वोत्कर्षक वर्णन से मंडित किया है। इस कारण यहाँ सत्वौचित्य है।

इसी सर्ग के श्लोकों द्वेष्योऽपि संमत:[19] 'सर्वे तस्यासन् परार्थैकफलागुणा:[20] से महाराज दिलीप के सत्वोत्कर्ष की हृद्य अभिव्यजंना कवि ने कराई है। इस कारण यहाँ सत्वौचित्य है।

रघुवंश के चतुर्थ सर्ग के पंचानामपि भूतानामुत्कर्ष पुपुषुर्गुणा:। नवे तस्मिन् महीपाले सर्व नवमिवाभवत्[21] में रघु के सत्वोत्कर्ष की कवि कृत मार्मिक अभिव्यंजना से कौन सहृदय असहमत होगा? इस प्रकार यहाँ सत्वौचित्य दर्शनीय है।

इसी सर्ग के प्रकृत श्लोक के प्रतापस्तस्य भानोश्च युगपद् व्यानशे दिश:[22] से महाराज रघु के सत्वगुणोत्कर्ष की हृद्य अभिव्यंजना कवि ने कराई है, इस अभिव्यंजना में अतिशयोक्ति का पुट भी है। इस अभिव्यंजना के मार्मिक होने के कारण यहाँ सत्वौचित्य है।

अभिज्ञान शाकुन्तल प्रथम अंक के प्रकृत स्थल[23] में राजा दुष्यन्त को देखकर प्रियंवदा द्वारा अनुसूया लक्षित सम्बोधन में राजा के प्रभावोत्पादक व्यक्तित्व से प्रभावित कथन में भी सत्वोत्कर्ष की अभिव्यंजना हुई है। अभिव्यंजना के मनोहारी होने के कारण यहाँ सत्वौचित्य है।

अभिज्ञानशाकुन्तल के पंचम अंक के प्रकृत श्लोक[24] में राजा दुष्यंत के लिए प्रथम वैतालिक द्वारा 'स्वसुखनिरभिलाष: खिद्यसे लोकहेतो:' में राजा के परोपकार परायणता गुण जो सत्वोकर्षक है, की सुतरां व्यंजना हो रही है। इस कारण यहाँ सत्वौचित्य है।

अभिज्ञान शाकुन्तल के षष्ठ अंक में कंचुकी द्वारा राजा को देखकर कहे गए प्रकृत श्लोक[25] में 'तेजोगुणैरात्मन: संस्कारोलिखितो महामणिरिव क्षीणोऽपि नालक्ष्यते' राजा दुष्यन्त के सत्वोकर्ष की व्यंजना सुतरां हो रही है। व्यंजना के मनोरम होने के कारण यहाँ सत्वौचित्य है।

अभिप्राय– अभिप्राय पद अभि प्र उपसर्ग + इ धातु और अच् प्रत्यय के संयोग से निष्पन्न हुआ है। इसका अर्थ लक्ष्य, प्रयोजन, उद्देश्य, आशय, कामना, इच्छा तात्पर्य आदि है। (आप्टे कोश पृ० 73)

'अभिप्रायस्तु सादृश्यात् अभूतार्थस्य कल्पना'[26] (सा.द. पृ० 206) अर्थात् सादृश्य के कारण अभूत, अप्रस्तुत, असम्भव वस्तु या भाव की कल्पना को अभिप्राय कहते हैं।

आकूतं स्यादभिप्रायो। अभिधेय अभिप्राय प्रयोजन द्रव्यवाचकेष्वर्थः।

–हलायुध कोश, चतुर्थ काण्ड, पृ० 87

वस्तुओं में सादृश्य के माध्यम से अभूतपूर्व (असिद्ध) किन्तु लोकहृदय ग्राही अर्थ की परिकल्पना। –भरत परिभाषित काव्यलक्षण

उपर्युक्त उल्लेख से स्पष्ट है कि अभिप्राय का अर्थ तात्पर्य, आशय, अभूत असिद्ध आकूत अर्थों की कल्पना, उद्भावना है।

अभिप्रायौचित्य– आचार्य क्षेमेन्द्र के अनुसार स्फुट अभिप्राय या आशय की सम्यक् सूचना देने वाले सहृदयहृदयावर्जक विलक्षण कवि वर्णन को 'अभिप्रायौचित्य' कहते हैं।

महाकवि कालिदास की कृतियों में क्षेमेन्द्रोक्त अभिप्रायौचित्य का भी दर्शन होता है।

मेघदूत के उत्तरार्द्ध में कवि द्वारा यक्षिणी के लिए प्रयुक्त अविधवे[27] पद संबोधनौचित्य का उदाहरण है वहाँ पर इससे उसके सुहागिन बने रहने के अभिप्राय की भी हृद्य व्यजंना अनायास रूप से सहृदय को नितरां होती है। इस हृद्य व्यंजना के कारण यहां अभिप्रायौचित्य है।

मेघदूत के ही प्रकृत पद्य में यक्ष द्वारा स्वयं के लिए प्रयुक्त 'अव्यापन्नः'[28] पद से पूरे श्लोक की मार्मिकता बढ़ जाती है। उस मार्मिक व्यजंना में कवि का यह अभिप्राय ही प्रकट होता है कि यक्ष सकुशल, स्वस्थ है, उसके जीवन को किसी प्रकार की हानि नहीं है। इस अभिप्राय की सहृदय को सहज ज्ञात होने के कारण यहाँ अभिप्रायौचित्य है।

मालविकाग्निमित्र नाटक के तृतीय अंक के प्रकृत श्लोक[29] में राजा अग्नि का मदनाभिलाष शीघ्र ही पुष्पित और फलित होगा। इस अभिप्राय की हृद्य अभिव्यजंना सहृदयहृदय को सहज में होती है। इस कारण यहाँ अभिप्रायौचित्य है।

मालविकाग्निमित्र के तृतीय अंक के प्रकृत श्लोक[30] में राजा का मालविका द्वारा उसके प्रणय को स्वीकार करने का अभिप्राय सुतरां सहृदय को ज्ञात होता है। इस प्रकार यहाँ भी अभिप्रायौचित्य है।

मालविकाग्निमित्र के चतुर्थ अंक के प्रकृत श्लोक[31] में भी राजा द्वारा मालविका के रूप को निर्निमेष नेत्रों से देखने की व्यंजना और उससे राजा का मालविका के प्रति अतिशय आसक्ति का अभिप्राय ज्ञात होता है। इस कारण यहाँ भी अभिप्रायौचित्य है।

मालविकाग्निमित्र के प्रकृत[32] श्लोक में राजा द्वारा मालविका से पवित्र सप्तपदी के बंधन में बंध जाने के मनमोहक निमंत्रण का अभिप्राय प्रकट होता है। इस कारण यहाँ अभिप्रायौचित्य मानना अनुचित नहीं होगा।

मालविका के पंचम अंक में धारिणी के कथन[33] में मर्मस्पर्शी अभिप्रायौचित्य का दर्शन होता है। यहाँ पर उच्च कुलीन राजकुमारी मालविका से दासी का कार्य लेने से रानी धारिणी के पश्चाताप का अभिप्राय ही हृद्य है। इस कारण यहाँ अभिप्रायौचित्य है।

मालविकाग्निमित्र चतुर्थ अंक के प्रकृत श्लोक[34] से राजा द्वारा मालविका के स्तनावरणीय वस्त्रों को हटाकर राजा द्वारा उसका आलिंगन किए जाने का अभिप्राय समुचित रूप से प्रकट होता है। इस कारण यहाँ भी अभिप्रायौचित्य देखा जा सकता है।

अभिज्ञानशाकुन्तल के तृतीय अंक के प्रकृत श्लोक[35] और उससे पूर्व गद्य भाग में शकुन्तला को लक्षित करके दुष्यन्त के कथन 'सुन्दरि अनिर्वाणो दिवसः इयं च ते शरीरावस्था......तथा कथं आतपे गमिष्यति।' से राजा के रमणाभिलाष प्रकर्ष का अभिप्राय सुतरां व्यंजित होता है। अभिप्राय के सहृदयश्लाघ्य होने के कारण यहाँ अभिप्रायौचित्य है।

सारसंग्रह –सारसंग्रह में दो शब्द हैं–'सार' और 'संग्रह'। सार शब्द सृ धात् घञ् प्रत्यय और पुनः सार+अच् वा के प्रत्यय के संयोग से बना है, जिसका अर्थ है–आवश्यक, सर्वोत्तम, श्रेष्ठ और निचोड़ इत्यादि। (वी० एस० आप्टे कोश, पृ० 1099)

'संग्रह' शब्द सम् उपसर्ग ग्रह धात् और अप् प्रत्यय के संयोग से बना है। संग्रह का अर्थ है– पकड़ना, ग्रहण करना, भरना, संग्रह करना, एकत्र करना, संचय करना, राशीकरण, संघट्टीकरण, सारांश इत्यादि। (आप्टे कोश, पृ० 1058)

सारसंग्रहौचित्य–आचार्य क्षेमेन्द्र के अनुसार तात्पर्यार्थ संकलन में निपुणक्षम, शीघ्रता से सुनिश्चित फल देने वाला, विच्छित्ति से परिप्लुत प्रकृतार्थ सम्पोषक, अपूर्व कवि वर्णन को 'सारसंग्रहौचित्य' कहते हैं।

दूसरे शब्दों में, सारयुक्त पर्यवसित वाक्यार्थ जो फल को शीघ्रतापूर्वक सुनिश्चित कर निर्गलित रूप से बताए, वहाँ सारसंग्रहौचित्य होता है।

अर्थात् सम्पूर्ण प्रसंग का सारतत्त्व प्रकट करने के कारण सारसंग्रहौचित्य है। प्राय: सारी कवि सूक्तियाँ सारसंग्रहौचित्य का उदाहरण है। अर्थान्तरन्यास अलंकार सारसंग्रहौचित्य का उत्कृष्ट उदाहरण है।

महाकवि कालिदास के काव्यों में सारयुक्त पर्यवसित वाक्यार्थ, जो सहृदयों के हृदय में आनन्दस्वरूप फल का निश्चित उत्पादक अथवा अभिव्यंजक होने से सर्वसम्मत है, का अवलोकन भूरिश: होता है।

कुमारसंभव महाकाव्य के प्रथम सर्ग के प्रकत श्लोक[36] में 'विकारहेतौ सति विक्रियन्ते येषां न चेतांसि एव धीरा' इस वाक्य का सारयुक्त पर्यवसित वाक्यार्थ विकार के हेतु के होने पर भी चित्त में विकारोत्पत्ति न होने पर धीर की पहचान बताने पर, सहृदय के हृदय में आनन्दस्वरूप फल का निश्चित रूप में आविर्भाव करता है। इस कारण यहाँ सारसंग्रहौचित्य है।

कुमारसंभव पंचम सर्ग के प्रकृत श्लोक[37] में महाकवि ने 'प्रियेषु सौभाग्यफला हि चारुता' इस सारसंग्रह वाक्यार्थ से पार्थिव बाह्य रूपों के वैयर्थ्य और जो रूप प्रिय को रिझाये, प्रसन्न करे वही रूप, रूप है। इस सहृदयसंवेद्य आनन्दवर्धक फल निश्चित रूप से उद्भूत होता है। इस कारण यहाँ सारसंग्रहौचित्य है।

कुमारसंभव महाकाव्य के इसी सर्ग के 'क्लेश: फलेन हि पुनर्नवतां विधत्ते'[38] यह वाक्य क्रमश: 'अशेत सा बाहुलतोपधायिनी निषेदुषी स्थण्डिल एव केवले[39] विरोधि सत्वोज्झित पूर्वमत्सरं, तपोवनं तच्च पावनम्[40] तदानपेक्ष्य स्वशरीरमार्दवं तपो महत सा चरितुं प्रचक्रमे[41] क्लमं ययौ कन्दुकलीलयापि या तया मुनीनां चरितं व्यगाह्यत।[42] ये वाक्य पार्वती के तपस्या में सहे गए क्लेशों को सुतरां अभिव्यंजित करते हैं। इन सभी के फल को सारसंग्राहक उक्त वाक्य सहृदयहृदय को काव्यार्थ के निश्चित फल को संवेद्य बनाता है। इस कारण यहाँ सारसंग्रहौचित्य है।

रघुवंश महाकाव्य के प्रथम सर्ग के प्रकृत श्लोक[43] में कवि द्वारा यह कहना कि वह राजा अपनी प्रजा से उसी के कल्याणार्थ कर–वसूली करता था। राजा के इस

कथन को सहृदय श्लाघ्य बनाने के लिए इसे सूर्य के उस कार्य के समान बताया, जैसे सूर्य तालाब आदि के जल को पहले अवशोषित करता है और बाद में वर्षा के रूप में सहस्त्र गुने से भी अधिक उसी जल को पुनः संसार को लौटा देता है। 'सहस्त्रगुणमुत्स्त्रष्टुमादत्ते हि रसं रविः' इस सारसंग्राहक वाक्य से घटित काव्यार्थ की सहृदय हृदय में महाराज दिलीप के प्रजा कल्याण रूपी फल की मार्मिक अभिव्यंजना हुई है। इस कारण यहां सारसंग्रहौचित्य है।

रघुवंश के द्वितीय सर्ग के प्रकृत श्लोक[44] में कवि ने राजा दिलीप की गोसेवा में उनकी तत्परता और एकनिष्ठता के मनोरम भाव को सहृदय-हृदय को संप्रेषित करने के लिए सारसंग्राहक वाक्य – 'स्ववीर्य गुप्ता हि मनो प्रसूतिः' जो फल को निश्चित रूप से बताता है, से यहाँ सारसंग्रहौचित्य है।

रघुवंश के चतुर्थ सर्ग के प्रकृत श्लोक[45] में महाराज रघु के अन्य राजाओं को शरण प्रदान करने रूप निश्चित फल का आविर्भाव सहृदय हृदय में इस सारसंग्राहक वाक्य 'प्रणिपातप्रतीकारः संरम्भो हि महात्मनाम्' से सुतरां होता है। इस कारण सारसंग्रहौचित्य है।

रघुवंश के चतुर्थ सर्ग के ही प्रकृत श्लोक[46] में विश्वजित यज्ञ में अपना सर्वस्व दान कर देने वाले रघु के त्यागादि विशिष्ट गुणों के अधिवासत्व की अतिशयता को अभिव्यंजित कराना ही कवि को अभीष्ट है। इसकी पुष्टि में वह इस सारसंग्राहक वाक्य 'आदानं हि विसर्गाय सतां वारिमुचामिव' को प्रयुक्त करता है। इससे सहृदय हृदय में रघु का दान रूपी निश्चित फल का आविर्भाव हृद्य रूप से हो गया है। इस कारण सारसंग्रहौचित्य है।

रघुवंश के प्रकृत श्लोक[47] में कवि ने इन्दुमती द्वारा भिन्न-भिन्न राजाओं के प्रति वर-चयन की विभिन्न दृष्टियों को सहृदयश्लाघ्य बनाने के लिए कवि ने सारसंग्राहक वाक्य 'भिन्न रुचिर्हिलोकः' का उपन्यास किया है। इससे इन्दुमती के नृप विषयक काम्याकाम्य भाव रूपी फल की मनोहारी अभिव्यंजना हो रही है। इस कारण यहाँ सारसंग्रहौचित्य है।

मेघदूत उत्तरार्द्ध के प्रकृत श्लोक[48] में यक्ष द्वारा स्नेह के विरह काल में अभुक्त होने से प्रेम की राशि हो जाने 'इष्टेवस्तुन्युपचित रसाः प्रेमराशीभवन्ति' का मार्मिक सारसंग्राहक वाक्य का उपन्यास किया है। इस वाक्य से घटित काव्यार्थ से सहृदय हृदय में आनन्द रूप फल की श्लाघ्य अभिव्यंजना हुई है। इस कारण यहां सारसंग्रहौचित्य है।

मेघदूत उत्तरार्द्ध के प्रकृत श्लोक[49] में रमण-विरह में अंगनाओं के मनोविनोद रूपी निश्चित फल का आविर्भाव इस सारसंग्राहक वाक्य 'प्रायेणैते रमणविरहेषु अंगनानां विनोदा:' से सहृदय हृदय में सुतरां होता है। इस कारण यहां सारसंग्रहौचित्य है।

अभिज्ञानशाकुन्तल के प्रथम अंक के प्रकृत श्लोक[50] में शकुन्तला के सौन्दर्य फल का निश्चित रूप से आविर्भाव सहृदय हृदय में इस सूक्ति 'किमिव हि मधुराणां मण्डनं नाकृतीनाम्' से सुतरां होता है। इस कारण यहाँ सारसंग्रहौचित्य है।

इसी नाटक के चतुर्थ अंक के प्रकृत श्लोक[51] में काश्यपोक्त वचन 'यान्त्येवं गृहिणीपदं युवतयो वामाः कुलस्याधयः' इस सुमनोहारी उक्ति से सद्गृहिणीत्व रूपी निश्चित आनन्द रूप फल का आविर्भाव सहृदय हृदय में नितरां होता है। इस कारण यहाँ सारसंग्रहौचित्य दर्शनीय है।

प्रतिभा- प्रतिभा पद प्रति उपसर्ग, भा धातु और क एवं टाप् प्रत्यय के संयोग से निष्पन्न है। 1. दर्शन, दृष्टि, 2. प्रकाश, प्रभा, 3. बुद्धि, समझ, 4. मेधा, प्रखर बुद्धि, विशद् कल्पना, प्रज्ञा। -वी०एस० आप्टे कोश, पृ० 654

प्रतिभा का अर्थ है- आन्तरिक सृजनात्मक शक्ति। (Inborn Creative faculty)। प्रतिभा सरस्वती तत्त्व है। प्रतिभा वह शक्ति है जिसके द्वारा कवि अपनी कविता के विषय में प्रवर्द्धित, उद्वेलित सौन्दर्य भाव को अपने पाठकों के समक्ष उचित भाषा में स्वयं द्वारा अनुभूत एवं दृष्ट सौन्दर्य का स्पष्ट चित्र खींचकर रख देता है। यह एक ऐसी शक्ति है, जिसके द्वारा कवि अपने पाठकों के हृदय में पुराने पड़ चुके अनुभव के प्रभाव को न केवल स्मारित, जाग्रत एवं उद्बुद्ध कर देता है, अपितु उसे सर्वथा एक ऐसे नवीन, अद्भुत और सम्मिश्रण और सम्बन्धों के समन्वित रूप में वस्तु एवं दृश्य को प्रस्तुत करता है, जैसे कि साधारण मनुष्य ने इससे पहले न कभी अनुभव किया हो और न ही सोचा हो। वाग्भटालंकार ने प्रतिभा के विषय में कहा है-

प्रसन्न पदनव्यार्थयुक्त्योद्बोधविधायिनी।
स्फुरन्ती सत्कवेर्बुद्धिः प्रतिभा सर्वतोमुखी।।

आचार्य अभिनवगुप्त ने प्रतिभा को इस प्रकार परिभाषित किया है-

"प्रतिभा अपूर्व वस्तुनिर्माणक्षमा प्रज्ञा, तस्याः विशेषो रसावेशवैषद्य सौन्दर्यनिर्माणक्षमत्वम्" -ध्वन्यालोकलोचन

उन्होंने प्रतिभा को शक्ति के पर्याय रूप में भी उल्लेख किया है-

शक्तिः प्रतिभानं वर्णनीयवस्तुविषयनूतनोल्लेखशालित्वम्।

भट्टतौत ने प्रतिभा के विषय में कहा है–

प्रज्ञा नवनवोन्मेषशलिनी प्रतिभा मता।

आचार्य दण्डी ने प्रतिभा को नैसर्गिकी माना है।

राजशेखर ने प्रतिभा को कारयित्री एवं भावयित्री माना है।

स्पिनगर्न ने प्रतिभा को 'Genius' और 'Taste' कहा है।

प्रतिभौचित्य–आचार्य क्षेमेन्द्र के अनुसार नवनवकल्पनाचातुर्य रसिकचित्तावर्जक चारु कवि वचन की संज्ञा प्रतिभौचित्य है।

महाकवि कालिदास के काव्य में उनकी नवनवोन्मेषशालिनी प्रज्ञा के हृद्य दर्शन होते हैं। कवि ने अपनी प्रतिभा का प्रकटीकरण कहीं सामान्य रूप से स्वकीयोक्ति के रूप में और कहीं पात्रोक्ति के माध्यम से किया है।

मेघदूत उत्तरार्द्ध के प्रकृत श्लोक[52] में 'वित्तेशों' के विलास की विलक्षणता की व्यंजना में कवि की सहृदयहृदयाकर्षिणी प्रतिभा के दर्शन होते हैं क्योंकि नयनसलिल की उत्पत्ति का हेतु मात्र आनन्द और आनन्द, तथा कुसुमशरज और इष्टसंयोगसाध्य ताप के अतिरिक्त किसी अन्य ताप की संभावना मात्र नहीं, यह वर्णन सहृदय को विमुग्ध कर देता है। इस कारण यहाँ प्रतिभौचित्य है।

मेघदूत उत्तरार्द्ध के प्रकृत श्लोक[53] में यक्षिणी के वियोग काल में उसके शरीर के अवयवों के विलक्षण कृशतादि की मार्मिक व्यंजना के लिए कवि ने मेघाच्छन्न अवस्था में (सूर्य के न उगने से अप्रबुद्ध, परन्तु रात्रि न होने से सुप्त भी नहीं) अप्रबुद्ध और असुप्त स्थलकमलिनी की कल्पना में अपनी प्रतिभाप्रकर्ष को विदग्धता से प्रदर्शित किया है। कल्पना की सर्वथा नूतनता और हृद्यता के कारण यहाँ प्रतिभौचित्य सुस्पष्ट है।

कुमारसंभव महाकाव्य के प्रथम–सर्ग के प्रकृत श्लोक[54] में पार्वती के शरीर के अंगों–उपागों के वैलक्षण्य की हृद्य अभिव्यंजना में 'स्थल–अरविन्द' की कल्पना में कवि के नवनवोन्मेष प्रज्ञा–चातुर्य का दर्शन सहृदय को गद्‌गद् कर देता है। इस कारण यहाँ' प्रतिभौचित्य है।

कुमारसंभव के प्रथम सर्ग के प्रकृत श्लोक[55] में पार्वती के यौवनागम को काम के सोपान के रूप में की गई कवि के कल्पना–प्रावीण्य से उसके प्रतिभा–वैदुष्य का अनुभव सहृदय को सुतरां होता है। क्षेमन्द्रोक्त प्रतिभौचित्य यहाँ अवलोकनीय है।

रघुवंश महाकाव्य के प्रथम सर्ग के प्रकृत श्लोक[56] में कवि ने उपनी नवनवोन्मेष शालिनी प्रज्ञा से महाराज दिलीप को वृद्धावस्था के आगमन के बिना अर्थात् युवावस्था में ही (ज्ञानधर्मपरायणत्व विधायिनी) वृद्धावस्था से युक्त बताया है। इस वर्णन में निस्सन्देह कवि की प्रतिभा, प्रतिभौचित्य का दर्शन करा रही है।

रघुवंश महाकाव्य के चतुर्थ सर्ग के प्रकृत श्लोक[57] में महाराज रघु के रथ की गति के चमत्कारिक वर्णन में महाकवि की प्रतिभा-चमत्कार का हृद्य दर्शन सहृदय-हृदय को नितरां होता है। इस कारण यहाँ' प्रतिभौचित्य है।

इसी सर्ग के प्रकृत श्लोक[58] में सूर्य के तेज प्रताप से रघु के प्रताप की महत्ता, अतिशयता की उर्वर कल्पना में कवि की नवनवोन्मष कल्पना चातुर्य दृष्टिगत होता है। इस कारण यहाँ प्रतिभौचित्य है।

इसी सर्ग के प्रकृत श्लोक[59] में पंच महाभूतों - पृथ्वी, जल, तेज, वायु और आकाश के गुणों क्रमशः रूप, गन्ध, रस, रूप, स्पर्श और शब्द में उत्कर्ष प्राप्ति को नवीन युवराज रघु के राजा होने पर सभी वस्तुओं की नवीनता से सम्बद्ध करने की कवि कल्पनाचातुरी प्रतिभौचित्य का उपन्यास करती है।

रघुवंश के पंचम सर्ग के प्रकृत श्लोक[60] में अज के निद्रा त्याग में कवि प्रदत्त तर्क (निद्रा त्याग और लक्ष्मी ग्रहण का उपन्यास) उनकी प्रज्ञा-चातुरी को स्फुटतया व्यक्त करता है। यहाँ पर कवि निद्रा रूपी रमणी के त्यागने और चन्द्र-परित्यक्ता लक्ष्मी को ग्रहण करने में लक्ष्मी के चंचल स्वभाव को अपनी काव्य सर्जनात्मक दृष्टि में अवश्य रखा होगा, ऐसा कहा जा सकता है। इस कारण यहाँ प्रतिभौचित्य है।

अभिज्ञानशाकुन्तल के द्वितीय अंक के प्रकृत श्लोक[61] में राजा द्वारा शकुन्तला के रूप-सौन्दर्य की हृद्यता की अभिव्यंजना में कवि ने सत्व योग से परिकल्पित, रूपोच्चय और मनसा विधिनिर्माण की अपूर्व निर्माणक्षमा प्रज्ञा-प्रगल्भता का जो परिचय दिया है वह सहृदय-आवर्जक होने के कारण प्रतिभा की औचिती से संपृक्त है।

कुमारसंभव के पंचम सर्ग के पैंतालीसवें श्लोक में 'रत्नं मृग्यते न हि तत् अन्विष्यति' में महाकवि की यह हृद्य कल्पना कि 'रत्न खोजा जाता है, रत्न किसी को नहीं खोजता' को पढ़कर सहृदय अभिभूत हो उठता है। इस कारण यहाँ 'प्रतिभौचित्य' का दर्शन नितरां अभिनन्दनीय है।

अवस्थाः- (अव+स्था+अङ्)। हालत, दशा, स्थिति, काल, दशाक्रम, यौवन,

अवस्था, अवस्थाचतुष्टय-मानव जीवन की चार दशाएँ- बाल्य, कौमार, यौवन और वार्धक्य। अवस्थात्रयम्-तीन अवस्थाएँ -जाग्रत, स्वप्न और सुषुप्ति।

अवस्था द्वयम्- जीवन के दो पहलू- सुख और दुःख।

-वी०एस०आप्टे कोश, पृ० 114

श्री नारायण भिश्र जी ने 'औचित्य विचारचर्चा' की 'मनोरमा' टीका में अवस्थायाम्=वयसि। अवस्था का अर्थ यौवनावस्था माना है।

अवस्थौचित्यः-आचार्य क्षेमेन्द्र के अनुसार- अभीष्ट तारतम्य से संन्यस्त प्रतिपाद्य विषय से युक्त प्रकृतार्थ परिपोषक सहृदयहृदयावर्जक विलक्षण अवस्था को चित्रित करने वाला अपूर्व कवि वर्णन 'अवस्थौचित्य' की सृष्टि करता है।

महाकवि कालिदास के काव्यों में बाल्यावस्था, युवावस्था, वयः सन्धि और वृद्धावस्था का इतना मनमोहक चित्रण हुआ है कि उसमें औचित्य सुस्पष्टतया परिलक्षित होता है।

कुमारसंभव महाकाव्य के प्रथम सर्ग के प्रकृत श्लोक[62] में 'सा कन्दुकैः कृत्रिम -पुत्रकैश्च' रेमे मुहर्मध्यगता सखीनां क्रीडारसं निर्विशतीव बाल्ये' में पार्वती की बाल्यावस्था का कवि ने बड़ा ही हृद्य चित्रण किया है। इस कारण यहाँ अवस्थौचित्य अवलोकनीय है।

इसी सर्ग के प्रकृत प्रलोक में 'बाल्यात्परं साथ वयः प्रपेदे'[63] से वयः संधि (किशोरावस्था) की सुतरां व्यंजना होती है। व्यंजना के सहृदयश्लाघ्य होने के कारण यहाँ अवस्थौचित्य सुतरां दृष्टिगत होता है।

कुमारसंभव के इसी सर्ग के 'वपुर्विभक्तं नवयौवनेन'[64] तथा 'वलित्रयं चारु बभार बाला, आरोहणार्थं नवयौवनेन कामस्य सोपानमिव प्रयुक्तं'[65] से भी पार्वती की युवावस्था का हृदयहारी चित्रण कवि ने किया है। इसमें औचिती का अवलोकन स्पष्टतया किया जा सकता है।

कुमारसंभव के प्रथम सर्ग के प्रकृत श्लोक में 'गतेषु लीलाचितविक्रमेषु व्यनीयत'[66] तथा 'वृत्तानुपूर्वे च न चातिदीर्घे विधातुर्लावण्य उत्पाद्य इवास यत्नः इत्यादि पार्वती के युवावस्था की कवि ने सहृदयहृदयावर्जक अभिव्यंजना की है। इसमें अवस्थौचित्य सुतरां परिलक्षित होता है।

कुमारसंभव के पंचम सर्ग के प्रकृत श्लोक[67] 'त्रिलोक सौन्दर्यमिवोदितं वपुः' तथा 'नवं वयः' इत्यादि वर्णी के कथन से पार्वती के युवावस्था सुलभ सौन्दर्य का महाकवि ने मनोहारी चित्रण किया है। यहाँ पर भी अवस्थौचित्य का दर्शन होता है।

कुमारसंभव के सप्तम सर्ग के प्रकृत श्लोक[68] में 'आसन्नपाणिग्रहणेति पित्रोरुमा विशेषोच्छ्वसितं बभूव' से पार्वती के युवावस्था की मनोरम अभिव्यंजना कवि ने की है; क्योंकि पार्वती के विवाह योग्य होने पर ही हिमवान् को वर ढूँढने की चिन्ता हुई। बिटिया के सयानी होने पर ही पिता को वर ढूँढने की अत्यधिक आवश्यकता एवं चिंताजन्य विशेष उच्छ्वास उद्‌भूत होता है। इस कारण यहाँ अवस्थौचित्य है।

रघुवंश महाकाव्य के द्वितीय सर्ग के प्रकृत श्लोक[69] में सिंह द्वारा राजा दिलीप के लिए 'नव वय: कान्तमिदं वपुश्च' से उनकी युवावस्था का संकेत प्राप्त होता है। इससे यहां अवस्थौचित्य सुतरां द्रष्टव्य है।

रघुवंश तृतीय सर्ग के प्रकृत श्लोक[70] के 'प्रथमोदितं वचो: तदीयामवलम्ब्य चांगुलिम्" पितुर्मुदं तेन ततां न सोऽर्भक: से रघु की शैशवावस्था की मनोरम व्यंजना सहृदयहृदय आह्लादक है। इस कारण यहाँ अवस्थौचित्य है।

इसी सर्ग के प्रकृत श्लोक[71] में अथ स विषयव्यावृत्तात्मा "नृपतिककुदं यूने दत्वा 'गलितवयसाम्' प्रभृति पदों से महाराज दिलीप के वार्द्धक्य की हृद्य अभिव्यंजना होती है। इस कारण यहाँ अवस्थौचित्य है।

रघुवंश पंचम सर्ग के प्रकृत श्लोक[72] में 'यौवनोद्‌भेद् विशेषकान्तम्' से महाराज अज की युवावस्था से मंडित होना भी अभिव्यंजित होता है। इस प्रकार यहाँ अवस्थौचित्य का भी दर्शन होता है।

रघुवंश अष्टादश सर्ग के प्रकृत श्लोकों रघो: कुलं कुड्मलपुष्करेण तोयेन चाप्रौढनरेन्द्रमासीत'[73] कलभप्रमाणोऽप्याशा:'[74] 'षड्वर्षदेशीयमपि प्रभुत्वात्'[75] इन पद्याशों से सोमसुत की बाल्यावस्था की मनोरम अभिव्यंजना होती है। इस कारण यहाँ अवस्थौचित्य अवलोकनीय है।

इसी सर्ग के प्रकृत श्लोक में धर्मोत्तरस्तत्प्रभवे प्रभुत्वम् 'जरसोपदिष्टदेह बन्धाय'[76] से वृद्धावस्था की मनोरम अभिव्यंजना होती है।

रघुवंश अष्टादश सर्ग के प्रकृत श्लोक 'विलसितपदमाद्यं यौवनं' स प्रपेदे[77] में युवावस्था का मार्मिक वर्णन है। राजा ध्रुवसन्धि के पुत्र राजकुमार सुदर्शन के वर्णन सहृदयहृदयावर्जक में होने के कारण यहाँ अवस्थौचित्य है।

अभिज्ञानशाकुन्तल के प्रथम अंक में अनुसूया को सम्बोधित करके कहे गए वचन 'हला अनसूये! अतिपिनद्धेन वल्कलेन प्रियंवदया दृढं नियन्त्रिताऽस्मि। शिथिलय तावदेतत्[78] और प्रियंवदा के सहासम् कथन, 'अत्र पयोधरविस्तारयितृ आत्मनो यौवनमुपालभस्व[79] में शकुन्तला की चढ़ रही युवावस्था का अपूर्व चित्रण है।

शकुन्तला-प्रियंवदा के संवाद से प्राप्त यह संकेत सहृदयहृदयावर्जक होने के कारण 'अवस्थौचित्य' का दर्शन मनोहारी है।

विचार पु० विशेषणचरणंपदार्थादिनिर्णयं ज्ञानमिति। (वि+चर्+घञ्)। तत्त्वनिर्णय: इति व्यवहार तत्त्वम्। तत्पर्याय: तर्क:, निर्णय:, गुंजा, चर्चा इति त्रिकाण्ड शेष:, संख्या, चर्चा विचारणा इति अमरकोश:। चर्चनम्, संख्यानम् इति तट्टीका। विचारणम्, वितर्क: व्यूह:, ऊह, वितर्कनम् इति शब्दरत्नावली।

–शब्दकल्पद्रुम, चतुर्थभाग, पृ० 378

विचार (वि+चर्+घञ) विचार शब्द वि उपसर्ग चर् धातु और घञ् प्रत्यय के संयोग से निष्पन्न है। इसके अर्थ निम्न हैं–

1. विमर्श, विनिमय, चिन्तन, सोच
2. परीक्षा, विचार विमर्श, गवेषणा, तत्त्वार्थ विचार।
3. निर्णय, विवेचन, विवेक, तर्कना
4. निश्चय, निर्धारण

विचारौचित्य:- आचार्य क्षेमेन्द्र के अनुसार प्रकृत या प्रस्तुत अर्थ के स्वभाव के अनुरूप स्फुट प्रतिपादन करने वाले आमूल फल पर्यवसायी परिपोषक, सहृदय हृदयावर्जक कवि द्वारा संग्रथित विदग्ध विचार में 'विचारौचित्य' का दर्शन होता है।

महाकवि कालिदास के काव्यों में विचारौत्कृष्ट्य का दर्शन कर सहृदय-हृदय मुग्ध हो उठता है। उनके विचारों में भारतीय संस्कृति की महनीय, दिव्य और भव्य अन्तरात्मा प्रतिबिम्बित हुई है। यही वह कुछ है, जिसने महाकवि को 'कवि कुलगुरु' और 'विश्वकवि' की गरिमा से गौरवान्वित किया है। उनके विचार तर्काधृत और लोकानुभव से सुतरां परिपुष्ट हैं।

मेघदूत पूर्वार्द्ध के प्रकृत श्लोक[80] में 'याञ्चा मोघा वरमधिगुणे नाधमे लब्धकामा' महाकवि ने यक्ष-मुख से उक्त वचन कहलवाकर याच्य-याचक विचार का इतना मर्मस्पर्शी उपन्यास किया है कि सहृदय-हृदय पुलकित हो जाता है और कवि को कृतज्ञता-ज्ञापित करने को उसके हाथ स्वयं उठ जाते हैं। महाकवि ने यहाँ याच्य का प्रतिमान, आदर्श तथा याचना की सफलता किस प्रकार होती है, इसका बड़ा ही भव्य दृष्यांत प्रस्तुत किया है। इस प्रकार यहाँ विचारौचित्य सुतरां स्पष्ट है।

मेघदूत पूर्वार्द्ध के प्रकृत[81] पद्य में 'रिक्त: सर्वो भवति हि लघु: पूर्णता गौरवाय' से 'तिक्तै वनगजमदैर्वासितं वान्त वृष्टि:' 'जम्बुकुच्छप्रतिहतरयं तोयम्' इन विचारों

की पुष्टि कवि ने रिक्त .... गौरवाय से किया है। यहाँ पर भी मूल से लेकर फलपर्यवसायी विचार सहृदय हृदयहारी होने के कारण विचार औचिती से संपृक्त है।

कुमारसंभव महाकाव्य के प्रथम सर्ग के प्रकृत श्लोक[82] 'एको हि दोषो-गुणसन्निपाते निमज्जतीन्दोः किरणेष्विवाङ्कः' महाकवि द्वारा व्यक्त विचार के सहृदय हृदयावर्जक होने के कारण विचारौचित्य दर्शनीय है।

इसी सर्ग के प्रकृत श्लोक[83] में ऋतेकृशानोर्न हि मन्त्रपूतर्महन्ति तेजांस्यपराणि हव्यम् में भी कवि ने कृशानु को पवित्रता के सर्वोत्कृष्ट निकष के रूप में जो हृद्य विचार उपस्थित किया है, उसमें विचारौचित्य स्फुटतया परिलक्षित होता है।

रघुवंश महाकाव्य के प्रथम सर्ग के 'पुरा शुक्रमुपस्थाय तवोर्वीं प्रति यास्यतः, आसीत् कल्पतरुच्छायामाश्रिता सुरभिः पथि'[84] 'धर्मलोपभयात् राज्ञीमृतुस्नातामिमां स्मरन् .... त्वं साधु[85] इन विचारों का पर्यवसान कवि ने 'प्रतिबध्नाति हि श्रेयः पूज्यपूजाव्यतिक्रमः'[86] इस उत्तमोत्तम सूक्ति से की है। इस प्रकार कवि-व्यक्त मूल से लेकर फल पर्यवसायी विचार नितराम् औचित्योपेत है।

रघुवंश के आठवें सर्ग के प्रकृत श्लोक[87] में 'ननु तैलनिषेक बिन्दुना सह दीपार्चिरुपैति मेदिनीम्' कवि ने इन्दुमती के अज के शरीर पर मृत्यु के समय गिरने के विचार को सहृदयद्रावक बना दिया है। इस कारण यहाँ विचारौचित्य है।

इसी प्रकार इसी सर्ग के प्रकृत श्लोक[88] में 'अभितप्तमयोऽपि मार्दवं भजते कैव कथा शरीरिषु', इस कथन से इन्दुमती के मृत्यु से अधीर अज के हृदय के मर्मान्तक विचार को कवि ने इतने सुन्दर ढंग से उपन्यस्त किया है कि यहाँ विचारौचित्य सुतरां दृष्टिगत होता है।

रघुवंश के द्वादश सर्ग के प्रकृत[89] श्लोक में 'काले खलु समारब्धाः फलं बध्नन्ति नीतयः' कवि के विचार सहृदय श्लाघ्य होने से यहाँ विचारौचित्य है।

रघुवंश पंचम सर्ग के प्रकृत[90] श्लोक में 'गुरुप्रदेयाधिक निःस्पृहोऽर्थी नृपोऽर्थि कामादधिकप्रदश्च' महाकवि कालिदास ने दाता और ग्रहीता सम्बन्धी उच्च, औदात्यपूर्ण विचारों का श्लाघ्य उपन्यास किया है। विचार के मनोरम होने के कारण यहाँ विचारौचित्य है।

मालविकाग्निमित्र प्रथम अंक के प्रकृत श्लोक[91] में कालिदास के काव्य-परीक्षण विवेक सम्बन्ध में व्यक्त विचार 'पुराणमित्येव नः साधु सर्वम्.......सन्त परीक्ष्यान्यतरद् भजन्ते, मूढः परप्रत्ययनेयबुद्धिः' सहृदय-समीक्षक को सुतरां आकृष्ट करते हैं। सहृदयाकर्षक विचार होने के कारण यहाँ विचारौचित्य का मनोरम दर्शन होता है।

आशीर्वचनः– आशिष् स्त्री (आ+शास्+क्विप् इत्वम्) आशिष् पद आ उपसर्ग शास् धातु क्विप् प्रत्यय के साथ इत्वम् इत्यादि संयोग से निष्पन्न है। आशिष् का पर्याय है आशीर्वचन, आशीर्वाद या मंगलकामना इत्यादि। आशीर्वचन की परिभाषा इस प्रकार है–

वात्सल्याद्यत्र मान्येन कनिष्ठस्याभिधीयते।
इष्टावधारकं वाक्यमाशीः सा परिकीर्तिता।।

–वी०एस०आप्टे कोश, पृ० 164

आशीरिष्ट जनाशंसा (सा०द० षष्ठ परिच्छेद, पृ० 209)अर्थात् प्रिय जनों के आशीर्वाद को आशीः, आशिष् कहते हैं। श्रेष्ठ या वरिष्ठ जनों द्वारा अपने कनिष्ठ प्रियजनों को वात्सल्य भाव से उसके मनोरम की सिद्धि के लिए जो शुभकामना या मंगलकामना की जाती है उसे आशीर्वचन कहते हैं।

आशीर्वचनौचित्यः–सम्पूर्ण अर्थ को प्रकाशित करने वाले, सहृदय हृदयाह्लादकारी अभ्युदय की मंगलकामना करने वाले, विच्छिति विधायक, काव्य में निबद्ध, आशीर्वचन में आशीर्वचनौचित्य का दर्शन नितरां होता है।

महाकवि कालिदास के काव्यों में कहीं–कहीं पात्रों के माध्यम से और कहीं स्वयं कवि द्वारा मार्मिक शुभाशंसनों का विदग्ध उपन्यास किया गया है।

ऋतुसंहार चतुर्थ सर्ग के प्रकृत[92] श्लोक में उपन्यस्त आशीर्वचन 'प्रदर्शितुं हिमयुक्तो वः सुख काल एषः' योषितों के चित्तहारी होने के कारण सहृदय को विमोहित करता है। इस कारण यहाँ आशीर्वचनौचित्य है।

ऋतुसंहार के पष्ठ सर्ग के 'कल्पान्तं मदनप्रियो दिशतु वः पुष्पागमो मंगलम्'[93] भवतु तव वसन्त–श्रेष्ठ कालः सुखाय[94] सोऽयं वो वितरीतरीतु वितनुर्भद्रं वसन्तान्वित।[95] इन शुभाशंसापरक वचनों से आशीर्वचनौचित्य सुतरां अवलोकनीय है।

मेघदूत उत्तरार्द्ध के प्रकृत पद्य[96] में 'मा भूदेवं क्षणमपि च ते विद्युता विप्रयोगः' में यक्ष द्वारा मेघ को हमेशा त्रिया–संयोग का शुभाशीष आशीर्वचनौचित्य–आधायक है।

कुमारसंभव महाकाव्य के तृतीय सर्ग के प्रकृत पद्य[97] में 'अनन्यभाजं पतिमाप्नुहीति' शिव द्वारा पार्वती को प्रदत्त आशीर्वाद सर्वथा भव्यता को सूचित करते हुए औचित्य की सृष्टि कर रहा है। इस प्रकार यहाँ आशीर्वचनौचित्य सुस्पष्ट है।

विक्रमोर्वशीय त्रोटक के पाचवें अंक में नारद, राजा और उर्वशी के आशीर्वादों, क्रमशः स्वस्ति भवते, कुलधुरंधरो भव, पितृराधको भव,[98] में आशीर्वचन का औचित्य सुतरां परिलक्षित होता है।

इसी त्रोटक में प्रथम वैतालिक द्वारा प्रकृत श्लोक[99] में अभिव्यक्त अभिशंसा में आशीर्वचनौचित्य का मार्मिक उपन्यास हुआ है।

अभिज्ञान शाकुन्तल के चतुर्थ अंक में भगवतीत्रय द्वारा क्रमशः – जाते भर्त्तुः बहुमान सूचकं देवी शब्दं लभस्व।[100] वत्से वीरप्रसविनी भव। वत्से भर्तुः बहुमता –भव[101] प्रदत्त शुभाशीषों में आशीर्वचनौचित्य का मनोरम उपन्यास किया गया है।

अभिज्ञान शाकुन्तल के चतुर्थ अंक के प्रकृत श्लोक[102] में कश्यप द्वारा शकुन्तला को प्रदत्त आशीर्वाद सहृदयहृदय मनोहारी होने के कारण आशीर्वचनौचित्य का आधान करता है।

इसी अंक के प्रकृत श्लोक 'भूयात् कुशेशयरजोमृदुरेणुरस्याः शान्तानुकूल पवनश्च शिवश्च पन्थाः'[103] में भी आशीर्वचनौचित्य सुतरां दृष्टिगत होता है।

अभिज्ञान शाकुन्तल के सप्तम अंक में दुष्यंत को मारीच और अदिति प्रदत्त आशीर्वचनो' – वत्स। चिंरजीव, पृथिवीं परिपालय। वत्स! अप्रतिरथो भव। तथा शकुन्तला को जाते भर्तुरभिमता भव।[104] अवश्यं दीर्घायुर्वत्सकः उभयकुलनन्दनो भवतु इत्यादि दिए गए आशीर्वचनों में आशीर्वचनौचित्य का अवलोकन सुतरां होता है।

अभिज्ञान शाकुन्तल के सप्तम अंक के प्रकृत श्लोक[105] में शकुन्तला को मारीच द्वारा दिया गया आशीर्वचन भी सहृदय–हृदय आवर्जक है। यहाँ सम्पूर्णार्थ समर्पक आशीर्वचनौचित्य का मनोरम उपन्यास हुआ है।

इस प्रकार प्रकृत उन्मेष में महाकवि के काव्यों में निहित तात्त्विक औचित्यों को उन्मीलित करने का प्रयास किया गया।

संदर्भ

1. मेघ० 1/5 पृ० 28
2. मेघ० 2/38, पृ० 41
3. कुमार० 2/11, पृ० 52
4. वही 2/14–15, पृ० 53
5. वही 5/33, पृ० 71
6. कुमार० 5/83, पृ० 75
7. वही 7/44, पृ० 87
8. रघु० 3/29, पृ० 121
9. वही 8/85, पृ० 164
10. रघु० 8/87, पृ० 164

11. वही 8/88, पृ० 164
12. वही 13/58, पृ० 207
13. अभि०शा० 4/22, पृ० 493
14. अभि०शा० 5/2, पृ० 497
15. रघुवंश, पृ० 135
16. कुमार० 5/77, पृ० 75
17. वही 1/15-16, 17 पृ० 48
18. रघु० 1/5-6-7-8, पृ० 103
19. वही 1/28, पृ० 105
20. वही 1/29, पृ० 105
21. रघु. 4.11
22. रघु० 4/15, पृ० 127
23. वही 4/15, पृ० 127
24. प्रियंवदा (जनान्तिकम्)-अनुसूये! को नु खल्वेष चतुरंगभीराकृतिश्चतुरं प्रियमालपन् प्रभावानिव लक्ष्यते? -अभि० शा०, प्रथम अंक, पृ० 439
25. वही 5/7 पृ० 498
26. वही 6/6
27. मेघ० 2/37, पृ० 41
28. वही 2/38, पृ० 41
29. माल० 3/11, पृ० 289
30. माल० 4/15, पृ० 312
31. माल० 3/15, पृ० 295
32. वही 4/10, पृ० 309
33. धारिणी- कथं राजदारिकेयं/चन्दन खलु मया पादुकोपयोगेन दूषितम्।

    -वही, पंचम अंक, पृ० 326
34. वही 4/13, पृ० 312
35. अभि०शा० 3/14
36. कुमार० 1/59, पृ० 51
37. वही 5/1, पृ० 69
38. कुमार० 5/86, पृ० 75
39. वही, 5/12, पृ० 70
40. वही, 5/17
41. वही, 5/18
42. वही, 5/19
43. रघु० 1/18, पृ० 104
44. वही, 2/4, पृ० 112

45. रघु० 4/64, पृ० 131
46. वही 4/36, पृ० 133
47. वही, 6/30, पृ० 114
48. मेघ० 2/50, पृ० 42
49. मेघ० 2/25, पृ० 39
50. अभि०शा० 1/18 पृ० 435
51. वही 4/18 पृ० 491
52. मेघ० 2/3, पृ० 36
53. मेघ० 2/28, पृ० 39
54. कुमार० 1/33, पृ० 49
55. वही 1/39, पृ० 49
56. रघु० 1/23, पृ० 105
57. रघु० 4/82 पृ० 133
58. वही 4/49, पृ० 130
59. वही, 4/11
60. वही, 5/67, पृ० 140
61. अभि०शा० 2/10, पृ० 452
62. कुमार० 1/29, पृ० 49
63. वही 1/31, पृ० 49
64. वही 1/32, पृ० 49
65. वही 1/39, पृ० 49
66. वही 1/34, 35 पृ० 49
67. वही 5/41, पृ० 72
68. वही 7/4, पृ० 84
69. रघु 2/47, पृ० 116
70. वही 3/25, पृ० 121
71. रघु० 3/70, पृ० 125
72. वही 5/38, पृ० 137
73. वही 18/37, पृ० 247
74. वही 18/38, पृ० 247
75. वही 18/39, पृ० 247
76. वही 18/7 पृ० 244
77. वही 18/52
78. अभि०शा० प्रथम अंक, पृ० 434
79. वही, पृ० 435
80. मेघ०, 1/6, पृ० 27

81. मेघ० 1/20, पृ० 27
82. कुमार० 1/3, पृ० 47
83. वही 1/51, पृ० 50
84. रघु० 1/75, पृ० 109
85. वही 1/76, पृ० 109
86. वही 1/79 पृ० 109
87. वही 8/38, पृ० 160
88. रघु० 8/43, पृ० 160
89. वही 12/69, पृ० 198
90. वही 5/31, पृ० 136,
91. माल० 1/2, पृ० 259
92. ऋतु 4/19, पृ० 14
93. वही 6/36, पृ० 22
94. वही, 6/37, पृ० 22
95. वही 6/38, पृ० 23
96. मेघ० 2/53, पृ० 53
97. कुमार० 3/63, पृ० 63
98. विक्रम, अंक 5, पृ० 422
99. विक्रम, अंक 5, पृ० 422
100. अभि०शा०, चतुर्थ अंक, पृ० 484
101. अभि०शा०, चतुर्थ अंक, पृ० 484
102. वही 4/7, पृ० 486
103. वही 4/11, पृ० 487
104. वही, अंक 7, पृ० 556
    आखंडल समो भर्ता जयन्तप्रतिमः सुतः।
    आशीरन्या न ते योग्या पौलोमी सदृशो भव।।
105. अभि०शा० 7/28, पृ० 556

• • •

अष्टम उन्मेष

औचित्य विचार चर्चा में अनभिधेय औचित्य का विमर्श

आचार्य क्षेमेन्द्र ने अपने ग्रंथ औचित्यविचारचर्चा में अन्येषु काव्यांगेष्वनयैव दिशा स्वयमौचित्यमुत्प्रेक्षणीयम्'[1] कह कर जिज्ञासुओं द्वारा तदितर औचित्यों की संकल्पना और विवेचना का पर्याप्त अवसर प्रदान किया है। क्षेमेन्द्रोक्त संकेत का ग्रहण करके डॉ० चन्द्रहंस पाठक ने 'नवीन औचित्य प्रकार' शीर्षक से अपने ग्रंथ में 34 और औचित्यप्रभेदों की कल्पना की है। उनका नामोल्लेख मात्र ही किया जाता है। यथा–

1. साहित्यौचित्य	2. कान्तासम्मितौचित्य	3. लोकौचित्य
4. शास्त्रौचित्य	5. काव्यौचित्य	6. सङ्घटनौचित्य
7. वृत्यौचित्य	8. नामकरणौचित्य	9. उद्भावनौचित्य
10. प्रसंगोद्भेदौचित्य	11. प्रसंगौचित्य	12. अवसरौचित्य
13. प्रकरणौचित्य	14. सन्दर्भौचित्य	15. कथावृत्तौचित्य।
16. मिथ्यौचित्य	17. अवाच्यौचित्य	18. अवचनौचित्य।
19. इतिहासौचित्य	20. इतिहासविरुद्धौचित्य	21. संवादौचित्य
22. सामान्यौचित्य	23. गूढौचित्य	24. सम्बोधनौचित्य
25. वार्ताक्रमौचित्य	26. वर्णनौचित्य	27. भेदौचित्य
28. अभेदौचित्य	29. प्रकरणद्वयौचित्य	30. पूर्वाभासौचित्य
31. शकुनौचित्य	32. उपगूहनौचित्य	33. भावावेशौचित्य
34. प्रयोगौचित्य।[2]		

डॉ० पाठक के इन नवीन-प्रभेदों में कतिपय भेद क्षेमेन्द्रोक्त औचित्य भेदों के पूरक लगते हैं, किन्तु कुछ तो एक दूसरे में गड्डमड्ड से हो गए हैं। यथा– साहित्यौचित्य, कान्तासम्मितौचित्य और काव्यौचित्य में किस प्रकार भेद किया जा सकता है?

'कान्ता सम्मित-उपदेश' प्रदान करना ही तो साहित्य का लक्ष्य है, नहीं तो प्रभुसम्मित उपदेशों को देने के लिए शास्त्र ग्रंथों की कमी है क्या? इस प्रकार डॉ० पाठक ने औचित्य प्रभेदों की कल्पना मे अनौचित्य-सा ला दिया है। परन्तु इस एकाध दोष के अतिरिक्त वृत्तौचित्य, लोकौचित्य, प्रसंगौचित्य अवसरौचित्य, संवादौचित्य, पूर्वाभासौचित्य, शकुनौचित्य, भावावेशौचित्य दृश्य और श्रव्य दोनों के ही विश्लेषण में सहायक प्रतीत होते हैं। इस विषय में डॉ० पाठक का प्रयास प्रशंसनीय है।

प्रकृत उन्मेष में वृत्तौचित्य, पदपुनरुक्त्यौचित्य, वेषौचित्य, प्रसंगौचित्य, संवादौचित्य और प्रत्ययौचित्य की दृष्टि से कालिदास काव्य का अनुशीलन किया गया है।

औचित्यविचारचर्चा में अनुक्त उक्त भेदों का महाकवि कालिदास के काव्यों में उनकी सहृदयश्लाघ्यता और मर्मस्पर्शिता के इन मुग्धकारी गुणों के कारण इन्हें विवेचन-विश्लेषण का आधार बनाया गया है।

वृत्त या छन्द

नादात्मक भाव के अन्तर्गत छन्दशास्त्र का विधान भी हुआ है। किसी विशिष्ट भाव की अभिव्यक्ति विशिष्ट शब्दों के द्वारा होती हुई भी एक विशेष 'लय' का आग्रह करती है। इस लय की व्यवस्था छन्दों के निर्माण में सहायक होता है। दूसरी बात यह है कि लय का सम्बन्ध छन्द से है, जो हमारी रागात्मक वृत्ति को आकृष्ट करती है। इसके द्वारा हमारा अनुरंजन भी होता है, और लय के माध्यम से शब्द हमारे स्मृति-पटल पर अंकित हो जाते हैं। इस भाँति छन्द-विधान से चार उद्देश्यों की पूर्ति हो जाती है-

1. विशेष मनोभावों की अभिव्यक्ति में उसके अनुरूप नाद की व्यवस्था
2. हमारी रागात्मक वृत्तियों का मनोरंजन
3. साहित्य और संगीत का परस्पर सम्बन्ध
4. स्मृति में काव्य की सुरक्षा।

प्रथम उद्देश्य तो भावों के प्रकाशन में उपयुक्त माध्यम का है। यह स्पष्ट है कि हमारे हँसने की ध्वनि से रोने की ध्वनि भिन्न है। इसी तरह वीरत्व की वाणी कातरता के चीत्कार से भिन्न है तो साहित्य में उसके प्रकाशन की शैलियाँ भी भिन्न-भिन्न होनी चाहिए। ऐसी स्थिति में मनोभावों को अधिकाधिक सफलता के साथ व्यक्त करने की दृष्टि से छन्दों की योजना अत्यन्त आवश्यक समझी जानी चाहिए।

साहित्यशास्त्र, पृष्ठ 129

वृत्तौचित्य

निश्चित रूप से वृत्तों या छंदों का उत्तम ढंग से उचित स्थल पर प्रयोग और विनियोग कवि के अभिलषित अर्थ को सहृदयों तक कुशलता से सम्प्रेषित करने में सर्वथा सफल होता है।

लौकिक संस्कृत में ही नहीं अपितु वैदिक वाङ्मय में सम्भवतः यह आकस्मिक घटना नहीं है कि वैदिक सूक्तों के वैवाहिक मंगलपरक मंत्र 'अनुष्टुभ' छन्द में और मरण-दाह-क्रिया परक मंत्र 'त्रिष्टुभ' छन्द में प्रयुक्त हैं, अपितु प्रतीत तो यह होता है कि अनुष्टुभ छन्द से ऋषियों ने हर्ष, सुख, आनन्द प्रभृति भावों की अभिव्यक्ति की है। और त्रिष्टुभ छन्द से शोक, विषाद तथा ग्लानि प्रभृति की।

Metres of Kalidasa, p. 26

वीरत्व की वाणी में चार यगण भुजंग प्रयात छन्द जितना उपयुक्त है, उतना चार सगण 'त्रोटक' छन्द नहीं, क्योंकि 'यगण' में लघु, गुरु, गुरु का क्रम है और सगण में लघु , लघु, गुरु का। दर्पपूर्ण वाणी दीर्घ या गुरु वर्णों के क्रम में अधिक प्रभाव पूर्ण होगी। लघु वर्णो की आवृति तो 'दर्प' की अपेक्षा 'विनय' में ही अधिक शोभनीय है। ऐसी स्थिति में वीर भावना के लिए शब्दों के नाद की प्रभावोत्पादकता की दृष्टि से 'भुजंगप्रयात' का वर्णक्रम वीर रस के अधिक उपयुक्त होगा। यह स्पष्ट देखा जा सकता है कि वर्णो के लघु-गुरु क्रम में हमारी भावनाओं का इतिहास छिपा हुआ है। महाकवि कालिदास ने अवसादपूर्ण 'मेघदूत' के लिए मन्दाक्रान्ता छन्द चुना, 'शार्दूल विक्रीडित' या 'वसन्ततिलका' नहीं। –साहित्यशास्त्र पृ० 130

प्रतिपाद्य विषय और छन्द के बीच सम्बन्ध स्थापन के विषय में आचार्य कवि क्षेमेन्द्र ने मार्मिक विवेचन किया है। उन्होंने–अपने छन्दशास्त्रीय ग्रन्थ 'सुवृत्ततिलक' के तृतीय विन्यास में 'वृत्त विनियोग' शीर्षक से वृत्तों या छन्दों के विनियोग की तल-स्पर्शी चर्चा की है।

प्रबन्धः सुतरां भाति यथास्थानं निवेशितैः।
निर्दोषगुणसंयुक्तौ सुवृत्तैर्मौक्तिकैरिव।।
काव्ये रसानुसारेण वर्णनानुगुणेन च।
तथाव्यवस्था सदृशैः साधुशब्द पदास्थिताः।
सुवृत्तैरेव शोभन्ते प्रबन्धा सज्जना इव।।
वृत्तरत्नावली कामादस्थाने विनिवेशिता।
कथयत्यज्ञतामेव मेखलेव गले कृता।।

–सुवृत्ततिलक 3/1,8,12,13 पृष्ठ 109–10

सुवर्णाहप्रबन्धेषु यथास्थानविनिवेशिनाम्।
रत्नानामिववृत्तानांभवत्यभिधिकारुचिः ।।
इत्यौचित्यप्रचुररचना विश्रुतश्रव्यवृत्तव्यक्तिः
शक्तिप्रसृतवचसां दर्शितासंग्रहेण
तस्माद् यथायं विनियोगमार्गः प्रदर्शितो वृत्तविनिवेशनेषु।
तथैव कार्यः कविभिः कृतज्ञैरवश्यवाचां नियमस्तु नायम्।।

–वही 3/37–40, पृ० 115,116

डॉ० मूधसदन मिश्र ने प्रतिपाद्य विषय और छन्द के बीच क्षेमेन्द्र द्वारा सम्बन्ध की स्थापना के विषय में उल्लेख अपने ग्रन्थ 'Metres of Kalidasa' में किया है।

आचार्य आनन्दवर्धन ने रसविघातक वृत्त को वर्ज्य बताया है। सामान्यतः आचार्य आनन्दवर्धन और विशेषतः क्षेमेन्द्र की वृत्त सम्बन्धी मान्यताओं का व्यावहारिक प्रयोग महाकवि कालिदास की कविताओं में उत्तमोत्तम रूप में दृष्टिगत होता है। यही नहीं, कहना तो यह उचित प्रतीत होता है कि कालिदास के काव्यों में प्रयुक्त वृत्तों के मर्मप्रवेश के उपरान्त ही क्षेमेन्द्र ने 'सुवृत्ततिलक' का प्रणयन किया होगा। क्षेमेन्द्र द्वारा कालिदास के काव्यों के अध्ययन से काव्य-प्रतिभा के परिष्कृत होने, अक्षय काव्य ऊर्जा से परिप्लुत होने का उल्लेख 'कविकण्ठाभरण' में 'पठेत्समस्तान् किल कालिदासकृतप्रबन्धानितिहासदर्शी' एवम् 'महाकवेः काव्यनव क्रियायै तदेकचित्तः परिचारकः स्यात्। (कविकंठाभरण 1/19, 20 पृष्ठ 65)

अर्थात् काव्य क्रिया प्रारम्भ करने वाले नवीन कवियों को महाकवि कालिदास के समस्त प्रबन्धों को पढ़ना चाहिए; उनके काव्यों का अध्ययन एकाग्रता, एकचित्तता के साथ करना चाहिए। क्षेमेन्द्र की यह उक्ति कालिदास की कृतियों का उनके द्वारा गम्भीर मन्थन करने का पुष्कल प्रमाण प्रस्तुत करती है। महाकवि कालिदास का काव्य उनके 'सुवृत्ततिलक' का उपजीव्य है; यह कहने में अतिशयोक्ति प्रतीत नहीं होती। काव्य में वृत्तों का विनियोग रस के अनुसार और वर्णन के अनुरूप होना चाहिए। (सु. वृ. ति. 3/1 पृष्ठ 109) क्षेमेन्द्र का यह कथन महाकवि कालिदास पर सटीक बैठता है।

'प्रावृड्प्रवासव्यसने मन्दाक्रान्ता विराजते'

(सु. वृ. तिलक. 21, पृ० 113) क्षेमेन्द्र के इस कथन में महाकवि कालिदास कृत 'मेघदूत' के प्रवासी यक्ष की विरह अभिव्यक्ति के लिए 'मन्दाक्रान्ता छन्द' का

प्रयोग सर्वथा उचित एवं यक्ष संदेश को यक्षिणी तक सम्प्रेषित करने में सक्षम हुआ है। मन्दाक्रान्ता छन्द का प्रयोग कविवर कालिदास ने साधिकार किया है। उनकी पकड़ इस छन्द पर सधी हुई है। आचार्य क्षेमेन्द्र ने महाकवि के मन्दाक्रान्ता वृत्त पर सशक्त नियन्त्रण की बड़ी मर्मग्राही उपमा दी है। उनका कहना है कि कालिदास का मन्दाक्रान्ता छन्द पर नियंत्रण उस कुशल घोड़ी-सवार की भाँति है, जो अपनी इच्छानुसार घोड़ी को कुदाता-फँदाता है।

सुवशा कालिदासस्य मन्दाक्रान्ता प्रवल्गति।
सदश्वदमकस्येव काम्बोजतुरगाङ्ना।।

–सृ. वि. ति 34 पृ० 115

डॉ० मधुसदन मिश्र ने भी 'Metres of kalidasa' में इसका उल्लेख किया है।

मेघदूत में विरही यक्ष के वियोग विह्वल हृदय से निःसृत वचनों को पाठकों तक पहुँचाकर उनकी सहानुभूति अर्जित करने और उन्हें द्रवीभूत करने में मन्दाक्रान्ता छन्द ने अपनी भूमिका बखूबी निभाई है।

मन्दाकान्ता की संवेदनशीलता और सम्प्रेषणीयता का रहस्य उसकी सत्रह मात्राओं में दस मात्राओं का गुरुवर्णी होना है। उसके दीर्घ-गुरु वर्ण की सम्प्रेषणक्षमता के आधार पर ही महाकवि ने, यक्ष के रुक-रुककर हिचकियाँ लेते हुए, सुबकते हुए नैराश्य एवं अशान्ति उभयविध आश्चर्य से पूर्ण उन्मादावस्था के प्रमत्त-उन्मत्त भावों की अभिव्यक्ति हेतु चुना है। इस छन्द में नायक अपनी भावनाओं को अभिव्यक्त करने में असमर्थता के कारण शोकोष्ण आँसुओं को बहाता है।

विप्रलम्भ श्रृंगार में 'रति' स्थायी भाव होता है। इसमें वियोग कुछ समय के लिए होता है। पुनर्मिलन की आशा बनी रहती है।[3] इसमें विरही की भावाभिवव्यक्ति प्रपीड़न पूर्ण होती है। उसमें पीड़ा का घनीभूत रूप प्रियतम के दूर होने के कारण बाहर नहीं निकल पाता और 'पुटपाकप्रतीकाश' के समान अनभिव्यक्त परन्तु भीतर ही भीतर परितप्त होता है। इन भावों की सम्प्रेषणीयता मन्दाक्रान्ता छन्द से सुतरां हुई है। वृत्त के प्रयोग में वृत्तौचित्य है।

कुमारसम्भव महाकाव्य के चतुर्थ सर्ग में रति विलाप के प्रसंगों को मार्मिक और सहृदय-द्रावक बनाने में जितना योगदान कवि के पद चयन, लिंग-चयन और अलंकार चयन का है, उससे कहीं अधिक 'वियोगिनी' वृत्त के चयन का है, क्योंकि कविता की लयात्मकता का सहृदय-हृदय-स्पन्दन में महत्वपूर्ण भूमिका होती है। इसके लघु वर्ण करुण-विप्रलम्भ की स्थिति में नायक या नायिका के करुण-क्रन्दन,

जी खोलकर रोने में सहायता करते हैं। करुण-विप्रलम्भ[4] जो इष्ट नाश और अनिष्ट प्राप्ति जन्य शोक के स्थायी भाव होने पर ही होता है, में नायक पुक्काफाड़ रुदन (Weeping bitterly) करता है।

कुमारसम्भव के चतुर्थ सर्ग का प्रकृत श्लोक[5] वियोगिनी छन्द का मर्माख्यान सा कर कहा है, क्योंकि यहाँ रति के छाती पीट-पीट कर रोने की अभिव्यक्ति है। यही नहीं महाकवि ने 'स्वजनों के आगे दुःख विवृत्त द्वार सा हो जाता है' ऐसा कहकर उसकी परिपुष्टि भी की है। यह अनुभवगम्य है कि आत्मीय जनों को देखकर दुःख से उद्विग्न व्यक्ति अपने शोक को रोक नहीं पाता और दहाड़ मारकर रोने लगता है।

इसी प्रकार रघुवंश के आठवें सर्ग के प्रकृत श्लोक[6] अज के 'ग्रावापि रोदिति' तद्वत् अज के विलाप को मार्मिक बनाने में 'वियोगिनी' वृत्त का कमाल देखते ही बनता है। यहाँ धीरव्रती अज धीरता को छोड़कर वाष्पावरुद्ध नहीं अपितु वाष्पगद्गद होकर करुणक्रन्दन पूर्वक विलाप किए। इस विलाप की मार्मिकता का अनुभव सहृदयहृदय को वियोगिनी वृत्त द्वारा अपने लय से स्पन्दित करने में सुतरां होता है। इस कारण यहाँ भी वृत्तौचित्य है।

आचार्य क्षेमेन्द्र ने 'वसन्ततिलका' छन्द के विषय में कहा है-

वसन्त तिलकस्याग्रे साकारेप्रथमाक्षरे।
ओजसा जायते कान्तिः सविकासविलासिनी।।
आकारोऽपि कृते पूर्वे बन्धेऽल्पपदपेशले।
वसन्ततिलकं धत्ते निर्गन्धिरमणीयताम्।।

-सू. वृ. ति. श्लोक 19, 20 पृष्ठ 99

अर्थात् वसंततिलका छन्द कान्तिमान, रामणीयक और विकास पूर्ण होकर कोमल कान्त पद पेशलता से युक्त सम्प्रेषणीयता को तीव्र धार प्रदान कर देता है। रघुवंश के एकादश सर्ग के प्रकृत प्रकृत श्लोक[7] में राजा दशरथ के अपने पुत्र राम पर प्रकटित कोमल भावना को सहृदय सम्प्रेषणीय बनाने में वसन्ततिलका छन्द का योगदान उल्लेखनीय है। इसी कारण यहाँ वृत्तौचित्य है।

आचार्य क्षेमेन्द्र ने 'वंशस्थवृत्त' के सम्बन्ध में कहा है-

असमस्तपदैः पादसन्धिविच्छेदसुन्दरम्।
सर्वपादैर्विसर्गान्तैर्वंशस्थ यात्यनर्घताम्।।
षाड्गुण्यप्रगुणा नीतिर्वंशस्थेन विराजते।

-सुवृततिलक, श्लोक 17-18 पृष्ठ 98,111

अर्थात् वंशस्थ छन्द असमस्त पदों, सभी पादों के अन्त में विसर्ग होने से महार्घता को प्राप्त करता है। वंशस्थ वृत्त राजा और राज्य की नीति, कुल परम्परा, कुल गौरव आदि के वर्णन को सहृदय सम्प्रेषणीय बनाने में सक्षम और सशक्त है।

रघुवंश के द्वितीय सर्ग के प्रकृत श्लोक[8] में राजा दिलीप द्वारा नन्दिनी गाय की एकनिष्ठ, तन्मय गोसेवाव्रत के गम्भीर भाव को सहृदयों को सम्प्रेषित करने में 'वंशस्थ' वृत्त का अनुपम योगदान है।

वंशस्थ वृत्त का प्रयोग जहाँ गम्भीर भावों की अभिव्यक्ति को सुसंप्रेष्य बनाने में हुआ है वहीं कामरहस्यवादी मूल्यवत्ता को अभिव्यक्त करने में भी समर्थ हुआ है। कुमारसम्भव पंचम सर्ग के प्रकृत श्लोक[9] में वंशस्थ वृत्त का विनियोग कवि की सहृदय-विदग्धता का परिचय देता है। इस श्लोक में पिनाकी द्वारा कामदेव को अपने समक्ष भस्मीभूत करने के पश्चात पार्वती द्वारा वास्तविक प्रिय और उसको सौभाग्यवती बनाना ही वास्तविक सौन्दर्य है, इस तथ्य का अनुभव करने और वासनामूलक पार्थिव सौन्दर्य के क्षणभंगुर होने का ज्ञान हो जाने के वर्णन में कामरहस्य का सहृदय सम्प्रेषण करने में वंशस्थ वृत्त का योगदान उल्लेखनीय है।

आचार्य क्षेमेन्द्र ने 'उपजाति' वृत्त का लक्षण इस प्रकार किया है–

गुर्वक्षरेणसंरुद्धं ग्रन्थियुक्तमिवाग्रतः।
करोति प्रथमं स्थूलं किंचित् कर्णकदर्थनाम्।।
श्रृंगारालम्बनोदारनायिकारूपवर्णनम् ।
वसन्तादितदंगं च सच्छायमुपजातिभिः।

–सुवृत्त तिलक श्लोक 8, पृ० 95 श्लोक 17 पृ० 111

आचार्य क्षेमेन्द्र ने उपजाति छन्द के द्वारा महाकवि कालिदास के रूप वर्णन और वसन्त वर्णन के द्वारा सहृदय सम्प्रेषणीयता को सुकर बनाने में श्लाघनीय प्रयास का उल्लेख किया है। इस सम्बन्ध में उनके महाकाव्य कुमारसम्भव के प्रकृत श्लोकों[10] को उद्धृत किया है।

रघुवंश महाकाव्य के षष्ठ सर्ग में महाकवि कालिदास ने विभिन्न देशों के राजाओं के वर्णन में उपजाति वृत्त का अवलम्बन लिया है। इस छन्द से सहृदयहृदय की सम्प्रेषण-तीव्रता द्राक्षा के समान हो जाती है। प्रकृत श्लोक[11] इसका सुन्दर उदाहरण प्रस्तुत करता है।

कवि ने अपने काव्य-प्रतिभा के उत्कर्ष के प्रदर्शन के अवसर पर ही इस वृत्त

का उपयोग किया है। उपजाति छन्द महाकवि कालिदास की प्रतिभा मदमदोन्मत्ता प्रमदा है, जिसके यौवन की अल्हढ़ता से सहृदयहृदय रीझ उठता है।

कविवर कालिदास ने रघुवंश के षोडश सर्ग में कुश और कुमुद्वती के परिणय के प्रसंग में भी इसका उपयोग किया है। प्रकृत श्लोक में इसका हृद्य प्रयोग अवलोकनीय है–

विभूषणप्रत्युपहारहस्तमुपस्थितं वीक्ष्य विशां पतिस्तम्।
सौपर्णमस्त्रं प्रतिसंजहार प्रह्वेष्वनिर्बन्धरुषो हि सन्तः।

–रघु 16/80, पृ०159

यहाँ 'उपजाति छन्द' द्वारा कालिदास सहृदयों को काव्यार्थ संप्रेषण में सक्षम और समर्थ सिद्ध हुए हैं। इस कारण यहाँ इस वृत्त प्रयोग में औचित्य सुतरां परिलक्षित होता है।

इस प्रकार हम देखते हैं कि महाकवि कालिदास ने छन्दों के प्रयोग में भी औचित्य–दृष्टि को सदा ध्यान में रखा है। सम्भवतः छन्द–चयन और प्रयोग की कुशलता के कारण कालिदास काव्य का लालित्य, रामणीयकत्व सहृदयहृदय को सुसम्प्रेष्य बन सका है।

पद–पुनरुक्त्यौचित्य

आचार्य क्षेमेन्द्र ने अपने ग्रंथ 'औचित्यविचारचर्चा में पदों' के औचित्य की विवेचना तो की है, लेकिन पदों की पुनरुक्ति के औचित्य का उल्लेख नहीं किया है। परन्तु महाकवि कालिदास के काव्यानुशीलन से पद–पुनरुक्ति के औचित्य का भी दर्शन होता है। महाकवि ने पदों की आवृत्ति का इतना मार्मिक उपन्यास किया है कि सहृदय–हृदय आनन्दप्लावित हो जाता है। ऐसे पद के उपन्यासों से प्रकृत वाक्यार्थ के सम्यक् परिपोष और उपस्थित वक्तव्य में सुदृढ़ता का अनुभव सहृदयहृदय को सुतरां होता है।

मेघदूत पूर्वार्द्ध के प्रकृत पद्य में 'काले–काले' पद से संयोग–क्षण में कभी–कभी मिलने, अर्थात् संयोग का अवसर विधिवशात् ही प्राप्त होने के भाव की हृद्य अभिव्यंजना उक्त पदों की द्विरुक्ति से ही संभव हो पाई है।[12] 'इसलिए यहाँ औचित्य–सन्निवेश का दर्शन करना अनुचित प्रतीत नहीं होता।

मेघदूत उत्तरार्द्ध के प्रकृत श्लोक[13] में 'मन्दं–मन्दं' पदों की पुनरुक्ति शीतलमंद–सुगन्ध अनुकूल पवन–वेग (मस्त हवा के चलने) के अलसगमनत्व को

'मन्द' पद तो सूचित करता है; लेकिन मन्दं-मन्दं' प्रयोग से अभिव्यंजना की, सहृदयहृदयसंप्रेषणशीलता तीव्र से तीव्रतर हो जाती है। इस कारण पदों की आवृत्ति नितरां हृद्य है।

मेघदूत पूर्वार्द्ध के प्रकृत पद्य[14] में 'खिन्नः खिन्नः' और 'क्षीणः क्षीण पदों की आवृत्ति से यक्ष की दुर्बलता, कृशकायता की विमुग्धता सहृदय-हृदय को सुतरां आकृष्ट करती है।

मेघदूत उत्तरार्द्ध के प्रकृत[15] पद्य में यक्षिणी के यक्ष के वियोग दुःख से अत्यन्त कृश होने और सहृदय-हृदय में यक्षिणी की अति शोचनीय करुणार्द्र स्थिति को मनोहर बनाने में; 'दुःखदुखेन' इस पद में' दुःख' पद की पुनरावृत्ति का महत्वपूर्ण योगदान है।

अभिज्ञानशाकुन्तल तृतीय अंक के प्रकृत श्लोक[16] 'निशि-निशि' में विरहकालीन रात्रि दीर्घयामा त्रियामा' होने अर्थात् वियोग होने पर प्रिय को वही रात्रि कई सौ वर्षों की रात्रि के समुच्चय के रूप में लगती है। वह उसे क्षण के समान व्यतीत होते देखना चाहता है, लेकिन वह तो कई मन्वंतरों को समेटती सी लगती है, रात्रि की विराटता, काटे न कटने की असहायता प्रभृति विशिष्टार्थों की अभिव्यंजना सहृदय को नितरां होती है। यह मार्मिक अभिव्यंजना 'निशि-निशि' इस आवृत्यात्मक पदों से ही संभव हो पाई है; केवल एक 'निशि' पद से वियोगकालीन रात्रि की विकरालता और वियोगी की विवशता का ध्वनन कथमपि संभव न होता।

इसी प्रकार 'स्रस्तं-स्रस्तं'[17] पद से दुष्यन्त के अति कृश हो जाने से कनकवलयों के अपने स्थान से सरकते रहने की निरन्तरता की मार्मिक अभिव्यंजना भी पदों की द्विरुक्ति-पुनरुक्ति से ही संभव हो पाई है। इसलिए यहाँ भी पदपुनरुक्ति का औचित्य दर्शन अनुचित नहीं होगा।

अभिज्ञान शाकुन्तल के षष्ठ अंक के प्रकृत श्लोक[18] के 'दिवसे-दिवसे' से दुष्यंत द्वारा शकुन्तला को शीघ्र आने के आश्वासन को देकर और पुनः न जा पाने-भूल जाने और अब उसकी तीव्र स्मृति हो आने से उसके हार्दिक पश्चाताप, जो दिवस की दीर्घावधिकता के कारण उद्दीप्त हो उठा है। अतिरिक्त इसके शकुन्तला पर कृत अपनी क्रूरता पर भी विषादजन्य क्रोधाधिक्य, की मार्मिक अभिव्यंजना होती है।

अभिज्ञानशाकुन्तल के प्रथम अंक में वैखानस प्रथम द्वारा हाथों को उठाकर 'राजन्! आश्रम मृगोऽयम्, न हन्तव्यः न हन्तव्यः[19] से आश्रम मृगों की अवध्यता की दृढ़ता को समुपस्थित करने में महाकवि का 'न हन्तव्यः न हन्तव्यः' प्रयोग मर्मद्रावक

है। यह द्विरुक्ति प्रयोग सहृदय पाठक को आश्रम–मृगों के हननजन्य उद्वेग से उद्वेलित कर देता है; और वह इस उद्वेग के कारण इन मृगों के वध–जन्य अनर्थ से अत्यन्त विचलित हो उठता है। यही तो महाकवि की प्रतिभा का चमत्कार है, जो पद–पुनरुक्ति से मुखरित हुआ है।

इसी प्रकार अभिज्ञान शाकुन्तल के इसी अंक में द्वितीय वैखानस द्वारा 'न खलु न खलु बाणः सन्निपात्योऽयमस्मिन्' मृदुनि मृगशरीरे तुलराशाविवाग्निः[20] 'प्रयुक्त इस वचन में 'न खलु न खलु' पद–पुनरुक्ति भी सहृदय को बाण चलाने ही वाले दुष्यन्त को रोकने का चाक्षुष–प्रत्यक्ष सा कराती है। ऐसा लगता है राजा बाण, तर्कस से निकाल रहा है और वैखानस उसे ऐसा करने से रोक रहे हैं। 'न खलु न खलु' द्विरुक्ति निश्चय ही वैखानस के वक्तव्य को अति दृढ़ता प्रदान करती है, जिससे आश्रम मृगों की परम अवध्यता और इन परम अवध्य मृगों के वध हो जाने पर अनर्थाधिक्य और इससे राजा दुष्यन्त का अपराधगाम्भीर्य प्रभृति विशिष्यर्थों की सुतरां व्यंजना होती है। इस प्रकार 'न हन्तव्यः न हन्तव्यः और 'न खलु न खलु ' दोनों ही पदों का पुनरुक्त्यौचित्य सुस्पष्ट परिलक्षित होता है।

अभिज्ञान शाकुन्तल चतुर्थ–अंक में शकुन्तला के पतिगृहगमन के अवसर पर प्रियवंदा को संबोधित इस कथन–हला प्रियंवदे! ननु आर्यपुत्रदर्शनोत्सुकाया अपि आश्रमपदं परित्यज्यन्त्या दुःदुःखेन मे चरणो पुरतः प्रवर्तते'[21] के 'दुःखदुःखेन' में दुखः पद की पुनरुक्ति और आवृत्ति से शकुन्तला द्वारा पितृगृह को छोड़ते समय अनुभूत दुःखाधिक्य–जिसके प्रबल वेग से दुष्यन्त के दर्शन के दुर्दमनीय औत्सुक्य के बावजूद भी वह बड़े कष्ट, बड़ी वेदना और पीड़ा के साथ, बहुत ही कठिनाई से अपने पैरों को घर से बाहर निकालने का प्रयास कर रही है। शकुन्तला द्वारा शैशव से यौवन पर्यन्त, शिशुर्लाला से यौवनलीला की अठखेलियाँ करते व्यतीत दिनों के साक्षी पितृगृहआश्रम को छोड़ते समय होने वाले दुःख की, सहृदय को मर्मान्तक अनुभव कराने में उक्त 'दुःखदुःखेन' पौनरुक्त पद सर्वथा समर्थ और सक्षम है। इस प्रकार पद की पुनरुक्ति का औचित्य सुतरां द्रष्टव्य है।

वैषौचित्य

क्षेमेन्द्र ने वैषौचित्य का उल्लेख नहीं किया है, परन्तु महाकवि कालिदास की कृतियों के परिशीलन से इस औचित्य की अभिव्यंजना यत्र–तत्र परिलक्षित होती है।

कुमारसंभव महाकाव्य के पंचम सर्ग के प्रकृत श्लोक[22] में तपस्या करती हुई पार्वती को वल्कल वेषधारिणी के रूप में कवि का चित्रण वेषौचित्य का आधान

करता है। तपस्या के प्रसंग में राजसी वस्त्रों' से सुसज्जित पार्वती का उल्लेख नितान्त अनौचित्यपूर्ण होता।

कुमारसंभव के सप्तम सर्ग के प्रकृत श्लोक[23] के 'गृहीतपत्युद्गमनीयवस्त्रा' से पार्वती के उचित वेष धारण करने का संकेत प्राप्त होता है। 'निर्वृत्तपर्जन्य जलाभिषेका प्रफुल्लकाशा वसुधा' की उपमा से उसके इस वेष में नितान्त प्रसन्न होने की अभिव्यंजना होती है। इस कारण यहाँ वेषौचित्य सुतरां दृष्टिगत होता है।

रघुवंश महाकाव्य के द्वितीय सर्ग के प्रकृत[24] श्लोक के 'लताप्रतानोद्ग्रथितैः केशैः' से दिलीप के भी तपस्योचित वेश-परिधारण का उल्लेख मिलता है।

रघुवंश के पंचम सर्ग के प्रकृत[25] श्लोक के 'कुशलविरचितानुकूलवेषः' से महाराज के स्वयंवरार्ह राजसी वस्त्रों' के धारण करने का संकेत प्राप्त होता है। स्वयंवर के अनुकूल उचित वेष धारण करने के कारण यहाँ भी वेषौचित्य है।

रघुवंश के नवम सर्ग के प्रकृत श्लोक[26] के 'मृगवनोपगमक्षमवेषभृत्' से महाराज दशरथ के शिकार करने के लिए उचित वेष धारण करने का उल्लेख मिलता है। शिकार के लिए उचित वेष धारण से यहाँ भी वेषौचित्य का दर्शन किया जा सकता है।

विक्रमोर्वशीय त्रोटक के तृतीय अंक में चित्रलेखा के इस कथन 'विहित नियम वेषा राजर्षिंमहिषी'[27] तथा राजा के प्रकृत श्लोक[28] के कथन से देवी के सित-अंशुक धारण करने से वेषौचित्य का दर्शन होता है; क्योंकि वैभव-विलास के समय रजस् गुण वाहक राजसी वस्त्रों का धारण करना ही उचित होता है।

अभिज्ञान शाकुन्तल के प्रथम अंक में राजा के इस कथन 'विनीतवेषेण प्रवेष्टव्यानि तपोवनानि नाम'[29] से आश्रम-परिवेश में साधारण वेष-जो रजस् और तमस् गुण विरोधी, तथा सत्वगुण का प्रकाशक हो - का धारण ही उचित कहा है। यहाँ भी वेषौचित्य का अवलोकन किया जा सकता है।

इसी प्रकार इसी में अन्यत्र 'अतिपिनद्धेन वल्कलेन प्रियंवदया दृढं नियन्त्रितास्मि[30]' इस शकुन्तलोक्त कथन तथा प्रकृत श्लोक[31] के 'इयमधिकमनोज्ञा वल्कलेनापि तन्वी' से भी आश्रम-परिवेश में वल्कलवस्त्र धारिणी होने पर भी शकुन्तला अधिक मनोज्ञ थी, इसका उल्लेख मिलता है। यहाँ नैसर्गिक सौन्दर्य को सहृदयहृदयहारी बनाने में शकुन्तला का वल्कलवस्त्र धारण भी नितान्त औचित्यपूर्ण है।

वक्त्रनुकूल भाषा प्रयोगौचित्य

वक्ता के अनुकूल भाषा के प्रयोग में भी महाकवि ने अपनी सूक्ष्म और सावधान

दृष्टि का परिचय दिया है। अभिज्ञानशाकुन्तल के सप्तम अंक में बालक सर्वदमन के 'यिंभ ले शिंहशावक यिंभ। दंताई दे गणइरश। (जृम्भस्व, रे सिंहशावक। जृम्भस्व, दन्तास्त गणयिष्ये), अम्मो बलिअ ख भीदे स्मि (अहो, बलीयः खलु भीतोऽस्मि), कहिं शे, दोहि ण (कुत्र तत्? देहि ननु।), इमिणा' येव याव कीलिश्श' (अनेनैव तावत् क्रीडिष्यामि)[32] मुख से प्राकृत भाषा का प्रयोग तथा तपस्विनियों का प्राकृत भाषा में 'अविपीद। किं णो अपच्चणिव्विसेसाणि सत्ताणि विप्पअरेसि?। हंत, बढ्ढइ दे संरम्भा। ठाणे खु इसिजगेण सव्वदयणो त्ति किदणाभहेओ सि।[33] (अविनीत कि नः अपत्यनिविशपाणि सत्त्वानि विप्रकरोषि? हन्त, वर्धत तव संरम्भः। स्थाने, खलु ऋषि जनेन सर्वदमन इति कृतनाम धेयोऽसि) यह कथन महाकवि के भाषा प्रयोग के औचित्य को सुतरां अभिव्यक्त करता है, क्योंकि जहाँ सर्वदमन-प्रयुक्त प्राकृत भाषा-अपरिष्कृत भाषा (तोतली बोली) उसकी शैशवास्था के कारण सुसंगत है, तो अशिक्षित, ग्राम्या तपस्विनियों द्वारा भी प्राकृत का प्रयोग औचिती-संस्पर्शी है।

विक्रमोर्वशीय त्रोटक के पंचम अंक में भी उर्वशी प्रयुक्त-अंव पादवंदणं करोमि[34] (अम्ब ! पादवन्दनं करोमि) प्राकृत भाषा तथा कुमार आयुष द्वारा 'अम्व ! अभिवादये। तथा प्रकृत श्लोक[35] ' यः सुप्तवान....... तं मे जातकलाप प्रेषय मणिकंठक शिखिनाम् प्रयुक्त भाषा जहाँ उर्वशी के विद्यारंभादि संस्कारों से वंचित होने के कारण प्राकृत भाषा का प्रयोग औचितोगुणयुक्त है; वहीं पर जातकर्मादि संस्कारों से सम्पन्न होने, धनुर्वेद में प्रवीण होने, चतुर्दश विद्याओं को प्राप्त कर लेने के कारण कुमार आयुष द्वारा संस्कृत भाषा का प्रयोग नितान्त औचित्यपूर्ण है।

मालविकाग्निमित्र नाटक के प्रथम अंक में विद्षक प्रयुक्त प्राकृत भाषा फलं वि अइरेण देखिस्ससि।[36] (फलमप्यचिरेण द्रक्ष्यसि, धारिणी प्रयुक्त प्राकृत भाषा-भअवदि। हरदत्तस्स गणदासस्स अ संरम्भ कह पेक्खसि)[37] 'में महाकवि के भाषाप्रयोगौचित्य का परिज्ञान परिलक्षित होता है, क्योंकि दोनों ही अशिक्षा-असंस्कार से युक्त हैं.। किन्तु जहां विद्वानों, पंडितों द्वारा प्रयुक्त वार्तालाप है; यथा हरदत्त, गणदास और परिव्राजिका कौशिकी इन तीनों द्वारा प्रयुक्त भाषा संस्कृत है।

गणदास : कामं खलु सर्वस्यापि कुलविद्या बहुमता[38]

हरदत्त : महत् खलु पुरुषाकारमिदं ज्योतिः।[39]

परिव्राजिका : अलं स्वपक्षावसादशंकया। न परिहीयते प्रतिवादिनो गणदासः।[40]

इन उक्त उद्धरणांशों से सुतरां परिपुष्ट होता है कि महाकवि कालिदास का भाषा प्रयोग अत्यंत हृद्य और औचित्यपूर्ण है।

प्रसंगौचित्य

प्रसंगौचित्य के विषय में अपना अभिमत प्रकट करते हुए आचार्य आनन्दवर्धन ने कहा है कि प्रबन्ध में विभावानुभाव संचारी भावों के औचित्य से युक्त ऐतिहासिक अथवा कल्पित कथानक का निर्माण महाकवि को करना चाहिए। इतिवृत्त का केवल निर्वाह करने वाली कथा का परित्याग करने और रस के अनुकूल कथा का विधान करने में सुकवि को कदाचित् भी आलस्य नहीं करना चाहिए।

आचार्य आनन्दवर्धन का उक्त मंतव्य महाकवि कालिदास के अभिज्ञानशाकुन्तल पर पूर्णतः चरितार्थ होता है। कवि ने उसमें महाभारत में प्रसिद्ध 'शकुन्तलोपाख्यान' के कथानक से भिन्न रस के अनुकूल कथानक में प्रासंगिक वृत्त का उपन्यास कर अपनी औचित्य दृष्टि का परिचय दिया है।

अभिज्ञानशाकुन्तल में विद्वन्मडली में विवादास्पद 'दुर्वासा शाप का प्रसंग उल्लेखनीय है। कवि कल्पित इस प्रासंगिक वृत्त के औचित्य के विषय में कुछ विद्वानों ने शंका उठाई है। द्विजेन्द्रलाल राय ने महाकवि कल्पित इस प्रसंग में दोष-त्रय का उल्लेख किया है।

प्रथम दोष का उल्लेख करते हुए उनका कहना है कि महाकवि ने दुष्यन्त की लम्पटता-दोष को छिपाने के उद्देश्य से ही इस दुर्वासा-शाप के अवान्तर प्रसंग का उपन्यास किया है। कवि यदि ऐसा नहीं करते तो दुष्यन्त पर स्वकीय दारापरित्याग का आरोप सिद्ध हो जाता। किन्तु कालिदास का यह कल्पना कौशल नैपुण्यविहीन है।[41]

दूसरा दोष यह है कि दुर्वासा ने शकुन्तला से जिस सम्मान की अपेक्षा की है उसके लिए किसी कारण का उल्लेख इस नाटक में लक्षित नहीं होता। कथावस्तु से उसका कोई सम्बन्ध भी नहीं जुड़ता।

तीसरा दोष यह है कि यदि यह मान भी लिया जाये कि शकुन्तला आतिथ्य धर्म की अवहेलना करती है, लेकिन दुष्यन्त तो वैसा आचरण नहीं करता। फिर कष्ट का दण्ड तो शकुन्तला को ही मिलना चाहिए था, जबकि दुष्यन्त भी अत्यधिक कष्ट भोगता है। वस्तुतः शापित होती है शकुन्तला, पर शाप के प्रभाव से अभिशप्त और कष्टभोक्ता होता है दुष्यन्त; जबकि शकुन्तला मर्यादाभंग की दोषी थी, न कि दुष्यंत।

डॉ० राय के उक्त दोषोद्भावना से सम्बद्ध पक्षों पर विचार करने पर उसमें कुछ सत्यांशों के होने के बावजूद उन्हें पूर्णतः औचित्य सम्मत नहीं कहा जा सकता। उनको कवि के दुर्वासा-शाप प्रसंगोपन्यास की दोषोद्भावना की सदोषता और महाकवि के प्रासंगिक इतिवृत्तौचित्य को इस प्रकार उपस्थापित किया जा सकता है–

अभिज्ञान शाकुन्तल में दुर्वासा का शाप प्रसंग वस्तुतः शकुन्तला और दुष्यन्त के प्रणय सम्बन्ध को ही परिपुष्ट करता है, क्योंकि विरहावस्था में ही प्रणय का वास्तविक सौन्दर्य प्रस्फुटित होता है। कवि-प्रकल्पित यह प्रसंग केवल दुष्यन्त के दारपरित्याग सम्बन्धी लम्पटता के गोपनार्थ ही नहीं है, अपितु नायक के चरित्र की औदात्य-वृद्धि और लोकानुकरण-प्रवृत्ति वश भी है। नायकों के उदात्त कार्यों और व्यवहारों से प्रेरणा लेकर लोकाचार चलता है। रामायण महाकाव्य को पढ़कर राम की तरह आचरण करना चाहिए रावण की तरह नहीं; ऐसा अकृत्य -निवृत्ति का पावन उपदेश का उद्देश्य परिलक्षित ही होता है। यदि महाभारत में वर्णित शकुन्तलोपाख्यान को ही कवि उपजीव्य बनाकर दुष्यन्त का चरित्र वर्णन करते तो संभव था कि नृप दुष्यन्त का अनुकरण करता हुआ लोक पापाचार, व्यभिचार की ओर उन्मुख होता, जो कथमपि उचित नहीं होता। इस प्रकार दुर्वासा-शाप-प्रसंग में दोष दर्शन ठीक नहीं।

जहाँ तक दूसरे दोष, दुर्वासा द्वारा सम्मान की अपेक्षा के कारणों के अनुल्लेख का प्रश्न है, तो उस सम्बन्ध में यही कहना है कि तपोधन दुर्वासा को शकुन्तला से सम्मान की अपेक्षा स्वाभाविक है। सभी अतिथि आत्म सम्मान रखते हैं। फिर तपोधन अतिथि के आत्मसम्मान का और ऊँचा होना कोई असंगत बात नहीं। अपने द्वार पर आए हुए अतिथि का उचित स्वागत न करके अपने स्वार्थिक कार्यों में व्यस्त रहना कहां का शिष्टाचार है? यही नहीं शकुन्तला अपने पिता कण्व द्वारा अपनी अनुपस्थिति में अतिथि सेवा के लिए विशेष रूप से प्राधिकृत और निर्दिष्ट थी। परन्तु उसने इस विशिष्ट कर्तव्य के समुचित परिपालन में दत्तचित्तता, एकनिष्ठता और लगनशीलता का परिचय नहीं दिया। दुर्वासा की अतिथि सेवा न करके उसने न केवल दुर्वासा जैसे प्रसिद्ध तपस्वी के आत्मसम्मान को ठेस पहुंचाया था; अपितु महर्षि कण्व के आदेश-निर्देश की भी अवहेलना की। यह केवल महर्षि कण्व अथवा दुर्वासा का व्यक्तिगत अपमान नहीं था, अपितु निखिल तपस्वी-समुदाय का था। तपोवन के पवित्र वातावरण में आश्रम-अनुशासन का पालन आश्रमवासियों के लिए एक अनिवार्य कर्तव्य होता है। शकुन्तला द्वारा भी इस अनुशासन का पालन किया जाना चाहिए था। ऐसे समय में आश्रम में अनुशासन भंग होने पर यदि सुलभकोपी महर्षि दुर्वासा इस अपमान का प्रतिकार नहीं करते तो आश्रम में अनुशासनहीनता फैलने का डर रहता। तपस्वियों का स्वभाव हिम से भी शीतल और अग्नि से भी दाहक होता है। अपने अपमान और पराभव के समय वे अपने अंतस्थ दाहात्मक तेज का अवलम्बन लेने में भी नहीं हिचकिचाते।

अत: दुर्वासा द्वारा शकुन्तला से अतिथि-सत्कार की अपेक्षा युक्तियुक्त थी। अधुनातन प्रसंग में भी हम देखते हैं कि क्षुद्र स्वार्थी छुटभैये राजनेताओं द्वारा भी सम्मान की अपेक्षा की जाती है तो फिर तपस्या के हित अपना जीवन सर्वस्व समर्पण करने वाले साधक को, जो 'परोपकाराय' ही लोक-विचरण करता है, तपस्या को ही सर्वोपरि धन मानने वाले के हृदय में, लोक से सम्मान की अपेक्षा क्यों नहीं होगी? अपना सम्मान न होने पर सुलभक्रोधी महर्षि दुर्वासा का शकुन्तला को शाप देना बहुत दोषपूर्ण नहीं कहा जा सकता। वस्तुत: कवि ने कर्त्तव्यप्रमादी व्यक्ति के लिए दण्डविधान को आवश्यक बताने के लिए ही इस प्रसंग का उपन्यास अभिज्ञान शाकुन्तल में किया है।

डॉ० राय के तीसरे दोष, दुर्वासा के शाप से शकुन्तला के ही नहीं दुष्यन्त के भी प्रभावित होने का उल्लेख उचित नहीं कहा जा सकता। दुर्वासा का अपमान केवल और केवल शकुन्तला ने किया ऐसा कहना कथानक का सतही-स्पर्श है, उसमें अन्तस्थल प्रवेश नहीं। यदि इस प्रश्न पर गहराई से विचार करें तो इस प्रश्न पर विचार किए बिना नहीं रहा जा सकता कि शकुन्तला ने दुर्वासा का अपमान क्यों किया? क्या वह उस समय शकुन्तलात्वरूप थी? क्या वह दुष्यन्तमय नहीं हो गई थी? क्या उसे अपने होने और दूसरे के उपस्थित रहने का ध्यान था? इन प्रश्नों का उत्तर खोजने पर यह पता चलता है कि शकुन्तला द्वारा दुर्वासा के अपमान में दुष्यन्त और दुष्यन्त की स्मृति भी प्रेरक तत्व थे। वह उस समय केवल शकुन्तला नहीं थी, अपितु अपने मन-मन्दिर में दुष्यन्त को भी स्थापित किए हुए थी। वह स्थूल शकुन्तलात्व को छोड़कर दुष्यन्तत्व-संपृक्त शकुन्तला हो गई थी, उसी दुष्यन्त के विचिंतन-विशेष चिंतन में निमग्न थी, अनन्यमानसा होने के कारण उसे अपने स्वयं के होने और किसी अन्य के उपस्थित रहने का अल्पातिल्प ध्यान भी नहीं था। इस प्रकार शकुन्तला और दुष्यन्त के युगलत्व की वहाँ उपस्थिति को सहृदय-हृदय सुतरां स्वीकार करता है। अनेनप्रकारेण शकुन्तलाकृत अपराध में दुष्यन्त की सहभागिता नितरां सिद्ध हो जाती है।

यही नहीं आश्रम नियमों का उल्लंघन करके दुष्यंत तपोवन को केलिवन के रूप में परिवर्तित कर देता है। कण्व की अनुपस्थिति में परमपवित्रा, निसर्गकन्या शकुन्तला के हृदय में मदन-विकार उत्पन्न करके उसका कौमार्य नष्ट कर देता है। इसलिए दुर्वासा द्वारा मुख्य अपराधिनी शकुन्तला को शाप का दण्ड देने के साथ-साथ इस अपराध के प्रेरणाभूत सह-अभियुक्त दुष्यन्त को कष्ट भोगने का दंड देना अनुचित

नहीं था; क्योंकि दंड विधान के अनुसार केवल अपराधी को ही नहीं उसके प्रेरक को भी दंड मिलने का प्रावधान है और यह अयुक्तियुक्त भी नहीं है; क्योंकि प्रेरणा के अभाव में अपराध प्रायः नहीं होते हैं।

किं बहुना, वासन मूलक प्रणय प्रायेण दुःखदायी होता है। अतएव दुर्वासा का शाप-प्रसंग एकान्त में युवक-युवती के समागम को अत्यधिक विचारपूर्वक करने की अभिव्यंजना कराने के लिए ही महाकवि ने इस प्रसंग का उपन्यास किया है जो युक्तियुक्त और औचित्यपूर्ण है।

संवादौचित्य

महाकवि के नाटकों में पात्रों के मध्य हुए संवादों से सहृदय-हृदय हठात् आकर्षित हो जाता है। संवादों का सौन्दर्य इतना माधुर्यपूर्ण है कि सहृदय की आस्वाद-लोलुपता उसे आकंठ निमग्न होकर रसास्वादन के लिए बाध्य कर देती है।

मालविकाग्निमित्र प्रथम अंक में देवी धारिणी के संवाद "यदा पुनर्मन्दमेधा शिष्या उपदेश मलिनयन्ति तदा आचार्यस्य न दोषः"[42] विदूषक का संवाद भो! गणदास। संगीत पदं लब्ध्वा सरस्वत्या उपायनमोदकान् खादतः किं ते मुखनिग्रहणे विवादेन'[43] देवी धारिणी पुनः - मूढे! परिव्राजिके मां जाग्रतीमपि सुप्तामिव करोति'[44], यदि राजकार्येषु ईदृशी उपायनिपुणता आर्यपुत्रस्य ततः शोभनं भवेत्।[45] ये संवाद औचित्य गुण मंडित हैं।

मालविकाग्निमित्र के द्वितीय अंक में विद्षक का संवाद प्रथमोपदर्शन प्रथमं ब्राह्मणस्य पूजा कर्त्तव्या। सा ननु वो विस्मृता[46] मया नाम शुष्क घनगर्जितै अन्तरिक्षे जलपानमिच्छता चातकायितम्। अथवा पण्डितसंतोष प्रत्यया ननु मूढ जातिः[47] तभा उपस्थितं नयनमधु सन्निहितमक्षिकं च। तद् अप्रमत्त इदानीं पश्य।[48] गृहीतदक्षिणोऽस्मि। किं तु मेघावली निरुद्धा ज्योत्स्नेव पराधीनदर्शना तत्रभवती मालविका।[49]

मालविकाग्निमित्र के तृतीय अंक में मालविका के संवाद 'अविज्ञात-हृदयं, भर्त्तारमभिलषन्ती आत्मनोऽपितावलज्जे। कुतो विभव : स्निग्धस्य सखीजनस्य इमं वृत्तान्तमारख्यातुम्। न जानेऽप्रतिकारगुरुकां वेदनां कियन्तं काल मां नेष्यतीति।[50] इसी अंक में इरावती के स्थाने खलु शंक्तिम् मे हृदयं। गृहीतार्थानन्तरं चिन्तयिष्यामि।[51] अहो नवनीतकल्पहृदय आर्यपुत्रः। अविश्वसनीया पुरुषाः। आत्मनो वञ्चनावचन प्रमाणीकृत्याक्षिप्तया व्याधजनगीतगृहीतचित्तयेव हरिण्यैतन्न विज्ञातं मया।[52] शठ! अविश्वसनीय हृदयोऽसि।

मालविकाग्निमित्र के चतुर्थ अंक में राजा और धारिणी का संवाद देवि! अपि सह्या वेदना। अद्यास्ति मे विशेष:।[53] राजा का आत्मगत संवाद-रमणीय: खलु नवांगनानां मदनविषयावतार:[54] उल्लेखनीय है।

मालविकाग्निमित्र के पंचम अंक में देवी धारिणी का संवाद- कथम् राजदारिकेयं चन्दनं खलु मया पादुकोपयोगेन दूषितम्।[55] तथा विदूषक का संवाद भवति! एष लोकव्यवहार: सर्वो नववरो लज्जातुरो भवतीति।[56] तथा परिव्राजिका का संवाद-युवयो: स्नेहात् परवानयं जन:'[57] उल्लेखनीय है।

इस प्रकार मालविकाग्निमित्र के ये संवाद इतने मधुर, इतने हृदयद्रावक हैं कि सहृदय का हृदय हर्षवाष्पावरुद्ध हो जाता है।

इसी प्रकार अभिज्ञान शाकुन्तल के प्रथम अंक में राजा कृत सूत-संवाद- सूत! विनीतवेषेण प्रवेष्टव्यानि तपोवनानि नाम।[58] अहो मधुरमासां दर्शनम्[59] अहो। समानवयोरूपरमणीयं भवतीनां सौहार्द्रम[60] अहो चेष्ट्य प्रतिरूपिकाकामिजनमनोवृत्ति:[61] अथवा लब्धावकाशा मे प्रार्थना, न खलु शक्नोमि शकुन्तला व्यापारदात्मानं निवर्तयितुम्[62] इत्यादि संवाद हृद्य हैं जो सहृदय को द्रवीभूत कर देते हैं।

अभिज्ञानशाकुन्तल के तृतीय अंक में शकुन्तला का संवाद-बलवान् खलु मेऽभिनिवेश:। इदानीमपि सहसा एतयोर्न शक्नोमि निवेदयितुम्। 'सखि कस्य वा अन्यस्य कथयिस्यामि? किन्तु आयासयित्रीइदानीं वां भविष्यामि[63] तथा अन्यत्र पौरव! रक्ष विनयम् मदनसंतप्तापि न खल्वात्मन: प्रभवामि[64] चतुर्थ अंक में उचितमपि इदमद्य बहुमन्तव्यम्। दुर्लभमिदानीं मे सखीमण्डनं भविष्यतीति।[65] और भी 'वत्स ! किं सहवासपरित्यागिनीं मामनुसरसि?[66] कथमिदानीं तातस्य अंकात् परिभ्रष्य मलयपर्वतोन्मूलिताचन्दनलतेव देशान्तरे जीवितं धारयिष्यामि'[67] इत्यादि शकुन्तला के संवाद उल्लेखनीय हैं।

इस प्रकार इन उद्धृत संवादों से यह स्पष्ट झलकता है कि जहां तृतीय अंक में कन्दर्प-सर्प-दंश से आहत शकुन्तला की प्रबल कामवेदना की अनुभूति कराने में सर्वथा सक्षम संवादों' का दर्शन होता है, वहीं पर करुणा को भी करुणार्द्र करने वाले चतुर्थ अंक के संवादों का भी दर्शन होता है। नाजो, दुलारों से पली बेटी की विदाई के समय, विशेष रूप से देहाती भारतीय परिवारों में माता-पिता, भाई-बहनों, सखियों के नेत्रों से छलकते आँसू और विवाहित कन्या की करुणान्तक करुण रुदन किसे मर्माहत, शोकविह्वल (इष्ट-वियोग-जन्य) नहीं कर देता? महाकवि कालिदास के श्लोकों से किसी भी तरह इनकी (संवादो की) तलस्पर्शिता कम नहीं है। ये संवाद

सहृदय को सहज रूप से तादात्म्यापन्न करते हैं। शकुन्तला के ये संवाद इतने सजीव-सप्राण प्रतीत होते हैं कि लगता है कि जैसे सहृदय पाठक की अपनी ही बहन या अपनी ही बेटी की विदाई हो रही है। इस प्रकार डंके की चोट से इन संवादों में औचित्य की विद्यमानता और संपृक्तता का उल्लेख किया जा सकता है।

प्रत्ययौचित्य

प्रत्यय भाषा के महत्वपूर्ण एकक है। शब्दों को विभिन्न अर्थों में प्रवृत्त करने और व्याकरणिक रूप प्रदान करने में प्रत्ययों का ही योगदान होता है। केवल प्रातिपादिक और धातु से भाषा नहीं बनती। आधुनिक शब्दावली (शैली- वैज्ञानिक शब्दावली) में प्रत्यय बद्ध रुपिम हैं जिनका स्वतंत्र प्रयोग नहीं होता। इनकी अर्थवत्ता शब्द के संदर्भ में ही सिद्धि प्राप्त करती है। आनन्दवर्धन, कुन्तक और क्षेमेन्द्र ने काव्य भाषा के विषय में इनके महत्व का प्रतिपादन किया है। प्रत्यय दो प्रकार के होते हैं–

1. एक वे जो शब्द से नए शब्द का निर्माण करते हैं– उन्हें व्युत्पादक प्रत्यय कहते हैं – यथा कृत् और तद्धित।
2. दूसरे वे जो लिंग, काल, वचन और पुरुप की सूचना देते हैं। इन्हें व्याकरणिक प्रत्यय कहते हैं। काव्य भाषा में इनके प्रयोग सामान्य भाषा व्यवस्था से हटकर भी होते हैं। विशेष अर्थ भंगिमा को प्रकट करने के लिए किए गए ऐसे प्रयोग विचारणीय हैं। आनन्दवर्धन ने प्रत्यय की इस विशेषता को प्रत्ययव्यंजकता और कुन्तक ने प्रत्ययवक्रता कहा है। क्षेमेन्द्र ने अपने औचित्य प्रभेदों में 'प्रत्ययौचित्य' का नामोल्लेख अभिधया तो नहीं किया है। परन्तु उनके पदौचित्य, कालौचित्य, क्रियौचित्य, लिंगौचित्य और वचनौचित्य में इसका ध्वनन सहृदयसमीक्षक को सुतरां होता है।

क्रिया (धातु) अपने आप में मात्र सामान्य क्रिया है। इससे कालादि की सूचना नहीं मिलती। काल और पुरुष की अभिव्यक्ति हेतु इसमें प्रत्यय का योग करना पड़ता है। आनन्दवर्धनाचार्य ने कालव्यंजक प्रत्यय के व्यंजकत्व का उदाहरण इस प्रकार दिया है–

समविषमनिर्विशेषा समन्ततो मन्दमन्दविवारा।
अचिराद् भविष्यन्ति पन्थानो मनोरथा नामपि दुर्लंघ्या।।[68]

उपर्युक्त उदाहरण में 'अचिरात् भविष्यन्ति पन्थानः' में धातु से भविष्यत् काल

सूचक 'ष्य' प्रत्यय है। यह सूचित करता है कि भविष्य में होने वाली वर्षा की कल्पना भी विरही जनों में कम्पन उत्पन्न करती है, फिर साक्षात् वर्षा का तो कहना ही क्या, यहाँ 'स्य' के स्थान पर सामान्य कथन में वर्तमान काल सूचक 'तिस्' प्रत्यय से भी काम चल सकता था; पर तब विशिष्टार्थ की अभिव्यंजना न हो पाती।

महाकवि कालिदास के काव्यों में भी उचित प्रत्ययों के योग से निष्पन्न शब्दों के प्रयोग से अर्थ में सहृदय-हृदय-रमण-क्षमता का दर्शन काव्यमर्मज्ञों को अविकल रूप से होता है।

अभिज्ञान शाकुन्तल के चतुर्थ अंक के प्रकृत श्लोक में 'यास्यति' भविष्यत्कालिक क्रिया पद, जो कण्व की शकुन्तला गमन की कल्पना मात्र से विचलित होने के मर्म को तलस्पर्शी बनाता है, में 'ष्य' भविष्यत्कालिक प्रत्यय का ही योगदान है। इस प्रकार यहाँ प्रत्ययौचित्य स्वीकार किया जा सकता है।

अभिज्ञान शाकुन्तल के द्वितीय अंक के प्रकृत श्लोक[69] के 'समुपस्थास्यति' क्रिया पद में भविष्य में शकुन्तला की प्राप्ति और अप्राप्ति से सौभाग्यशाली और दुर्भाग्यशाली की कल्पना मात्र से अतिशय रोमांच और चिंता इस विशिष्टार्थ की औचित्यपूर्ण मनोरम अभिव्यंजना 'ष्य' इस भविष्यत् कालिक प्रत्यय का ही योगदान है।

इसी के प्रथम अंक में अन्यत्र[70] 'स्पृशसि' और 'पिबसि' इन क्रिया पदों में, राजा के आँखो के सामने हृद्य स्पर्शसुख और रतिसर्वस्व-अधर-पान सुख का आनन्द ले रहे मधुकर को 'कृती' के रूप में भाग्यशाली और अपने को 'तत्वान्वेषी' के रूप में तुच्छ और हेय समझने की हृद्यता और मनोरमता का जो श्लाघ्य दर्शन होता है, उसके मूल रूप में वर्तमानकालिक 'सिप्' प्रत्ययों का ही तो योगदान है। इसी प्रकार 'आचरति' क्रिया पद में भ्रमर के धार्ष्ट्यातिशयत्व को अभिव्यंजित करने में 'तिप्' प्रत्यय के महत्व से कौन औचित्यविज्ञ असहमत हो सकता है?

अभिज्ञान शाकुन्तल के प्रथम अंक के प्रकृत श्लोक[71] में 'हरिणकानाम्' पद में 'स्वार्थे अल्पार्थे वा कन्' प्रत्यय का प्रयोग भी हृद्य है। यहाँ पर इस प्रत्यय के योग से मृगों की अबोधता, निरपराधता और आश्रमवासियों की उनके प्रति आत्मीयता और बंधुता-एतदर्थ अतिशय अवध्यता प्रभृति विशिष्टार्थों की मार्मिक व्यंजना सुतरां होती है। इस कारण यहाँ प्रत्ययौचित्य का दर्शन अनुचित प्रतीत नहीं होता।

सन्दर्भ

1. औ. वि. च., 39, पृ० 170
2. औचित्य संप्रदाय का हिन्दी काव्य शास्त्र पर प्रभाव, तृतीय अध्याय, पृ० 159
3. विप्रलम्भे रतिः स्थायी पुनः संयोगहेतुकः। सा. द. 3/229
4. अथ करुणः-
   इष्टनाशानिष्टप्राप्तेः करुणाख्यो रसो भवेत् शोको ऽत्र स्थायिभावः स्याच्छोच्यमालम्बनं मतम्।
   शोकस्थायितया भिन्नो विप्रलम्भादयं रसः।
   इति वृत्तिः शोच्यं विनष्ट बन्धु प्रभृति -वही 116-17
5. तमवेक्ष्य रुरोद सा भृशं स्तनसम्बाधमुरो जघान च।
   स्वजनस्य हि दुःखमग्रतो विवृत्तद्वारमिवोपजायते।। -कुमार 4/26 पृ० 67
6. विललाप स वाष्पगद्गदं सहजामपहाय धीरताम्।
   अभितप्तमयोऽपि मार्दवं भजते कैव कथा शरीरिषु।। -रघु 8/43 पृ० 160
7. तस्मिन् गते विजयिनं परिरभ्य रामं स्नेहादमन्यत पिता पुनरेवजातम्।
   तस्याभवत् क्षणशुचः परितोषलाभः, वक्षाग्निलंघिततरोरिव वृष्टिपातः।
8. तस्याः खुरन्यास पवित्रपांसुमपांसुलानां धुरि कीर्त्तनीया।
   मार्गं मनुष्येश्वर धर्मपत्नीं श्रुतेरिवार्थ स्मृतिरन्वगच्छत्। -रघु 2/2 पृ011
9. तथा समक्षं दहता मनोभुवं पिनाकिना भग्नमनोरथा सती।
   निनिन्द रुपं हृदयेन पार्वता प्रियेषु सौभाग्यफला हि चारुता।।-कुमारसंभव 5/1, पृ० 210
10. (a) मध्येन सा वेदिविलग्नमध्या वलित्रयं चारु बभार वाला।
    आरोहणार्थं नवयौवनेन कामस्य सोपानमिव प्रयुक्तम्।
    (b) बालेन्द्रवक्त्राण्यविकासभावाद्वभुः पलाशान्यतिलोहितानि।
    सद्यो वसन्तेन समागतानां नखक्षतानीव वनस्थलीनाम्।। -कुमारसम्भव 1/39, 3/29
11. तस्मिन् विधानातिशये विधातुः कन्यामये नेत्रशतैकलक्ष्ये।
    निपेतुरन्तःकरणैनरेन्द्रा देहैः स्थिताः केवलमासनेषु।। -रघु० 6/11
12. मेघ०, 2/9, पृ० 28
13. वही, 1/12
14. वही 1/13
15. वही, 2/31 , पृ० 40
16. अभि०शा०, 3/10, पृ० 465
17. अभि. शा. 3/10 पृ० 465
18. वही 6/12, पृ० 525
19. वही , प्रथम अंक, पृ० 43।
20. वही, 1/10
21. अभि. शा., चतुर्थ अंक, पृ० 487
22. कुमार. 5/8, पृ० 69
23. वही 7/11, पृ० 85

24. रघु. 2/8, पृ० I 12
25. वही 5/76, पृ० 141
26. वही 9/50,पृ० 170
27. विक्रम., तृतीय अंक, पृ० 378
28. वही 3/12
29. अभि. शा., प्रथम अंक, पृ० 433
30. वही, पृ० 434
31. वही 1/13, पृ० 435
32. अभि० शा०, अंक–7, पृ० 547
33. वही, पृ० 547
34. विक्रम०, अंक–5, पृ० 416
35. वही 5/13, पृ० 417
36. माल०, प्रथम अंक, पृ० 266
37. वही, पृ० 267
38. वही, पृ० 262
39. वही, पृ० 266
40. वही, पृ० 267
41. विभावानुभावसंचार्योचित्यचारुणः।
    विधिः कथा शरीरस्य वृत्तस्यौत्प्रेक्षितस्य वा।।
    इतिवृत्तवशायाता त्यक्त्वाननुगुणां स्थितिम्।
    उत्प्रेक्ष्योऽथन्तराभीष्टरसौचित्य कथोन्नयः।।
    सन्धिसन्ध्यंगघटनं रसाभिव्यक्त्यपेक्षया।
    न तु केवलया शास्त्रस्थितिसम्पादनेच्छया।। –ध्वन्यालोक 3/10–11–12 पृ० 94
42. माल, प्रथम अंक, पृ० 269
43. वही, पृ० 270
44. वही, पृ० 270
45. वही, पृ० 272
46. वही, द्वितीय अंक, पृ० 277
47. वही, पृ० 278
48. माल, द्वितीय अंक, पृ० 274
49. वही, पृ० 280
50. वही, तृतीय अंक, पृ०286
51. वही, पृ० 294
52. वही, पृ० 296–97
53. वही, चतुर्थ अंक, पृ० 303
54. वही, पृ० 312

55. माल, पंचम अंक, पृ० 326
56. वही, पृ० 333
57. वही, पृ० 335
58. अभि०शा०, प्रथम अंक, प० 433
59. वही, पृ० 438
60. वही, पृ० 442
61. वही, पृ० 443
62. वही, पृ० 445
63. वही. तृतीय अंक, पृ० 462–63
64. वही, पृ० 471
65. वही, चतुर्थ अंक, पृ० 484
66. वही, पृ. 489
67. वही, पृ० 491
68. ध्वन्यालोक, तृतीय उद्योत, पृ०162
69. अभि० शा० 2/11, प्र० 453
70. वही 1/21, प्र० 437
71. वही 1/10, प्र० 431

नवम उन्मेष

समाहार

विगत अष्ट उन्मेषों में महाकवि के काव्यों में आकंठ डूब कर उनमें निहित काव्य-मर्मों को औचित्य सिद्धान्त के आधार पर विश्लेषित और व्याख्यायित करने का 'लोभात् उद्बाहुर्वामनरिव' प्रयास किया गया। प्रथमतः तो महाकवि-काव्य का सहज ज्ञान ही कम हो पाता है; यदि सहज ज्ञान हो भी जाय तो फिर उसके अगाध अथाह भाव समुद्र में डूबना-अन्तःस्तल प्रवेश करना तो और भी दुष्कर कार्य है; और ततोऽपि मर्म स्पर्शिता को औचित्यानौचित्य के निकष पर कसना तो दुस्साध्य ही है। परन्तु साहस करके ऐसे ही कार्य का बीड़ा मैंने उठाया। इन्हें आठ उन्मेषों में विभक्त कर यथासंभव स्पष्टता से अपने विचारों को प्रतिपादित करने का प्रयास किया है। अब इन विगत उन्मेषाष्टकों में विवेचित विषयों का निर्गलितार्थ अथवा मथितार्थ इस उन्मेष में प्रस्तुत किया जायेगा।

प्रथम उन्मेष में 'संस्कृत वाङ्मय में साहित्यिक समीक्षा' का इतिहास पर्यालोचित है। इसमें साहित्यिक समीक्षा के बीज रूप में अवस्थिति और तदनन्तर इसके विकासशील स्वरूप का प्रतिपादन किया गया है। इस उन्मेष का निष्कर्ष यह है कि यद्यपि साहित्यिक समीक्षा, अंलकार, संप्रदाय, रीतिसंप्रदाय, ध्वनि संप्रदाय और वक्रोक्तिसंप्रदाय में परिलक्षित होती है, किन्तु औचित्यपूर्व इन सिद्धान्तों में सहृदयता की मात्रा ही अधिक थी, समीक्षकीय दृष्टि कम। 'समीक्षा ' शब्द में निहित 'सम्यक् ईक्षण' और 'विश्लेषण-क्षमता' का उत्कर्ष आचार्य क्षेमेन्द्र के औचित्य सिद्धान्त में ही होता है।

द्वितीय उन्मेष में औचित्य के अर्थ, परिभाषा एवं सिद्धान्त पर चिन्तन-मनन हुआ है। यद्यपि इसमें प्रतिपादित विषय का केन्द्रभूत स्वयं क्षेमेन्द्र का औचित्य सिद्धान्त और उसका भेद-प्रभेद है, तथापि उससे पूर्ववर्ती विचारकों की दृष्टि में

औचित्य के काव्याशास्त्रीय तत्व के रूप में कृत संकेत और उल्लेखों का भी विमर्श किया गया है। आधुनिक विचारकों के भी औचित्य संबधी विचारों का उपन्यास किया गया है। अंत में, औचित्य के काव्यजीवित, काव्यात्मवाद पर भी विचार किया गया है। इस उन्मेष के निर्गलितार्थ रूप में यही कहना है कि औचित्य सिद्धान्त को समीक्षा के इतिहास में ध्वनि और वक्रोक्ति से कम करके आँकने के विद्वानों के दृष्टिकोण में परिवर्तन होना चाहिए। विषयी-निष्ठ (Subjective) विश्लेषण, जो ग्रहण और भावन पक्ष से ही विशेषत: संबंधित हैं, में ही आकंठ डूबे रहने वाले सौन्दर्यशास्त्रविज्ञों, काव्यमर्मज्ञों को विषयनिष्ठ या वस्तुनिष्ठ (objective) विश्लेषण का पथ आलोकित करने वाले, विशुद्‌ध समीक्षकीय दृष्टि का अवतरण करने वाले, आचार्य कवि क्षेमेन्द्र के औचित्य सिद्‌धान्त को काव्य के महत्तम समीक्ष्यतत्व के रूप में, पलक-पांवड़े बिछाकर, हृदय खोलकर स्वागत करने के लिए विद्वानों द्वारा मानसिक धरातल का निर्माण करना चाहिए।

तृतीय उन्मेष में कालिदास की रचनाओं तथा उसके क्रम निर्धारण पर विचार किया गया है। कालिदास काव्य-ज्ञान की पृष्ठभूमि के रूप में तत्कालीन सामाजिक, धार्मिक, राजनीतिक और साहित्यिक पृष्ठभूमि पर संक्षेप में प्रकाश डाला गया है। इस उन्मेष के अंतिम कथ्य के रूप में, कालिदास की रचनाओं के विषय में यही कहना है कि कालिदास का सात रचनाओं को ही बहुमत-बहुमान के कारण स्वीकार करना चाहिए। इससे अधिक की संख्या में कालिदास कृतियों के मानने के विषय में यही कहना है कि इस संबंध में विद्वन्मंडली में अत्यधिक वैमत्य और विवाद होने कारण स्वीकार करना उचित नहीं। इस प्रकार उनकी सात कृतियों-रघुवंश, कुमारसंभव, मेघदूत, और ऋतुसंहार में काव्य-चतुष्टयों और नाटकत्रयी मालविकाग्निमित्र, विक्रमोर्वशीय और अभिज्ञानशाकुन्तल-को महाकवि कालिदासकृत होने का गौरव प्रदान करना चाहिए।

जहाँ तक कालिदास की रचनाओं के क्रम का प्रश्न है, उसके उत्तर में तो यही कहना है कि कालिदास की कृतियों का रचनाक्रम ऋतुसंहार, मालविकाग्निमित्र, मेघदूत, कुमारसंभव, रघुवंश, विक्रमोर्वशीय और अभिज्ञानशाकुन्तल को स्वीकार करना चाहिए।

कालिदास को बौद्ध और जैन धर्म के संस्कार से संस्कारित धार्मिक परिवेश प्राप्त हुआ था। परन्तु उनका काव्य मन्वादि स्मृतियों में प्रतिपादित ब्राह्मण धर्म के उत्कृष्ट रूप, जो सीमित कर्मकाण्ड, जो श्रद्धा, विश्वास, त्याग-तपस्या, दान प्रभृति विशिष्ट मानवीय गुणों से आप्लावित है, का प्रतिनिधित्व करता है।

कालिदासकालीन समाज में धर्मप्रवणता परिलक्षित होती हैं। समाज में परिवार का रूप पितृसत्तात्मक था। बहुविवाह की परम्परा प्रचलन में थी। लोग आशावादी दृष्टिकोण के थे। 'जिंदगी जिंदादिली का नाम है' इस कथन को चरितार्थ करते हुए जीवन के समय को उत्सवों-त्यौहारों के माध्यम से हँस-खेलकर, नाँच-गाकर व्यतीत करते थे। उत्सवों के प्रति लोगों का विशेष आकर्षण था। इसको मनोरंजन के नानाविध साधनों के उपयोग से हर्षोल्लासपूर्वक मनाते थे। स्त्रियों की स्थिति आदर्श थी।

कालिदासकालीन राजनीतिक व्यस्था राजतंत्रीय थी। राजा में ही राज्य की संप्रभुता शक्ति निहित रहती थी। राजनीतिक व्यवस्था का परिचालक संविधान कौटिल्य के 'अर्थशास्त्र' और मनु की मनुस्मृति से प्रभावित परिलक्षित होती है।

कालिदास को अपने साहित्य प्रणयन के पूर्व जिन साहित्यिक ग्रन्थों अथवा साहित्य निर्माण में निर्णायक भूमिका निभाने वाले ग्रंथों का अस्तित्व था, उन्हीं को महाकवि की साहित्यिक पृष्ठभूमि के रूप में स्वीकार किया गया है और स्वीकार किया भी जाना चाहिए। इस संदर्भ में विवेचन करने पर ज्ञात होता है कि पतंजलि का महाभाष्य, कात्यायन का वार्तिक, वात्स्यायन का कामसूत्र, रामायण महाभारतादि साहित्यिक ग्रंथों के आलोडन से उद्भूत भावभूमि कवि को मिली थी।

चतुर्थ उन्मेष में महाकवि के काव्यों के साहित्यिक औचित्य को उन्मीलित किया गया है। इसमें क्षेमेन्द्रोक्त रस, गुण और अलंकार विषयक औचित्य की दृष्टि को केन्द्र में रखकर विवेचन-विश्लेषण किया गया है।

रसौचित्य के संदर्भ में यही कहना है कि कवि कृति में अन्यान्य रसों का भी मार्मिक अभिव्यंजन कम नहीं है, तथापि शृंगार रस पर सहृदय-मन अत्यधिक, पूरे मनोयोग से रीझता है। कुमारसंभव और अभिज्ञानशाकुन्तल में शृंगार रस के परिपाक का सहृदय-श्लाघ्य दर्शन होता है।

अलंकारौचित्य के संदर्भ में यही कहना है कि यद्यपि महाकवि के काव्यों में अनेकानेक अलंकारों की मनोरम छ्टा देखने को मिलती है, लेकिन अलंकारों का औचित्य उपमा, उत्प्रेक्षा, अर्थान्तरन्यास अलंकार में ही विशेषत: परिलक्षित होता है।

गुणौचित्य की दृष्टि से महाकवि कालिदास के काव्य का परिशीलन इस बात को सुस्पष्ट प्रतिपादित करता है कि उनके काव्यों में माधुर्य और प्रसाद गुण सहृदय-हृदयावर्जक हैं। ओज गुण की मर्मस्पर्शिता यत्र-तत्र ही दृष्टिगोचर होती है।

पंचम उन्मेष में भाषागत औचित्य का विमर्श हुआ है। इसमें क्षेमेन्द्रोक्त पद,

वाक्य, प्रबन्धार्थ, क्रिया, कारक, लिंग, वचन, विशेषण, उपसर्ग और निपात के औचित्य का संग्रहण किया गया है।

पदौचित्य के संदर्भ में कान्ता, प्रमदा, कामिनी, वनिता, कन्या, वधू, राजा, पुत्र, कन्या, प्रभृति पदों का उल्लेख किया जा सकता है। इनका प्रयोग तलस्पर्शी है।

वाक्यौचित्य के संदर्भ में यही कहना है कि इसमें प्रसाद और माधुर्य गुण विशिष्ट पदावली वाले वाक्यों का दर्शन अधिक होता है, ओजो गुण विशिष्ट पदावली वाले वाक्य का कम। यही कारण है कि प्रसाद और माधुर्य गुण व्यंजक वाक्यों की औचित्यावहता ओजोगुण विशिष्ट वाक्यों के औचित्यावहता से अधिक हो गई है।

महाकवि कालिदास के ग्रंथों में प्रबन्धार्थौचित्य का दर्शन मेघदूत और कुमारसंभव में ही होता है।

क्रियौचित्य का भी हृद्य दर्शन महाकवि कालिदास के काव्यों में होता है। अभिज्ञानशाकुन्तल के 'यास्यति, 'आचरति', 'पिबसि' 'पासि' प्रभृति क्रिया पदों की अभिव्यंजकता सहृदय-श्लाघ्य है।

कारकों का प्रयोग भी कालिदास के काव्यों में औचितीगुणोपेत है। कारकों में कर्त्ता, कर्म, अपादान और सम्बन्ध कारक का प्रयोग मर्मस्पर्शी बन पड़ा है।

कालिदास काव्य में पुल्लिंग, स्त्रीलिंग और नपुंसकलिंग प्रभृति लिंगो का चयन और प्रयोग दोनों ही सहृदय-हृदय को आकर्षित करते हैं। रघुवंश में इन्दुमती के लिए 'दीपशिखा' और भूमिपालों के लिए 'नरेन्द्रमार्गाट्ट' क्रमशः स्त्रीलिंग और पुल्लिंग पद औचित्य गुण सम्पन्न हैं। जहाँ दीपशिखा पद से कोमलता, प्रफुल्लता का मधुर ध्वनन होता है वहां पर मार्गाट्ट' पद से शुष्कता, कठोरता प्रभृति गुणों का अभिव्यंजन होता है। वियोगावस्थापन्न यक्षिणी के लिए मेघदूत में 'नयनम्' पद यक्षिणी के राग-अनुराग भाव शून्यता का परिचय नितरां देता है। इसी प्रकार लिंग के भावोत्तेजक, सहृदय-उद्वेजक लिंगों का चयन कवि ने अपनी संप्रक्षेण-क्षमता को तीव्र बनाने के लिए किया है।

कालिदास काव्य में वचनों का प्रयोग भी औचित्य गुण से ओत-प्रोत है। मेघदूत में मासान्, तालैः, आश्रमेषु आदि पद, कुमारसंभव में प्राक्तनजन्मविद्याः लोकेषु प्रभृति पद, रघुवंश में सचिवेषु, ग्रामेषु पद, और अभिज्ञानशाकुन्तल में अंगेषु, हव्यगन्धैः प्रभृति बहुवचनान्त पद वचनौचित्य के उत्कृष्ट निदर्शन हैं।

महाकवि कालिदास ने अपने विशेष्य पदों के लिए उपयुक्त विशेषण पद का

चुनाव करके उनके सौन्दर्य को सहृदयहृदयहारी बना दिया है। मेघदूत के पुण्योदकेषु का 'पुण्य' विशेषण नितान्त हृद्य है। इसी प्रकार अन्य काव्यों में भी महाकवि ने उचित विशेषणों का प्रयोग किया है।

कविकुलगुरु ने उपसर्गों के रहस्य से साक्षात्कार कर उनका इतना उचित प्रयोग किया है कि उनके संयोग से पदों का सौन्दर्य तलस्पर्शी बन गया है। क्रिया पदों और विशेषण पदों को मार्मिक बनाने में उपसर्गों का महत्वपूर्ण योगदान है।

निपातों का प्रयोग भी कवि ने बड़ी सूझ–बूझ के साथ किया है। तु, अपि प्रभृति निपातों का हृद्य प्रयोग तो सहृदयों की सम्पत्ति बन चुका है।

षष्ठ उन्मेष में महाकवि कालिदास के काव्यों में प्राप्त सामाजिक औचित्य पर प्रकाश डाला गया है। इसमें क्षेमेन्द्रोक्त देश, काल, स्वभाव, कुल, वत और नामौचित्य को लिया गया है। महाकवि के देशौचित्य का उत्कष्ट उदाहरण रघुवंश के त्रयोदश सर्ग का प्रकृत श्लोक है।[1]

कालौचित्य के प्रसंग में अभिज्ञानशाकुन्तल में वर्तमानकाल सूचक तपति, दहति, आचरति, पिबसि–प्रभृति क्रिया पद तथा भविष्यत्कालसूचक 'यास्यति' क्रिया पद उल्लेखनीय हैं।

स्वभावौचित्य का दर्शन महाकवि कालिदास के नाटकों में ही प्राय: दृष्टिगत होता है। मालविकाग्निमित्र और अभिज्ञानशाकुन्तल में इनके हृद्य उदाहरण परिलक्षित होते हैं।

महाकवि के काव्यों में कुलौचित्य का उपन्यास भी सुतरां हुआ है। इसके उदाहरण, जिनमें औचित्यगुण सम्पन्नता उदात्त रूप में दृष्टिगत होती है, रघुवंश में पाये जाते हैं।

व्रतौचित्य का उदाहरण रघुवंश, अभिज्ञानशाकुन्तल में उत्कृष्ट रूप में लक्षित होता है।

महाकवि के काव्यों में क्षेमेन्द्रोक्त नामौचित्य का भी दर्शन होता है। उनमें हर, विष्णु, शिव, पिनाकी, कुसुमायुध, पंचबाण, चन्द्र, सूर्य, मदन प्रभृति नाम अन्वर्थकत्व सार्थकत्व और कर्मानुरूप नामत्व प्रभृति गुणों से सुतरां युक्त हैं।

सप्तम उन्मेष में कविकुलगुरु के ग्रंथानुशीलन से उपलब्ध तत्विक औचित्यों पर विवेचन हुआ है। इसमें क्षेमेन्द्रोक्त तत्व, सत्व, अभिप्राय, सारसंग्रह प्रतिभा, विचार और आशीर्वचनौचित्य का ग्रहण किया गया है।

तत्वौचित्य का दर्शन रघुवंश, कुमारसंभव और अभिज्ञानशाकुन्तल में हृद्य रूप से होता है। इसमें कवि की तत्वान्वेषिणी बुद्धि का वैलक्षण्य परिलक्षित होता है।

क्षेमेन्द्रोक्त सत्वौचित्य का अवलोकन महाकवि के काव्य में पदे-पदे होता है। महाकवि के नायकों और नायिकाओं के गुण-प्रकर्ष वर्णन में उक्त औचित्य नितरां अभिलक्षित होता है। कुमारसंभव, रघुवंश और अभिज्ञानशाकुन्तल में तत्त्वौचित्य के उत्कृष्ट निदर्शन मिलते हैं।

अभिप्रायौचित्य का भी महाकवि कालिदास ने अपने काव्य में हृद्य उपन्यास किया है। इस औचित्य का दर्शन प्रायः नाटकों में ही विशेषतः होता है। अभिज्ञानशाकुन्तल के द्वितीय, पंचम और षष्ठों अंकों में इसका मनोरम रूप देखने को मिलता है।

महाकवि कालिदास के अर्थान्तरन्यासों में क्वचित् मनोहर सारसंग्रहौचित्य का उपन्यास हुआ है, जो सहृदयों की हृत्तन्त्री को झंकृत कर देता है। इसका भी दर्शन कुमारसंभव, रघुवंश और अभिज्ञानशाकुन्तल में होता है।

कवि शिरोमणि कालिदास की कविता में उनकी नवनवोन्मेषशालिनी प्रज्ञा के दर्शन होते हैं। मेघदूत में 'स्थल कमलिनी' और कुमारसंभव में 'स्थलअरविन्द' की कल्पनाएँ महाकवि की प्रतिभा को प्रतिभौचित्य से परिपुष्ट करती है। उनके काव्यों में विशेषतः मेघदूत, कुमारसंभव, रघुवंश और अभिज्ञानशाकुन्तल के रामाणीयक श्लोकों में इनका दर्शन सुतरां होता है।

कालिदास की कविता में अवस्थौचित्य का भी अवलोकन यत्र-तत्र होता है। इनमें बाल्यावस्था, युवावस्था, वृद्धावस्था तथा वयः संधि की भी मार्मिक अभिव्यंजना कवि ने अपने श्लोकों के माध्यम से की है। कुमारसंभव में पार्वती के बचपन से यौवनागम के वर्णन में, रघुवंश में रघु और पुनः अज के वर्णन में इसका हृद्य उपन्यास हुआ है।

कालिदास की कृतियों में प्राप्त विचारौचित्य के संदर्भ में तो कुछ न कहना ही उचित होगा। इसमें सहृदय-समीक्षक का अनुभव ही परम प्रमाण है। अर्थात् कहने का तात्पर्य यही है कि कालिदास में उत्तमोत्तम, श्रेयस् विचारों का मनोरम उपन्यास हुआ है। इसमें दार्शनिक, सामाजिक, मनोवैज्ञानिक सभी प्रकार के सर्वश्रेष्ठ विचारों का यथोचित विवेचन है। यह विचार भी यथोक्त- तथोक्त नहीं अपितु औचित्य गुणों से नितरां मंडित है।

आर्शीर्वचनौचित्य कवि के नाटकों में ही प्रायः परिलक्षित होता है। अभिज्ञानशाकुन्तल के जाते! भर्त्तुः बहुमानसुचकं देवी शब्दं लभस्व।'[2] वत्से! वीरप्रसविनी भव। वत्से। भर्त्तु बहुमता भव 'सुतं त्वमपि सम्राजं सेव पुरूमवाप्नुहि[3] इन उल्लेखों में आशीर्वचनौचित्य का हृद्‌य रूप दृष्टिगोचर होता है। कुमारसंभव के सप्तम सर्ग में कल्याणि वीरप्रसवा भवेति'[4] में भी आशीर्वचनौचित्य सुतरां दृष्टिगत होता है।

अष्टम उन्मेष में औचित्यविचारचर्चा में अनभिधेय औचित्यों पर विचारविमर्श किया गया है। इसके अन्तर्गत, वृत्तौचित्य, पदपुनरूक्त्यौचित्य, वेषौचित्य, वक्त्रनकूल भाषा प्रयोगौचित्य, प्रसंगौचित्य और संवादौचित्य पर विचार-विमर्श किया गया है।

वृत्तौचित्य के अन्वेषण के उद्देश्य से महाकवि कालिदास की कृतियों का परिशीलन करने पद मंदाक्रान्ता वृत्त का औचित्यपूर्ण अवलम्बन मेघदूत में, रघुवंश के 'अज विलाप' और कुमारसंभव के 'रति-विलाप' में वियोगिनी वृत्त का प्रयोग सर्वथा सहृदयहृदयद्रावक है। एक में अवरुद्ध कंठ की रुक-रुक कर गद्‌गद् स्वर में विरहकालीन अनुभूत-दारुण दुःख प्रेयसी को प्रेषित संदेश में हृदयस्थ करूण भाव का निवेदन के अनुरूप मंदाक्रान्ता छन्द का अनुवर्तन जहाँ उचित है, वहीं उन्मुक्त कंठ से मुक्तालाप, करुण-क्रंदन के 'ग्रावापि रोदिति, दलति वज्रस्य हृदयम्' तद्‌वत् भाव-संप्रेषण में सर्वथा सक्षम वियोगिनी वृत्त का अवलम्बन भी तलस्पर्शी है।

पदपुनरूक्त्यौचित्य के संदर्भ में यही कहना है कि यद्यपि कवि के एकधा प्रयुक्त पद में ही इतनी मार्मिक अभिव्यंजना हो जाती है कि उसकी पुनरूक्ति का अवसर कम ही मिलता है तथापि जहां कवि भावोद्‌वेग, भाव-प्रकर्ष को बहुगुणित करना चाहता है, वहाँ उन्होंने पदों की आवृत्ति भी किया है, जिससे उद्‌भूत अपूर्व विलक्षण सौन्दर्य सहृदय को विमुग्ध कर देता है। क्रिया के बिम्बात्मक विधान एवं उसके चाक्षुष प्रत्यक्षीकरण में इन पुनरावृत्त पृनरूक्त पदों का महत्वपूर्ण योगदान है। मेघदूत का मन्दं मन्दं, खिन्नः खिन्नं पद क्रमशः हवा के मन्दप्रवहनत्व गुण एवं यक्ष की करुणार्द आकृति सहृदय को प्रत्यक्षवत् प्रतिभासित होते हैं। इसका मार्मिक प्रयोग मेघदूत और अभिज्ञानशाकुन्तल में परिलक्षित होता है।

वेषौचित्य का दर्शन भी महाकवि कालिदास के ग्रंथों कुमारसंभव, रघुवंश, विक्रमोर्वशीयम् और अभिज्ञानशाकुन्तल में होता है। स्थान, अवसर और अवस्था के अनुरूप वेष-धारण को औचित्य संपृक्तता की मार्मिक अभिव्यंजना कविकुलगुरु के उक्त ग्रंथों में हुई है। इसका अनुभव सहृदय-हृदय को सुतरां होता है।

वक्ता के लिंग, वय, विवेक, परिस्थिति, प्रभृति विभिन्न तत्वों को ध्यान में रखकर ही कविवर ने प्रायः अपने नाटकों में भाषोच्चारण एवं कथोपकथन का उपन्यास किया है। सहृदय-संप्रेषण के एक सशक्त माध्यम के रूप में 'भाषा' को अंगीकार किया गया है। एक प्रौढ़ व एक शिशु की भाषा का अंतर, उसका उच्चारण ही दृश्य काव्यों में हृद्य रमणीयता का आविर्भाव करते हैं। जहाँ शिशु की भाषा तोतली (अशुद्धोच्चारणप्राय) बोली में होगी वहाँ प्रौढ़ की शुद्ध और स्पष्ट होगी। तदिरिक्त एक शिक्षित और अशिक्षित व्यक्ति के वाक्य विन्यास और शब्दोच्चारण में अन्तर होता है। यह अन्तर कवि-नाटककार के पात्रों से सहृदय को भासित भी होना चाहिए, उसे भी इस अंतर का अनुभव होना चाहिए, तभी वह वार्तालाप व कथोपकथन मार्मिक एवं हृद्य बन पाएगा। यह बड़े हर्ष, गर्व और आनन्द का विषय है कि सर्वदमन, उर्वशी, दुष्यंत प्रभृति के कथोपकथन में उक्त सहृदय चित्ताकर्षक गुण वक्त्रनुकूल भाषा प्रयोगौचित्य का तलस्पर्शी सौन्दर्य दृष्टिगत होता है।

महाकवि कालिदास ने अपने काव्य विशेषतः अभिज्ञानशाकुन्तल में रस परिपाक, सहृदय-हृदयावर्जनीयता की दृष्टि से ऐतिहासिक-इतिवृत्त से किंचित् परिवर्तन किया है। इस संदर्भ में दुर्वासा-शाप के प्रसंग का औचित्यानौचित्य का विवेचन किया गया है। इसे औचित्य की तर्कों से परिपुष्टि भी की गई है।

महाकवि कालिदास के श्लोकों को सहृदय-श्लाघ्यता से उसके हृद्य संवादों की मार्मिकता कथमपि कम नहीं है। मालविकाग्निमित्र के पंचमसर्ग और अभिज्ञानशाकुन्तल के चतुर्थ सर्ग के संवाद सहृदय को बार-बार अपने माधुर्य गुणों के व्याज से आकृष्ट करते हैं। सहृदय की आँखों की टकटकी उसी ओर लगी रहती है। उसकी स्थिति मधु में पड़ी मधुमक्खी के पंखो के समान हो जाती है जो उसमें आकंठ डूबे ही रहना चाहती है, बाहर नहीं निकलना चाहती।

कालिदास के काव्य नें प्रत्ययों की हृद्यता और मार्मिकता सहजरूपेण आकर्षित करती है। दुःख होता है कि आचार्य क्षेमेन्द्र की दृष्टि उधर क्यों नहीं गई। इनमें हरिणका, कन्यका, वत्सक, प्रभृति स्वार्थक अथवा अल्पार्थक कन् प्रत्ययान्त पदों की मधुर भंगिमा से आकृष्ट हुए बिना सहृदय का चित्त नहीं रहता। यहाँ वय की मुग्धता, अबोधता और अभिन्न आत्मीयता के अर्थों से इन पदों की मर्मस्पर्शिता सर्वथा सहृदय-हृदय को अनुभूत होती है।

इस प्रकार प्रकृत उन्मेष में निर्गलितार्थ को प्रस्तुत करने व अन्यान्य उन्मेषों के विस्तृत विवेचन को समेटने, समाहार करने का प्रयास किया गया है।

सन्दर्भ

1. रघु 13/23 पृ० 204
2. अभि०शा०, अंक 4, पृ० 384
3. वही, 4/7, पृ० 486
4. कुमार०, 7/87, पृ० 91

परिशिष्ट

कुछ विशिष्ट दृष्टि एवं विशिष्ट रूप से दृष्ट तथ्यों को विद्वानों के समक्ष प्रस्तुत करने की अभिलाषा से कुछ परिशिष्टों में इसे संकलित किया गया है। सप्तम परिशिष्टों में यह विवरण अवलोकनीय है।

i. कालिदास काव्य में प्रयुक्त 'उचित' शब्द।

ii. कालिदास काव्य में प्रयुक्त उचित के पर्याय शब्द

iii. औचित्य विचार चर्चा में उद्धृत कालिदास के श्लोक

iv. औचित्य विचार चर्चा में उद्धृत कालिदासेतर कवियों के श्लोक

v. कविकण्ठाभरण में उद्धृत कालिदास के श्लोक

vi. सुवृत्ततिलक में उद्धृत कालिदास के श्लोक

vii. कुछ विशिष्ट सांख्यिकीय विवरण

परिशिष्ट–1
कालिदास–काव्य में प्रयुक्त उचित शब्द

	उद्धरण	विवरण
1.	उचितं नः अतिथि पर्युपासनम्	अभि०शा०, अंक 1
2.	न मे उचितेष्वपि निजे कार्येषु हस्तपादं प्रसरति।	वही, अंक चतुर्थ
3.	आभरणोचितं रूपमाश्रमसुलभैः	वही, अंक चतुर्थ
4.	अहमप्यत्र तपस्विवेषेनोचितेप्रदेशे प्रसाधनैः विप्रकार्यते स्थितःप्रतिपालयामि।	वही, अंक 5
5.	दाक्षिण्येन ददाति वाचमुचितां अन्तःपुरेभ्यो यदा।	वही, 6/5
6.	प्राणानामनिलवृत्तिरुचिता	वही, 7/12
7.	तां पुलोमतन्या लोकोचितैः	कुमार०, 8/27
8.	ईश्वरोऽपि दिवसात्योचितम्	वही, 8/80
9.	स व्यबुध्यत् बुधस्त्वोचितः	वही, 8/85
10.	कंचुकी प्राप्यापराधोचितमन्तरिक्षात्	विक्रम, 5/6
11.	संभोगान्ते मम समुचितः	मेघ० 2/84
12.	निवारभागधेयौचितैः मृगैः	रघु०, 1/50
13.	प्रविश्य भीमासुरशोणितोचितः	वही, 3/60
14.	महोग्रपक्षव्यरोपणोचितोचितम्	वही, 3/60
15.	भक्तिः प्रतीक्ष्येषु कुलोचिता ते	वही, 5/14

16.	प्रिया नितम्बोचित सन्निवेशैः	रघु०, 6/17
17.	प्रकृतिमंडलमात्मकुलोचितम्	वही, 9/2
18.	सुरसमाजसमाक्रमणोचितः	वही, 9/22
19.	मम्लतुर्नः मणिकुट्टिमोचितो	वही, 11/9
20.	उह्यमान इव वाहनोचितः	वही, 11/10
21.	क्षत्रशोणितपितृक्रियोचितं	वही, 11/61
22.	अमुंयुगान्तोचितयोगनिद्रः	वही, 13/6
23.	या सैकतोसंग सुखोचितानां	वही, 13/62
24.	सः कुलोचितमिन्द्रस्य	वही, 17/5
25.	सोऽधिकारमाभितः कुलोचितम्	वही, 19/4
26.	निपुणिका भट्टिनि अधिकारस्योचित उपदेशः	माल० अंक 3
27.	विदूषक–उचित वेलातिक्रमे चिकित्सका:दोषमुदाहरन्ति।	वही, अंक 2
28.	राजा–उचितः प्रणयो वरं विहन्तुं	वही, 3/3
29.	सखि! उचितं न ते मंगलकाले रोदितुम्।	अभि०शा०, अंक 4
30.	धारिणी अभ्युदय कथयोचितं न लक्षितम्	माल०, अंक 5
31.	सर्वे यथोचितमुपविशन्ति	विक्रम, अंक 5

परिशिष्ट-2

कालिदास-काव्य में 'उचित' शब्द के पर्याय-प्रयोग

	उद्धरण	विवरण
1.	सदृशमेतत् पुरूवंशप्रदीपस्य	अभि०शा०, प्रथम अंक
2.	युक्तरूपमिदं तव	वही, 1/12
3.	यथा–वनतोषिणी अनुरूपेण पादपेन संगता	वही, अंक प्रथम
4.	अपिनामैवमहमपात्मनोऽनुरूपं वरं लभेयेति	वही, अंक प्रथम
5.	शकुन्तला गुरो पुनरस्या अनुरूप वरं लभेयेति	वही, अंक प्रथम
6.	न युक्तं आश्रमवासिनो	वही, अंक प्रथम
7.	अयमिदानीम् अनुकूलस्ते गलहस्तः	वही, अंक द्वितीय
8.	युक्तं नाम एवम्	वही
9.	उपपन्नमेतद्मुनिभ्यो नातिभिन्ने राजनि	वही
10.	अनुकारिणि पूर्वेषां युक्तरुपमिदं त्वयि	वही, 2/16
11.	अनुरूपभर्तुगामिनी संवृत्ता	वही, अंक 4
12.	सखि दिष्ट्या अनुरूपस्तेऽभिनिवेशः	वही, अंक 3
13.	अनुरूपस्य वरस्य हस्ते कन्या प्रतिपादनीया इति	वही, चतुर्थ अंक
14.	शान्तानुकूल पवनश्च अस्माभिः सन्देष्टव्यम्	4/21
15.	दुष्यन्तस्य युक्तरूप अस्माभिः सन्देष्टवयम्	वही, अंक 4
16.	इमेऽपि प्रदेये तत्र न युक्तं अनयोस्तत्रंगमनम्	वही, अंक चतुर्थ

17.	पौरव न युक्तं नाम ते	वही, अंक 5
18.	आत्मानुरूपां विधिनोपयेम	कुमार०, 1/8
19.	अर्द्धोपभुक्तेन बिसेन जायां	वही, 3/37
20.	मनसः शिखराणां च सदृशं ते समुन्नतिः	वही, 6/66,
21.	वासावसानामभिषेकयोग्यम्	वही, 7/9
22.	गृहीत पत्युद्गमनीयवस्त्रा	वही, 7/11
23.	वितानवन्तं युक्तं मणिः	वही, 7/12
24.	इच्छाविभूत्योः अनुरूपमद्रिः	वही, 7/29
25.	तत्पर्वपाणिग्रहणानुरूपम्	वही, 7/30
26.	तं यथात्मसदृशं वरम्	वही, 8/16
27.	नूनमात्मसदृशी	वही, 8/66
28.	सदृशमेवेवेतत् सोमवंश सभवस्य	विक्रम० अंक प्रथम
29.	न महेन्द्रेण। महेन्द्रसदृशानुभावेन राजर्षिणा पुरूरवसा।	वही,1/12
30.	सखि! युक्तं भणति दुर्जनो दानव इति	वही,1/12
31.	चित्ररथ –युक्तमेतत्। अनुत्सेक खलु विक्रमालंकारः	वही,1/17
32.	राजा युक्तम्	वही, अंक द्वितीय
33.	उपपन्नं विशेषणमस्यवायोः	वही, अंक द्वितीय
34.	सदृश एवास्याभिनिवेशः	वही, अंक द्वितीय
35.	युज्यते तदेहि उपसर्पवः	वही, अंक द्वितीय
36.	युज्यते आत्मनः सौभाग्यं पृच्छयितुम	वही
37.	विदूषक–अनुकूलमेवात्रभवतएतत्	वही
38.	राजा–उपपन्नं भवानाह	वही, 1/12
39.	विदूषकः–ही ही भीः, एष खलु खण्डमोदकं सदृशः उचितो द्विजातीनाम्	वही, 1/12

40. न युक्तं तव सुभाषितं प्रत्याख्यातुम्	विक्रम, अंक तृतीय
41. प्रिये, सर्वमुपपन्नम्	वही, अंक तृतीय
42. नारदः-युक्तं	विक्रम०, अंक 5
43. पितुरनुरूपस्त्वं गुणैः लोककान्तैः	वही, 5/21
44. मार्गं तावत् श्रृणु कथयतस्त्वप्रमाणानुरूपम्	मेघ, 1/13
45. हरति सुरतग्लानिमंगानुकूलः	वही, 1/33
46. लाक्षारागं चरणकमलन्यासयोग्यम् च यस्याः	मेघ०, 2/12
47. मत्सादृश्यं विरह तनु	मेघ०, 2/25
48. तस्यामात्यानुरूपायाम्	रघुवंश, 1/33
49. पवनस्यानुकूलत्वात्	रघु०, 1/42
50. अदृष्टसदृशप्रजाम्	वही, 1/65
51. प्रदक्षिणक्रियार्हायां तस्या त्वं साधुनाचरः	वही, 1/76
52. ननन्दस्तुस्तत् सदृशेन तत्समौ	वही, 3/23
53. युक्तदंडतपा मनः	वही, 3/23
54. तुल्यः प्राचीनबर्हिषा	वही, 4/28
55. आत्मगुणानुरूपम्	वही०, 5/34
56. परार्ध्यवर्णास्त तरणोपन्नम्	वही, 6/4
57. धूर्येणदम्यः सदृशं विभर्त्ति	वही, 6/78
58. जलनिधिमनुरूपम्	वही, 6/85
59. त्वमात्मनस्तुल्यममुं वृणीष्व	वही, 6/79
60. अथोपयन्त्रा सदृशेन युक्तां	वही, 7/1
61. लभेत्कथंमात्मतुल्यं	वही, 7/13
62. अपरः प्रणिधानयोग्यया	वही, 8/19
63. सदृश कान्तिरलक्ष्यत् मंजरी	वही, 9/44
64. नामधेय सदृशं विचेष्टितम्	वही, 11/8
65. स्वप्रभावसदृशं विचेष्टितम्	वही, 11/53

66. नाम रामेति तुल्यमात्मजे	रघु०, 11/68
67. श्रुतस्य किं तत् सदृशं कुलस्य	वही, 14/61
68. संवर्धयन्ती स्वबलानुरूप:	वही, 14/78
69. विगाहितुं श्रीमहिमानुरूपम्	वही, 16/55
70. तुल्यपुष्पाभरणो हि धीर:	वही, 16/74
71. समाहितिका– युज्यते अधिकार: खलु तव।	माल०, तृतीय अंक
72. चरणानुरूप स्तत्र भवत्याधिकार उपक्षिप्त:	वही, अंक 3
73. उपदेशानुरूपौ चरणौ लब्ध्वा	वही
74. भवति! युक्तं नामात्र भवत: प्रियवयस्योऽयमशोको	वही, अंक 3
75. विदूषक:– युज्यते देवी अत्र मानयितव्या	वही, अंक 3
76. अवसरोऽयमात्मानं प्रकाशयितुम्,	अभि०शा०, अंक 1
77. ततो युज्यत इति तयैवं सम्पदितोऽर्थ:	मा० अंक 7
78. सुष्ठु व्याहृतमार्यपुत्रेण	मा०, अंक 4
79. यथार्ह सम्मानसुखितमन्त: पुरं विसृज्य	मा०, अंक पंचम
80. राजा–युक्ता परीक्षा।	मा०, अंक पंचम
81. विदूषक अहो देव्यो अनुकूलता	मा०, अंक 5
82. प्रियनिवेदनानुरूपम्	वही, अंक 5
83. भर्त्तुरनुकूलं नाम	वही
84. न युक्तमस्मान् परित्यक्तुम्	वही
85. इरावती–बकुलावलिके। त्वया साधूपक्रान्तम्।	माल० अंक 3
86. तव वचनं सकल्पितं न युज्यते अन्यथा कर्तुमिति	वही, अंक 5
87. प्रतीहारी, भट्टिनि! इरावती पुनर्विज्ञापयति सदृशं देव्या प्रभवन्त्या:।	माल० अंक 5
88. धारिणी–भगवति! परितुष्वस्मि यत्	अंक 5
पितरमनुजातो मे वत्सक:	वही

परिशिष्ट–3
औचित्यविचारचर्चा में उदाहृत कालिदास के श्लोकों की अनुक्रमणिका

श्लोक	ग्रन्थ	किस औचित्य प्रभेद में उद्धृत	औ०वि० च० में पृ० संख्या
अथ विषयव्यावृत्तात्मा हि कुलव्रतम्	रघुवंश 3/70	कुलौचित्य	129
इदमसुम्भवस्तुपञ्चवाण...	विक्रमोर्वशीय 2/6	नामौचित्य	162
दर्शितेष्वंकुरेषु क्रोध प्रभो संहर...	कुमार सम्भव 3/72	नामानौचित्य	165
जातं वंशे... प्रकृतिपुरुष... लब्धकामा	मेघदूतम् 6	प्रबन्धार्थौचित्य	15
उरुमूलनखमार्ग प्रियतमामवारयत्	कुमारसम्भव 8/87	प्रबन्धार्थौचित्य	19
बालेन्दुवक्राण्य	2/29	रसौचित्य	35
विकास आवाद्... नखक्षतानीव बनस्थलीनाम्	कुमारसम्भव 3/29		
वर्णप्रकर्षे सति पराङ्मुखी विश्वसृजः प्रवृत्तिः	कुमारसम्भव 3/28	रसानौचित्य	36

परिशिष्ट–4
औचित्य विचार चर्चा में उद्धृत कालिदासेतर कवियों के श्लोकों की अनुक्रमणिका

श्लोक	ग्रन्थकार	ग्रन्थ संदर्भ	किस औचित्य प्रभेद में उदाहृत	औचित्य विचार चर्चा में पृ०सं०
अथ वल्कजुष इव				
विभान्ति पादपाः	क्षेमेन्द्र	मुक्तावली	व्रतौचित्य	132
पुण्येग्रामे तुल्यकुल्येषु	दीपक		व्रतानौचित्य	133
दीनः				
दीनअदय दशारि..	क्षेमेन्द्र			
कान्तदन्तक्षतौष्ठी		लावण्यवती	प्रतिभौचित्य	151
वही				
निर्याते दयितगृह				
चरणाघातैरशोकृतः	श्रीहर्ष	वही	प्रतिभानौचित्य	152
बिश्रान्त बिगृह				
शीतेनोदघुषिस्य न				
क्षीयते शर्वरी	कार्पटिक	वही		30
चिताचक्रं	राजशेखर			
चन्द्रः विकीर्णं				
दिशि–दिशि....		वही	अलंकारानौचित्य	29
अभिनव वधूरोषा स्वादः	मालवरुद्र	वही		28
विभर्त्ति निशाकरः				

श्लोक	**ग्रन्थकार**	**ग्रन्थ संदर्भ**	**किस औचित्य प्रभेद में उदाहृत**	**औचित्य विचार चर्चा में पृ०सं०**
अयि! विरह विचित्ते भर्तुरर्थे तथार्त्ता: नैवाललक्षे	दीपक		अभिप्रायौचित्य	143
अश्वत्थामवधभिधान जिह्मवचसा हस्तीति... विजृम्भाश्रिय:।	क्षेमेन्द्र	मुनिमतमांसा	विचारौचित्य	159
अहौ वा हारे वा क्वचित्पुण्यारण्ये शिवशिव शिवेति प्रलपत:	भट्टोत्पल		शान्तरसानौचित्य	64
आचारं भजतेतालुंगभिमान तपकर्मण्यताम्	क्षेमेन्द्र	मुनिमतमीमांसा	उपसर्गौचित्य	113
आदायवारि परित: सरितां मुखेभ्य: विनिवेशितं च	भट्टेन्दुराज		अपादानौचित्य	98
आलोलामलकावलीं आश्चर्य बडवानल:	अमरुशतक		आशीर्वचना- नौचित्य	169
एकस्या श्रम घस्मरस्य... जात: श्रम:	भट्टेन्दुराज		सत्त्वानौचित्य	38
आहारं न करोति..... स्त्रैण चण्डातपं सेवते।	परिमल		कर्त्तृकारक अनौचित्य	87
उत्पत्तिर्भण्डकुले यदभीष्टं भोक्तुं न लभ्यन्ते।	यशोवर्मदेव		कुलानौचित्य	130
एतस्माज्जल धेमिताम्बुकणिका: त्रिभुवने.... श्रीमानभूदच्युत:		मालवरूद्र	अपादानौचित्य	97

श्लोक	**ग्रन्थकार**	**ग्रन्थ संदर्भ**	**किस औचित्य प्रभेद में उदाहृत**	**औचित्य विचार चर्चा में पृ०सं०**
एतस्याः स्मरसंज्वरः	राजशेखर	बालरामायण5/11	गुणानौचित्य	24
कष्ठे कृत्तावशेषं				
नृपतेर्मन्दिरं मन्दुरायाः	श्री हर्ष	रत्नवाली2/2	भयानकरसौचित्य	51
कर्नाटीदशनाङ्कितः				
कविर्वाराणसी वाञ्छति।	राजशेखर	देशानौचित्य		127
कर्णोतालि कुन्तलान्त	क्षेमेन्द्र	मुनिमतमीमांसा/	स्वभावौचित्य	145
न कुरुते कस्य				
स्पृहार्द्रं मनः				
कामः कामे कमल	क्षेमेन्द्र	वात्स्यायनसूभसार/	आशीर्वचनौचित्य	168
कुसुमशयनं....वनं....				
तृणार्म वा...				
समं हि महात्मनाम्।	वही	मुनिमतमीमांसा	शान्तरसौचित्य	62
कृशः काणः खंजः				
शुनीमन्वेति श्वा				
तमपि मदयत्येषमदनः।	चन्द्रक		बीभत्सरसानौचित्य	57
कृतणेनाम्बगतेन	वही		अद्भुतरसौचित्य	58
क्षीणश्चन्द्रो विशति				
नाथि दैन्याद्व्यरंसीत्	वराहमिहिर		काल-अनौचित्य	124
क्षीवस्येवाचलस्य...				
कण्ठसक्ता उत्कर्षमा-				
विष्करोति।	क्षेमेन्द्र	अवदानकल्पलता 24/111	रससंकरौचित्य	70
खगोत्क्षिसैरन्त्रैस्तरु	चन्द्रक	अंलकार-अनौचित्य		27
गन्तव्यं यदि नाम	अमरुक	रस संकर अनौचित्य (श्रृंगार-शान्त)		77
गाण्डीववसुवमार्जन....	क्षेमेन्द्र	मुनिमतमीमांसा (वीर-करुण) रससंकरौचित्य		73

श्लोक	ग्रन्थकार	ग्रन्थ संदर्भ	किस औचित्य प्रभेद में उदाहृत	औचित्य विचार चर्चा में पृ०सं०
ग्रीष्मं द्विषन्तु... निष्कम्प कुक्षिपयसो द्वयमप्यचिन्त्यम्	भट्टलट्टन	विशेषण-	अनौचित्य	11
चिताचक्रंचन्द्रः विकीर्णं दिशि-दिशि।	राजशेखर	अलंकार-	अनौचित्य	29
चुम्बनसक्तः सोऽस्याः कृत्वा निरष्ठीवत्	श्यामलक	हास्यरस-	अनौचित्य	40
चैत्रसूत्रितयौवना क्षिप्रक्षयंजीवितम्	क्षेमेन्द्र	मुनिमतमीमांसा	विशेषणौचित्य	109
च्युत सुमनसः कुन्दाः क्लमोदय दायिनीम्	मालव कुवलय		कालौचित्य	121
जयत्युपेन्द्रः सः भयादि्भन्नमि- वास्त्रपाटलम्	बाणभट्ट	कादम्बरी	करण-कारक अनौचित्य	92
ज्याज्हिवया वलयि जृम्भाविडम्बि विकटोदरमस्तु चापम्। प्रबन्धौचित्य	भवभूति	उत्तररामचरित 4.29		16
ज्यायान् धन्वि... योद्धुं वाञ्छन् कथमधुना लज्जते जामदग्न्यः।	राजशेखर	बालरामायण (4.1)	अवस्था अनौचित्य	57

श्लोक	ग्रन्थकार	ग्रन्थ संदर्भ	किस औचित्य प्रभेद में उदाहृत	औचित्य विचार चर्चा में पृ०सं०
तत्र स्थितं स्थितिमतां यत्र भवत्प्रताप:।	परिमल	अधिकरण कारक अनौचित्य		100
तपो न तप्तं वयमेव	भर्तृहरि	सारसंग्रह	अनौचित्य	150
तारुण्येन निपीत शैशवतया... पश्य विजयते देवो विलासायुध:	क्षेमेन्द्र-	अवदान कल्पलता	नामौचित्य	163
तीक्ष्णान्त स्त्रीकटाक्षत क्षत हृदयतया पश्य सीदन्ति मन्दा:	क्षेमेन्द्र	64.117 मुनिमतमीमांसा	संकर रसौचित्य (शान्त-शृंगार-करुण-बीभत्स	74
त्रैलोक्याक्रमणै:... श्रिय: व्यासक्त निद्रं	क्षेमेन्द्र	नीतिलता	वचनौचित्य	106
हरिम् दणुएन्द रुहिर....		सेतुबन्ध 1.2	रौद्र रस अनौचित्य	46
दिङ्मातंग घटा...				
विप्राय प्रतिपद्यते... यत्रैव चास्तं गतम्। कौमारण1.113,2.51	भोज	सरस्वती कंठाभरण	सम्प्रदान-कारकौचित्य	94
दिवि भुवि फणि न हि भवति विनाश: कर्मणप्राक्तनस्य	क्षेमेन्द्र	अवदान कल्पत्मता (83.34)	तत्त्वौचित्य	135

श्लोक	ग्रन्थकार	ग्रन्थ संदर्भ	किस औचित्य प्रभेद में उदाहृत	औचित्य विचार चर्चा में पृ०सं०
देवो जानाति सर्वं यदपि च तदपि च ब्रूमहे नीतिनिष्ठम् देवो दयावा न्विजयो...	श्रीचक्र	निपात-	अनौचित्य	118
हिडिम्बादयित: पर्यन्तरेखागणना कृतान्त: नन्दी वृन्दोददामप्रसर	क्षेमेन्द्र	विनयवल्ली	वाक्यौचित्य	12
अवस्थानां भेदात् भवति विकृतिर्नैव महताम्।	क्षेमेन्द्र	चित्रभारतनाटक	सत्त्वौचित्य	137
नष्टं वर्षवरैर्मनुष्य यान्ति शनकैरात्मे क्षणाशंकिन:	श्री हर्ष	रत्नावली 2.3	भयानकरस औचित्य	51
नायं निशामुख....	मातृगुप्त	वचन-	अनौचित्य	108
नाले शौर्यमहोत्पलस्य विक्रमपरे लीनं जगन्नन्दतु।	राजशेखर	प्रपंचपांडव 2.11	वाक्य-अनौचित्य	14
निद्रां न स्पृशति सर्वात्मना निर्वृतिम् नामापि नो सद्यते निर्याते दयितेगृहे	क्षेमेन्द्र	ललितरत्नमाला	लिंगौचित्य	103
विशयने... चरणा- घातैरशोकीकृता	क्षेमेन्द्र	लावण्यवती	प्रतिभा-अनौचित्य	152
नीवारप्रसराग्र सानन्द सभयञ्च पश्यति मुहुदूरोस्थितस्तापरु:।	राजपुत्र-मुक्तापीड	भयानक	रसानौचित्य	54

श्लोक	ग्रन्थकार	ग्रन्थ संदर्भ	किस औचित्य प्रभेद में उदाहृत	औचित्य विचार चर्चा में पृ०सं०
परिम्लानं पीन... कृशाङ्ग्याः सन्तापं वदति विसिनीपत्रशयनं	श्री हर्ष	रत्नावली (2.11)	पदौचित्य	9
पुण्ये ग्रामे वने वा तुल्य कुल्येषु दीनः	दीपक	व्रत-	अनौचित्य	133
पुरा यत्र स्रोतः निवेशः शैलानां तदिदमिति बुद्धिं द्रढयति	भवभूति	उत्तर- रामचरित 2.27	देशौचित्य	126
पौलस्त्यः प्रणयेन... तुभ्यं ब्रूहि... निर्जित्य किं दीयताम्	राजशेखर	बाल- रामायण (2.20)	सम्प्रदान कारक-अनौचित्य	95-96
प्रग्लाने चिरकाल किं पीतं ततापमग्नमहिष स्वेदाम्बुपृक्तं पयः।	क्षेमेन्द्र	मुनिमतमीमांसा	विचार-अनौचित्य	160
प्रत्यग्रोपनताभिमन्यु न्यञ्चत्पार्श्वगतैक कर्णकुहरैर्निः स्पन्दमन्दं स्थितम्	त्रही	वही	करुणरसौचित्य	41
बुभुक्षितैर्व्याकरणं हिरण्यमेवार्जय				

श्लोक	ग्रन्थकार	ग्रन्थ संदर्भ	किस औचित्य प्रभेद में उदाहृत	औचित्य विचार चर्चा में पृ०सं०
निष्फला: क्रिया:।	माघ	शिशुपालवध	तत्त्व–अनौचित्य	136
भक्ति: मन कातरतां क्षमा पैशुन्यव्रतिनां... गिरां नायाति दोषार्द्रताम्।	क्षेमेन्द्र	मुनिमतमीमांसा	स्वभाव–अनौचित्य	146
भग्नाहित श्वसित तांप तनोति.... भवत्प्रताप:।	वही	अवसरसार	कर्मकारक–अनौचित्य	90
भोगे रोगभयं... सर्वनाम भवे भवेत् भयमहो वैराग्यमेवाभयम्।	वही	चतुर्वर्गसंग्रह 4.7	शान्तरसौचित्य	61
मग्नानि द्विषतां मुग्धागुर्जरभूमिपाल महिषी... पत्यु: कृपाणे दृशौ।	परिमल		पदौचित्य	8
महाप्रलयमारुतक्षुभित पुष्करावर्तक प्रचण्ड घनगर्जित प्रतिरवानुकारी मुहु:	नारायणभट्ट	वेणीसंहार 3/4	गुणौचित्य	21
माणं मुञ्चाध देह	राजशेखर	कर्पूरमंजरी 1.17	शृंगाररसौचित्य	80
मार्गे केतकसूचिभिन्न धूर्त्तालोकनलज्जितेव तनुते मन्ये मुखाच्छादनम्	क्षेमेन्द्र	लावण्यवती	हास्यरसौचित्य	39
मुक्त: कन्दुकविभ्रम:				

श्लोक	ग्रन्थकार	ग्रन्थ संदर्भ	किस औचित्य प्रभेद में उदाहृत	औचित्य विचार चर्चा में पृ०सं०
वैदग्धदिव्यवचसः... निवद्धो भटः।	वही	वही	अवस्थौचित्य	155
मृत्योरास्यमिवाततं व्याधस्यास्य यथा भविष्यति तथा मन्ये वनं निर्मृगम्।	भल्लट	भल्लटशतक	कालौचित्य	122-123
यत्पार्वतीहठ-कचग्रहणप्रवीणे तन्मैथिली क्रयधनं धनुराविरस्तु	राजशेखर	बालरामायण 1.39	प्रबन्धार्थ अनौचित्य	18
यः प्रख्यातजवः स किं स्मर्यते।	क्षेमेन्द्र	नीतिलता	क्रियापदौचित्य	83
युद्धेषु भाग्यचपलेषु न मे प्रतिज्ञा... जघनं हयानाम्	चन्द्रक		गुणानौचित्य	23
योऽभृद् गोपशिशुः पाकक्रियाश्चर्य भूः	क्षेमेन्द्र	मुनिमतमीमांसा	कालौचित्य	120
योऽयमश्वः पताकेयम् सप्त-लोकैवीरस्य दशकण्ठेकुलद्विषः	भवभूति	उत्तररामचरित 4.27	प्रबन्धार्थौचित्य	16
यो यः शस्त्रं विभर्त्ति जगता-मन्तकस्यान्तकोऽहम्	नारायणभट्ट	वेणीसंहार (3.32)	रौद्ररसौचित्य	44

श्लोक	ग्रन्थकार	ग्रन्थ संदर्भ	किस औचित्य प्रभेद में उदाहृत	औचित्य विचार चर्चा में पृ०सं०
लांगूलेन गभस्तिमान्	गौडकुम्भकार		करणकारकौचित्य	11
लावण्यद्रविण व्ययो न गणितः तुल्य रमणाभावाद्वराकी हता, तन्वया स्तनुं तन्वता।	धर्मकीर्ति	पदानौचित्य		9
वरुणरणसमर्था	क्षेमेन्द्र	नीतिलता	लिंगानौचित्य	105
विविधगहनगर्भग्रन्थ सम्भारभारैर्महर्षेरह-मिति	भवभूति			
र्नाहमित्येव मोक्षः।	क्षेमेन्द्र	मुनिमतमीमांसा	सारसंग्रहौचित्य	148
विश्रान्त विग्रह कथो रतिमाञ्जनस्य कुसुमचाप इवाभ्युपैति	श्रीहर्ष	रत्नावली (1.8)	अलंकारौचित्य	25–26
वृद्धास्ते न विचारणीय	भवभूति	उत्तररामचरित (5.35)	प्रबन्धार्थ अनौचित्य	50
शीर्याराधितभर्ग-भार्गवमुनेः ब्राह्मी प्रदिष्टा स्थितिः।	क्षेमेन्द्र	नीतिलता	वीररसौचित्य	47
श्येनाङ्घ्रि-ग्रहदारितोत्तर	दीपक		अभिप्रायौचित्य	141
सः कोऽपि प्रेमार्द्रः देयात्सुखमनुपमं वो मृगदृशाम्	गंगक		आशीर्वचनौ-चित्य	167
संस्कृत छाया स्वर्गपारिजात स्मरामि।	सेतुबन्ध 4.20		क्रियापद-अनौचित्य	85

श्लोक	ग्रन्थकार	ग्रन्थ संदर्भ	किस औचित्य प्रभेद में उदाहृत	औचित्य विचार चर्चा में पृ०सं०
सत्यं मनोरमा रामाः	महाभारत	रससंकरौचित्य	(शान्त-शृंगार)	67
सदा सक्तं शैत्यं				
ज्वलदनलतापं				
भवदसिः।	क्षेमेन्द्र	लावण्यवती	कर्मकारकौचित्य	89
समस्ताश्चर्याणाम्				
परिच्छेत्तुं को वा				
प्रभवति तवाश्चर्य-				
सरणिम्।	क्षेमेन्द्र	मुनिमतमीमांसा	अद्भुतरसअनौचित्य	60
सम्बन्धी				
पुरुभ्भुजाम्...				
मनसिज व्यापार				
दीक्षागुरु चन्द्रः सुन्दरि				
दृश्यतामयमित				
चण्डीश चूडामणिः।	राजशेखर	बालरामायण(10/41)	वाक्यौचित्य	12
सर्वापाय चयाश्रयस्य				
शकृद्य कृत्कृमिकुल				
क्लोमान्मात्राकुले...				
विमुखाः कौलेय				
काका अपि	क्षेमेन्द्र	मुनिमतमीमांसा	वीभत्सरसौचित्य	56
सर्वेस्वर्गसुखार्थिनः				
कालं				
क्षणार्धंचतत्।				
तस्मान्मोक्षसुखं				
समाश्रयत भोः!				
सत्यं च नित्यं च तत्	वही	वही	निपातौचित्य	117

श्लोक	**ग्रन्थकार**	**ग्रन्थ संदर्भ**	**किस औचित्य प्रभेद में उदाहृत**	**औचित्य विचार चर्चा में पृ०सं०**
सीधुस्पर्शभयान्न	वही	लावण्यती	हास्यरसौचित्य	37
स्तनयुगमश्रुस्नातं.... व्रतमिव भवतो रिपुस्त्रीणाम्	बाभट्ट	कादम्बरी–पूर्वार्द्ध	कर्त्तृकारकौचित्य	86
स्त्रीणांमध्ये सलीलं न हतस्तापस त्वेषराम:	राजशेखर	दूतांगद 3.78	वीररसौचित्य	48
हारोजलार्द्रवसनं स मनोभवाग्नि:।	बाणभट्ट	कादम्बरी	गुणौचित्य	21
हा शृंगातरंगिणी क्वासि प्रतीक्षस्व न:।	परिमल		करुण रसअनौचित्य	43

परिशिष्ट-5

कविकण्ठाभरण में उद्धृत कालिदास के श्लोकों की अनुक्रमणिका

क्रम सं०	श्लोक	कालिदास ग्रन्थ संदर्भ	कविकंठाभरण संदर्भ
1.	व्यूढोरस्को धर्म इवाजित:	रघु 1.13	परिचय प्राप्तिर्नाम पंचम: संधि: पुरुषलक्षण परिचयो यथा कालिदासस्य पृ० 81
2.	वागर्थाविवपरमेश्वरौ	रघु 1.1	कवित्वप्राप्तिर्नाम प्रथम सन्धि: पृ० 65
3.	श्यामास्वङ्गं न ते चण्डि सादृश्यमस्ति	मेघ. 101	गुणदोषविभागो नाम चतुर्थ संधि: सगुणं यथा कालिदासस्य पृ० 76

परिशिष्ट-6

सुवृत्ततिलक में उद्धृत कालिदास के श्लोकों की अनुक्रमणिका

क्रम०	श्लोक	कालिदास ग्रंथ सन्दर्भ	सुवृत्ततिलक सन्दर्भ
1.	अवचितबलिपुष्पा	कु० सं० 1.60	श्लोक 85, पृ० 112
2.	अस्त्युत्तरस्यां	वही 1.1	श्लोक 29, पृ० 95
3.	कश्चित्कान्ता	मेघ 1.1	श्लोक 65, पृ० 105
4.	गाहन्तां महिषां	अभि०शा० 2/6	श्लोक 71, पृ० 107
5.	ब्रह्मावर्त्त	मेघ० 1.51	श्लोक 64, पृ० 105
6.	बालेन्दुवक्राण्यविकास भावात्	कुमार 2.64	श्लोक 48 पृ०100
7.	तदन्वये क्षीरनिधाविव	रघु 1.12	श्लोक 27 पृ० 94
8.	तस्मिन्द्रौ	मेघ 1.2	श्लोक 89, पृ० 113
9.	मध्येन सा वेदिविलग्न मध्या	कु० 1.39	श्लोक 80, पृ० 111

परिशिष्ट–7
कुछ विशिष्ट सांख्यिकीय विवरण

1. औचित्य चर्चा में उद्धृत कवियों की संख्या–37
2. औचित्य विचार चर्चा में उद्धृत कालिदास के श्लोकों की संख्या –08
3. कविकंठाभरण में उद्धृत कवियों की संख्या –क्षेमेन्द्र सहित–22
4. कविकंठाभरण में उद्धृत कालिदास के श्लोकों की संख्या –03
5. सुवृत्ततिलक में उद्धृत कवियों की संख्या –06
6. सुवृत्त तिलक में उद्धत् कालिदास के श्लोकों की संख्या –09
7. क्षेमेन्द्र के साहित्यशास्त्रीय ग्रन्थों में उद्धृत कालिदास के श्लोकों की संख्या 22

संग्रन्थावली

1. अभिज्ञानशाकुन्तल (राघवभट्ट टीकोपेत) कालिदास, सं० एम०आर० काले प्र० गोपाल नारायण बम्बई- 1934 ई०

2. अभिज्ञानशाकुन्तल, कालिदास, सं०-ए०बी० गजेन्द्र गडकर, प्र०- द पापुलर बुक स्टोर, सूरत। पंचम संस्करण, 1951 ई०

3. अभिज्ञानशाकुन्तल (मैथिली पाठानुगम शंकर नरहरि व्याख्याद्वय समलंकृत) कालिदास, संशोधित-रमानाथ शर्मा मिथिला इंस्टीच्यूट आफ पोस्ट ग्रेजुएट स्टडी एण्ड रिसर्च इन संस्कृत लरनिंग, दरभंगा,1957 ई०

4. अभिज्ञानशाकुन्तल (वर्मा और पिशोरोडी की टीका के साथ), कालिदास, प्र०मंगलोदयम प्रेस, त्रिचर, 1112 मलयालम एरा, (1936 ई०)

5. अभिज्ञानशाकुन्तल (किशोरकेलि टीकोपेता) हरिदास संस्कृत सीरीज़ 41, चौखम्बा ओरियंटालिया, वाराणसी, वि०संवत् 1992/1935 ई०

6. अ क्रिटिकल सर्वे आन लाइफ एण्ड वर्क्स ऑफ क्षेमेन्द्र:लेखक रजत बरन दत्त रॉय संस्कृत भण्डार कलकत्ता 1974 ईसवी

7. अभिज्ञानशाकुन्तल, अर्थद्योतनिकोपेत, कालिदास, संशोधित नारायण राम आचार्य काव्यतीर्थ निर्णय सागर प्रेस, मुम्बई-2 शक संवत् 1880/1958 ई०

8. अप्वाइन्टमेन्ट विद कालिदास, जी०के० भट्ट प्र०, एल०डी० सीरीज-83 नगीन० ज० शाह निर्देशक एल०डी० इंस्टीच्यूट आफ इन्डोलाजी-प्रथम संस्करण जनवरी 1982

9. अनुवाद कला, चारूदेव शास्त्री, मोतीलाल बनारसीदास, दिल्ली, द्वितीय संस्करण, 1956

10. अर्थशास्त्र-(अधिकरण 1, 2, 3, खण्ड-1) कौटिल्य कृष्णदास संस्कृत सीरीज़-36, लेखक-डा० रघुनाथ सिंह, कृष्णदास अकादमी, वाराणसी-1983

11. अभिज्ञानशाकुन्तल एक विश्लेषण डॉ० देवीदत्त शर्मा, देववाणी परिषद्, दिल्ली-1981

12. न्यू हिस्ट्री आफ संस्कृत लिटरेचर, कृष्ण चैतन्य प्र० रमेशचन्द्र जैन कृते मनोहर बुक सर्विस, दरियागंज, नई दिल्ली, द्वितीय संस्करण 1977

13. आन कालिदास (ट्वेल्व एसेज़), डॉ० व्यंकटेश राघवन, प्र० मैसूर काव्यालय पब्लिशर्स, प्रथम संस्करण, 1980.

14. आनन्दवर्धन, डॉ० रेवा प्रसाद द्विवेदी मध्य प्रदेश हिन्दी ग्रंथ अकादमी, भोपाल, 1972

15. इमैजरी आफ कालिदास एल०एस० भण्डारे बम्बई पापुलर प्रकाशन, प्रथम संस्करण शक संवत्, 1890/1968 ई०

16. इण्डियन काव्य लिटरेचर डॉ० ए०के० वार्डर मोतीलाल बनारसीदास, दिल्ली, प्रथम संस्करण, 1977 ई०

17. उपमा कालिदास, डॉ० शशिभूषण दास गुप्ता नेशनल पब्लिशिंग हाउस, दिल्ली, प्रथम संस्करण, 1962 ई०

18. एन इन्टरप्रोटेटिव स्टडी आफ कालिदास, प्रो० दिम्बेश्वर शर्मा, डा० डी शर्मा एट एम० एस० समुन्द्रन 1/ए/21 रामलाल अग्रवाल लेन, कलकत्ता-50, फरवरी 1968 ई०

19. औचित्यविचारचर्चा, क्षेमेन्द्र, गोकुलदास संस्कृत ग्रंथमाला-44 व्याख्याकार: श्रीनारायण मिश्र चौखम्बा ओरिंयटालिया, वाराणसी, दिल्ली, प्रथम संस्करण, 1982 ई०

20. औचित्य सिद्धान्त की दृष्टि से महाकवि हर्ष के रूपकों का आलोचनात्मक अनुशीलन, डॉ० कानिज, श्री साहू जी महाराज विश्वविद्यालय कानपुर (उ०प्र०) 1997 ई०

21. औचित्य-विमर्श, डॉ० राम मूर्ति त्रिपाठी प्र०भारती भण्डार, रीडर प्रेस, इलाहाबाद, 1964 ई०

22. औचित्य सम्प्रदाय का अध्ययन, डॉ० छिद्द सिंह राठौर, दिल्ली विश्वविद्यालय, 1978 ई०

23. औचित्य सम्प्रदाय का हिन्दी काव्यशास्त्र पर प्रभाव, डॉ० चन्द्रहंस पाठक, प्र० चौखम्बा विद्या भवन, वाराणसी, 1967 ई०

24. औचित्य सिद्धान्त के परिप्रेक्ष्य में नैषधीयचरितम् का अध्ययन, डॉ० प्रेरणा कुमारी, गुरुकुल कागड़ी विश्वविद्यालय हरिद्वार, उत्तराखण्ड, 1997 ई०
25. कालिदासग्रंथावली – सं० डॉ० रेवा प्रसाद द्विवेदी काशी हिन्दू विश्वविद्यालय, वाराणसी–1976 ई०
26. औचित्य की दृष्टि से भवभूति के नाटकों का समीक्षात्मक अध्ययन, डॉ० अजय कुमार झा, दिल्ली विश्वविद्यालय, दिल्ली, 2003 ई०
27. औचित्य सिद्धान्त एवं किरातार्जुनीयम्, डॉ० वेदप्रकाश डिंडोरिया, परिमल पब्लिकेशन्स, दिल्ली, 2003 ई०
28. कालिदास ग्रंथावली, सं० सीताराम चतुर्वेदी, भारत प्रकाशन मन्दिर, अलीगढ़, 2019 विक्रमी संवत् सन् 1962 ई०
29. कालिदास, वी०वी० मिराशी, हिन्दी ग्रंथ रत्नाकर प्रा० लि०, बम्बई, 1956 प्र० मोतीलाल बनारसीदास प्रथम संस्करण 1938, मोतीमाला संस्करण, बीसवां रत्न।
30. कालिदास के सौन्दर्य सिद्धान्त और मेघदूत, शिव बालकराम द्विवेदी, अर्चना प्रकाशन, आरा, 1964 ई०
31. कालिदास, डॉ० आर०डी० करमकर, कर्नाटक यूनिवर्सिटी धारवाड़, 1960 ई०
32. कालिदास, सी०कुहन राजा, आन्ध्र यूनिवर्सिटी वाल्टेयर, 1956 ई०
33. कालिदास पं० चंद्रवली पाण्डेय, मोतीलाल बनारसीदास, वि० सं० 2011/1954 ई०
34. कालिदास अ स्टडी, प्रो० जी०सी०झाला, द पापुलर बुक डिपो बम्बई, 1949 ई०
35. कालिदास और भवभूति, मूल लेखक डॉ० द्विजेन्द्र लाल राय, प्रथम संस्करण कलकत्ता, 1920 ई० (बंगला भाषा में) अनुवादक पं० रूप नारायण पाण्डेय हिन्दी ग्रन्थ रत्नाकर हीरा बाग, बम्बई, द्वितीय संस्काण, 1956
36. कालिदास अ क्रिटिकल स्टडी, डॉ० अमलधारी सिंह, भारतीय विद्या प्रकाशन, वाराणसी, दिसम्बर 1976 ई०
37. कालिदास साहित्य एवं वादन कला डॉ० सुषमा कुलश्रेष्ठ, ईस्टर्न बुक लिंकर्स दिल्ली–7, प्रकाशन वर्ष 1986 ई०

38. कालिदास साहित्य, डॉ० आद्या प्रसाद मिश्र, महेश ठक्कुर संस्कृत ग्रंथमाला पुष्प-2, सं० डॉ० उमेश मिश्र प्र० दरभंगा संस्कृत विश्वविद्यालय, 1962 ई०

39. कालिदास बिब्लियोग्राफी, सं० डा० सत्यपाल नारंग, हेरिटेज पब्लिशर्स कनाट सर्कस, नई दिल्लो, प्रथम संस्करण, 1976 ई०

40. कालिदास साहित्य एवं संदर्भ, सं० डॉ० वनेश्वर पाठक, ज्योति प्रकाशन पटना, रांची, वाराणसी, प्रथम संस्करण, 1981 ई०

41. कालिदास और उसकी काव्यकला, वागीश्वर विद्यालंकार, मोतीलाल बनारसीदास, दिल्ली, प्रथम संस्करण, 1963 ई०

42. कालिदास काव्ये शब्द परिपाक:, नित्यानन्द शर्मा, शोध प्रबन्ध, संस्कृत विभाग, दिल्ली विश्वविद्यालय, दिल्ली, पुस्तकालय शोध प्रबन्ध संख्या 1836-37, वर्ष 1972 ई०

43. कालिदास काव्ये ध्वनि सौन्दर्यम्, वाचस्पति, शोध प्रबन्ध, संस्कृत विभाग, दिल्ली विश्वविद्यालय, दिल्ली, पुस्तकालय शोध प्रबन्ध संख्या-2262-63, वर्ष 1973 ई०

44. कालिदास समीक्षा, सं० डॉ० ई०आर० श्रीकृष्ण शर्मा, श्री वेंकटेश्वर यूनिवर्सिटी, 1962 ई०

45. कालिदास की कृतियों पर मल्लिनाथ की टीकाओं का विमर्श, डॉ० प्रभुनाथ द्विवेदी, वेद प्रकाश द्विवेदी, के-67/85-10ए नाटी इमली, वाराणसी, प्रथम संस्करण, अगस्त 1982 ई०

46. कालिदास की बिम्ब योजना, डॉ० अमलेश गुप्ता, - राजस्थान हिन्दी ग्रंथ अकादमी, जयपुर, प्रथम संस्करण, 1984 ई०

47. कालिदास की लालित्य योजना, डॉ० हजारी प्रसाद द्विवेदी, राजकमल प्रकाशन लि० 8 फेज बाजार, दिल्ली, 1970 ई०

48. कालिदास कोश, डॉ० हीरालाल शुक्ल, जिन मल्होत्रा रचना प्रकाशन सराय खुल्दाबाद, इलाहाबाद प्रथम संस्करण, 1981 ई०

49. कुमारसंभव (पंजिकोपेतम्), कालिदास, सं-डॉ० गौतम पटेल, शास्त्री नगर, अहमदाबाद, प्रकाशन वर्ष जून, 1986 ई०

50. कुमार (संजीविनी) (1 से सर्ग तक), कालिदास, सं० वासुदेव लक्ष्मण पणशीकर बम्बई, 1930 ई०

50a. कुमारसंभव (8–17 सर्ग तक) कालिदास, सम्पादक सीताराम सहगल प्र० वाल्कीकि प्रेस, कलकत्ता

51. काव्यालंकार, भामह, सं०देवेन्द्र नाथ शर्मा, बिहार राष्ट्रभाषा परिषद्, पटना, 1962 ई०

52. काव्यालंकार, रुद्रट, सं० रामदेव शुक्ल, चौखम्बा विद्या भवन, वाराणसी, 1966 ई०

53. काव्यालंकार सूत्रवृत्ति, वामन, सं० पंडित केदारनाथ शर्मा –चौखम्बा, अमर भारती प्रकाशन, वाराणसी, 1979 ई०

54. काव्यालंकार–सारसंग्रह एवं लघु वृत्ति की व्याख्या, व्याख्याकार डॉ० राममूर्ति त्रिपाठी, प्र० मोहन लाल भट्ट, सचिव, प्रथम शासन निकाय, हिन्दी साहित्य सम्मेलन, प्रयाग, प्रकाशन वर्ष 1966 ई०

55. काव्यादर्श, दण्डी, सं०डॉ० धर्मेन्द्र कुमार गुप्त, मेहर चन्द लक्ष्मण दास, दिल्ली, 1973 ई०

56. काव्यमीमांसा कवि राजशेखर सं० पंडित केदारनाथ शर्मा, प्र० बिहार राष्ट्रभाषा परिषद्, पटना, द्वितीय संस्करण, 1965 ई०

57. काव्यप्रकाश (बालबोधिनी टीकोपेत), आचार्य मम्मट, सं० रघुनाथ करमकन्द, भंण्डारकर इंस्टीट्यूट, पूना, 1933 ई०

58. काव्यात्म–मीमांसा, डॉ० जयमन्त मिश्र, चौखम्बा विद्याभवन, वाराणसी, 1964 ई०

59. काव्यदोष, डॉ० जनार्दन स्वरूप अग्रवाल, चौखम्बा अमरभारती प्रकाशन, वाराणसी, 1978 ई०

60. काव्यगुणों का शास्त्रीय अध्ययन, डॉ० शोभाकान्त मिश्र, बिहार हिन्दी ग्रंथ अकादमी, पटना, 1972 ई०

61. करुण रसः सिद्धान्त एवं प्रयोग, डॉ० श्रीमती प्रीति सिन्हा, भारती प्रकाशन, वाराणसी, 1983 ई०

62. द हिस्ट्री आफ इण्डियन लिटरेचर, अल्ब्रेख्ट वेबर, हार्ड बाउन्डर, दिल्ली चतुर्थ संस्करण, 1981 ई०

63. दशरूपक (सावलोकम्) आचार्य धनंजय, व्याख्याकार–डॉ० भोला शंकर व्यास, चौखम्बा विद्याभवन, वाराणसी 1982 ई०

64. ध्वन्यालोक, आचार्य आनन्द वर्धन सं० जगन्नाथ पाठक, चौखम्बा विद्याभवन, वाराणसी, तृतीय संस्करण, 1982 ई०

65. नाट्यशास्त्र, आचार्य भरत, सं० रविशंकर नागर, परिमल पब्लिकेशन्स, दिल्ली 1981–84 ई०

66. नामलिंगानुशासनम्, सं० अनुन्दोराम बरुआ, पब्लिकेशन बोर्ड आसाम, गुवाहाटी

67. प्रिंसीपल्स आफ लिटरेरी क्रिटिसिज्म, डॉ० आर० सी०द्विवेदी, मोतीलाल बनारसीदास, दिल्ली, 1969 ई०

68. भारतीय काव्यशास्त्र के नये क्षितिज डॉ० राम मूर्ति त्रिपाठी, राजकमल प्रकाशन, नई दिल्ली, प्रथम संस्करण, 1985 ई०

69. भारतीय काव्यचिन्तन में शब्द, डॉ० अमर नाथ सिन्हा, प्र० अनुपम प्रकाशन, पटना बिहार–प्रथम संस्करण, 1984 ई०

70. भारतीय आलोचना परम्परा और सिद्धान्त, सं० डॉ० स०म० परलीकर विभूति प्रकाशन, नवीन शाहदरा, दिल्ली–32 प्रथम संस्करण, 1986 ई०

71. भारतीय काव्य समीक्षा में अलंकार सिद्धान्त, डॉ० रेवा प्रसाद द्विवेदी, द मेकमिलन कं० आफ इण्डिया लि०–नई दिल्ली। प्रथम संस्करण, 1980 ई०

72. भारतीय काव्यशास्त्र शैली वैज्ञानिक दृष्टि, डॉ० कृष्ण कुमार शर्मा, अभिनव भारती, सम्मेलन मार्ग, इलाहाबाद, 1978 ई०

73. भारतीय काव्यसिद्धान्त: औचित्य, डॉ० कृष्णदेव झारी, शारदा प्रकाशन, दरियांगज, नई दिल्ली, प्रथम संस्करण, 1983 ई०

74. मनुस्मृति (मेधातिथि, सर्वज्ञनारायण, कूल्लूक राघवानन्दन, रामचन्द्र मणिराम, गोविन्दराज, भारुचि की व्याख्या नवक से समलंकृत), मनु, सं० जयन्त कृष्ण हरिकृष्ण दवे, भारतीय विद्याभवन, चौपाटी मार्ग, मुम्बई, 7. सन् 1972 ई०

75. महाकवि कालिदास, डॉ० रमाशंकर तिवारी, विद्याभवन राष्ट्रभाषा ग्रंथमाला–41, चौखम्बा विद्या भवन, वाराणसी, द्वितीय संस्करण, 1972 ई०

76. महाकवि कालिदास काव्येषु प्रकृति विश्लेषणम्, डॉ०परमानन्द झा, शास्त्री, प्र० किशोर विद्या निकेतन भदैनी, वाराणसी, जून 1987 ई०

77. मेघदूत, कालिदास, सं०–एस० के० डे, प्र० साहित्य अकादमी, दिल्ली 1956 ई०

78. मेघदूत (कात्यायनी संस्कृतटीकोपेता), कालिदास, टीकाकार–श्री चरणतीर्थ महाराज, चौखम्बा संस्कृत सीरीज, आफिस वाराणसी, 1973 ई०

79. मेघदूत (संजीवनी टीकोपेत), कालिदास, सं० जतीन्द्र विमल चौधरी, प्राच्य वाणी मन्दिर, कलकत्ता।

80. मेघदूत (प्रदीपोपेता), कालिदास, सं०डा० एन० पी उन्नी, नाग पब्लिशर्स, दिल्ली, 1984 ई०

81. मेघदूतः एक विश्लेषण, डॉ० देवी दत्त शर्मा, -देववाणी परिषद् दिल्ली, प्रथम संस्करण, 1981 ई०

82. मेघदूत एक अनुचिंतन, श्री रंजन सूरिदेव, नागरी प्रकाशन प्रा० लि० पटना-4 सन् 1960 ई०

83. मेघसंदेश एण्ड एसेस्मेंट फ्राम द साउथ, डॉ० एन० पी० उन्नी, भारतीय विद्या भवन दिल्ली, 1987 ई०

84. मेट्रेज आफ कालिदास, डॉ०मधुसुदन मिश्र, तारा प्रकाशन, माडलटाउन, दिल्ली, 1977 ई०

85. महिमभट्ट, डॉ० व्रजमोहन चतुर्वेदी, नेशनल पब्लिशिंग हाऊस, दरियागंज, दिल्ली, 1986 ई०

86. मालविकाग्निमित्रम् (काटयवेमकृत टीकोपेत) कालिदास, संपादित-काशीनाथ पांडुरंग परब, संशोधित, वासुदेव लक्ष्मण शास्त्री पण्शीकर, जवासी प्रोप्राइटर्स आफ निणर्य सागर प्रेस, बम्बई 1918 ई०

87. मालविकाग्निमित्र (सारार्थदीपिकाटीकोपेत), कालिदास, श्री बालमनोरमा सीरीज संख्या-12 सं० सी० शंकर राम शास्त्री, प्र० एवं मुद्रण-द श्री बाल मनोरम प्रेस, मैलापुर, मद्रास, 1929 ई०

88. मालविकाग्निमित्र, कालिदास, सं०-सी० आर० देवधर, मोतीलाल, बनारसीदास, दिल्ली, तृतीय संस्करण, 1966 ई०

89. रघुवंश महाकाव्य (संजीवनी सान्वय हरिप्रिया हिन्दी व्याख्योपेतम्), कालिदास, कृष्ण दास संस्कृत सीरीज -44, हिन्दी व्याख्याकार-पं० लक्ष्मी प्रपन्नाचार्य सं० पं० रामचन्द्र झा, व्याकरणाचार्य- कृष्णदास अकादमी, वाराणसी, 1983 ईसवी

90. रघुवंश : एक विश्लेषण डॉ० देवीदत्त शर्मा, देववाणी परिषद्, दिल्ली प्रथम संस्करण, 1981 ई०

91. रस स्ट्क्चर आफ मेघदूत डॉ० आर०आर० अम्बारडकर प्र० अद्रीश प्रकाशन, 3/59 विजय नगर, बम्बई, प्रथम संस्करण, 15 मार्च, 1979 ई०

92. रसमंजरी (विद टू अनपब्लिशड कमेन्टरीज परिमल आफ चिन्तामणि एण्ड रसामोद आफ त्रिविक्रम मिश्र), भानुदत्त मिश्र सं० राम सुरेश त्रिपाठी विवेक पब्लिकेशन्स अलीगढ़, प्रथम संस्करण, 1981 ई०

93. रस सिद्धान्त के अनालोचित पक्ष, डॉ० ब्रज मोहन चतुर्वेदी, अजन्ता पब्लिकेशन्स (इण्डिया), दिल्ली, 1978 ई०

94. रस सिद्धान्त का सामाजिक मूल्यांकन, डॉ० कु० दीक्षित शोधप्रबन्ध, पुणे विद्यापीठ, पूना, 1974 ई०

95. लव इन द पोयम्स एण्ड प्लेज आफ कालिदास, डॉ० व्यंकटेश राघवन्, नार्थ पब्लिक स्कावयर रोड, बंगलौर, 1955 ई०

96. लिग्विस्टिक इन्ट्रोडक्शन टू संस्कृत, बी० के० घोष, प्र० द इण्डियन रिसर्च इन्स्टीच्यूट, कलकत्ता, 1937 ई०

97. वक्रोक्ति जीवित, कुन्तक, हिन्दी व्याख्याकारआचार्य विश्वेश्वर सिद्धान्त शिरोमणि। हिन्दी अनुसन्धान परिषद्, दिल्ली विश्वविद्यालय, दिल्ली,1955 ई०

98. व्यक्तिविवेक, महिमभट्ट, सं० डा० रेवा प्रसाद द्विवेदी, चौखम्बा संस्कृत सीरीज वाराणसी, प्रथम संस्करण, 1983 ई०

99. वेब्सटर्स थर्ड न्यू इण्टरनेशनल डिक्शनरी आफ द इंगलिश लैंग्वेज अनएब्रिज्ड वाल्यूम-1, ए टू जी, 1961 ई०

100. विक्रमोर्वशीयम् (टीकात्रयोपेता) कालिदास, द संस्कृत अकादमी उस्मानिया यूनि०, हैदराबाद, प्रथम संस्करण, 1966 ई०

101. विक्रमोर्वशीयम् (कल्पलता व्याख्या समलंकृत), कालिदास, पण्डित सुरेन्द्र, प्रथम संस्करण, शक संवत्, 1864, 1942 ईसवी

102. विश्वकवि : कालिदास एक अध्ययन, पं० सूर्यनारायण व्यास, ज्ञान मण्डन प्रकाशन, ग्वालियर, इन्दौर, 3 नवम्बर, 1957 ई०

103. विशिष्टाद्वैत कोश,-द अकादमी आफ संस्कृत रिसर्च, मेलुकोटे, प्र० वर्ष 1983 ई०

104. शब्दकल्पद्रुम (भाग 1 से 5), राधाकान्त देव बहादुर, चौखम्बा संस्कृत ग्रंथमाला ग्रंथ संख्या-93, चौखम्बा संस्कृत सीरिज आफिस, वाराणसी, प्रकाशन वर्ष 1961 ई०

105. शब्दों का अध्ययन, डॉ० भोलानाथ तिवारी,प्र०-शब्दकार तुर्कमान गेट, दिल्ली, प्रथम संस्करण, 1969 ई०

106. शृंगार-प्रकाश, भोज, सं०-डॉ० व्यंकटेश राघवन प्र०-पुनवर्सु श्रीकृष्णपुरम् मद्रास, 1963 ई०

107. समीक्षाशास्त्र के भारतीय मानदण्ड, डॉ० राम सागर त्रिपाठी, अशोक प्रकाशन, दिल्ली-1970 ई०

108. सम प्राबलम्स ऑफ संस्कृत पोयटिक्स, डा० एस० के० डे, प्र०-एस० पी० घोष फर्मा- के एल एम प्रा० लि० पो० बा० 7818, कलकत्ता, प्रथम संस्करण, 1959 ई०

109. सम कन्सेप्ट्स आफ अलंकारशास्त्र, डॉ० वी० राघवन्, प्र०-एडियार लाइब्रेरी, मद्रास, प्रथम संस्करण, 1942 ई०

110. सम आसपेक्ट्स आफ लिटरेरी क्रिटिसिज्म इन संस्कृत, डा० ए० शंकरन्, ओरियंटल बुक डिपो, दिल्ली, 1973 ई०

111. स्टडीज इन संस्कृत ड्रमेटीक क्रिटिसिज्म, डा० टी० जी० मयंकर, मोतीलाल बनारसीदास, दिल्ली, प्रथम संस्करण, 1971 ई०

112. स्टडीज इन इण्डियन पोयटिक्स, डॉ० शिव प्रसाद भट्टाचार्य, इण्डियन स्टडीज पास्ट एण्ड प्रेजेण्ट, कलकत्ता, 1964 ई०

113. संस्कृत वाङ्मय आचार्य बलदेव उपाध्याय, शारदा मन्दिर, वाराणसी, 1969 ई०

114. संस्कृत ड्रामा एवं ड्रैमेटर्जी, डॉ० विश्वनाथ भट्टाचार्य, प्र०-भारत मनीषा वाराणसी, (इण्डिया) 1974 ई०

114a. संस्कृत आलोचना, आचार्य बलदेव उपाध्याय, हिन्दी समिति सूचना विभाग, लखनऊ, उत्तर प्रदेश, द्वितीय परिवर्द्धित संस्करण, 1963 ई०

115. संस्कृत में औचित्य का सैद्धान्तिक और प्रायोगिक पक्ष, शोध प्रबन्ध, पंजाबी विश्वविद्यालय, पटियाला, 1984 ई०

116. संस्कृते नारीशब्द चित्रावलिः, पं० शिवदत्त शर्मा चतुर्वेदी, किशोर विद्या निकेतन, भदैनी, वाराणसी, 1979 ई०

117. संस्कृत व्याकरण में लकारार्थ विवेचन, डॉ० वीरेन्द्र कुमार, ईस्टर्न बुक लिंकर्स, दिल्ली, प्रथम संस्करण, 1998 ई०

118. साहित्यशास्त्र, डॉ० राम कुमार वर्मा, लोकभारती प्रकाशन, प्रथम परिवर्द्धित संस्करण, 1968 ई०

119. साहित्यिक सम्प्रदायों के मूलभूत तत्व और उनका समन्वय, डॉ० प्रेम कुमारी सिंह, शोध प्रबन्ध, प्रयाग विश्वविद्यालय, प्रयाग, 1976 ई०

120. साहित्यदर्पण (विमला टीकोपेता), आचार्य विश्वनाथ, मोतीलाल बनारसीदास, दिल्ली, नवम संस्करण, 1977 ई०

121. ह्यूमर इन कालिदास डॉ० गायत्री वर्मा, आत्माराम एण्ड संस, दिल्ली, 1981 ई०

122. हाइवेज एण्ड बाइवेज़ आफ लिटरेरी क्रिटिसिज्म इन संस्कृत, प्रो० कुप्पुस्वामी शास्त्री, रिसर्च इंस्टीट्यूट, मद्रास, 1945 ई०

123. हिस्ट्री आफ संस्कृत पोयटिक्स, डा० पी० वी० काणे, मोतीलाल बनारसीदास, दिल्ली तृतीय संस्करण (संशोधित), 1961 ई०

124. क्षेमेन्द्र लघुकाव्य संग्रह सं० डॉ० आर्येन्द्र शर्मा, संस्कृत अकादमी सीरीज नम्बर-7, सं० डा० आर्येन्द्र शर्मा, संस्कृत अकादमी, उस्मानिया यूनि०, हैदराबाद, 1961 ई०

125. क्षेमेन्द्र स्टडीज़, डा० सूर्यकान्त शास्त्री, ओरियंटल बुक एजेन्सी, पूना, 1954 ई०

126. क्षेमेन्द्र और उनका समीक्षा सिद्धान्त, डॉ० शिवशेखर मिश्र, कुमार प्रकाशन कुमार सदन, लखनऊ, 1974 ई०

127. क्षेमेन्द्र, डा० ब्रजमोहन चतुर्वेदी, साहित्य अकादमी, दिल्ली, 1983 ई०

जर्नल, बुलेटिन एवं पत्रिकाएं

1. जर्नल आफ इलाहाबाद यूनिवर्सिटी, 1962 ई०
2. जर्नल आफ जम्मू यूनिवर्सिटी, कालिदास विशेषांक, 1973 ई०
3. इण्डियन हिस्यारिकल क्वार्टर्ली वाल्यूम 20, सितम्बर, 1944 ई०
4. द एडियार लाइब्रेरी, बुलेटिन, वाल्यूम, 48, 1984 ई०
5. ब्रह्म विद्या द एडियार लाइब्रेरी बुलेटिन डॉ० के० कुन्जुनी राजा फेलिसिटेशन वाल्यूम, 44-45, 1980-80 ई०
6. साप्ताहिक हिन्दुस्तान, कालिदास अंक, नवम्बर, 1958 ई०

7. आलोचना जनवरी, मार्च, 1971 ई०
8. आलोचना, वर्ष 5, अंक 2, अप्रैल, 1956 ई०
9. साहित्य, अक्टूबर, 1960 ई०
10. मंजूषा, दशमवर्षीय, अंक 5, 1955 ई०
11. विक्रम, कालिदास विशेषांक, 1959 ई०
12. विक्रम, वाल्यूम, 10, 1967 ई०
13. विक्रम, वाल्यूम 1, अंक 4, 1977–78 ई०
14. विश्व संस्कृतम्, वाल्यूम, 21, 1984 ई०
15. विश्व संस्कृतम्, वाल्यूम 15, 1977–78 ई०
16. विश्व संस्कृतम्, अखिल भारतीय प्राच्य सम्मेलन विशेषांक, वर्ष 21, अंक 3–4
17. संवित् चतुर्थ अंक, 1960 ई०
18. सरस्वती सुषमा, वाल्यूम 14, संवत् 2019/1962 ई०
19. सागरिका, वर्ष 8, अंक 3
20. सागरिका, वर्ष 9, अंक 2
21. सागरिका, वर्ष 11, अंक 4
22. सागरिका वाल्यूम 11, अंक 3, संवत् 2029
23. ऋतम् वाल्यूम 7, 1976 ई०
24. ऋतम् वाल्यूम 8, जुलाई 1976, जनवरी 1977, अंक 1–2